T0135586

Musik im Web 2.0

Ästhetische und soziale Aspekte

Wir danken Eric Whitacre für die Abdruckgenehmigung des Bildes:
Eric Whitacre's Virtual Choir 3: Water Night

Bibliografische Information der Deutschen Nationalbibliothek

Die Deutsche Nationalbibliothek verzeichnet diese Publikation in der
Deutschen Nationalbibliografie; detaillierte bibliografische Daten sind
im Internet über http://dnb.d-nb.de abrufbar.

ISBN 978-3-8325-3539-1

Logos Verlag Berlin GmbH
Comeniushof, Gubener Str. 47,
10243 Berlin
Tel.: +49 (0)30 42 85 10 90
Fax: +49 (0)30 42 85 10 92
INTERNET: http://www.logos-verlag.de

für Sabine

Abstract

Die vorliegende Arbeit untersucht die Erscheinungsweisen von Musik im Web 2.0 in ihren ästhetischen und sozialen Kontexten. Mit den Methoden der qualitativen Feldforschung wird eine materiale Theorie gebildet, die diskursiv auf vorhandene wissenschaftliche Erkenntnisse bezogen wird.

Als theoretischer Ausgangspunkt wird ein systemisches Modell der im Web 2.0 kontextualisierten Musik gebildet und diskutiert, das im Wesentlichen die triadischen Beziehungen zwischen Individuum, Medien und Gesellschaft strukturiert. Damit integriert die Arbeit Theoriebildung über Musik im Web 2.0 mit deren Beschreibung und Analyse. Die fraktale Struktur des Sierpinski-Dreiecks wird dabei als Visualisierung der Strukturen des zugrunde gelegten Modells erörtert.

Vor diesem Hintergrund einer systemischen Musikwissenschaft werden ausgewählte, für das musikalische Feld relevante, Anwendungen und Inhalte des Webs 2.0 beschrieben und analysiert. Als musikalisches Feld wird hier die Gesamtheit der Verwebungen zwischen Musik und Kontext verstanden, wobei der Kontext sowohl von musikalischen, als auch von außermusikalischen Bezugssystemen gebildet wird. Diese Analysen werden von einer übergreifenden Fragestellung geleitet:

Wie verändert die umfassende Nutzung des Webs 2.0 das musikalische Feld?

Musik spielte bei der Evolution des World Wide Web eine wichtige Rolle. Die Internetnutzer tauschten auf der Plattform Napster in großem Umfang Musikstücke aus. Die Zusammenarbeit der Nutzer beim Sammeln von Musik war ein wichtiger Schritt in Richtung Web 2.0. Bereits zum Beginn des Untersuchungszeitraums stellte das Web 2.0 als Mitmachnetz für viele Menschen ein wichtiges Medium dar.

Für diese Arbeit sind vor allem die derzeit großen Anwendungen des Webs 2.0, YouTube und Facebook, relevant. Sie sind in Bezug auf die Nutzerzahlen und die Nutzungsmöglichkeiten zum Untersuchungszeitpunkt als bestimmend anzusehen. Die Nutzer des Webs 2.0 beschreiben ihre Person unter anderem durch die Veröffentlichung ihres Musikgeschmacks. Sie treten Gruppen bei, um die Charts zu beeinflussen oder prognostizieren mithilfe kollektiver Intelligenz Wettbewerbs-Platzierungen.

YouTube stellt eine Fülle von musikbezogenen Videos bereit. Die Auswahl reicht von professionellen Musikvideos, über Coverversionen und Livemitschnitte hin zu Homevideos. Es sind außerdem Lehrvideos zum Instrumentalspiel oder spontane Aufzeichnungen verfügbar. Eine beliebte Variante von Musikvideos sind neben Karaoke- und Lipsync-Versionen auch Literals und Tänze. Insgesamt werden bei musikalischen Produktionen für das Web 2.0 vor allem verarbeitende Gestaltungsmöglichkeiten genutzt.

Während die großen Plattformen von sehr vielen Internet-Nutzern aktiv oder passiv genutzt werden, gibt es daneben noch eine Vielzahl von speziellen Anwendungen, die in ihrer Funktionalität die Möglichkeiten der großen Plattformen ergänzen.

Das Web 2.0 selbst befriedigt ganz ähnliche Bedürfnisse wie Musik. Es ermöglicht den Nutzern das Eintauchen in eine andere Welt. Durch die anhaltende Kommunikation und die Möglichkeiten der Partizipation wird Gruppenidentität generiert. Im Unterschied zum aktiven gemeinsamen Musizieren ist es sehr einfach, Teil des Webs 2.0 zu werden. Die notwendigen Kompetenzen sind überschaubar und einfach zu erwerben.

Insgesamt ist das Web 2.0 für das musikalische Feld von großer Bedeutung. Es entwickelte sich zum wichtigsten Speicher-, Distributions- und Kommunikationsmedium für Musik. Die sich ergebenden Möglichkeiten sind für Musikschaffende, wie auch für Rezipienten, Musikpädagogen und Musikwissenschaftler gleichermaßen vielfältig.

Die Aktualität des Untersuchungsgegenstandes macht die Ergebnisse der Untersuchung zu einer Momentaufnahme. Die Arbeit knüpft an die Arbeiten von Golo Föllmer[1] und Stefan Drees[2] zu Musik im Internet an.

---

[1] Föllmer 2005
[2] Drees 2005, Drees 2006, Drees 2008, Drees 2009a, Drees 2009b

Inhaltsverzeichnis

V

VI

Abbildungs- und Tabellenverzeichnis

Abkürzungsverzeichnis

BITKOM	Bundesverband Informationswirtschaft, Telekommunikation und neue Medien e.V.
CMC	Computer-Mediated-Communication
DLD	Digital – Life – Design
doi	digital object identifier
EMI	Electric and Musical Industries Ltd
FTF	Face-To-Face
GPL	General Public Licence
GNU	GNU is Not Unix
IMG	Individuum – Medien - Gesellschaft
IuK	Information und Kommunikation
P2P	Peer-to-Peer
RIAA	Recording Industry Association of America
UCC	user-created content

1. Einleitung

1.1 Relevanz und Chancen des Themas für die Musikwissenschaft

Musik erfüllte bei der Etablierung der Nutzungsweisen des Internets, die man heute als Web 2.0[3] bezeichnet, eine Schlüsselfunktion. Die rechtliche Diskussion um die Musik-tausch-Plattform Napster transportierte die netzbasierten Möglichkeiten der Kooperation und des Austauschs in die öffentliche Wahrnehmung.[4] Darüber hinaus kann Musik grund-sätzlich bei der Etablierung neuer Medien als Schlüsselcontent angesehen werden.[5] Auch momentan ist Musik in vielen Anwendungen des Webs 2.0 ein wesentlicher Be-standteil. Daraus ergibt sich die Frage, in welcher Weise sich Musik und das Web 2.0 gegenseitig beeinflussen.

1.1.1 Musikwissenschaftliche Forschungsfelder für die Untersuchung von Musik im Web 2.0

Grundlage für die Untersuchung von Musik im Web 2.0 stellt deren *Erkundung* dar. In ähnlicher Weise, wie die Musikethnologie die Musik der Welt zu erkunden hat, muss die Untersuchung von Musik im Web 2.0 Musik im Web 2.0 auffinden, ihre Beschaffenheit und ihre Kontexte *analysieren* und *beschreiben.*

Vor allem die Einbeziehung von musikbezogenen Inhalten, Verhaltensweisen und Kon-texten auf den großen Plattformen Facebook und YouTube ermöglicht einen Überblick über die *Verwendungsweisen* und Funktionen von Musik im Web 2.0.

Bei der Frage nach der *Herstellung* von musikbezogenen Inhalten verlangt der audiovisu-elle Kontext auf YouTube besondere Beachtung. Zum einen ermöglichen Performance-Videos Einblicke in die Improvisations- und Interpretationspraxis der Internetnutzer. Zum anderen spielt Musik bei der Gestaltung von vielen Videos eine wichtige Rolle, die von Fall zu Fall untersucht werden muss.

---

[3] zur Begriffsklärung siehe Kapitel 2.2
[4] vgl. Giesler und Pohlmann 2003
[5] vgl. Weinacht und Scherer 2008, S. 12

2

Schließlich gewährt die Untersuchung von Musik im Web 2.0 auch Einblicke in die Art und Weise, wie mit den technischen Möglichkeiten des Internets Musik *gelernt* und *vermittelt* wird.

Wenngleich die Methoden der Feldforschung zunächst unvoreingenommen und ohne zu prüfende Hypothesen dem Untersuchungsgegenstand entgegentreten, so erscheint es doch als sinnvoll, den Blick durch Forschungsfragen auf Aspekte zu lenken, die sich durch die Vorüberlegungen ergeben haben.

1.1.2 Die gesellschaftlich-kulturelle Perspektive

Musik spielt für die Menschen in jeder Gesellschaft eine wichtige Rolle. Musik bringt Menschen in Kontakt miteinander, ermöglicht Gemeinschaftserlebnisse und schafft einzigartige Möglichkeiten der Kommunikation. Die Cultural Studies[6] haben außerdem dargelegt, dass Musik auch genutzt wird, um sich von anderen abzugrenzen. Bourdieu sah zum Beispiel im Spielen eines „vornehmen Instruments" oder im Konzertbesuch mächtige Praktiken, um eine bestimmte „Klassenzugehörigkeit" zu demonstrieren. Er führte dies auf die notwendigen Möglichkeiten zum Erwerb der entsprechenden musikalischen Kompetenzen zurück.[7]

Der Fortschritt der technischen Möglichkeiten und die damit verbundenen Nutzungsweisen machen es notwendig zu untersuchen, wie Musik im digitalen Zeitalter mit seinen digital abgebildeten sozialen Netzen genutzt und kommuniziert wird. Dabei ist zu berücksichtigen, dass diese Frage nicht abschließend zu beantworten ist, da die musikbezogene Mediennutzung einen Teil der sich ständig wandelnden sozialen Konstruktionsprozesse darstellt.[8]

Die Entwicklung in Deutschland erlaubt die Interpretation, dass die audiovisuellen Medien und mit ihnen ihre musikalischen Inhalte seit der zweiten Hälfte des 20. Jahrhunderts eine außerordentlich einflussreiche musikalische Sozialisations- beziehungsweise Enkulturationsagentur bilden.[9]

---

[6] Als *Cultural Studies* werden kulturwissenschaftliche Untersuchungen zusammengefasst, die das Verhältnis von Kultur und Macht und das Verhältnis von Produktion und Konsum zum Gegenstand haben. Da auch alltägliche kulturelle Praktiken untersucht wurden und werden, war die Überwindung der Trennung von Hochkultur und Alltag ein wichtiges Ziel. Die Cultural Studies nahmen ihren Anfang in den 1960-er Jahren in Großbritannien (vgl Bromley 1999).
[7] vgl. Bourdieu 1998, S. 41
[8] vgl. Münch 2007a, S. 48
[9] vgl. Neuhoff, la Motte-Haber 2007, S. 403

3

Die breite Nutzung des Webs 2.0 führt zu der Frage, wie und welche Musik im Web 2.0 in die medialen Prozesse der Enkulturation und Sozialisation eingebunden wird. Die Notwendigkeit hierzu liefert die Medienpraxis der Jugendlichen. Der Anteil der Jugendlichen mit Internetzugang ist von 2002 bis 2010 kontinuierlich von 66 % auf 96 % angestiegen.[10]

Laut der Studie „Jugend 2.0" des BITKOM aus dem Jahre 2012 sieht sich ein Drittel der 16-18-jährigen in der Lage, Musik am PC zu komponieren. Die Hälfte dieser Jugendlichen kann Filme schneiden und 89 % können eine Präsentation erstellen oder Fotos bearbeiten. Bei allgemein geringen geschlechtsspezifischen Unterschieden ist die Tendenz erkennbar, dass die Jungen eher einen technischen Schwerpunkt setzen, wohingegen die Mädchen sich stärker gestalterisch engagieren.[11]

Wer sich in virtuellen Netzen bewegt, wird auch virtuell sozialisiert. Das kulturelle Angebot wird nicht mehr im näheren Umfeld, sondern in den Medien gesucht und gefunden. Dadurch ist das musikalische Angebot nicht mehr durch die Möglichkeiten des Umfeldes beschränkt, sondern es wird virtuell erweitert.

Grundsätzlich kann davon ausgegangen werden, dass Medien, heute in besonderem Maße das Web 2.0, vier Funktionen für Jugendliche erfüllen. Medien sind Orte informellen Lernens. Jugendliche nutzen Medien zur Orientierung für die eigene Persönlichkeit, als Informationsquelle und zur Ausformung von aktiver und passiver Medienkompetenz.[12]

Eine spezielle Ausprägung der aktiven Medienkompetenz im Bereich des Webs 2.0 wird als Produsage bezeichnet, ein Neologismus aus den Begriffen Produktion („production") und Gebrauch („usage"). Der Begriff der Produsage zielt auf den Umstand, dass nicht allein die Produzenten von Inhalten Macht auf die Inhalte ausüben, sondern auch die User, die durch den Aufruf eines bestimmten Videos auf YouTube oder durch die Bewertung eines Songs bei last.fm bei der Gestaltung des Mediums Web 2.0 und seiner Inhalte mitwirken. Die Auswahl von Inhalten und ihre Bewertung beeinflussen wiederum die weitere Produktion von Inhalten.

3

3

[10] vgl. Shell Jugendstudie 2010 2010b
[11] Forsa in Zusammenarbeit mit dem BITKOM 2011, S. 19
[12] vgl. Schell 2009, S. 88–89

4

1.1.3 Die erweiterte musikwissenschaftliche Perspektive

Kulturelle und künstlerische Innovationen gehen häufig mit technischen Veränderungen einher oder sie bauen direkt auf ihnen auf. Für das Wirksamwerden von technischen Veränderungen im künstlerischen Bereich ist auch eine gewisse Verbreitung der jeweiligen Technologie notwendig.[13] Diese Verbreitung von technischen Neuerungen und deren Breite Nutzung ist ein konstituierendes Merkmal des Webs 2.0. Die Möglichkeiten beschränken sich nicht allein auf den im Fokus der Öffentlichkeit stehenden Bereich der Popkultur und der populären Klassik. Auch im Bereich der Neuen Musik sind Konzepte angedacht.[14]

Aus der semiotisch-strukturalistischen Sicht der Cultural Studies, stehen die kodierten und kommunizierten Inhalte niemals für sich alleine, sondern befinden sich als Artefakte immer in Interdependenz zu den sie generierenden kulturellen Subsystemen.[15] Deshalb ist zu einer Entflechtung dieser Wechselwirkungen sowohl die Analyse der Codes und Inhalte wie auch der Kontexte, in denen sie produziert und kommuniziert werden, notwendig.

Dies macht ist es auch aus musikwissenschaftlicher Sicht wichtig, das Medium Web 2.0 einer musikbezogenen Analyse zu unterziehen. Musikalische Analyse, Medienanalyse und die Analyse der gesellschaftlichen Bezüge des Mediums und der Musik gehen durch die erweiterte musikwissenschaftliche Perspektive eine symbiotische Beziehung ein.

Welchen Druck die Entwicklungen des neuen Mediums auf die bestehende Medienlandschaft ausübt, legt bereits die result-Studie[16] des Jahres 2007 offen. Die Medien ringen um die Aufmerksamkeit der Mediennutzer. Die Nutzer müssen ihrerseits unter dem Stichwort „Ökonomie der Aufmerksamkeit"[17] mit ihrer Ressource Aufmerksamkeit haushalten.

Einen Weg, den die traditionellen Medien gefunden haben, um mit der Popularität des Internets umzugehen, ist die Interaktion mit den Inhalten dieses Mediums. Sie berichten über Inhalte des Webs 2.0 und tragen dadurch zur Kanonisierung von Internetphänomenen bei. Außerdem bedienen sie sich selbst der interaktiven Möglichkeiten. Das Bemühen etablierter Institutionen, disruptive Entwicklungen zu verhindern, indem sie ursprünglich systemfremde Innovationen in das eigene Konzept integrieren, wird als Kronos-Effekt

---

[13] vgl. Smudits 2007, S. 113
[14] vgl. Lehmann 2009, S. 35
[15] vgl. Kruse 2009, S. 29
16 vgl. Klingler und Trump 2007, S. 4
[17] Franck 2010

5

bezeichnet. Wu prägt dafür das anschauliche Bild eines Goliaths, der versucht, David seine Schleuder zu entreißen.[18]

Der Nutzen, den die traditionellen Medien aus dem Umgang mit Internetinhalten ziehen, besteht nicht nur in der Teilhabe am Erfolg des Webs 2.0 und dem Image-Transfer, des als zeitgemäß konnotierten Mediums, sondern auch in den durch die Kanonisierung frei-werdenden Kapazitäten der Ressource Aufmerksamkeit.[19] Eine Kanonisierung der Web 2.0-Inhalte durch die traditionellen Medien findet insofern statt, als diese Rankings von Web 2.0-Inhalten erstellen und veröffentlichen oder kulturelle Resonanz herstellen durch Berichte über Phänomene innerhalb des Webs 2.0.

Gerade in der Anfangszeit des Webs 2.0 waren es nicht die Mächtigen des bestehenden Kulturbetriebs, die die Inhalte lieferten, sondern von den neuen Möglichkeiten faszinierte Computernutzer mit einem gewissen Mitteilungsbedürfnis, was ihre Lebenswelt oder ihre Person selbst betraf.[20]

Die Nutzung des Webs 2.0 stellt nicht nur eine Veränderung im Bereich der Medien selbst, sondern auch bei den kommunizierten Inhalten dar. Während im Bereich der traditionellen Medien vor allem dominante Musikkulturen[21] kommuniziert wurden, im Falle von Rundfunkanstalten und Major-Plattenfirmen vor allem Popmusik[22] und Klassik, hat das Web 2.0 auch vom Mainstream abweichenden Inhalten zur Entstehung und Verbreitung verholfen. Dies ermöglicht der Musikwissenschaft Einblick in zuvor verborgene, schwer zugängliche oder vormals nicht existierende Musikkulturen. Außerdem stellen sich die Fragen, wie es einem Inhalt gelingt, im Web 2.0 intensiv kommuniziert zu werden und welche Faktoren bei der Verbreitung im Web 2.0 eine Rolle spielen.

Im Bereich des Webs 2.0 werden häufig audiovisuelle Medien kommuniziert, was auch im Bereich der Forschung zu einer Verflechtung von Medien- und Musikwissenschaft führt.

---

[18] vgl. Wu 2012, S. 41
[19] vgl. Korte 2008, S. 16
[20] siehe beispielsweise Kapitel 5.5.6 oder Kapitel 5.6.7
[21] Behne 2007, S. 428
[22] Als Popmusik wird hier Musik verstanden, deren Wurzeln formal, inhaltlich und funktional im Rock'n'Roll zu verorten sind. Abzugrenzen hiervon ist Populäre Musik als Kategorie, die eine große und relativ überdauernde Bekanntheit in weiten Teilen der Gesellschaft impliziert und die vor allem zu Zwecken der Unterhaltung produziert wird. Wenn von populärer Musik die Rede ist, wird in diesem Text Musik gemeint, die zum sich momentan eine extensive Rezeption erfährt.

"Die Macht der Töne kann [...] die Macht der Bilder bei weitem übertreffen; oder vorsichtiger ausgedrückt: diese kann ohne jene kaum auskommen. [...] Neben das *Ich sehe, also bin ich* hätte damit das *Ich höre, also bin ich* zu treten."[23]

Dieser Akzent gewinnt in der Sichtweise der Medienwissenschaft aktuell an Bedeutung. Aus musikwissenschaftlicher Sicht stellt er eine Rückbesinnung auf einen musikästhetischen Grundgedanken dar.

"Die intensive Einwirkung der Musik auf unser Nervensystem indiziert ihr in der Tat einen Machtüberschuß vor den anderen Künsten."[24]

Hiermit macht Hanslick auf den Umstand aufmerksam, dass Musik als Ausdrucksmittel für Emotionen oftmals direkt, unbewusst und unreflektiert wirkt. Sie kann Stimmungen erzeugen, ohne dass wir uns ihrer Wirkung im konkreten Fall bewusst werden. Diesem Einfluss können wir uns zudem auch nur schlecht entziehen, weil wir nur sehr schlecht weghören können, da wir unsere Ohren nicht schließen können und auch ein Wegdrehen hilft bei unserem 360°-Hörsinn nur wenig.

Den starken Einfluss von Musik auf unseren Gesamteindruck bei der Wahrnehmung von audiovisuellem Material weisen Kloppenburg und Abele auch empirisch nach. In ihrer Untersuchung schätzen Probanden eine visuell dargebotene Szene signifikant unterschiedlich ein, in Abhängigkeit davon, mit welcher Musik sie präsentiert wird.[25]

Im Kontext des Webs 2.0 stellen auch die Kommunikation über Musik und ihre Bewertung oder Kanonisierung durch die Nutzer einen wichtigen Aspekt dar. Musik wird bewertet und weiterempfohlen, Playlists werden veröffentlicht und getauscht und auf vielen Plattformen gibt es zusätzlich die Möglichkeit, musikbezogene Inhalte zu kommentieren.

1.1.4   Eine enge musikwissenschaftliche Perspektive

Die eng gefasste musikwissenschaftliche Perspektive fragt danach, wie die Möglichkeiten und die Nutzung des Webs 2.0 auf die Musik selbst, ihre Ästhetik und den erlebten Klang einwirken.

---

[23] Segeberg und Schätzlein 2005, S. 10
[24] Hanslick 1982, S. 102
[25] vgl. Kloppenburg 2008, S. 5–6

1.1.4.1 Netzmusik

Föllmer definiert Netzmusik als "Musik [...], die spezifische Eigenschaften des Internets strukturell reflektiert. [...] Die Strukturen des Internets dienen nicht nur der Verbreitung oder Darstellung von Musik, sondern gehen in sie ein und prägen sie."[26] Bei Netzmusik handelt es sich also um Musik, deren Codes von den technischen Möglichkeiten des Netzes und den zugrunde liegenden Algorithmen bestimmt sind. Föllmer stellt in diesem Zusammenhang dar, dass das Netz verschiedene Funktionen übernehmen kann. Es wird beispielsweise als Instrument oder als musikalischer Interaktionspartner genutzt. Computeralgorithmen können klangliches Material analysieren, verarbeiten und produzieren. Damit solche computergestützte Musik als Netzmusik bezeichnet werden kann, müssen die Verarbeitungsprozesse auf vernetzte Computer verteilt stattfinden. Dies ist jedoch nur dann sinnvoll, wenn durch diese Vernetzung auch neue Möglichkeiten der Interaktion und der musikalischen Gestaltung entstehen.

Der Begriff der Netzmusik zielt also weniger auf die veränderten Distributions- und Rezeptionsweisen von Musik im Netz, sondern auf veränderte Produktionsweisen. Das Netz bietet Möglichkeiten der Kollaboration, die ohne die technischen Möglichkeiten nur schwer, langsamer oder gar nicht zu realisieren wären oder waren.

Das Netz erlaubt es auch, Musikdateien auf einem zentralen Server zu speichern, so dass ein Team Zugriff hat und Veränderungen vornehmen kann. Die Musikdateien können von Person zu Person geschickt werden, wobei jeder die Möglichkeit hat, Veränderungen vorzunehmen und seinen Teil dazu beizutragen. Diese Praxis bezieht sich damit auf die Tracker- und MOD-Szene, die in den 80-er Jahren begann, kurze Stücke für den Amiga 500 auf Disketten auszutauschen. Das Kürzel MOD steht hierbei für „Modul" und weißt darauf hin, dass die betreffende Musik aus einzelnen, repetitiv strukturierten, Modulen zusammengefügt ist.[27]

Durch die ständig wachsende Übertragungsgeschwindigkeit und die sich steigernde Rechnerleistung wurde es möglich, auch audiovisuelle Inhalte kollaborativ zu gestalten und zu teilen. Dieser Aspekt spielt vor allem deshalb eine Rolle, weil die Videoplattform YouTube eine wichtige Plattform im Web 2.0 darstellt. Die sich hier abzeichnenden Praktiken verdienen besondere Beachtung. Auf YouTube entwickeln sich neue ästhetische

---

[26] Föllmer 2005, S. 1
[27] vgl. Föllmer 2005, S. 45

8

Konzepte. Die Inhalte finden zum Teil weite Verbreitung, andere Inhalte befriedigen sehr spezielle Interessen.

Während die Gestaltung von Netzmusik, wie sie von Föllmer beschrieben wird, noch in sich abgrenzenden Gemeinschaften entstand, steht das Web 2.0 für große Offenheit in Bezug auf die beteiligten Produzenten.

Außerdem können durch die fortschreitende technische Vereinfachung des Handlings immer mehr Nutzer aktiv und produktiv werden. Dabei bleibt die Steuerung oder Regelung der kollaborativen kreativen Prozesse meist in der Hand eines einzelnen Künstlers. Häufig wird ein einzelnes Musikvideo als Ausgangspunkt für weitere, mehr oder weniger unabhängige, Musikvideos genommen. Hierzu animiert die Antwortfunktion von YouTube.

Das Netz bietet des Weiteren die Möglichkeit, offene Kompositionen softwaremäßig so im Netz zu veröffentlichen, dass andere Nutzer interaktiv ihre jeweilige Interpretation gestalten können. Für Musik dieses Typs, eine Art softwaregestützter Konzeptkunst, prägt Föllmer den Begriff Hypermusik. Bei der Hypermusik stammen maßgebliche Parameter und Strukturen vom Autor des Systems.[28]

Die betreffenden Projekte, die Föllmer beschreibt, sind deutlich durch Möglichkeiten der Kollaboration geprägt. Sie sind somit Vorreiter einer Entwicklungslinie des Netzes, die wir heute als Web 2.0 bezeichnen. Dies ist ein weiteres Indiz dafür, dass Musik bei der Weiterentwicklung des Netzes eine wichtige Rolle spielte und spielt.

1.1.4.2 Die Bedeutung des Netzes für die Quellenarbeit

Das Web 2.0 bietet Zugang zu musikalischen Lebenswelten, deren Musik von der Rezeption durch die Musikwissenschaft ohne diese technische Möglichkeit in vielen Fällen ausgeschlossen bliebe. Durch das Netz wird es möglich, sich Einblick in und Überblick über eine bestimmte musikalische Praxis zu verschaffen und das entsprechende Tonmaterial zu sammeln. So kann man beispielsweise per YouTube weltweit Material zu Themen wie „Straßenmusik", „Breakdance" oder „Musik bei Festen" sichten und analysieren. Teilweise bietet das Netz auch die Möglichkeit, Zugang zu bestimmten Subkulturen zu erlangen. Dies kann jedoch zu Irritationen in der zu untersuchenden Lebenswelt führen.

---

[28] Föllmer 2005, S. 107

9

So beschreiben Lee und Peterson die ablehnende Haltung von Mitgliedern einer Mailing-Liste zum Thema „Country" gegenüber Forschern als teilnehmenden Beobachtern.[29] Durch das Nutzerverhalten im Web 2.0 wird diese Problematik reduziert, da es hier vielfach schon üblich ist, dass Mitglieder einer Lebenswelt, zum Beispiel der Jugendkultur eines bestimmten Stadtviertels, Ausschnitte aus einer echten Situation filmen und online für jeden verfügbar machen.

Solche Aufnahmen mit Echtheitscharakter zeichnet ihre Nutzungsmöglichkeit als mittelbare Quellen für nicht schriftlich überlieferte Musik im Sinne von Wiora aus.[30] Die Kontexte können dabei sehr unterschiedlich sein. Es kann sich um ein Konzert oder um eine eigenartige Situation in einem Wohnzimmer oder auf einer Straße handeln. Es gibt natürlich auch eine wachsende Anzahl von Produktionen oder Inszenierungen, die eigens zum Zweck der Darbietung im Netz realisiert werden.

Die neuen Möglichkeiten beeinflussen alle Arbeitsbereiche der Aufbereitung von Quellen, vom Suchen der Musik bis hin zur Transkription. Einige Verhaltensweisen von Nutzern des Webs 2.0 ähneln in ihrem Ziel den Aufgaben der Quellenarbeit. Sie sollten also im Hinblick auf ihre mögliche Relevanz und als heuristisches Verfahren für die Musikwissenschaft in die Forschung einbezogen werden.

Das *Suchen und Sammeln* von Musik im Web wird erleichtert durch Suchmaschinen wie Google oder die Suchfunktion der jeweiligen Plattform. Die Ergebnisse einer solchen technisch gestützten Suche sind immer von den jeweiligen mathematisch-technischen Algorithmen beeinflusst. Dabei spielen unter anderem die Verlinkungen der Internetseiten untereinander, die Bewertungen der Seiten durch die Suchmaschinen oder auch Häufigkeiten von Suchanfragen und die Häufigkeit der Auswahl von bestimmten Treffern durch die Internetnutzer eine Rolle.[31]

Bei einer Recherche, die auf weniger populäre Musik zielt, ist es deshalb notwendig, einem möglichst weiten Bereich des Trefferrankings Beachtung zu schenken und verschiedene Suchoptionen zu berücksichtigen.

Die Videoplattform YouTube, die ein großes Angebot an akustischem beziehungsweise audiovisuellem Material bereithält, bietet eine Suchfunktion und zeigt zu jedem aufgerufenen Inhalt auch intern verlinkte Vorschläge an. Die Algorithmen zur Ordnung von Mu-

[29] vgl. de La Motte-Haber 2007, S. 261
[30] vgl. Wiora 1970, S. 103–104
[31] vgl. Lewandowski 2005

sik auf Musikplattformen folgen einem jeweils eigenen Paradigma. Pandora[32] versucht, den Geschmack eines Nutzers anhand von innermusikalischen Kriterien, also ästhetisch, zu analysieren. Last.fm[33] berücksichtigt bei den vorgeschlagenen Musikstücken vor allem solche, die auch Nutzer mit einer ähnlichen Musikpräferenz häufig hören. Dieser Algorithmus orientiert sich also am sozialen Kontext der Musik.

Bei der *Quellenkritik* kann die Selbstbezüglichkeit des Webs 2.0 zu Schwierigkeiten führen. Wenn im Internet an verschiedenen Stellen kohärente Informationen zu einem bestimmten Sachverhalt kommuniziert werden, muss dies kein Beleg für die Richtigkeit des Sachverhaltes darstellen, da die Kohärenz letztlich auch daher rühren kann, dass sämtliche Quellen sich auf denselben Ursprung beziehen. Damit erhält die weite Verbreitung einer Information lediglich den Rang eines Gerüchts. Deshalb wird es in vielen Fällen notwendig sein, möglichst auch nicht virtuell kommunizierte Informationen einzubeziehen.

Rückschlüsse aus dem teilweise mitgelieferten Bildmaterial gestalten sich schwierig. Es ist durchaus möglich, dass ein professioneller Künstler sein audiovisuelles Material absichtlich in niedriger Qualität bereitstellt, um so seine Web-Credibility, in Analogie zu der in der Musikwirtschaft als vorteilhaft angesehenen Street-Credibility, zu steigern und Echtheit zu vermitteln.

Umgekehrt gibt es natürlich auch hochwertige Videos von Musikern, die die technischen Möglichkeiten der Video-Produktion voll ausschöpfen, während die musikalische Qualität dem professionellen Anspruch des Videos nicht standhält.

Personen, die auf Plattformen musikalisches Material bereitstellen, treten in vielen Fällen nicht mit ihrem echten Namen auf. Es besteht dann meist die Möglichkeit, Mitglied der Plattform-Community zu werden und über die Plattform mit den anderen Mitgliedern zu kommunizieren. Auf diesem Weg lassen sich teilweise Hintergrundinformationen zum bereitgestellten Material erhalten. So wurden beispielsweise Informationen für diese Arbeit über das kollaborative Songwriting von *Fab The Gap* eingeholt[34].

Neben dem persönlichen Kontakt und der Bewertung des Bildmaterials können auch die Kommentare anderer zum jeweiligen Inhalt Aufschluss über dessen Authentizität geben.

Auch die *Aufbewahrung* stellt bei der Nutzung des Webs 2.0 als Zugang zu Quellen einen Sonderfall dar. Die Quellen werden vom Web selbst gespeichert, das heißt die Server der

---

[32] Siehe Kapitel 6.2 Pandora und die Musikgenetik
[33] Siehe Kapitel 6.3 Musikalische Nachbarn bei last.fm
[34] Siehe Kapitel 5.9.4 und Anhang

11

Plattform speichern das Material und bieten es an. Dieser anscheinend komfortable Umstand bringt auch Probleme mit sich. Es kommt vor, dass Musik, die man bereits gesucht und gefunden hat, wieder aus dem Netz genommen wird, oder dass ein erneuter Zugriff verweigert wird. Dies kann verschiedene Gründe haben.

Wenn das Material vertraglich an eine Verwertungsgesellschaft gebunden ist, können die Verträge des Anbieters mit der Verwertungsgesellschaft auslaufen, so dass das Material deshalb gesperrt werden muss. In diesem Fall hat man in der Regel die Möglichkeit, auch über Online-Stores oder den Plattenhandel an die Aufzeichnungen zu gelangen.

Schwieriger gestaltet sich die Arbeit, wenn das Material von der Person, die das Material ursprünglich hochgeladen hatte, wieder von der Plattform genommen wird oder wenn es mit der ursprünglich verwendeten Suchfunktion oder Verlinkung nicht mehr aufgefunden werden kann. Hier muss geprüft werden, ob das Material möglicherweise noch auf einer anderen Plattform verfügbar beziehungsweise auffindbar ist.

Um sich vor einem solchen Verlust zu schützen, gibt es die technische Möglichkeit, das Material auf dem eigenen Rechner zu sichern. Leider bewegt man sich dabei in einer rechtlichen Grauzone, da nicht immer eindeutig geklärt ist, ob der Urheber der Musik mit einem Download einverstanden ist. Sicherheit bieten am ehesten die Plattformen, die auf den Nutzungsbedingungen der Creative Commons basieren. Eine Creative Commons-Lizenz stellt für den Nutzer Klarheit her, welche Nutzungsbedingungen für einen bestimmten Inhalt gelten.[35]

Ein sich abzeichnender Trend, wird als Cloud-Computing bezeichnet. Hierbei werden die Daten nicht mehr auf dem heimischen Rechner gespeichert, sondern in der sogenannten Cloud. Dies bedeutet beispielsweise, dass die eigene digitale Musiksammlung auf Internetserver hochgeladen wird. Dadurch kann man von jedem Internetzugang aus auf die gespeicherten Daten zugreifen.

Auch das *Anlegen von Verzeichnissen* und die *Klassifikation* unterliegen durch die Implementierung des Webs 2.0 in die Quellenarbeit Wandlungsprozessen und werden selbst zum Untersuchungsgegenstand. Musik im Web 2.0 ist häufig schon durch die Community klassifiziert. Allerdings meist nicht in Kategorien und Hierarchien geordnet, sondern anhand von Schlagwörtern, die von den Nutzern vergeben werden.

---

[35] Siehe hierzu auch fabricatorz

12

Die *Transkription* von Quellen muss in aller Regel in gewohnter Weise durch eine qualifizierte Person vorgenommen werden. Technische Systeme, die klangliches Material in Notenschrift überführen, liefern insgesamt noch unbefriedigende Ergebnisse.

Es besteht die technische Möglichkeit, die Hüllkurve eines Klanges durch einen Rechner zu analysieren und zu verbildlichen. Dies mag in manchen Fällen die musikalische Analyse erleichtern, kann jedoch keinen adäquaten Ersatz für eine Transkription darstellen. Die Hüllkurven bieten Hilfe bei der Visualisierung der Struktur des Musikstückes sowie bei der Analyse der akustischen Dichte der einzelnen Abschnitte. Teilweise werden die Hüllkurven von der bereitstellenden Plattform selbst als Visualisierung der Musik angeboten (Abbildung 1).

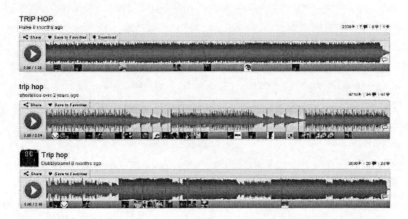

Abbildung 1: Hüllkurven, die von SoundCloud für verschiedene Trip Hop-Stücke berechnet wurden[36]

Technisch betrachtet werden die von der Plattform gesammelten Werke auch von einigen Plattformen *editiert*. Jedes einzelne Element des Contents wird durch Algorithmen in einen Kontext mit anderen Elementen gestellt. Dabei beziehen diese Algorithmen meist die Bewertungen von Nutzern, zugeordnete Schlagwörter und die Häufigkeit der Nutzung eines Inhalts mit ein.

Nutzerseitig besteht die Möglichkeit, Bilder, Songs und sonstige Informationen auf anderen Web-Seiten weiterzuverwenden oder in eigenen Seiten einzubinden, was man als softwaremäßiges Mashup bezeichnet. So werden beispielsweise häufig Inhalte von Y-

---

[36] SoundCloud - Share Your Sounds 2012

13

ouTube auf den Pinnwänden von Facebook veröffentlicht und dadurch Teil der Facebook-Ästhetik.

Das Einbinden von YouTube-Videos auf fremden Seiten wird von YouTube explizit angeboten und bietet demnach auch größere rechtliche Sicherheit, im Gegensatz zu der Möglichkeit des Downloads und der Verarbeitung auf der eigenen Site.

Um gezielt nach Inhalten des Webs 2.0 zu suchen, gibt es kollaborative Plattformen, auf denen musikrelevante Informationen gesammelt und veröffentlicht werden. Im schnelllebigen Bereich des Internets kommen ständig neuen Seiten hinzu. Dadurch fluktuieren die Popularität, der Informationsgehalt und die Aktualität der einzelnen Seiten. Für den Zeitraum dieser Untersuchung boten folgende Plattformen relevante Informationen.

- Auf der Plattform Web2null[37] sammeln Nutzer Websites mit musikbezogener Web 2.0-Funktionalität. Viele der Seiten bleiben jedoch mit ihrer Idee in der Startphase stehen oder sie kopieren lediglich bekannte Konzepte. Da es beim Web 2.0 auch darum geht, dass viele das Internet aktiv nutzen, werden in dieser Arbeit nur Plattformen erwähnt, die auch eine breite Nutzung finden, wie beispielsweise YouTube oder SoundCloud.

- Die Plattform Know Your Meme[38] sammelt Internetmeme[39] und Informationen zur Genese und der Verbreitung der Meme.

- Die redaktionell betreute Seite Mashable[40] liefert aktuelle Informationen zu allen Bereichen des Themas Web 2.0.

- Außerdem bietet Twitter[41] die Möglichkeit, nach relevanten Informationen und Links anderer Twitter-Nutzer zu suchen.

1.2 Methodik der Arbeit und wissenschaftstheoretische Einordnung

Das Offenlegen und die Reflexion der verwendeten Methoden und der zugrunde gelegten Theorien verhelfen der wissenschaftlichen Untersuchung zur notwendigen Objektivität und Überprüfbarkeit.

---

[37] Pisculla
[38] Internet Meme Database | Know Your Meme
[39] Der Begriff „Mem" beschreibt ein Informationsmuster, das als Baustein eines Kommunikationsobjektes gespeichert und verbreitet wird. In Analogie zum Konzept der Gene wird beim Konzept der Meme davon ausgegangen, dass auch hier Mutations- und Ausleseprozesse stattfinden. Die Minimalanforderung an ein Mem stellt die Replikation durch Imitation dar (vgl. Ronchi 2009, S. 36).
[40] Social Media News and Web Tips – Mashable – The Social Media Guide
[41] Twitter

Musik ist wie ihr Kontext einem ständigen Entwicklungsprozess unterzogen. Dieser Entwicklungsprozess verläuft nicht immer geradlinig, sondern mit Brüchen und Verwerfungen. Ebenso wandeln sich die Medien, mit deren Hilfe Musik kommuniziert wird. Um diesen Wandlungsprozessen Rechnung tragen zu können, müssen die musikwissenschaftlichen Untersuchungsmethoden und die betreffenden Theorien am jeweiligen Untersuchungsgegenstand geprüft und entsprechend angepasst werden. Der Prozess der Erkenntnisgewinnung wird dabei offengelegt, damit die gewonnenen Erkenntnisse nachvollziehbar sind.

Zu Beginn der Untersuchungen lagen noch zu wenige musikbezogene Darstellungen und keine entsprechende materiale Theorie zu den Inhalten des Webs 2.0 vor, deren Informationen analytisch und diskursiv hätten verdichtet werden können, deshalb wurde die Arbeit als qualitative Feldforschung angelegt, um eine Grounded Theory nach Glaser und Strauss zu entwickeln. Deren Ansatz entsprechend wurde nicht eine Hypothese formuliert und verifiziert beziehungsweise falsifiziert, sondern es wurde eine datenbasierte in weiten Teilen materiale Theorie gebildet.

Methodisch werden deshalb einerseits theoretische Elemente durch *fortlaufende Inklusion* verifiziert, andererseits kommen durch *komparative Analyse* neue Theorieelemente hinzu.[42]

Bei der komparativen Analyse müssen möglichst viele Phänomene miteinander verglichen werden, bis eine ausreichende *theoretische Sättigung* erreicht wird, was bedeutet, dass neue Daten keine neuen Erkenntnisse liefern.

Für die Untersuchung von Musik im Web 2.0 bedeutet dies, dass zur Datensammlung Plattformen, Nutzungsweisen und Medieninhalte beschrieben und analysiert werden, so dass einerseits anhand der hervortretenden Merkmale Genres oder Kategorien gebildet werden können und dass andererseits die Merkmale bestehender Genres oder Kategorien identifiziert und geprüft werden können. Als Kodierschema wurde die in Kapitel 2 dargelegte triadische Relation aus Individuum, Medien und Gesellschaft verwendet.

Um das Web 2.0 als Medium und als sozialen Ort analysieren und interpretieren zu können, ist ein *theoretisches Sampling* anhand von zu erstellenden deskriptiven Abschnitten notwendig, da die Analyse, die hier schriftlich fixiert wird, ohne verbale Vergegenwärtigung des Untersuchungsgegenstandes nicht darstellbar und vermittelbar wäre. Durch die Deskription der Inhalte des Webs 2.0 wird der Wahrnehmungshorizont entwickelt, vor

---

[42] vgl. Glaser, Strauss und Paul. 2010, S. 66–67

15

dem die Analysen entstehen. Außerdem können und sollen die deskriptiven Anteile die Grundlage für die weitere Exploration des Untersuchungsgegenstandes bilden.

Beim theoretischen Sampling wurden typische, kritische und extreme Phänomene ausgewählt. Eine rollende Planung gewährleistete die notwendige Offenheit, die ein dynamisches Feld wie das Web 2.0 verlangt. Das Auswählen der Inhalte entsprechend der Plattform-Vorschläge realisierte die in der Feldforschung etablierte teilnehmende Beobachtung[43].

Wo immer es möglich und sinnvoll ist, wird diskursiv auf vorhandene musikwissenschaftlichen Erkenntnisse Bezug genommen. Damit entspricht die Arbeit wissenschaftlichen Anforderungen, wie sie für die Musikwissenschaft beispielsweise von Rösing und Petersen gefordert werden.[44]

Die Untersuchung von Musik im Web 2.0 integriert verschiedene Wissenschaftsdisziplinen. Trotz der einzubeziehenden Kontexte ist das die Erkenntnis leitende Interesse musikwissenschaftlicher Art. Diese Herangehensweise wird auch von Matejka nahegelegt, der in einer bewusst überspitzten Formulierung Musikwissenschaft als abstrakten Sammelbegriff von Einzelwissenschaften darstellt.[45]

Die Musikwissenschaft steht in vielfältigen Beziehungen zu anderen wissenschaftlichen Disziplinen. Als Wissenschaft, die kulturelle Texte untersucht, ist sie verwandt mit der Kunst- und der Literaturwissenschaft.[46]

Interpretation und die Analyse von semantischen Bezügen und syntaktischen Beziehungen sind allen Textwissenschaften gemein. Die moderne kulturwissenschaftliche Perspektive von Becker, die unter anderem die Analyse der Beziehungen von „Autor, Text und Kontext" verlangt, steht in enger Beziehung zur der im zweiten Kapitel dargestellten triadischen Relation aus Individuum, Medien und Gesellschaft.[47]

Die Semiotik, die bei der strukturalistischen Beschreibung einzelner Phänomene den theoretischen Hintergrund bildet, verweist immer schon auf die Kontexte, die für die Existenz eines kulturellen Codes notwendig sind. Die Texte des Webs 2.0 sind zwar teilweise aus sich selbst heraus verständlich, dennoch ist es bei ihrer Analyse notwendig,

---

[43] Girtler 2001
[44] vgl. Rösing und Petersen op. 2000, S. 26
[45] vgl. Matejka 1976, S. 19
[46] "Es wäre *Fachprovinzialismus*, eine Methodik musikalischer Werkbetrachtung ohne eingehenden Hinblick auf die ausgezeichneten Leistungen der Interpretation in Kunst- und Literaturgeschichte aufzubauen [...] Nicht nur der Stand des jeweiligen Faches ist verbindlich, sondern der Stand des Gesamtunternehmens Wissenschaft" Wiora 1970, S. 96
[47] vgl. Becker 2007, S. 17

16

auch die Kontexte einzubeziehen, auf welche sie verweisen. Da es sich hier um eine musikwissenschaftliche Arbeit handelt, wird ein besonderes Augenmerk auf die musikbezogenen Referenzen gelegt.

Musik liegt im Web 2.0 in einen audiovisuellen Kontext eingebettet vor. Das heißt, eine Analyse der Musik fordert die Integration kontextueller und intermedialer Perspektiven. In vielen Fällen ist eine Einbeziehung nichtauditiver Elemente in die Analyse notwendig. So werden verschiedene mediale Inhalte und unterschiedliche mediale Repräsentationen ähnlicher Inhalte zueinander in Beziehung gesetzt.

Gerade das Web 2.0, das auch als Mitmachweb bezeichnet wird, rückt Musik in einen gesellschaftlichen Kontext und bindet sie in die kommunikative Praxis des Webs 2.0 ein.

Da Musik im Web 2.0 meist nicht schriftlich fixiert, sondern als auditives Material kommuniziert wird, stellen sich weniger Fragen der Interpretation schriftlicher Fixierung, sondern es wird vom konkreten Klang ausgegangen, was dem von Elste[48] beschriebenen Übergang von der Partitur- zur Klangwissenschaft entspricht.

Auch im Hinblick auf die Rezeptionsbedingungen werden Veränderungen relevant. Hier treten vor allem der Umfang und die Ordnung des Materials in den Vordergrund und der Umstand, dass mittlerweile die Möglichkeiten des Webs 2.0 durch Smartphones auch problemlos mobil nutzbar sind.

Schwerpunktmäßig ist die Arbeit der Systematischen Musikwissenschaft zuzuordnen, da mit den Analysen ein objektiver und ordnender Überblick und das Erkennen von Gesetzmäßigkeiten angestrebt wurden. Es spielten jedoch auch teilweise interpretierende Verfahren der Historischen Musikwissenschaft eine Rolle. Der Erkundungscharakter der Untersuchungen verweist auch auf die Musikethnologie, so dass sich ein grenzübergreifender Ansatz ergab.

Wo es der Forschung dienlich war, wurde der von Fricke[49] eingeforderte Paradigmenwechsel von der systematischen zur systemischen Sichtweise vorangetrieben. Dieser Ansatz führt über die Einteilung von Kategorien und der Bestimmung ihrer Eigenschaften hinaus zur Beschreibung von Wechselwirkungen zwischen den identifizierten Elementen.

Die soziale Bedeutung von Musik wird im Web 2.0 nicht unabhängig von ihren ästhetischen Parametern generiert. Ihre Ästhetik entsteht nicht unabhängig von sozialen Kontexten oder von medialen Bezügen. Bei der Koordination der verschiedenen Perspektiven zu einem ganzheitlich-mehrperspektivischen Zugang, bietet die Systemik für die Musikwis-

---

[48] vgl. Elste 2007, S. 146
[49] vgl. Fricke 2003, S. 17

17

senschaft eine wichtige Hilfestellung. Die Systemik koordiniert die Fakten aus verschiedenen Teilbereichen, ermöglicht die Beschreibung von synchronen und asynchronen Rückkoppelungsprozessen und sie führt von Was-Fragen zu Wie- und Warum-Fragen.[50] Eine Besonderheit des Webs 2.0 besteht darin, dass ständig Menschen daran arbeiten, den bereitgestellten Content zu organisieren. Neben einer Untersuchung exemplarischer Inhalte ist es deshalb auch wichtig zu fragen, welche Ergebnisse die „Weisheit der Vielen"[51] bei der Organisation des musikalischen Materials liefert.

Die Untersuchung musikwissenschaftlicher Fragestellungen, die die Mitmach-Aspekte des Internets betreffen, lenkt den Blick auch auf die technisch geschaffenen Strukturen, die helfen, den musikalischen Web-Content zu ordnen. Eine solche Metaordnung der Musik ist letztlich eine Weiterführung der innermusikalischen Ordnung, die Hanslick[52], im Gegensatz zu naturgegebenen zufälligen Klangfolgen, als eine mathematische, also logisch strukturierte, definiert hat.

Musik ist im Mitmachweb als Inhalt der Kommunikation wichtig und beliebt. Als Kontext wird Musik von den Nutzern nur akzeptiert, wenn die intertextuellen und intermedialen Bezüge, in denen die Musik steht, von hoher ästhetischer Intensität geprägt sind, wie dies beispielsweise bei vielen YouTube-Videos der Fall ist. Musik wird gerne getauscht und rezipiert, solange die Nutzer Kontrolle über die Musikauswahl haben. Vertonungen von Webauftritten, beispielsweise von Firmen, werden dagegen immer seltener. Es hat sich die Praxis etabliert, optionalen Sound anzubieten, der erst durch den Nutzer aktiviert wird.

Ästhetische Intensität kann sich beispielsweise entfalten, wenn sich die emotionale Botschaft von geposteten Songs oder Videos auf Facebook kohärent in das sonstige Profil des Teilnehmers integriert, wenn der Teilnehmer also auf diese Weise als authentisch wahrgenommen wird. Damit wird das Merkmal der Authentizität, das auch schon in der Werkästhetik des 19. Jahrhundert eine zentrale Kategorie darstellt, zu einem wichtigen Merkmal einer ästhetischen Text-Kontext-Relation.

---

[50] vgl. Fricke 2003, S. 21
[51] Surowiecki 2005
[52] vgl. Hanslick 1982, S. 130

18

1.3 Forschungsstand und Forschungsfragen

Die unter 1.3 eröffneten Perspektiven stellen weite Bereiche musikwissenschaftlicher Fragestellungen zu Musik im Web 2.0 dar. Der aufgearbeitete Stand der Forschung zu Beginn der Untersuchungen 2009 zeigte, dass Föllmer[53] mit seiner Untersuchung von Netzmusik noch eher elitäre Netz-Experimente im Blick hatte, und Drees sich auf einzelne Aspekte, wie zum Beispiel Vermittlung Neuer Musik[54] oder dem polnischen Musikleben[55] konzentrierte. Daran anknüpfend untersucht die vorliegende Arbeit Musik im Web 2.0 als ein Massenphänomen. Der 2010 erschienene Artikel "Musikmachen im Web 2.0"[56] von Matthias Krebs stellt sehr plastisch die Chancen von Plattformen dar, die es Musikern erlauben, online produktiv zu werden. Allerdings bleiben auch diese Plattformen, was ihre Verbreitung betrifft, weit hinter YouTube und Facebook zurück. Die Analysen von Musik im Web 2.0 werden von einer übergreifenden Fragestellung geleitet:

Wie verändert die umfassende Nutzung des Webs 2.0 das musikalische Feld?

Vor dem darzulegenden theoretischen Hintergrund bündelt diese Fragestellung eine Vielzahl engerer Fragestellungen:

- Wie lassen sich die Inhalte des Webs 2.0 als Quellen für die Musikwissenschaft erschließen?
- In welcher Weise beeinflusst die Nutzung des Webs 2.0 die Produktion von Musik?
- Wie wird Musik im Web 2.0 genutzt beziehungsweise kommuniziert?
- Welchen Stellenwert hat Musik bei der Kommunikation im Web 2.0?
- Welche digital ermöglichten kollaborativen Kompositionsformen werden erfolgreich praktiziert?
- Welche Demokratisierungstendenzen sind zu beobachten?
- Welchen Einfluss hat die Nutzung des Webs 2.0 auf die Rezeption von Musik?

---

[53] Föllmer 2005
[54] Drees 2009b
[55] Drees 2009a
[56] Krebs 2010

19

2. Diskursiv-systemische Einordnung von Musik und Web 2.0

Für eine systemische Betrachtung von Musik, muss Musik systemisch modelliert werden. Um intermediale und soziale Bezüge beschreiben, untersuchen und reflektieren zu können, muss auch der Kontext, in den sie eingebettet ist, in das Modell integriert werden. Das zu entwickelnde System soll für alle oder zumindest für möglichst viele Arten von Musik und musikalische Kontexte als theoretischer Hintergrund dienen können. Deshalb muss von dem Modell gefordert werden, dass es gleichermaßen die Autonomie von musikalischen Kunstwerken, wie auch die sozialen Bezüge von Popmusik, integriert. Dadurch wird außerdem die Möglichkeit geschaffen, auch soziale Bezüge von Kunstmusik oder künstlerische Autonomie von Popmusik innerhalb eines theoretischen Modells zu integrieren. Ebenso sollen sich Netzmusik oder funktionale Musik und ihre Kontexte systemisch beschreiben lassen.

Für das Mitmachweb können die gleichen Prinzipien als konstituierend angesehen werden, wie für eine zivilisierte Gesellschaft und für Musik. Es handelt sich hierbei um die miteinander verwandten Prinzipien des Austauschs und der Zusammenarbeit: Kommunikation, Kooperation, Koproduktion und Kommutation.

Diese Prinzipien regeln das Zusammenspiel teilweise eigenständiger und unabhängiger Elemente und ermöglichen dadurch, aus einem unstrukturierten Chaos eine erkennbare Struktur entstehen zu lassen.

Sie bieten durch ihr gemeinsames Präfix „ko-" keine vollkommene Abgrenzung voneinander. Die Relationen, die durch die Wortanteile „zusammen" und „miteinander", impliziert werden, sind eine Grundbedingung für das Entstehen von Gesellschaft ebenso wie für die Entstehung und die Wahrnehmung von Musik.

Die Annahme, dass es Gesetzmäßigkeiten gebe, die gleichermaßen der Musik wie außermusikalischen Entitäten zugrunde liegen, wird bereits in der Antike vertreten. Pythagoras glaubte in der mathematisch darstellbaren Ordnung von Harmonie und Rhythmus das Gesetz des Kosmos zu entdecken.[57]

Adorno nimmt ebensolche Zusammenhänge für Neuzeit und Moderne an. So bestimmt er beispielsweise innere Übereinstimmungen zwischen der entstehenden Arbeitsteilung während der Manufakturperiode und der motivisch-thematischen Arbeit bei Bach, als

---

[57] vgl. Seidel 2004, S. 135

zugleich aufspaltende und synthetisierende Verfahren. Ebenso sieht er die Dynamisierung der Gesellschaft durch das bürgerliche Prinzip und die Dynamisierung der Musik bei Beethoven „in einem Sinne" sich entwickeln. Allerdings vermag er nicht zu ergründen, wie sich diese Einheit realisiert.[58] Kneif bezieht in seinem musiksoziologischen Verfahren die Musik als zentrale Kategorie auf die Gesellschaft. Hierfür findet er drei Beziehungsstrukturen. a) Musik in ihrer Funktion innerhalb der Gesellschaft (M ↑↓ G), b) Musik in ihrer Einwirkung auf die Gesellschaft (M → G) und c) Musik in ihrer Bedingtheit durch die Gesellschaft (G → M) [...]. Bei dieser Nomenklatur steht M für die Musik, G für die Gesellschaft und die Pfeile zeigen die Richtung der kausalen Einwirkung an.[59]

Auch Helmholtz[60], der sich in seinen Untersuchungen stark auf die physikalischen Gegebenheiten des musikalischen Feldes bezieht, sieht überall „Spuren von Gesetzmäßigkeit" und erlebt ein Gefühl von „Vernunftmäßigkeit des Kunstwerks". Er verzichtet jedoch darauf, den „Plan des Ganzen" oder das dahinterstehende „Gesetz" zu erforschen. Möglicherweise kann mit der Sichtweise der systemischen Musikwissenschaft „dem Plan des Ganzen" eine weitere Facette abgerungen werden.

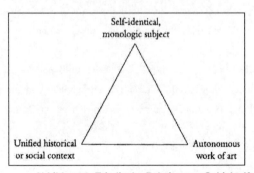

Abbildung 2: Triadische Relation von Subjekt, Kontext und Werk[61]

---

[58] vgl. Adorno 1962 und 1968, S. 238
[59] vgl. Kneif 1966, S. 91
[60] "Denn indem wir überall die Spuren von Gesetzmäßigkeit, Zusammenhang und Ordnung wahrnehmen, ohne doch das Gesetz und den Plan des Ganzen vollständig übersehen zu können, entsteht in uns das Gefühl einer Vernunftmäßigkeit des Kunstwerks, die weit über das hinausreicht, was wir für den Augenblick begreifen, und an der wir keine Grenzen und Schranken bemerken." von Helmholtz 1913, S. 590
[61] Korsyn 2003, S. 46

21

Wie kann das Modell für die individuumsbezogenen, sozialen und medialen Verwebungen von Musik aussehen? Als Startpunkt des Modells wird das „Bermuda Triangle of Aesthetic Ideology" (Abbildung 2) von Korsyn gewählt.

Der Eckpunkt „Autonomous work of art" wird allerdings weiter gefasst und durch den Begriff „Medium" ersetzet, damit dieses eine Modell und seine verschiedenen zu konstruierenden Ausdifferenzierungen als Grundlage für die gesamte Untersuchung dienen können (

Abbildung 3).

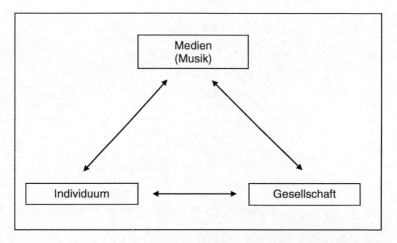

Abbildung 3: System aus Individuum - Medien - Gesellschaft

Die Eckpunkte Medien, Individuum und Gesellschaft und ihre wechselseitigen Beziehungen werden im Folgenden genauer spezifiziert. Dabei wird versucht herauszuarbeiten, was den Kern eines jeden Eckpunktes ausmacht und in welcher Weise die bestehenden Verflechtungen zu beschreiben sind.

Eine ähnliche triadische Relation wird auch von Csikszentmihalyi und darauf Bezug nehmend von Bullerjahn[62] zum Verständnis des kreativen Prozesses dargestellt (Abbildung 4). Hier werden die kulturelle Domäne, das gesellschaftliche Feld und individuelle Elemente in wechselseitiger Abhängigkeit verknüpft.

---

[62] vgl. Bullerjahn 2004, S. 129

22

Die Wechselbeziehung zwischen Individuum und Gesellschaft wird hier für den kreativen Prozess bidirektional klassifiziert. Aufgabe des Individuums ist es, Neuerungen zu produzieren, während die Gesellschaft ebensolche Neuerungen stimuliert. Neuerungen von Individuen gelangen in den Bereich der Kultur und werden durch die Gesellschaft ausgewählt, wodurch sie erst praktische Relevanz erhalten. Insgesamt wird dieser Prozess mit dem Begriff Produsage, der konstruktiven Wechselbeziehung von Produktion und Nutzung, beschrieben.

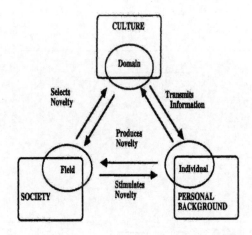

Abbildung 4 - Systemische Sichtweise auf den kreativen Prozess[63]

Strukturalistisch betrachtet ermöglichen die Medien Kommunikation und lassen dadurch aus Individuen Gesellschaft entstehen. Musik wird im triadischen Modell aus Individuum, Medien und Gesellschaft dem Bereich der Medien zugeordnet.

Individuen interagieren in unterschiedlicher Weise mit verschiedenen Medien. Welche Menschen mittels welcher Medien, auf welche Art und zu welchem Zweck kommunizieren, bestimmt letztlich die dadurch entstehende Gesellschaft.

Aus der Perspektive einer Theorie der Medienbildung entwickelt Meder ein dreifaches Verhältnis der Bildung, bei dem er den Einzelnen *erstens* in Beziehung zu den Sachen setzt, *zweitens* in Beziehung zu den anderen in der Gemeinschaft und *drittens* zu sich selbst in Vergangenheit, Gegenwart und Zukunft. Bildung beschreibt er dementsprechend als Prozess und verwendet für die Klassifikation der Veränderungen der Verhältnisse die

---

[63] Csikszentmihalyi 2009, S. 315

Begriffe Assimilation und Akkomodation, in Anlehnung an Piaget. Dabei stellt Assimilation für Meder die Verfeinerung des Mediums dar und Akkomodation die Generierung eines Mediums im Medium als eine Art der Emergenz und damit als Medium auf höherer oder anderer Ebene.[64] Das Individuum ist ein Teil der Gesellschaft oder kann ein Teil einer Gesellschaft sein. Es wird hier angenommen, dass eine ungeordnete Menge von Menschen, quasi bottom-up[65], durch die medial vermittelte Kommunikation erst zur Gesellschaft wird. Daneben wird aus soziologischer Perspektive[66] vorausgesetzt, dass nicht allein die Individuen die Gesellschaft bestimmen, sondern auch die medialen Kommunikationsstrukturen. Daraus folgt, dass Individuen die Gestaltung der Gesellschaft mitbestimmen können, wenn sie Macht über die Medien erhalten. Eben dieser Aspekt der Mitgestaltung und Mitbestimmung wird im Bereich des Internets als *Zweinulligkeit* bezeichnet.

Mithilfe der triadischen Relation lässt sich die Text-Kontext-Dichotomie zwischen Musikästhetik und Cultural Studies veranschaulichen. Eine perspektivisch enge Musikwissenschaft befasst sich möglichst ausschließlich mit Musik, aus der hier beschriebenen systemischen Sicht also mit dem Medium. Lediglich Bezüge zum Komponisten als Genie oder zum Rezipienten als geistreichem Individuum werden in die Betrachtungen mit einbezogen. Der gesellschaftliche Aspekt wird dabei ausgeblendet.

Die Cultural Studies, die sich mit den sozialen Kontexten von Populärer Musik beschäftigen, vernachlässigen die Untersuchung der Musik an sich. Durch die Nutzung der triadischen Relation können die Bezüge zwischen dem Komponisten, beziehungsweise dem Rezipienten als Individuum oder Subjekt, den Medien und dem gesellschaftlichen Kontext integriert werden. Diese Sichtweise schließt keinesfalls die Betrachtung von Musik als autonomer Kunst aus. Sie bietet jedoch die Chance, einen erweiterten Blickwinkel zu gewinnen.

Dieser erweiterte Blickwinkel ist notwendig, gehörte es doch bereits zu den kulturtheoretischen Annahmen der Cultural Studies, dass Kulturprodukten aufgrund ihrer Mehrdeutigkeit von den Kulturindustrien nicht vorab eine Bedeutung zugewiesen werden kann.[67] Diese Annahme deckt sich mit der hier zugrunde gelegten Voraussetzung, dass die sozia-

---

[64] vgl. Meder 2011, S. 77–78
[65] Das Bottom-up-Prinzip beschreibt, wie größere Strukturen entstehen, ohne dass ein Plan für das große Ganze besteht. Es genügt, dass die zugrunde liegenden Elemente bestimmten Regeln gehorchen. Ein Beispiel für eine solche Struktur ist ein Vogelschwarm.
[66] Luhmann 1997
[67] vgl. Pape 2007, S. 463

le Bedeutungsgenerierung als ein emergenter Prozess zu beschreiben ist, der bottom-up Strukturen bildet, die sich top-down selbst stabilisieren.

Clayton bezieht sich auf El-Hani und Pereira[68] und erörtert Merkmale des Emergenzkonzepts. Als konstituierend für Emergenz wird bei ihm dargestellt, dass ab einem bestimmten Grad von Komplexität in Systemen völlig neue Eigenschaften eines Objekts auftreten. Hierfür nennt er vier Bedingungen.

a) Die neue Eigenschaft kommt zu den Eigenschaften der Teile noch hinzu.

b) Die neue Eigenschaft gehörte bisher zu keinem der Teile.

c) Die neue Eigenschaft unterscheidet sich von jeder strukturellen Eigenschaft des Objekts.

d) Die neue Eigenschaft hat direkten Entscheidungseinfluss nach unten auf die einzelnen Teile des Objekts.

Als Unreduzierbarkeit von Emergenz wird der Umstand bezeichnet, dass emergente Eigenschaften weder vorhersehbar noch reduzierbar auf die niedrigeren Phänomene sind, aus denen sie entstanden sind. Außerdem besagt das Prinzip der Abwärtskausalität, dass Einheiten von höherem Niveau ursächlich auf ihre niedrigeren Komponenten einwirken.[69] Hanslick verfügte noch nicht über das Vokabular der Emergenz, hatte aber bereits das Konzept im musikalischen Bereich erkannt, indem er feststellte, dass „die Tonkunst erst da anfange, wo jene isolierten Klangwirkungen aufhören [...]".[70] Außerdem identifiziert Blume Tonalität als „Gravitationsfelder", die das musikalische Material quasi selbst zu organisieren scheinen.[71]

In Rückgriff auf Meders[72] Theorie der Medienbildung stellt Musik ein höheres Medium dar, das durch systemische Akkomodationsprozesse im Bereich des Akustischen entsteht. Unreduzierbar ist Musik insofern, als ihre Strukturen nicht aus physikalischen Gesetzen im Bereich des Akustischen ableitbar sind, während sie dennoch abwärtskausal auf die akustische Erscheinungen einwirken. Ebenso unreduzierbar sind die Prozesse, die einen Song zum Hit werden lassen, da hier immer die Gesamtheit der Determinanten, wie beispielsweise Sound, Lyrics, Image des Künstlers oder Veröffentlichungszeitpunkt über den Erfolg eines Musikstückes bestimmt.

---

[68] El-Hani und Pereira 2000
[69] vgl. Clayton 2008, S. 14
[70] Hanslick 1982, S. 105
[71] vgl. Blume 1959, S. 13
[72] Meder 2011

25

Die Beschreibung musikbezogener Phänomene mithilfe der Begriffe der Emergenz soll nun auf das systemische Modell bezogen werden. Korsyn beschreibt beim „Bermuda Dreieck" (Abbildung 2) die Eckpunkte als ineinander transformierbar.[73] Dieser holistische Ansatz kann als fraktale Struktur visualisiert werden, die im Folgenden genauer ausdifferenziert und beschrieben wird. Der Prozess des Wechselspiels von subjektiven Wahrnehmungs- und Gestaltungsprozessen und ihren medial vermittelten Objektivierungen ist dann als triadisch-fraktale Subjekt-Medium-Objekt-Relation zu beschreiben.

Ein Grund für den Erfolg virtueller sozialer Netze könnte darin bestehen, dass sie sowohl bestehende, als auch durch sie entstehende, soziale Strukturen technisch abbilden. Dabei handelt es sich nicht um eine identische, unvermittelte Abbildung, sondern um eine medial repräsentierte. Das Medium enthält folglich individuelle und soziale Elemente.

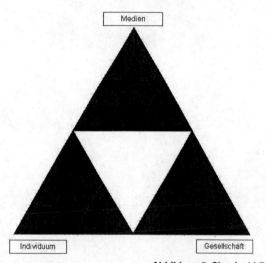

Abbildung 5: Sierpinski-Dreieck – Stufe 1

Ebenso sind die Elemente Medium und Gesellschaft bereits im Bereich des Individuums enthalten, weil das Individuum an sich schon als ein Medium, das sich selbst vermittelt, angesehen werden kann. Außerdem sind sowohl Individuen als auch Medien konstituierend für eine Gesellschaft.

---

[73] "The self-identical subject, the autonomous composition, and the hierarchy of contexts, then, can be regarded as transformations of each other [...]" Korsyn 2003, S. 45

Das Sierpinski-Dreieck[74] (Abbildung 5) als Veranschaulichung der triadischen Relation
wird hier zusammengesetzt aus drei kleineren Dreiecken. Auch diese Dreiecke zerfallen
selbst wieder in kleinere Dreiecke (

Abbildung 6).

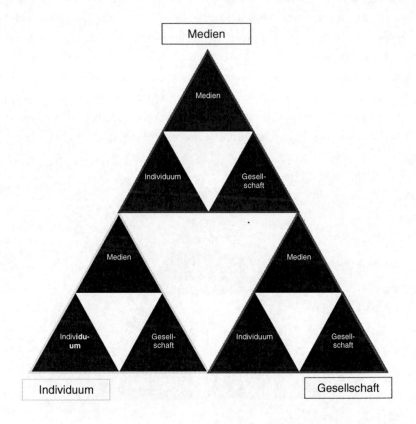

Abbildung 6: Sierpinski-Dreieck – Stufe 2

Wichtig bei der systemischen Sichtweise ist der Gedanke, dass die wechselseitige Abhängigkeit innerhalb der Struktur nicht durch lineare Kausalität zu beschreiben ist, sondern
dass die Abhängigkeiten in verschiedene Richtungen bestehen. Nicht nur die Kommunikationsformen von Individuen bestimmen bottom-up die Gesellschaft, sondern auch die

---

[74] Das Dreieck wurde benannt nach den polnischen Mathematiker Wacław Franciszek Sierpiński (1882 –
1969), der dieses Fraktial 1915 erstmals beschrieb.

27

Gesellschaft beeinflusst top-down die Individuen und deren Kommunikation durch die Bereitstellung von Kommunikationsstrukturen und –regeln.

Abbildung 7 verdeutlicht, dass im Bereich der Medien (rot) wiederum die drei Schwerpunktbereiche Medien, Individuum und Gesellschaft auftreten – ebenso im Bereich des Individuums (gelb) und im großen Bereich der Gesellschaft (blau). Zur sprachlichen Vereinfachung wird ein Code verwendet, um ein Dreieck innerhalb der Struktur benennen zu können. Für die drei Eckpunkte Individuum, Medien und Gesellschaft werden die Abkürzungen I, M und G benutzt. Bei der Benennung eines Dreiecks wird immer von außen nach innen vorgegangen. So ist beispielsweise mit dem Bereich M das rote Dreieck gemeint; mit dem Bereich MM der Bereich der Medien innerhalb des roten Dreiecks. Diese Bezeichnungsweise wird auch für tiefer liegende Schichten fortgesetzt. Das grün gefüllte Dreieck ist demzufolge der Bereich MGM; das grün umrandete Dreieck ist als der Bereich IM zu bezeichnen.

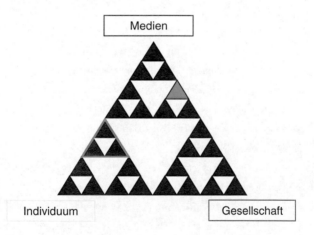

Abbildung 7: Sierpinski-Dreieck – Stufe 3

Wechselseitige Abhängigkeiten zwischen einzelnen Eckpunkten des Grundsystems oder zwischen Eckpunkten von Subsystemen können durch Rückkoppelungseffekte eine Eigendynamik entwickeln. So wie sich in fließenden Gewässern unter bestimmten Bedingungen relativ stabile Strudel mit einer Eigendynamik, oder Wirbelstürme in unserer Atmosphäre, bilden können.

Einen systemischen Strukturierungsprozess, der landläufig als Schneeballeffekt bezeichnet wird, beschreibt Surowieckis mit dem Konzept der Urteilskaskaden. Gemeint ist damit der Vorgang, dass Menschen häufig Urteile nicht auf der Basis der Faktenlage fällen, sondern aufgrund der Beobachtung der Urteile anderer. Die diesem Prozess zugrunde liegende Annahme, dass das, was viele meinen, richtig sein muss, wird als sozialer Beweis bezeichnet. Solche Feedbackprozesse machen aus Künstlern Stars oder lassen Videos viral werden. [75]

Auch die Entwicklung einer eigenständigen Musiksprache eines Künstlers, lässt sich mithilfe von Feedback-Schleifen erklären. Je mehr es ihm gelingt sich von bestehenden Konventionen und vom Urteil anderer zu lösen und sich auf sein Gefühl und die Bewertung durch sich selbst zu verlassen, desto eigenständiger wird seine Musik. Eine solche eigenständige Musiksprache ist dem Bereich MI zuzuordnen.

Es wird deutlich, dass das Modell nicht nur neue Aspekte des musikalischen Feldes erschließt, sondern dass es auch die Chance bietet, die differenzierten Betrachtungen von Einzelaspekten in ein Gesamtbild zu integrieren.

Ein verwandtes Modell stellen Rösing und Petersen bei der Grundlegung einer Rezeptionsforschung dar und beziehen sich dabei auf die Arbeit von Ross[76]. Bei diesem Modell ist Rezeption eingebunden in ein dreifaches Spannungsfeld aus Person, Produkt und Situation. Die Darstellung mit der Erweiterung durch erweiternde Dreiecke bietet ähnliche Möglichkeiten wie die fraktale triadische Relation. Allerdings bietet das fraktale Modell darüber hinaus gehende Möglichkeiten der Visualisierung von Ausdifferenzierungen und es bleibt nicht auf die Rezeption beschränkt. [77]

Sowohl die nach den Annahmen des systemischen Modells durch Emergenz entstehenden Objekte, als auch ihre Bausteine und Eigenschaften können als Meme[78] interpretiert werden. Damit lässt sich der Informationsfluss im Web 2.0, und die Bezüge zum musikalischen Feld, mithilfe der memetischen Theorie in der elaborierten Ausprägung Blackmore's[79] beschreiben.

Während der genetische Reproduktionsapparat in seinem langen Evolutionsprozess eine recht stabile Ausprägung gefunden hat, befindet sich der memetische Reproduktionsapparat noch im Entwicklungsstadium. Wichtige Schritte in der bisherigen Entwicklung bei

---

[75] vgl. Surowiecki 2005, S. 85
[76] Ross 1983, S. 401
[77] vgl. Rösing und Petersen op. 2000, S. 114
[78] siehe hierzu auch 5.4
[79] Blackmore 2000

der Weitergabe von Information waren beispielsweise die Erfindung der Sprache, der Schrift und aller weiteren Medien. Das Web 2.0 bildet den derzeit erfolgreichsten Replikationsapparat für Information. Es bietet eine hohe Leistungsfähigkeit bei den Gütekriterien, die Blackmore von Dawkins' im Jahre 1976 erstmals veröffentlichter Grundlegung der Memetik[80] übernommen hat. Danach gelten eine hohe Imitationshäufigkeit, gute Wiedergabetreue und Langlebigkeit der Meme als förderlich bei der memetischen Reproduktion. Da die Wiedergabetreue im Web 2.0 sehr hoch ist, müssen die dort kommunizierten Meme durch das menschliche Gehirn variiert werden. Die ebenso notwendige Selektion wird in vielen Fällen von einer ganzen Gruppe von Nutzern gemeinschaftlich übernommen.

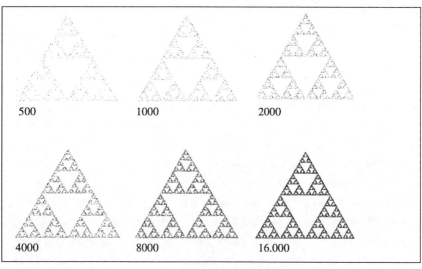

Abbildung 8: Entstehung des Sierpinski-Dreiecks

Neben der im Vorangegangenen beschriebenen Herangehensweise an das Sierpinski-Dreieck, bei der Dreiecke in kleine Dreiecke geteilt werden, gibt es noch eine zweite Möglichkeit, ein Sierpinski-Dreieck entstehen zu lassen. Hierbei geht man von einer beliebigen Ecke des Dreiecks aus und geht dann den halben Weg auf eine der anderen Ecken zu. Die gefundene Position wird markiert. Von hier ausgehend geht man wieder

---

[80] Dawkins 2002

um den halben Weg auf eine beliebige der drei Ecken zu und so fort. Abbildung 8: Entstehung des Sierpinski-Dreiecks zeigt das so entstehende Sierpinski-Dreieck unter Angabe der jeweils vollzogenen Iterationen.

Diese Herangehensweise visualisiert, wie aus der ständigen Vermittlung einer Position im Dreieck mit einem beliebigen Element in den Ecken des Dreiecks allmählich ein Sierpinski-Dreieck aufgespannt wird.

Im Folgenden werden die Beziehungen in den tiefer liegenden fraktalen Ebenen erörtert.

2.1 Musik als Medium

Die Diskussion der einzelnen Eckpunkte und der tiefer liegenden Strukturen wird im medialen Bereich begonnen, weil hier schwerpunktmäßig auch die Musik zu verorten ist.[81]

"Medien sind Strukturen (materielle oder nicht, technische oder nicht), in denen Codes funktionieren"[82]

Die Offenheit von Flussers Arbeitsdefinition macht es möglich, Musik als Medium zu verstehen, da bei jeder Musik Codes eine Rolle spielen, spätestens wenn ein Rezipient etwas Gehörtes als Musik identifiziert. In der semiotischen Sichtweise erhält Musik als Zeichen ihre Bedeutung im Wechselspiel aus dem akustischen Material, der ihm zugeschriebenen Bedeutung und dem Interpretationsvorgang.

Musik, die wie Populäre Musik häufig weite Teile ihrer Bedeutung aus dem sozialen Kontext, innerhalb dessen sie produziert und rezipiert wird, bezieht, ist schwerpunktmäßig im Bereich MG des Modells angesiedelt. Allerdings zwingt die angenommene fraktale Struktur zu dem Schluss, dass letztlich keine Musik vollkommen frei von gesellschaftlichen Verwebungen sein kann.

---

[81] vgl. hierzu auch: Weinacht und Scherer 2008, S. 7
[82] Flusser 2009b, S. 123

2.1.1 Musik im intermedialen Kontext

Musik wird ohne intermedialen Kontext nur beim Audiieren im Gordonschen Sinne[83], beim Denken in Musik, erlebbar. Und auch hier existiert sie nur zum Zeitpunkt ihres Entstehens im genialen Geist ihres Erfinders unvermittelt. Wenn ein anderer außer dem Erfinder die Musik audiiert, so wurde sie ja bereits kommuniziert und die aktuellen musikalischen Gedanken sind eine Interpretation von zuvor Gehörtem. Da es schwer vorstellbar ist, dass musikalische Gedanken entstehen, ohne sich auf zuvor gehörte Musik und auf zuvor, wenn auch implizit, erkannte musikalische Strukturen zu beziehen, so ist wohl jede Musik als intermedial und intertextuell relativiert anzusehen.

Wenn Musik nicht beim Audiieren realisiert wird, sondern erklingt, so gibt es immer mindestens ein Trägermedium, das sie vermittelt. Beim Singen erfüllen die Stimme und der Schall die Funktion des Trägermediums. Bei jeder Art von Instrumentalspiel existiert das Instrument als Medium, das auch gleichzeitig den darstellbaren Code determiniert.

In diesem Sinne wird der Ursprung der Musik von Helmholtz in einen medialen Kontext gestellt, indem er in dem Streben, die unwillkürlichen Modulationen der Stimme spielerisch nachzuahmen, den Anfang der Erfindung von musikalischen Ausdrucksmitteln sieht.[84]

Wenn man die Modulationen der Stimme beim Sprechen zum Ausgangpunkt einer Musik nimmt, so bildet die Abstraktion der stimmlichen Melodieführung von gesungenem Text einen ersten Schritt hin zu absoluter Musik.

Der Ursprung einer Musik kann ebenso beim Nutzen eines Gegenstandes als Instrument gedacht werden. Wenn ein Stock aus Freude am Geräusch geschlagen wird, so stellt dies möglicherweise einen Schritt auf dem Weg hin zur Instrumentalmusik dar. Falls dabei beispielsweise eine Drohgebärde imitiert wird, wäre damit der Grundstein für programmatische Musik gelegt. In allen diesen Fällen ist die wie auch immer geartete Musik medial vermittelt und geprägt und damit in einen intermedialen Kontext gestellt.

Nach Danuser kann der intermediale Kontext definiert werden, als „die Beziehung einer Textschicht zu einer anderen medialen Repräsentation"[85]. Dass eine solche intermediale Relation nicht notwendigerweise außermusikalischen Charakter hat, sondern sogar Musik konstituierend sein kann, wird auch von Eggebrecht gestützt, indem er anführt, dass nie

---

[83] Gordon 2003
[84] vgl. von Helmholtz 1913, S. 598
[85] Danuser 2010, S. 43

mand auf die Idee käme, den im Lied gesungenen Text als außermusikalische Komponente zu interpretieren.[86]

Die medienästhetische Relation kann im Web 2.0 in verschiedensten Kontexten identifiziert werden. Relevant werden hierbei auch musikwissenschaftlich gut erarbeitete Bereiche, wie zum Beispiel die Filmmusik.

Neu bei Videos auf YouTube sind nicht nur die intermedialen und medienästhetischen Beziehungen, sondern auch der soziale Kontext, in dem die Musik realisiert wird und das technische Trägermedium, das die Distribution kanalisiert und das teilweise selbstständig ordnend eingreift.

Dass Musik immer in einem intermedialen Kontext steht, bedeutet nicht, dass Musik etwas Anderes als sich selbst oder die ihr zugrunde liegenden musikalischen Ideen kommunizieren muss.

Eine als absolut gedachte Musik stellt ein Medium dar, das als ästhetisches Ereignis nur sich selbst, musikalische Ideen oder „tönend bewegte Formen"[87] kommuniziert. Musik kann Außermusikalisches transportieren, ohne dass dies ihren Inhalt oder Zweck darstellt. Als Beleg hierfür sei Hanslicks Beispiel einer Rose angeführt, die zweifellos duftet, deren „Inhalt" jedoch nicht „die Darstellung des Duftes" ist.[88]

2.1.2 Innermusikalische Elemente und Strukturen – Musik als Kunst

Neben der Kontextualisierung von Musik muss in die Gestaltung eines systemischen Modells auch die Untersuchung ihrer *eigenen* Beschaffenheit einbezogen werden. Musik, die als frei von individuellen und sozialen Aspekten gedacht wird, ist als Ausgangspunkt für weitere Überlegungen im Bereich MM der triadischen Relation angesiedelt. Sie ist dann das, was als autonomes Werk, als Kunstmusik, beziehungsweise als ein ästhetisches Ereignis, das auf sich selbst verweist, bezeichnet wird.

Wie aber sind dann die Unterbereiche MMI und MMG zu deuten? Ein möglicher Ansatz könnte darin bestehen, anzunehmen, dass der Bereich MMG die soziale Übereinkunft darstellt, dass es sich bei der betreffenden Musik tatsächlich um Kunst handle.

---

[86] vgl. Eggebrecht 2001, S. 69
[87] vgl. Hanslick 1982, S. 73–74
[88] vgl. Hanslick 1982, S. 35

Bei der Musik des Bereichs MMI könnte es sich um Musik handeln, die nur wenigen gesellschaftlichen Einflüssen unterliegt, die allerdings immer noch geprägt ist von der Individualität des Künstlersubjekts.

Der hohe Grad an Autonomie, der der Musik des Bereichs MMM zuzusprechen wäre, würde es rechtfertigen, eine solche Musik als eine Art reine Musik im Sinne von TMI[89] zu bezeichnen. Allerdings ist hier anzumerken, dass auch der Bereich MMM aufgrund der fraktalen Struktur wiederum in Teilbereichen gedacht werden muss und somit völlig entkontextualisierte Musik hier nicht abgebildet werden kann. Dies wird gerade nicht als eine Schwäche des Modells betrachtet, sondern als ein Beleg dafür, dass Musik nicht völlig von Kontexten befreit werden kann.

Hanslick bezeichnet das notierte musikalische Kunstwerk als „in Metall gegossene Phantasie", sieht es jedoch im Seelenleben des Komponisten und des Hörers stark mit Gefühlen und Empfindungen verknüpft.[90]

Insgesamt stellt jede Interpretation eines Teilbereiches des Sierpinski-Dreiecks immer nur ein vorläufiges Zwischenergebnis dar, weil jedes einzelne Feld wieder in drei weitere zu zergliedern ist.

Die Analyse von Populärer Musik hat traditionell eher soziale Kontexte im Blick und verzichtet weitgehend auf die Analyse des eigentlichen Gegenstandes. Aber auch hier sind gegenläufige Tendenzen erkennbar. Rappe beispielsweise fordert "[...] die genaue und analytische Auseinandersetzung mit den inneren Strukturen Populärer Musik und [...] die Beschreibung einer Popästhetik, die als Ausgangspunkt den Gegenstand und seine ästhetischen Allianzen hat."[91]

2.1.2.1 Musikalisches Material

Ein Musikbegriff, der offen genug ist, Populäre Musik und Kunstmusik ebenso wie absolute, erzählende und funktionale Musik zu integrieren, kommt nicht umhin, jede Art von akustischem Material als Ausgangsmaterial zu akzeptieren. Ausgrenzungen elektroni-

---

[89] "Im Gegenzug zu den Öffnungen und Entgrenzungen einer >>New Musicology<< wurde in den USA die orthodoxe Musiktheorie mit dem spöttelnden Akronym >>T.M.I.<< The Musik Itself - parodiert, ohne daß hermeneutische, soziologische, anthropologische, historische oder anderweitig kontextualisierende Gesichtspunkte sie durchkreuzten." Danuser 2010, S. 44

[90] vgl. Hanslick 1982, S. 95

[91] Rappe 2008, S. 174

scher Musik, wie zum Beispiel von Blume[92] vorgenommen, sind nicht mehr zu rechtferti-gen. Als klangliches Material soll oder muss, auch im Hinblick auf das elektronische Sampling, alles Hörbare in Frage kommen.

2.1.2.2 Musikalische Elemente und elementare Strukturen

Wenn wir Musik hören, so kann dies nur in Echtzeit geschehen. Wir können ein musikali-sches Werk nicht als Ganzes auf einmal hören. Um das Musikstück als Ganzes zu erfas-sen, benötigen wir unsere Kognition, die erinnert, was wir bereits als Elemente des Stückes identifiziert haben und die Beziehungen hierzu herstellt. Dabei ist die Identifika-tion von Wiederholungen, Variationen und kontrastierenden Elementen wichtig, um for-male Strukturen zu identifizieren. Insofern stellt die innermusikalische Entwicklung eine memetische Evolution dar, bei der die beteiligten Elemente sich weiter entwickelnde Meme sind. Variation und Selektion obliegen in diesem Falle dem improvisierenden Musiker, beziehungsweise dem Komponisten.

Der komponierende oder improvisierende Musiker erlebt dabei die eigene Rolle und seine willentlichen Einflussmöglichkeiten unterschiedlich. Vieles wird vor allem bei der Im-provisation eher dem unbewussten Bereich der Intuition zugeschrieben.

Strukturelles Hören und das Verständnis der jeweils vorliegenden Musiksprache erlauben Vorhersagen über das, was wir zu hören erwarten. Beim Hören und beim Erfinden von Musik fügen wir klangliche Elemente, Töne, Geräusche oder „Samples" zu größeren Einheiten, wie Pattern, Rhythmen, Melodien, Flächen zusammen und wir versuchen Re-geln zu finden, nach denen diese Einheiten zu strukturieren sind. Das Zusammenfügen dieser Einheiten zu einem großen Ganzen geschieht in entsprechender regelhafter Weise.

Auch die kleinen Elemente eines musikalischen Codes, beispielsweise Töne eines Ton-systems, Samples eines Patterns, sind bereits komplex strukturiert. Die Größe und Kom-plexität eines Bausteins kann stark variieren. Ein einzelner Klang, hervorgebracht von einem akustischen Instrument, hat eine charakteristische innere Beschaffenheit, die durch das Obertonspektrum und die Hüllkurve bestimmt wird. Ein Sample ist ein Ausschnitt aus einem komplexen Klanggebilde, das in einen neuen Zusammenhang gesetzt wird, wäh-rend beispielsweise ein DJ ganze Musikstücke zu einem großen Ganzen fügt. Arbeitet ein

---

[92] "[...] dass es sich bei diesem elektronischen Produkt eben n i c h t um Musik, sondern um etwas a n d e r e s handelt, für das wir bisher keinen Namen haben [...]" Blume 1959, S. 17

DJ im Live-Kontext, so sind seine Entscheidungen bezüglich Variation und Selektion teilweise von den Reaktionen des anwesenden Publikums abhängig.

Für die Auswahl bestimmter Tonhöhen aus dem Kontinuum der Frequenzen haben sich in unterschiedlichen Kulturen verschiedene Tonleitern als Codes herausgebildet. Rhythmen, als die zeitliche Struktur im kleineren Bereich, können wie in der Tradition westlicher Musik an einem Grundschlag orientiert werden und ihnen kann ein bestimmtes Metrum als strukturierendes Prinzip zugrunde gelegt werden.

Rhythmen können, wie in Indien üblich, sprachliche Elemente als strukturierendes Prinzip benutzen. Dabei werden die Rhythmen aus einer Abfolge von Silben zusammengesetzt. Oder Rhythmen können wie in Lateinamerika auf den Bewegungen des Tanzes aufbauen. Metrische Grundmuster, die sogenannten Claves, entstehen somit durch die Betonung einzelner Schritte beim Tanz. Sie unterscheiden sich vom gleichmäßigen Puls eines Grundschlages durch ihre periodische Unregelmäßigkeit.

Dass gerade der Rhythmus, den Hanslick als das Wesen der Musik identifiziert, körperliche oder sprachliche Bezüge hat, macht deutlich, dass Musik eng mit anderen menschlichen Verhaltensweisen verbunden ist.[93]

Musik entfaltet sich wie gesprochene Sprache im zeitlichen Verlauf. Sie kann wie Sprache segmentiert und synthetisiert sein. Sie kann einem narrativen Spannungsbogen folgen oder auf Bewegung fußen. Dabei muss sie keinen bestimmten Zweck verfolgen und keinen bestimmten Inhalt kommunizieren außer sich selbst. Die Nähe zu anderen Kommunikationsformen deutet auf einen gemeinsamen Kern hin – auf die versuchte oder gelungene Weitergabe von Information und auf die dadurch generierte Interaktion. Die Weitergabe von Information markiert in der Evolutionsgeschichte den Anfang des Lebens und sie ist der Zweck der Medien, denen im triadischen Modell die Musik zugeordnet ist.

Damit das Web als Kommunikationsmaschine eigenständig in den musikalischen Gestaltungsprozess einbezogen werden kann, müssen seine Anwendungen befähigt werden, musikalische Formen und Funktionen zu identifizieren. Oder musikalische Elemente müssen bei der Eingabe bereits semantisch mit ihrer musikalischen Funktion verknüpft werden. Die Entwicklung eines solchen semantischen Webs wird seit einigen Jahren vorangetrieben, beispielsweise durch den „Erfinder" des WWW Tim Berners Lee. Zum einen sind diese Entwicklungen im musikalischen Bereich noch nicht nutzbar, zum ande-

---

[93] Neben dem Rhythmus als dem Wesen der Musik sieht Hanslick den Wohllaut der Musik als ihr Urelement an. (vgl. Hanslick 1982, S. 73)

ren stellt gerade die Kollaboration der Nutzer bei der Bereitstellung und der Verarbeitung von Inhalten ein wesentliches Merkmal des Webs 2.0 dar. Es sind also in der Regel die Nutzer, die die memetische Evolution im Web 2.0 vorantreiben.

Eine menschliche Verhaltensweise, die geeignet ist, Form durch Emergenz zu schaffen, ist das Spiel. Ein Grundprinzip des Spiels ist das Aufrechterhalten der Kooperation. Einen Teilaspekt des Spielens stellt das Ausprobieren von Möglichkeiten innerhalb bestimmter Regeln dar. Dabei können die Regeln sehr wohl verändert werden. Betrachtet man nicht die Einzelaktionen der Spieler, sondern die sich entwickelnde Eigendynamik des Spiels, dann strukturiert sich das Spiel top-down selbst.

Wenn man die Entstehung musikalischer Strukturen als Spiel interpretiert[94], ist es hilfreich, von einem musikalischen Grundelement auszugehen, das mit sich selbst und mit anderen Elementen in Interaktion tritt. Dieses Element kann als Frage interpretiert werden, die mehr oder weniger gut beantwortet wird. Musikalische Codes wie Taktarten, Stile oder Tonarten bilden dabei die strukturellen Regeln.

Das Spiel, ein Ballspiel ebenso wie das musikalische, entfaltet sich jedoch nicht rein aufgrund von Regeln, sondern auch durch die Motivation des Spielers. Das Sportspiel wie auch die Musik werden als umso authentischer empfunden, je mehr der Spieler im Spiel aufgeht, je mehr er nur um der Musik Willen musiziert. Wenn das Spiel als Medium im Zusammenhang des triadischen Modells betrachtet wird, so wird deutlich, dass das Spiel nicht völlig frei von subjektiven Wahrnehmungen und Wünschen und nicht völlig frei von gesellschaftlichen Bezügen denkbar ist.

Bei musikalischen Strukturen kann es sich konkret um die Elemente und die innermusikalischen Beziehungen eines Musikstückes handeln. Musikalische Strukturen bestehen jedoch auch schon außerhalb des jeweiligen konkreten Werks, nämlich in den Codes, die der Produktion, Distribution und Rezeption zugrunde gelegt werden. Diesen tonalen und zeitlichen Konventionen der Musik, wie Tonleitern oder Akkorden, wird von Helmholtz bereits der Charakter des Künstlerischen zugesprochen.[95] Im Web 2.0 sind es in der Regel noch von Menschen vorangetriebene evolutionäre Prozesse, die künstlerische Konventionen generieren.

Die realisierbaren Möglichkeiten sind von den nutzbaren technischen Möglichkeiten abhängig. Musik, die auf akustischen Instrumenten beruht, ist in mehrfacher Weise von den Instrumenten als Trägermedium bestimmt. Die innere Klangstruktur der einzelnen

---

[94] siehe hierzu auch Richter 1975
[95] vgl. von Helmholtz 1913, S. 588

Klänge macht einen wesentlichen Teil der Ästhetik einer bestimmten Instrumentalmusik aus. Hinzu kommen die Möglichkeiten der klanglichen Modulation eines Instruments. Jedes Instrument gibt je eigene Möglichkeiten vor, wie Töne im Klang, in der Lautstärke oder in der Tönhöhe gestaltet werden können.

Die Musik, die auf einem Instrument dargeboten werden kann und die Codes, die dieser Musik zugrunde gelegt werden können, stehen in enger Abhängigkeit von den Möglichkeiten des Instruments als Trägermedium. Ebenso beeinflussen die Möglichkeiten der Notation die Möglichkeiten der Musikerfindung, was vor allem in der Neuen Musik thematisiert wurde. Ein menschlicher musikalischer Ausdruckswille kann hier neue Möglichkeiten der Fixierung und der Klangkreation schaffen.

Wenn angenommen wird, dass bereits in den musikalischen Codes - als Trägersystem musikalischer Ideen - künstlerische Gesetze wirksam sind, so ist es naheliegend auch zu untersuchen, wie das Trägersystem der Codes, also musikalische Medien, in die Genese musikalischer Ästhetik einbezogen sind.

Schließlich entwickelt sich Musik immer in Wechselbeziehung zu den sie transportierenden Medien. Je nach Perspektive, ermöglichen neue Medien neue Musik, wie beispielsweise auch von Dobberstein festgestellt[96], oder es entsteht ein neuer Code, der sich quasi auch sein eigenes mediales Trägersystem sucht. Musik ist also nicht nur medial vermittelt oder im Sinne des triadischen Modells den Medien zuzuordnen, sondern sie ist ihrem Wesen nach in komplexer Weise dem Bereich der Medien immanent.

Wenn die drei Elemente des konkreten Musikstücks, der zugrunde liegenden Codes und des Trägermediums wieder in eine triadische Beziehung gesetzt werden, so wird deutlich, dass die wechselseitige Abhängigkeit auch hier als fraktale Struktur zu beschreiben ist.

Das Web 2.0 wird als technisches Produktions-, Distributions- und Rezeptionsmedium genutzt und die technisch bedingten Strukturveränderungen haben Einfluss auf das musikalische Feld.

Betrachtet man die Entstehung von Musik im Kontext des Webs 2.0 als kreativen Prozess, so stellt sich die Frage, wie die einzelnen Stufen dieses Prozesses vom Netz und den darin interagierenden Individuen beeinflusst werden. Interessant ist hierbei, dass bei einem verteilt ablaufenden kreativen Prozess die einzelnen Beiträge leichter zu identifizieren sind, als wenn sie ein Individuum alleine gestaltet. Allerdings ist es auch bei verteilter

---

[96] vgl. Dobberstein 2005, S. 52

Kreativität schwierig zu beurteilen, auf welcher Grundlage und aus welchen Motivationen Entscheidungen getroffen werden.

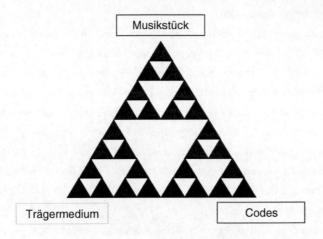

Abbildung 9: Triadische Relation Musikstück - Trägermedium - Codes

2.1.3 Individuelle Aspekte von Musik als Kunst

Wenn das Komponieren als "[...] ein Arbeiten des Geistes in geistfähigem Material"[97] betrachtet wird, so muss auch das geistfähige Material innerhalb der triadischen Relation aus Individuum, Medien und Gesellschaft darstellbar sein.

Schall als Material der Musik ist in seiner ungeordneten Gesamtheit für den Geist nicht fassbar. Erst vom Produzenten verwendete kulturelle Codes, wie beispielsweise die Dur-/Molltonalität oder zeitliche Strukturen, die sich an eine Rhythmus- und Formenlehre anlehnen, lösen aus der Gesamtheit des hörbaren Bereichs für den Rezipienten „geistfähiges" Material heraus.

Der Komponist als Musikerfinder ist somit an kulturelle Vorgaben gebunden. Wenn es dem Komponisten dabei nicht gelingt, sich von den Konventionen zu lösen, so ist das Ergebnis seiner Bemühungen nicht als eine Äußerung seines gestalterischen Willens zu

---

[97] Hanslick 1982, S. 77

39

werten, sondern lediglich ein Beweis für die mehr oder weniger gelungene Anwendung seines Verstandes.

Eine solche Anwendung von Verstand kann auch von einem Computer mit entsprechender Software übernommen werden. Wozu allerdings Computer nicht in der Lage sind, sind kompositorische Willensäußerungen, die sich auch in der Veränderung der Codes zeigen. Dabei ist der Wille, der dem Komponisten ins Bewusstsein rückt, nicht völlig frei von äußeren Einflüssen. Die Bewusstseinsforschung geht davon aus, dass Bewusstsein kein innerer Vorgang ist, sondern in dynamischer Interaktion mit der Umwelt entsteht.[98]

Es ist deshalb davon auszugehen, dass das große Angebot an Musik und die schnelle Verfügbarkeit, die durch das Internet ermöglicht wird, für die Entwicklung der kompositorischen Praxis eine wichtige Rolle spielen werden.

Wenn Musik als ein Kommunikationsprozess betrachtet wird, bei dem Botschaften codiert und decodiert werden, so ist es folglich notwendig, dass sowohl Sender als auch Empfänger über die entsprechenden Codes verfügen.[99]

Musik wird gerne pauschalisierend als eine Universalsprache bezeichnet, die sich auch ohne die Kenntnis der Codes vermittelt, beziehungsweise der unterstellt wird, dass die Codes universal, also im kantschen Sinne a priori verständlich sind.

Universell verständlich ist Musiksprache nachweisbar dann, wenn ein emotionaler Ausdruck kommuniziert wird.

Der Nachweis hierfür wurde experimentell geführt, indem man abgeschieden lebenden Menschen in Kamerun, die bisher keinen Kontakt zu westlicher Musik hatten, drei westliche Klaviermelodien vorspielte und sie anschließend hinsichtlich des empfundenen expressiven Gehalts der Musik befragte. Dabei konnten sie überzufällig deutlich die Emotionen in der Musik erkennen, die auch Menschen mit einer westlichen musikalischen Sozialisation in der Musik transportiert sahen.[100]

Damit kann Musik bei der schwierigen Kommunikation von Gefühlen eine wichtige Funktion übernehmen. Auch aus der Perspektive der Memetik werden Gefühle aufgrund ihrer Intimität als schwer übermittelbar betrachtet[101]. Wohl auch deshalb spielt Musik im Web 2.0 eine wichtige Rolle.

Ob es einfache archetypische akustische Formen gibt, die rein informativ als Signal wirken, also nicht erlernt oder emotional aufgeladen sind, ist fraglich, da Tembrock selbst im

[98] vgl. Noë 2010, S. 40
[99] vgl Eco 1994, S. 66
[100] vgl. Fritz et al. 2009
[101] vgl. Blackmore 2000, S. 91

Tierreich eher stimmliche Kommunikation identifiziert, die auf gelernten Lautsymbolen beruht.[102]

In der Regel sind musikalische Informationen kognitiv nur decodierbar, wenn semantische Zuordnungen vorhanden und die entsprechenden Kontexte bekannt sind. Die Persiflage einer Nationalhymne versteht nur, wer die Nationalhymne kennt. In diesem Zusammenhang merkt Föllmer an, dass sich beispielsweise für Earcons[103] und akustische Benutzeroberflächen von Internetanwendungen noch kein universeller Code entwickelt hat und dass diese somit für den Anwender nicht zu decodieren sind.[104]

Es ist nicht notwendig, dass der Rezipient vollständige Kenntnis über etwaige Codes hat, sondern er muss fähig sein, seine Wahrnehmungen zu einer Gestalt zu synthetisieren. Aus dieser Perspektive sind musikalische Codes eher Werkzeuge der Beschreibung, Analyse und Interpretation. Codes sind dann für die ästhetischen Prozesse bei der Gestaltung und der Rezeption von Musik von untergeordneter Bedeutung.

2.1.4 Soziale Aspekte von Musik im Kontext der kollaborativen Medien

Ein Rechner alleine bietet eine große Bandbreite an Möglichkeiten zur Produktion, Bearbeitung und Speicherung von Musik. Klänge können synthetisiert oder gesampelt werden. Musikalische Strukturen werden gestaltet oder algorithmengestützt produziert. Die erweiterten technischen Möglichkeiten durch die Vernetzung von Rechnern zu einem verteilten Metacomputer erlauben es, musikalische Gestaltungsprozesse räumlich verteilt zu initiieren und zu beeinflussen.

Die Kollaboration von Musikern, beziehungsweise die Koproduktion durch Computernutzer, bei der Gestaltung von webbasierten Musikprojekten ermöglicht eine Praxis, bei der die Trennung in Produzent, Werk und Rezipient hinfällig wird.[105] Allerdings darf in diesem Zusammenhang auch der Aspekt nicht unbeachtet bleiben, dass beim gemeinsamen Musizieren in einer wie auch immer gearteten Musikgruppe der einzelne Musiker schon immer Koproduzent eines kollektiven Produktes war. Unterschiede bestehen deshalb vor allem in der Weise, wie die Gestaltungsmacht verteilt und organisiert wird.

In einem Orchester erscheinen Komponist und Dirigent zunächst als zentralisierte Autoritäten. Es ist für eine gelungene Aufführung jedoch zwingend notwendig, dass jeder ein-

---

[102] vgl. Tembrock 1996)
[103] Ein Neologismus, der akustische Icons im Computerkontext bezeichnet.
[104] vgl. Föllmer 2005, S. 19
[105] vgl. Olschanski 2004, S. 386 f.

zelne Musiker sein Handeln in Beziehung zum Klang des restlichen Orchesters setzt. Dynamikbezeichnungen des Komponisten und der Schlag des Dirigenten ersetzen nicht die Regulierungen, die der einzelne Musiker zu jedem Zeitpunkt vornehmen muss.

Bei kleineren Musikformationen, wie sie im Jazz, in der Rockmusik oder in der Volksmusik üblich sind, sind die gestalterischen Möglichkeiten des Einzelnen und die daraus erwachsenden Anforderungen noch höher. So kann eine kleine Musikgruppe auch den formalen Ablauf eines Musikstückes im Moment des Musizierens gestalten, geplante Ablaufe ändern oder völlig neue erfinden.

Dabei sind hohe Kompetenzen des einzelnen Musikers gefragt. Jeder muss mit den impliziten Regeln der Musikrichtung, dem jeweiligen Idiolekt und den Konventionen der jeweiligen Gruppe vertraut sein. Jeder Musiker muss die Parameter seines eigenen Instruments kontrollieren und gleichzeitig den Kontakt zu seinen Mitmusikern halten. Jeder Musiker muss rechtzeitig Signale geben und rechtzeitig auf die Signale der Gruppe reagieren.

Diese auf andere Individuen bezogenen musikalischen Kompetenzen stellen soziale Kompetenzen dar. Sie müssen im Laufe der musikalischen Sozialisation erworben werden, damit kompetent musiziert werden kann.

Die technischen Möglichkeiten des Webs 2.0 ermöglichen es, diese musikalischen Kollaborationsprozesse räumlich verteilt und zeitlich versetzt ablaufen zu lassen. Musikalische Kompetenzen werden teilweise durch technische Kompetenz ersetzt. Wenn im Netz gemeinsam an einem Musikstück gearbeitet wird, so findet dies in der Regel aufgrund der immer noch zu hohen Latenzzeiten nicht in Echtzeit statt. Somit können die Routinen der Musiksoftware genutzt werden um das Timing oder die Intonation zu korrigieren.

Die Zerbrechlichkeit eines improvisierten Stückes, das zum Zeitpunkt seines Entstehens von einer Gruppe erfunden wird, kann durch technische Mittel stabilisiert werden. Ein Beispiel hierfür stellt ein Schlagzeugrhythmus dar, der verändert werden kann, während er gerade von der Software in ständiger Wiederholung abgespielt wird. Dabei spielt die Software immer im vorgegebenen Timing, unabhängig von der Kompetenz der Person, die die musikalische Struktur gerade gestaltet. Allerdings verliert der musikbezogene Wahrnehmungsprozess durch die Einschränkung der Freiheit des Einzelnen auch an Spannung für den Rezipienten.

Dass Musik, die kollaborativ im Netz entsteht, auch soziale Aspekte reflektiert, wird durch die notwendigen technischen Strukturen leichter wahrnehmbar und darstellbar, als dies zuvor der Fall war. Im Sinne der traditionellen Kunstwerkästhetik hatten die sozialen

Prozesse ebenso wie individuelle interpretatorische Aspekte in den Hintergrund zu treten. Neben dieser traditionellen, auf Kunstmusik bezogenen Perspektive, gibt auch den Ansatz, bei dem nicht nur Netzmusik als interaktive und damit kollaborative und soziale Kunst verstanden wird, sondern jede Musik. Jacke beschreibt Musik als soziales Konstrukt innerhalb diverser Kontexte. Musik als Text muss nach diesem Ansatz situationsabhängig analysiert werden.[106]

Ebenso wie die musikalischen Strukturen teilweise sozial konstruiert sind, handelt es sich bei der ihr zugewiesenen Bedeutung teilweise um ein soziales Konstrukt.[107] Die Gesellschaft entscheidet darüber, ob ein Musikstück als Kunstwerk, das für sich steht, als Nationalhymne oder als jugendgefährdend angesehen wird.

Einen weiteren Aspekt stellt die Beeinflussung der Medieninhalte durch die Nutzung und die Bewertung der Inhalte durch die Mehrheit der eher passiv agierenden Nutzer dar[108]. Aktive Nutzer, also solche, die Content produzieren und bereitstellen, können oder müssen sich nach den ästhetischen Präferenzen der eher passiven Nutzer richten, wenn sie rezipiert, gut bewertet, verlinkt oder weiterempfohlen werden möchten.

Durch Empfehlungen und den Austausch über die Musikpräferenz, kann ein sich selbst verstärkender Prozess entstehen, der beispielsweise einem Video auf YouTube innerhalb weniger Tage zu millionenfacher Rezeption verhilft. Das heißt, das betreffende Video muss nicht von jedem Nutzer einzeln entdeckt werden, sondern es wird innerhalb einer sich ständig neu strukturierenden Informationskaskade in den Blick der Öffentlichkeit gerückt.

Die Ungleichverteilung der Aufmerksamkeit verstärkt sich in diesem Fall selbst in der Art, dass häufig gesehene Videos noch häufiger gesehen werden. Selbstverstärkende Feedbackschleifen werden in Anspielung auf eine Textstelle im Matthäus-Evangelium[109] auch als Matthäus-Effekt bezeichnet.

Es handelt sich dabei um ein wichtiges organisierendes Prinzip, das es dem Einzelnen ermöglicht, sich in der Flut der verfügbaren Information nicht zu verlieren. Dieser Effekt, der sich bei der Kollaboration der Nutzer zur Verbreitung der Inhalte entwickelt, löst nach

---

[106] vgl. Jacke 2008, S. 139
[107] vgl. Martin 2006, S. 98

[108] Weber nutzt den Begriff Ko-Produktion synonym zum hier bereits eingeführten Begriff der Produsage, um den Einfluss der Nutzer auf die Produktion zu beschreiben. Sie verweist auf historische Situationen, in denen Konsumenten unvorhergesehene Nutzungen praktizierten, welche dann von den Produzenten in neuen Angeboten aufgegriffen wurden. (vgl. Weber 2008, S. 45)
[109] Matthäus 13,12 „[…] denn wer da hat, dem wird gegeben werden, und er wird Überfluss haben; wer aber nicht hat, von dem wird selbst, was er hat, genommen werden."

Surowiecki als heuristisches Verfahren zur Kanalisierung von Information auch das Problem des Informationsüberschusses, das durch die kollaborative Anhäufung von Content entsteht.[110]

Personen oder Seiten, die sich zeitweise als Informationsknoten etablieren können, werden im Kontext des Webs 2.0 als Hub bezeichnet. Ein solcher Hub erhält mehr Information und gibt mehr Information weiter, als andere Stellen des Netzwerkes.

2.2   Das Web 2.0

2.2.1   Die Genese der Bezeichnung „Web 2.0"

Das Web 2.0 bezeichnet keine eigene technische Einrichtung, sondern es zielt als Begriff auf eine bestimmte Nutzungsweise des World Wide Web. Das World Wide Web seinerseits ist ein Internet-Dienst. Das Internet besteht aus der Vernetzung von vielen Rechnern. Diese Vernetzung nahm ihren Ursprung während der sechziger Jahre in der dezentralen Verbindung von Rechnern im Arpanet des US-Militärs.[111]

Die Bezeichnung „Web" ist die Kurzform von „World Wide Web". Das World Wide Web wurde 1989 von Tim Berners-Lee bei seinem Arbeitgeber, dem CERN, initiiert.

> "The WorldWideWeb (W3) is a wide-area hypermedia information retrieval initiative aiming to give universal access to a large universe of documents."[112]

Berners-Lee wollte mit seinem Netz den Zugang zu bereits auf Rechnern vorhandener Information ermöglichen beziehungsweise erleichtern. Dazu sollten die Informationen standardisiert bereitgestellt und abgefragt werden können. Die Inhalte wurden als Hypertexte formatiert, so dass das Navigieren von Text zu Text möglich war.

Da Berners-Lee seine Idee vom World Wide Web im technisch-wissenschaftlichen Kontext entwickelte, forderte er, dass sich die Nutzer vor allem auf Texte, Graphiken und

---

[110] vgl. Surowiecki 2005, S. 229

[111] vgl. Abbate 1994
[112] Berners-Lee 1990

Datenbanken beschränken sollten. Die Integration von Multimedia-Anwendungsmöglichkeiten schloss er als Ziel des WWW aus.[113] Berners-Lee rief schon auf seiner ersten Webpräsenz andere Menschen zur Mitarbeit auf. Sie sollten Software oder Texte zur Verfügung stellen. Bei der Bereitstellung der Information bat er darum, den Status der Arbeit zu bewerten. Er hielt es für angebracht, den Lesern mitzuteilen, ob die Arbeit „definitive" oder „hastly put toghether and incomplete" sei.[114]

Die Indexierung „2.0" ist bei Software gebräuchlich um kenntlich zu machen, dass es sich um eine fortgeschrittene, überarbeitete Version handelt. Üblicherweise wird eine solche Indexierung jedoch von den Herausgebern der Software vorgenommen. Die Indexierung 2.0 wurde nicht von Berners-Lee eingeführt. Sie wurde im Gegenteil von ihm und der Organisation w3.org, für die er mittlerweile arbeitet, abgelehnt.

> "Web 1.0 was all about connecting people. It was an interactive space, and I think Web 2.0 is of course a piece of jargon, nobody even knows what it means. If Web 2.0 for you is blogs and wikis, then that is people to people. But that was what the Web was supposed to be all along."[115]

Starke Verbreitung fand der Begriff Web 2.0 nach der Veröffentlichung des Artikels „What is Web 2.0?".[116] Der Erfinder und Namensgeber des Web, Tim Berners-Lee, und der Namensgeber des Web 2.0, Tim O'Reilly, betrachten die Begriffe aus unterschiedlichen Perspektiven. Berners-Lee hat das Web als Computeranwendung entwickelt und brauchte einen Namen für seine Erfindung. O'Reilly analysierte die Entwicklungen des Webs und wählte einen Begriff, um einen momentanen Entwicklungsstand greifbar zu machen.

Berners-Lee kritisierte an dem Begriff, dass keiner wisse, was er bedeute. Dies mag für die Situation 2006 zutreffend gewesen sein. Eine exakte Definition stellt sich tatsächlich als schwierig dar. Es hat sich jedoch ein allgemeiner Sprachgebrauch etabliert, der den Begriff und seine Benutzung rechtfertigt. Niemand würde auf die Idee kommen, auf den Begriff „Musik" zu verzichten, trotz aller Schwierigkeiten zu definieren, was Musik eigentlich sei.

---

[113] "The project will not aim [...] to do research into fancy multimedia facilities such as sound and video;" Berners-Lee 1989
[114] vgl. Berners-Lee 1992
[115] Berners-Lee 2006
[116] "The concept of "Web 2.0" began with a conference brainstorming session between O'Reilly and MediaLive International." O'Reilly 2005

Daneben weist Berners-Lee darauf hin, dass „people-to-people"[117] schon immer der Grundgedanke des Webs gewesen sei. Allerdings hat sich das von Berners-Lee eingeführte Web in einer Weise entwickelt, die nicht ganz seinen ursprünglichen Vorstellungen entspricht. Das Web entstand im wissenschaftlichen Kontext. Berners-Lee betrachtete Multimedia-Anwendungen wie Video und Sound als unrelevant. Außerdem fordert er fremde Web-Autoren auf, die Qualität ihrer Arbeit einzustufen. Dies deutet darauf hin, dass Berners-Lee gewisse Mindeststandards für Veröffentlichungen etablieren wollte.

So sinnvoll die Umsetzung dieser Vorschläge hätte sein können, das Web wäre bei ihrer Einhaltung vermutlich immer noch auf relativ wenige Nutzer beschränkt. Die breite Öffentlichkeit würde von den vernetzten Computern kaum Notiz nehmen. Das Web wird jedoch mittlerweile von fast allen Schichten und Bevölkerungsgruppen für ihre jeweiligen Belange genutzt.

Die Selbstkontrolle beim Einstellen von Inhalten versagt in vielen Bereichen. Es gibt schon seit einiger Zeit Dienste[118], die Nutzern helfen, die von ihnen bereitgestellten Informationen, zum Beispiel Bilder und Filme, wieder aus dem Web zu entfernen. Außerdem nimmt die Webnutzung bei einigen Nutzern schädliche Ausmaße an, was unter dem Schlagwort Internetsucht zusammengefasst wird.[119]

O'Reilly konnte 2005 schon fast 10 Millionen Treffer auf Google für den Begriff „Web 2.0" feststellen, was seine Entscheidung den Begriff zu verwenden stützte.[120] Am 19.02.2010 ließen sich bereits über 46 Millionen Google-Treffer bei der gleichen Suchanfrage feststellen. Dies wird als ein deutliches Indiz für die wachsende gesellschaftliche Relevanz des Themenbereichs gewertet. Am gleichen Datum lieferte die Suchanfrage mit dem Begriff „Musik" über 150 Millionen Treffer, „music" sogar über 1,5 Milliarden Treffer. Zum Vergleich wurde der Begriff „art" mit einer knappen Milliarde Treffern angefragt und „Kunst" mit 73 Millionen Treffern.

Bei einem letzten Test am 31.08.2012 waren es schließlich 1,42 Milliarden Treffer für die Suchanfrage „web 2.0", „Musik" lieferte 1,08 Milliarden Treffer und „music" sogar 9,09 Milliarden.

---

[117] vgl. "people to people" Berners-Lee 2006
[118] zum Beispiel Ruflotse - Der Rundumschutz für Ihren Namen im Internet 2010 und XAVA Media GmbH
[119] vgl. Bilke 2008
[120] vgl. O'Reilly 2005)

2.2.2 Nutzertypisierungen

Bei der Untersuchung ästhetischer Fragestellungen ist es auch notwendig, die Beziehungen zwischen Nutzer und Medium in den Blick zu nehmen und danach zu fragen, welche Funktion das Medium für den Nutzer erfüllt. Damit verbunden ist auch die Frage, in welchem Verhältnis das Medium zur Gesellschaft im Ganzen, zu einzelnen Lebenswelten oder zu anderen Medien in einem intermedialen Kontext steht.

Im Zusammenhang mit dem Web 2.0 stellt sich außerdem die Frage, welche Funktion der Nutzer für das Medium und dann dadurch für die Gesellschaft oder für andere Medien in einem intermedialen Kontext erfüllt.

Klinger und Trump spannen ein doppelt bipolares Feld von Nutzertypen auf, das sich erstens zwischen den Polen individuelle und öffentliche Kommunikation und zweitens zwischen einem gestaltenden und einem betrachtenden Pol ausdehnt.

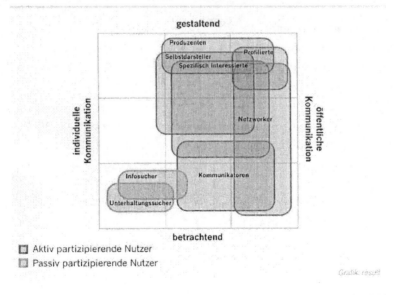

Abbildung 10: Nutzertypen der Result-Studie 2007[121]

Die Autoren der Result-Studie kritisieren an dieser Darstellung selbst, dass sie teilweise strikte Trennungen zwischen Nutzertypen impliziere, wie sie in der Realität nicht gegeben seien.[122]

---

[121] Klingler und Trump 2007, S. 37

47

Diese Unschärfen bei der Definition von Nutzertypen hängen mit der Problematik der begrifflichen Beschreibung komplexer Strukturen zusammen. Das Kontinuum zwischen individueller und öffentlicher Kommunikation ist eine stark vereinfachte Modellierung der Realität. Deshalb erscheint es sinnvoll, dem gestaltenden und dem betrachtenden Aspekt noch den Diskussionsaspekt als dialogisches Element beiseite zu stellen.

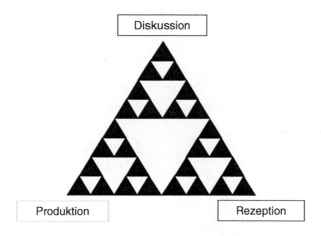

Abbildung 11: Der Nutzer im Spannungsfeld Produktion - Diskussion - Rezeption

Die Nutzungstypen werden dadurch holistisch in die Struktur der triadischen Relation aus Produktion, Diskussion und Rezeption integriert. Durch die bereits dargestellte Annahme, dass sich Systeme von triadischen Relationen durch fraktale Strukturen abbilden lassen, wird impliziert, dass beispielsweise der Aspekt der Produktion gleichsam den Aspekt der Diskussion und der Rezeption beinhaltet.

Die verschiedenen Nutzer unterscheiden sich innerhalb dieser Relation dann durch die Gewichtung der einzelnen Aspekte. Es entsteht also keine Nutzertypologie, sondern die Möglichkeit und Notwendigkeit, jedes Nutzungsverhalten differenziert zu betrachten und es dennoch in ein Gesamtsystem zu integrieren.

Dabei ist auch die Frage zu beachten, welche Motivation einem Nutzerverhalten zugrunde liegt. Hierzu bieten sich zwei zusammenhängende Analysesysteme an. Zum einen kann man die triadische Relation aus Individuum, Medium und Gesellschaft zugrunde legen

---

[122] vgl. Klingler und Trump 2007, S. 37

48

Dadurch wäre die Motivationslage der Beteiligung am Web 2.0 im Spannungsfeld aus individuellen, künstlerischen und sozialen Bedürfnissen zu verorten.

Das zweite Analysesystem unterstützt die Untersuchung der motivationalen Richtung im medialen Feld. Hier spannt sich ein Feld auf zwischen

- den konkreten Medieninhalten,
- den zugrundeliegenden Codes
- und der technischen Repräsentation.

Als konkreter Medieninhalt wäre in dieser Nomenklatur beispielsweise ein bestimmtes Musikvideo anzusehen. Eine Motivation, die auf Codes zielt, wäre durch ein künstlerisches Interesse gegeben und der Aspekt der technischen Repräsentation findet seinen Schwerpunkt, wo der Reiz in der Erkundung des technisch Machbaren liegt.

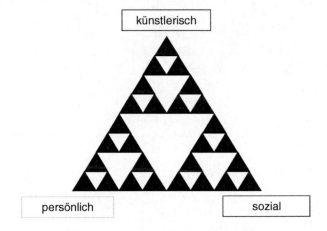

Abbildung 12: Motivation zur Nutzung des Webs 2.0

Auch zur Analyse der Motivation bei der Nutzung des Webs 2.0 bietet die Perspektive einer triadischen Relation gute Chancen. Während eine grobe Einteilung in persönliche, künstlerische und soziale Motive das Feld aufspannt, lassen sich daraus auch differenziertere Fragestellungen ableiten. So wäre beispielsweise bei der Ausdifferenzierung des persönlichen Dreiecks danach zu fragen, welche sozialen oder künstlerischen Aspekte das Verfolgen persönlicher Ziele beinhaltet.

Fragt man etwas enger nach den Motiven für die Nutzung musikbezogener Webangebote, so bietet sich eine Einteilung an, die sowohl auf konkrete Inhalte gerichtet ist, wie auch auf musikalische oder technische Aspekte. Nutzertypen systematischer Analyseschemata lassen sich in die hier dargebotene systemische Sichtweise integrieren.

Kreatoren der Social-Technographics-Leiter (Abbildung 13) sind schwerpunktmäßig dem Eckpunkt der Produktion zuzuordnen. Kritiker dem Eckpunkt der Diskussion, Sammler, Mitmacher und Zuschauer tendenziell dem Eckpunkt der Rezeption.

Abbildung 13: Die Social-Technographics-Leiter[123]

Die Darstellung in einer Rangfolge vom Zuschauer über Kritiker und Sammler zum Produzenten vereinfacht zwar die begriffliche Kommunikation, impliziert allerdings eine unangemessene Schärfe in der Trennung, da die Zuschauer und Sammler im Web 2.0 durch ihr Nutzungsverhalten die Arbeit der Kreatoren wesentlich mitbestimmen können, während das Nutzungsverhalten der Rezipienten wiederum wesentlich durch die Arbeit der Kritiker mitbestimmt wird.

Die Kreatoren können als Künstler ihren Status ohne Publikum nicht generieren. Die Rezipienten sind in vielen Fällen auf die Hilfe der Kritiker angewiesen. Die Ökonomie

---

[123] Li et al. 2009, S. 51

der Aufmerksamkeit verlangt eine Ungleichverteilung der Aufmerksamkeit, dies bedeutet allerdings nicht, dass den Rezipienten weniger Bedeutung zukommt.

Daneben ist zu beachten, dass viele Nutzer in verschiedene Netze eingebunden sind, in denen sie zu verschiedenen Zeitpunkten aus verschiedenen Motivationen unterschiedliche Funktionen nutzen und erfüllen. Eine mögliche Motivation für die Teilnahme am Web 2.0 wird von Franck beispielsweise im Verlangen gesehen, „eine Rolle im Seelenleben anderer zu spielen."[124]

In Diskussionsforen ist es üblich, dass die Nutzer durch entsprechende Algorithmen einen Status entsprechend der Dauer und der Häufigkeit ihrer Teilnahme zugewiesen bekommen. Diese Art von Seniorität verleiht den aktiveren Nutzern mehr Autorität, die jedoch nicht notwendigerweise mit Kompetenz gleichzusetzen ist.

Dennoch ist anzunehmen, dass die aktiveren Kommentatoren und vor allem diejenigen, die sehr früh ihre Meinung posten, einen größeren Einfluss auf den Verlauf der Diskussion und damit auch auf die Rezeption bestimmter Inhalte gewinnen. Dadurch können entsprechend aktive Nutzer, die durch ihre Aktivitäten bestimmten Inhalten Bedeutung in den Algorithmen der Plattform verleihen, eine Art Startkapital in Form von bedeutsamer Beachtung zum Vermittlungsprozess beisteuern. Dies ist insofern relevant, als das Startkapital im kulturellen Milieu ansonsten in der Regel von nachgewiesen kompetenten Institutionen beigesteuert werden muss.[125]

Aus konstruktivistischer Sicht ist jeder Wahrnehmungsakt eine produktive und aktive Tätigkeit. Die Aktivität bleibt bei der Musikrezeption im Web 2.0 jedoch nicht auf aktives Zuhören mit Strukturierungs-, Verständnis-, Erinnerungs- und Memorisierungsprozessen beschränkt. Das Web 2.0 erlaubt in der Regel eine Einflussnahme auf die Auswahl und die Abfolge der rezipierten Inhalte.

Das Netz kann die Auswahl der zu rezipierenden Musik übernehmen. Bei einigen Web 2.0-Anwendungen erhält der Nutzer durch die Strukturierungsmechanismen des Netzes Vorschläge, die das Netz auf der Basis unterschiedlicher Algorithmen generiert. Dann trifft der Nutzer von Mal zu Mal die Entscheidung über den Fortgang des Musikstreams.

Die Empfindung der Unendlichkeit des hörbaren Materials im Netz erfordert deshalb von den Nutzern nicht nur beim Hören, sondern auch bei der Auswahl des zu Hörenden einen komplexen, wenn auch oft unbewussten Entscheidungsprozess. Dabei beeinflusst die

---

[124] Franck 2010, S. 159
[125] vgl. Franck 2010, S. 137

Aktivität, vor allem auch die eventuell zur Erkundung notwendigen körperlichen Bewegungen des Nutzers, die Verarbeitung der aufgenommenen Sinnesreize.[126] Der Nutzer kann die Musik aus dem Netz als ein komplexes Gesamtkunstwerk erleben, das aus vielen an sich einfacher strukturierten Stücken besteht. Die Emergenz von Musik im Netz liegt aus dieser Perspektive in den konstruktiven Prozessen des Rezipienten begründet. Das Nachdenken über die beteiligten Inhalte, Strukturen und Prozesse kann der Musik in diesem Kontext zu ihrer künstlerischen Bedeutung verhelfen, da wir nach Helmholtz ein musikalisches Kunstwerk als umso reicher empfinden, je mehr es uns gelingt, durch eingehende Betrachtung Vernunftmäßigkeit, Harmonie und Schönheit zu entdecken.[127]

Jenkins[128] weist im Hinblick auf die wachsende aktive Medienkompetenz, realisiert durch das Herstellen und Verbreiten von Inhalten, darauf hin, dass durch die sich ergebenden Möglichkeiten auch die Verantwortung wächst und dass Mediengestaltung auch Zukunftsgestaltung bedeute. Gerade hier werden bereits jetzt Tendenzen erkennbar, wonach aktuell nicht alle gesellschaftlichen Schichten gleichermaßen an den Gestaltungsprozessen beteiligt sind.

Bestimmte Nutzertypen können bestimmten gesellschaftlichen Schichten zugeordnet werden. Multi-User mit Internet-Kompetenz und digitale Netzwerker machen bei den Jugendlichen den größten Anteil der Internet-Nutzer aus. Reine Konsumenten kommen eher aus sozial benachteiligten Schichten.[129]

2.3   Die Gesellschaft im Web 2.0-Kontext

Gesellschaften, also kommunikativ strukturierte Mengen von Individuen, werden im hier entfalteten systemischen Zusammenhang als gleichberechtigt in ein Spannungsfeld aus Individuen, Medien und Gesellschaft eingebettet angenommen. Dadurch eröffnet sich eine erweiterte Perspektive, in Abgrenzung zu Castells Ansatz, der nur ein bipolares Verhältnis zwischen dem Netz und dem Ich entfaltet.[130]

---

[126] vgl. Noë 2010, S. 83
[127] vgl. von Helmholtz 1913, S. 589
[128] Jenkins 2010, S. 110
[129] vgl. Shell Jugendstudie 2010 2010a
[130] vgl. Castells und Kößler 2003, S. 3

Unterschiedliche Gewichtungen im Verhältnis von Gesellschaft, Individuen und Medien müssen jeweils auf die einzelne Gruppe, das einzelne Medium und das einzelne Individuum bezogen betrachtet werden. So gibt es beispielsweise gesellschaftliche Gruppen, die das Web 2.0 noch nicht für sich erschlossen haben. Bleicher beschreibt in diesem Zusammenhang ein „Informationsproletariat", das Netzangebote nur zur Unterhaltung nutzt.[131]

Ähnliche digitale Trennungslinien innerhalb der Gesellschaft sieht auch Schell durch die Medien kumuliert. Er vertritt die Ansicht, dass die Bildungsvoraussetzungen, die mit dem sozialen Herkunftsmilieu zusammenhängen, durch unterschiedliche Mediennutzungsweisen weiter ausdifferenziert werden.[132]

Aus diesem Grund fordert Menzke, durch Medienarbeit die Unterschiede auszugleichen, um die Informationsgesellschaft in eine inklusive Gesellschaft zu transformieren.[133]

Technisch versierte Jugendliche und junge Erwachsene sind im Web 2.0 die Early Adopters. Sie konnten in den ersten Jahren des Social-Media-Zeitalters wesentlich die Inhalte bestimmen. Die Machtübernahme im kulturellen Bereich durch die Nutzer wurde schnell durch etablierte Medienkonzerne angegriffen, im Kontext der Filesharing-Communitys zunächst mit Hilfe von Copyright-Prozessen, mittlerweile eher durch die gezielte Infiltration der bestehenden Nutzer-Communitys oder durch den Aufbau eigener und deshalb leichter zu kontrollierender Web 2.0-Angebote.

Was zur Kultur einer Gesellschaft gehört, welche medial vermittelten individuellen Leistungen also im kollektiven Gedächtnis der jeweiligen Gesellschaft bestand haben sollen, wird durch die jeweilige Gesellschaft oder durch bestimmende Teile daraus, entschieden.[134] Dies trifft auch auf kleinere gesellschaftliche Lebenswelten zu. Jedes Netzwerk benötigt Steuerungsinstitutionen und -mechanismen, um die vorhandene Aufmerksamkeit zu steuern.

Die Kriterien, die bei der Auswahl kultureller Güter und für die Zuschreibung ihrer Bedeutung relevant sind, differieren in erheblichem Maße. Traditionell werden im Zusammenhang mit der Hochkultur ästhetische Muster angelegt, denen jedoch auch eine sozialstrukturelle Ausgrenzung entspricht.[135]

---

[131] vgl. Bleicher 2010, S. 85
[132] vgl. Schell 2009, S. 88
[133] vgl. Menzke 2009, S. 136
[134] vgl. Csikszentmihalyi 2009, S. 315
[135] vgl. Zamanek 2004, S. 478

Die Cultural Studies sehen nicht nur die Zuordnung von Medien und Personen in eine bestimmte Position der gesellschaftlichen Struktur kulturell bedingt, sondern auch andere Elemente der symbolisch generalisierten Kommunikation, wie zum Beispiel Kunst oder Wahrheit.[136] Die kulturelle Determination von Wahrheit, nimmt der Wahrheit große Teile ihrer Evidenz. Sie rückt damit den Begriff in den Zugriffsbereich des systemischen Modells. Wenn Wahrheit kulturell, also gesellschaftlich, bestimmt ist, so unterliegt sie aus der Perspektive der triadischen Relation auch dem Einfluss des Individuums und der Medien.

Neben der Beschreibung des Einflusses von Gruppenentscheidungen auf die Medienlandschaft, ist auch die Frage, wie kollektive Entscheidungen getroffen werden und wie damit kollektive Intelligenz entstehen kann, für die Untersuchung der Veränderungen des musikalischen Feldes relevant. Surowiecki formuliert für das Zustandekommen einer Weisheit der Vielen vier Bedingungen:

1. Meinungsvielfalt
2. Unabhängigkeit der Meinungen
3. Dezentralisierung und Spezialisierung
4. Ein Mechanismus zur Aggregation der Information[137]

Grundsätzliche Aussagen über das Vorhandensein dieser Bedingungen im Bereich Web 2.0 sind problematisch, da Anwendungen und Communities doch recht große individuelle Unterschiede aufweisen, die eine Bewertung von Fall zu Fall erforderlich machen. Dabei ist zu untersuchen, in welcher Weise und wie deutlich die genannten Bedingungen erfüllt werden.

Bezogen auf die Meinungsvielfalt und die Unabhängigkeit der Meinungen innerhalb der Gruppe, gibt Surowiecki den Hinweis, dass kleine Gruppen zu sehr auf Konsens bedacht sind[138]. Hier liegt ein wesentlicher Unterschied zwischen den Kollaborationsformen im Web 2.0 und jenen im Internet der Jahre zuvor. Während die musikalische Kollaboration, die Föllmer beschreibt, meist elitären Charakter hat und in Gruppen stattfindet, deren Mitglieder musikalisch vorgebildet sind und die sich zum Zwecke der musikalischen Kollaboration zusammenfinden, also dementsprechend eine kohärente Geisteshaltung repräsentieren, ist die Vielfalt im Web 2.0 größer. Dies ermöglicht es dem Einzelnen sich

---

[136] vgl. Krotz 2009, S. 222
[137] vgl. Surowiecki 2005, S. 32
[138] vgl. Surowiecki 2005, S. 240

zu spezialisieren. Außerdem werden die Entscheidungen ebenso von der Community durch Auswahl getroffen, wie auch von Einzelpersonen mit künstlerischer Autorität.

Eine homogene Gruppe, die gesichertes Wissen über einen bestimmten Gegenstand und eine gemeinsame Wahrnehmung hat, kann gut interagieren, ohne allzu sehr auf Kommunikation angewiesen zu sein. Schellingpoints, also implizite Eckpunkte im Fakten- und Handlungswissen einer Gemeinschaft, koordinieren Kommunikation und Kooperation auf sehr ökonomische Weise.[139]

So erstaunlich das blinde Verständnis innerhalb einer Gruppe in einigen Fällen erscheinen mag, so selbstverständlich ist es beim kompetenten gemeinsamen Musizieren. Implizite stilistische Regeln und implizite Kommunikationsstrukturen ermöglichen eine effektive Kooperation. Jeder Musiker weiß, an welchen Signalen er seine eigenen Parameter, wie Geschwindigkeit oder Lautstärke, orientieren muss. Im Zusammenhang mit dem Web 2.0 stellt sich die Frage, wie traditionelle Konventionen ins Netz transportiert werden können, beziehungsweise wie, ob und welche neuen Konventionen entstehen.

Konventionen bestehen nicht nur im produktiven Bereich. Auch die Rezeption ist von sozialen Kontexten abhängig. So beschreibt Neuhoff die kulturell indizierte Tendenz, dass Frauen eher „weiche, gefühlsbetonte" Stile und Männer „härtere, aggressive" präferieren.[140]

2.3.1 Medien- und musikbezogene Aspekte der Gesellschaft

Der Einfluss von Medien darauf, wie sich Gesellschaft konstituiert, ist ein wichtiger Aspekt der soziologischen Betrachtung von Medien. Im Hinblick auf die Massenmedien beschreibt Winter mit Blick auf Lull´s Analysen aus den 80-ern, wie die Zuschauer durch Fernsehen kommunikativ, kulturell und sozial neu eingebunden und verbunden werden.[141]

Die Möglichkeiten des Webs 2.0 schaffen, im Kontrast dazu, völlig neue Möglichkeiten auf die Konstituierung von Gemeinschaft und Gesellschaft. Castells hebt im Hinblick auf virtuelle Gemeinschaften hervor, dass sie auf nur schwachen Bindungen beruhen und

[139] vgl. Surowiecki 2005, S. 130
[140] vgl. Neuhoff 2007, S. 406
[141] vgl. Winter 2009, S. 259

hochgradig diversifiziert seien. Er schreibt ihnen jedoch eine Dynamik anhaltender Interaktion zu.[142]

Das Aufrechterhalten der Interaktion ist ein spielerischer Aspekt der Netzwerke. Es entsteht Gemeinschaft um der Gemeinschaft willen. Marketingstrategien, die sich in diesem Feld etablieren, dienen keinem Selbstzweck. Ihre Blickrichtung muss allerdings dem Wesen des Webs 2.0 entsprechen. Deshalb gibt es hier den Ansatz nicht zuerst nach dem Nutzen der Teilhabe am Web 2.0 für das Unternehmen zu fragen, sondern zunächst zu hinterfragen, wie ein Unternehmen der Community dienen kann.[143]

Ziel ist in virtuellen und sozialen Netzen oft nicht die Rezeption ästhetischer Ereignisse, sondern das Erleben von Gemeinschaft. Dies erklärt auch die Akzeptanz von Content, der nicht den Konventionen von Medien entspricht, deren Inhalte durch institutionalisierte Bewertung ausgewählt werden. Der Mangel an Echtheit, der der virtuellen Welt inhärent ist, wird durch Authentizität kompensiert, die durch Verzicht auf handwerklich und künstlerisch ausgereiften Content erreicht wird. Dabei spielt auch Humor eine wichtige Rolle. Nach Hobbes lachen wir schließlich vor allem dann, wenn wir plötzlich eigene Überlegenheit empfinden, im Angesicht fremder Fehler.[144]

Bei der Untersuchung der Beziehung einer Gesellschaft zu den sie bestimmenden Medien, kann es auch hilfreich sein, nicht nur die Nutzer eines bestimmten Mediums in den Blick zu nehmen, sondern wie von Wyatt gefordert, auch diejenigen, die das jeweilige Medium nicht nutzen.[145] Im Zusammenhang mit dem Web 2.0 werden die Nichtnutzer in vielen Fällen von den Massenmedien über gerade populäre Inhalte in Kenntnis gesetzt. Hier spielt allerdings auch die distinkte Auswahl bestimmter Medieninhalte eine Rolle.

Das Internet wurde durch die vereinfachten Nutzungsbedingungen des World Wide Web der Wissenschaft zugänglich gemacht. Die Nutzungsbedingungen des Webs 2.0 schufen wiederum aktive und passive Nutzungsmöglichkeiten für fast jedermann und für fast jeden gesellschaftlichen Bereich. Diese Öffnung des Mediums, bei dem jeder gleichberechtigt Zugriff auf Information und Möglichkeit zur Publikation erhalten soll, steht im Gegensatz zu traditionellen kulturellen Schemata der Abgrenzung.

[142] vgl. Castells und Kößler 2003, S. 410
[143] vgl. Weinberg et al. 2010, S. 63
[144] vgl. Hobbes 2005, S. 16
[145] vgl. Wyatt 2005, S. 69

Der virtuellen Optionen der kulturellen Teilhabe lösen auch den Wunsch aus, diese Optionen einzulösen. Zamanek erkennt allerdings einen dieser Inklusion entgegenstrebenden Abwehrreflex durch die Suche nach neuen gesicherten Distinktionswerten.[146] Die Distinktionsfunktion von Musik kann in verschiedenen Kontexten beobachtet werden. Die Musik, die wir bevorzugen, unser Umgang mit Musik, der Stellenwert von Musik in unserem Leben, sind ein Hinweis auf die Lebenswelt des Einzelnen beziehungsweise auf die Kultur der Gesellschaft.

Neben musikalischen Verhaltensweisen kann die Distinktionsfunktion auch von genretypischen Stilmitteln ausgeübt werden[147]. Musik bildet dann den Kristallisationspunkt für den Kleidungsstil einer Person und ihren Habitus. Jugendliche kleiden sich wie ihre Idole oder grenzen sich bewusst von einem bestimmten Kleidungsstil ab. Sie adaptieren die Sprache ihrer Stars und zeigen auch durch die Nutzung bestimmter Medien ihre Affinität zu bestimmten Lebenswelten.

2.3.2 Individuumsbezogene Aspekte des gesellschaftlichen Elements

Das Individuum ist durch gesellschaftliche Rollenerwartungen und Konventionen in die Gesellschaft eingebettet. Surowiecki weist in diesem Zusammenhang darauf hin, dass Konventionen einerseits Ordnung schaffen, andererseits aber auch dazu dienen, die geistigen Anstrengungen des Einzelnen zu verringern.[148] Diese Konventionen werden im Zuge der beobachtbaren Individualisierung vermehrt in Frage gestellt. Außerdem nehmen die Globalisierung, die Kurzatmigkeit kultureller Ausdrucksformen und gesellschaftliche Entstrukturierungsprozesse dem modernen Individuum durch die Reduzierung des Erlebens von Inklusion eine wichtige Quelle von Sinn. Dadurch rückt Individualität als sinnstiftende Komponente in den Vordergrund.[149]

Vor diesem Hintergrund können Selbstaufmerksamkeit und die Ökonomisierung der Aufmerksamkeit als aufeinander bezogene Aspekte von Aufmerksamkeit verstanden werden. Sie sind im Kontext musikalischer Produktion und Rezeption miteinander verflochten. Die Selbstaufmerksam eines Musikers, dessen Wahrnehmung lediglich seinen musikalischen Empfindungen ausgeliefert scheint, wird von einem Publikum in der Regel als ein hohes Maß an Authentizität interpretiert. Ein Heraustreten aus dieser musikalisch

---

[146] vgl. Zamanek 2004, S. 478
[147] vgl. Kleinen 2007, S. 444
[148] vgl. Surowiecki 2005, S. 132
[149] vgl. Castells und Kößler 2003, S. 3

57

determinierten Selbstaufmerksamkeit kann von den Zuhörern als eine Einladung zum intensiveren Miterleben des musikästhetischen Ereignisses interpretiert werden.

Die Wirksamkeit einer solchen Einladung zum musikalischen Miterleben durch den Künstler lässt sich teilweise durch die Gesetzmäßigkeiten der Ökonomie der Aufmerksamkeit erklären. Einerseits zählt die Beachtung des Künstlers für das Publikum mehr, weil ihm seinerseits ein hohes Maß an Beachtung[150] zukommt, andererseits wird das Mehr an Beachtung, das einem authentischen Künstler zukommt, deshalb als gerechtfertigt angesehen, weil es seiner künstlerischen Kompetenz und nicht „Machenschaft"[151] zugeschrieben wird.

In Analogie zur Entwicklung musikalischer Kompetenzen im Zuge der musikalischen Sozialisation, der entsprechenden praktischen Kompetenzen[152] und deren identitätsstiftender Funktion, kann im Zusammenhang mit den Möglichkeiten und Fähigkeiten zur Teilhabe an medial vermittelten Gesellschaftsprozessen von einer zu durchlaufenden Mediensozialisation gesprochen werden.

Die Beziehung eines Individuums zur Gesellschaft und zu den Gemeinschaften, in die es einbezogen ist, hängt in einer technisch geprägten Welt wesentlich vom medienbezogenen Nutzungsverhalten des Individuums ab, während das Nutzungsverhalten der Gesellschaft im Gesamten den Medien ihre Rolle zuweist. Insofern holt sich die Gesellschaft durch die Nutzung von Social Media zurück, was ihr die mit der Modernisierung einhergehende Individualisierung[153] genommen hat.

2.4 Das Individuum im Kontext der triadischen Relation

Nach schopenhauerschem Verständnis werden die Affektionen des Leibes als Ausgangspunkt für die verstandesmäßigen Anschauungen der Welt angesehen.[154]
Ausgehend von dieser Annahme, ist die subjektive Wahrnehmung im Kern durch leiblich gegebene Grundvoraussetzungen bestimmt. Selbstwahrnehmung ist zunächst nicht objektiv.

---

[150] vgl. Franck 2010, S. 116
[151] Franck 2010, S. 142
[152] vgl. de La Neuhoff 2007, S. 390
[153] "Evolving self-cultures in modern Western nations are characterized by an increasing number of single-person households, more divorces, and greater overall privatization of space and time." Lull 2007, S. 64
[154] vgl. Schopenhauer 2002, S. 150

58

Sie ist zudem nicht konstant. Zum einen verändert sich der Körper des wahrnehmenden Subjekts im Laufe seines Lebens, zum anderen kann nicht von einer völlig unveränderlichen Wahrnehmung des Körpers ausgegangen werden.

Das individuelle Element der triadischen Relation ist beeinflusst durch medial vermittelte Selbstwahrnehmung und objektivierende Rückkopplungen durch die Gesellschaft. Die vollkommene Subjektivität ist deshalb ebenso wenig zu erreichen, wie die vollkommene Objektivität oder die absolute Selbstreferenz ästhetischer Ereignisse.

Auch wenn der Wille, nach Schopenhauer repräsentiert im Tun und in Bewegungen[155], als Ausgangspunkt der subjektiven Wahrnehmung angenommen wird, so kann nicht davon ausgegangen werden, dass dieser in vielen Situationen frei herrscht. Aus ästhetischer Sicht wäre ein solcher freier Wille, der sich in künstlerischer Aktivität äußert, sehr wünschenswert. Allerdings muss im Kontext des Webs 2.0 davon ausgegangen werden, dass die Ästhetik von Produkten, die durch Produsage und Kollaboration entstandene sind, gerade nicht einen subjektiven Willen ausdrücken, sondern das Produkt eines Dialogs darstellen.

Solche kollektiv konstruierten ästhetischen Ereignisse geben den beteiligten Individuen eine Möglichkeit von sozialer Verschmelzung, die über die persönliche körperliche Entgrenzung durch die individuelle Nutzung von entsprechendem Werkzeug hinausgeht. Diese Möglichkeit wurde immer schon durch das Spiel gegeben, in besonderem Maße aber auch durch das gemeinsame Musizieren. Allerdings waren sowohl für das Spiel im Allgemeinen, als auch für das gemeinsame Musizieren im Speziellen, bestimmte, nur durch Schulung und Übung zu erlangende Kompetenzen, erforderlich.

Ein Musiker kann die gegebenen klanglichen Möglichkeiten seines Körpers durch das Spielen eines Instruments erweitern. Das Erlernen eines Instruments erfordert allerdings ein hohes Maß an persönlichem Einsatz, so dass durch die fortschreitenden Fähigkeiten im Instrumentalspiel im Allgemeinen auch persönlichkeitsformende Effekte angenommen werden. Wenn ein Musiker darüber hinaus nicht nur solistisch, sondern auch in einer Gruppe musizieren möchte, so muss er auch im Rahmen seiner musikalischen Sozialisation die hierfür erforderlichen Kompetenzen erwerben.

Es hat den Anschein, dass das im Spiel oder beim Musizieren erlebte Gemeinschaftsgefühl in ähnlicher Weise durch die Nutzung von Social Media entstehen kann. Ein wesentlicher Unterschied besteht allerdings hier in der Einfachheit des Zugangs. Waren anfangs

---

[155] vgl. Schopenhauer 2002, S. 151

noch technische Hürden der Internetnutzung oder zu seiner Mitgestaltung zu bewältigen, so kann mittlerweile fast jeder einen Ansatzpunkt zur Partizipation finden.

Es gab im musikalischen Bereich zwar auch schon Bestrebungen, zum Beispiel bei der Gruppenimprovisation, die Zugangsvoraussetzungen zum gemeinsamen Musizieren zu senken. Allerdings blieb der breite Erfolg solcher Bewegungen weit hinter dem offensichtlichen Erfolg von Social Media zurück.

Bei der Betrachtung individueller Aspekte spielen, neben den angedeuteten Möglichkeiten von individuellen und kollektiven Willensäußerungen und den damit verbundenen Entgrenzungen und Verschmelzungen, auch die Kognitionen, mithilfe derer wir uns der beschriebenen Prozesse bewusst werden, eine wichtige Rolle.

Dabei können nach Clayton drei aufeinander aufbauende Ordnungsstufen unterschieden werden. Auf der basalen subjektiven Ebene wird operiert, wenn unreflektiert gehandelt und empfunden wird. Diesen Zustand alleine zu erleben fällt den meisten Personen jedoch schwer. Am ehesten gelingt dies vielen in den medial vermittelten Gemeinschaftserlebnissen des Spiels oder eben bei der Nutzung von Social Media. Dieses unreflektierte Erleben wird von Csikszentmihalyi als Flow[156] beschrieben.

Auf der zweiten Ordnungsebene wird das Selbst bewusst erlebt, während auf einer dritten Ordnungsebene reflektiert wird, wie sich das bewusste Erleben vollzieht.[157]

Auch diese Selbstreflexion ist bestenfalls ein Erleben und Erkennen von Subjektivität. Vermitteln, darstellen oder beschreiben lässt sich die reine Subjektivität nicht, da vermittelte Subjektivität niemals rein ist.

Die Paradoxie der Erkenntnis, dass selbst der Kern des Individuums nicht als reine Subjektivität darstellbar ist, löst sich auf, wenn auch dieser Kern in das fraktale Modell der triadischen Relation integriert wird.

2.4.1 Gesellschaftliche Bezüge des Individuums

Neben der Frage, inwieweit ein Individuum sich auf Subjektivität in Form von Willensäußerungen und Selbstreflexion beziehen kann, ist zu fragen, in welchen Beziehungen dieses Individuum, beziehungsweise seine fraktal strukturierte Subjektivität, zu seiner Umwelt steht.

---

[156] Csikszentmihalyi 2008
[157] vgl. Clayton 2008, S. 121

60

Zunächst kann davon ausgegangen werden, dass die Wahrnehmung einer Identität, einschließlich der Selbstwahrnehmung, sowohl den Körper als auch kulturelle Attribute[158] zum Ausgangspunkt hat.

Wenn schon die Wahrnehmungen auf kulturellen Grundvoraussetzungen fußen, so muss aus konstruktivistischer Sicht daraus folgen, dass das Selbst sich in Interaktion mit der belebten und unbelebten Umwelt in unauflöslicher Verbindung konstituiert.[159] Diese systemische Rückkoppelung entsteht, weil die Voraussetzungen auf deren Grundlage wir unsere Umwelt wahrnehmen, bereits von der Umwelt geprägt sind. Andererseits muss ein Individuum in seiner Umwelt wirksam werden, um in seiner Existenz wahrgenommen werden zu können. Für das Austesten der Möglichkeiten des individuellen wirksam Werdens in der Welt, stellt künstlerische Tätigkeit ist ein wichtiges Feld dar.

Ein wesentliches Merkmal von Kunst ist Originalität. Originalität gibt es jedoch nur in Bezug auf bereits vorhandene künstlerische Leistungen.[160] Dabei kann die Originalität sich auf verschiedene Elemente eines künstlerischen und medialen Objektes beziehen. Originell kann die Idee sein, die repräsentiert wird, die Art der Repräsentation oder der entstehende Code. So konnte schon die Kontextualisierung durch den Transfer von Musik ins Internet in den Anfangszeiten eine gewisse Originalität für sich beanspruchen. Dabei ist es für Kreativität[161] wie für Originalität notwendig, sich auf gesellschaftliche Gegebenheiten und auf bestehende kulturelle Leistungen als Medien zu beziehen.

Damit ein Individuum sich künstlerisch auf sein kulturelles Umfeld beziehen kann, muss es eine kulturell sozialisiert sein. Aus dieser Perspektive stellt Sozialisation die Entwicklung der Relation von Individuum und Gesellschaft dar. Diese ist ein Lernprozess, bei dem Verhaltensdispositionen aufgrund von Interaktion mit der Umwelt verändert und erworben werden. Dieser Prozess ist sowohl selbstgesteuert durch das Individuum, als auch durch die Medien und die Gesellschaft beeinflusst.

Sozialisation ist somit der Erwerb von Kompetenzen, die zur aktiven Teilhabe an der Gesellschaft befähigen. Dass in diesem Prozess auch Medien eine Rolle spielen müssen, ist bei der Beobachtung der realen Welt ebenso evident, wie im Modell der triadischen Relation. Der Teil des Weges der Sozialisation, den das Individuum selbst auswählt und steuert, wird als Selbstsozialisation[162] bezeichnet.

---

[158] vgl. Castells und Kößler 2003, S. 23
[159] vgl. Noë 2010, S. 69
[160] vgl. Csikszentmihalyi 2009, S. 315
[161] vgl. Csikszentmihalyi 2009, S. 314
[162] vgl. de La Neuhoff 2007, S. 397 f.

Ein Teilbereich der musikalischen Sozialisation ist die Entwicklung der individuellen Musikpräferenz. Das Individuum erwirbt Geschmacksmuster, nach denen es Musik beurteilt. Dabei sind wieder ästhetische und soziale Gesichtspunkte eng verwoben. Nur wenn eine Person eigene Beurteilungsmuster entwickelt, kann von ihrem individuellen Musikgeschmack gesprochen werden. Wenn die Person lediglich „Geschicklichkeit"[163] in der Anwendung fremder Muster entwickelt, handelt es sich dabei eher um eine ästhetikbezogene soziale Kompetenz.

2.4.2 Die Beziehungen der Medien zum Individuum

Neben der Beschreibung der Qualität der Beziehungen zwischen dem Individuum und den Medien, geht es auch um die Frage, was die Medien als Vermittler tatsächlich vermitteln. Erkennt das Individuum bei der Rezeption eines Mediums so etwas wie das Wesen des Mediums, erkennt es gesellschaftliche Bezüge oder gar sich selbst?

Vor dem Hintergrund des systemischen Modells betrachtet, kann diese Frage nur dahingehend beantwortet werden, dass es sich in jedem Falle um ein Gemenge aus allen drei genannten Möglichkeiten, allerdings mit je individueller Gewichtung, handeln muss. Dieses Beziehungsgeflecht wird auch bei der Analyse der Rezeptionsbedingungen relevant.

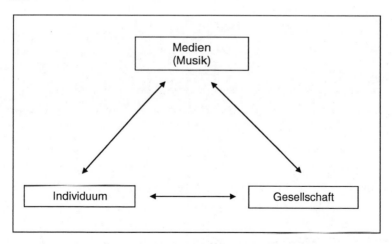

Abbildung 14: Keine isolierten bipolaren Beziehungen

---

[163] vgl. Kant 1949, S. 299

In Rückgriff auf das ursprüngliche systemische Modell (Abbildung 14), können diese Zusammenhänge noch einmal differenzierter veranschaulicht werden. Der Doppelpfeil zwischen Individuum und Gesellschaft könnte möglicherweise missverstanden werden, als eine wechselseitige Verbindung zwischen zwei Polen. Wie die bisher angestellten Überlegungen jedoch verdeutlicht haben sollten, müssen beim systemischen Zugriff immer alle drei Elemente des Systems berücksichtigt werden.

Die ontologische Behauptung einer direkten und isolierten Relation zwischen Individuum und Medien ist somit systemisch nicht korrekt. Die gesellschaftlichen Bezüge müssen immer mit berücksichtigt werden.

Wenn der Künstler oder Rezipient einen Wahrnehmungsmodus erlebt, bei dem er lediglich seine Relation zur Kunst wahrnimmt, ohne das Beziehungsgefüge zu berücksichtigen, in dem das ästhetische Ereignis steht, so handelt es sich dabei um eine besondere Form des Erlebens, nicht um eine Aufhebung des systemischen Zusammenhangs.

Damit lässt sich auch die Hegelsche Auffassung[164] in das systemische Modell integrieren, wonach Musik nur äußerst subjektiv im Individuum existiert, weil sie, abgesehen von repräsentierenden Noten oder konservierenden Tonträgern, keinen objektiven Gegenstand wie beispielsweise ein Gemälde oder eine Skulptur hat. Objektivität kann nur hergestellt werden, wenn Individuen über Musik kommunizieren. Hierfür bietet das Web 2.0 verschiedene Möglichkeiten. Die eigentümlich subjektive Daseinsform von Musik bleibt dadurch jedoch im Wesen unberührt.

Ein Wahrnehmungsmodus, der in besonderem Maße auch für Musik im Web 2.0 im Zusammenhang mit dem Kopfhörerhören von Bedeutung ist, ist die von Schönhammer beschriebene Selbstvergessenheit[165] des Rezipienten. Diese Selbstvergessenheit, die auch auf den spielerischen Anteil der Interaktion hinweist, kann möglicherweise durch die Benutzung von Kopfhörern in ein Maß gesteigert werden, das sonst nur durch die aktive Musikausübung erreichbar wäre.

Die erhöhte Einbeziehung des Individuums in das mediale Geschehen wird durch die Interaktionsmöglichkeiten des Webs 2.0 verstärkt. Sonvilla-Weiss sieht in diesem Zusammenhang eine Aktivierung, die den „Couch Potatoe" zum selbstgesteuerten Nutzer eines neuartigen Mediums macht.[166]

---

[164] vgl. Jaeschke 2010, S. 440
[165] vgl. Schönhammer 1988, S. 28
[166] vgl. Sonvilla-Weiss 2010, S. 12

Die unbegrenzt erscheinende Auswahl an Musik und musikbezogenen Medien, gepaart mit der Möglichkeit, diese in Echtzeit auszuwählen, können zu einem gesteigerten Gefühl des Einbezogenseins in das ästhetische Ereignis führen.

Zu den absichtlich rezipierten Medien tritt bei der Nutzung des Internets ein permanenter akustischer Paratext hinzu. Dieser reicht vom Hoch- und Herunterfahren des Rechners, über Lüftungs-, Warn- und Tastaturgeräusche bis hin zum Sounddesign der Websites.[167] Wenn man diesen Paratext als teilweise aleatorische Klanginstalation im Sinne von de la Motte-Haber betrachtet, so kann auch dies einen weiteren Punkt zur Beschreibung und Erklärung des Wahrnehmungsmodus „Web 2.0" beisteuern. Der Paratext als Klanginstallation erhöht das Involviertsein des Rezipienten durch das Aufsprengen des akustischen Wahrnehmungsformats.[168]

Bei den Nutzern wird der akustische Paratext durch klassische Konditionierung positiv konnotiert, so dass er dann eine persuasive Funktion, wie sie Pauli für die Filmmusik beschreibt, für das Medium Internet erfüllen kann. Schon Pauli weist darauf hin, dass die persuasive Funktion von jeder Musik, unabhängig vom jeweiligen musikalischen Idiom, übernommen werden kann.[169]

Letztlich kann jede Musikwahrnehmung die subjektive Positionierung innerhalb der triadischen Relation mitbestimmen, da sie immer bei der Konstruktion der Identität eine Rolle spielt.[170]

2.5 Funktionen des systemischen Modells für die Forschungspraxis

Das systemische Modell erfüllt für die musikwissenschaftliche Erforschung von Musik im Web 2.0 verschiedene Funktionen.

2.5.1 Darstellung des der Arbeit zugrunde gelegten Musikbegriffs

Musik als der zentrale Begriff jeder musikwissenschaftlichen Forschung ist kaum umfassend und abschließend zu definieren. Jeder einfache Versuch muss an der Vielfalt der Musik scheitern oder die Vielfalt einengen. Aufgrund der Darstellung der Zusammenhän-

---

[167] vgl. Bleicher 2005, S. 369
[168] vgl. de La Motte-Haber 2004a, S. 429
[169] vgl. Pauli 1993, S. 9
[170] vgl. Frith 2002, S. 275

ge, wie Musik in das beschriebene systemische Modell eingebettet ist, kann auf eine fundamentalontologische Definition von Musik verzichtet werden.

2.5.2 Eröffnung einer breiten Perspektive auf musikbezogene Phänomene im Web 2.0

Diese breite Perspektive ist notwendig, da die Musik im Web 2.0 immer kontextualisiert in Erscheinung tritt. Sie ist hier immer in soziale und multimediale Bezüge eingebettet. Dabei hilft das Modell auch weiterführende Fragestellungen zu entwickeln. Die durch das Modell zu generierende Fragestellungen bilden damit den roten Faden durch die Arbeit. So stellt sich für jedes musikbezogene Phänomen des Webs 2.0 die Frage, welche individuellen, sozialen und medialen Aspekte eine Rolle spielen.

Da diese Aspekte in ein breites Feld wissenschaftlicher Diskursivität eingebettet sind, das sich in sich sehr inhomogen darstellt, bietet die triadische Relation eine Möglichkeit, den wissenschaftlichen Kontext aus der für diese Arbeit notwendigen Perspektive zu ordnen. Diese Ordnung schafft die Grundlage für die folgenden Untersuchungen.

2.5.3 Bereitstellung eines integrativen Gesamtzusammenhangs für neu zu gewinnende Informationen

Durch die Zugrundelegung des systemischen Denkmodells bei der Akkumulation neuer Informationen wird die fraktale Struktur des Modells immer weiter ausdifferenziert. Dies ermöglicht ein induktives Vorgehen, das aus vielen Details auf ein Gesamtbild schließen lässt. Das triadische Modell soll also die Konstruktionsprozesse des Forschers wie des Rezipienten leiten und stützen. Und es soll helfen, die für eine Systematisierung notwendigen Vereinfachungen zu differenzieren.

Gleichzeitig werden, wo es sinnvoll und möglich ist, Begriffe systematisch geordnet und vorgefundene Ordnungen diskutiert. Solche Systematisierungen sind vornehmlich für bereits verfestigte Strukturen sinnvoll, während sich im Prozess befindliche Abläufe eher systemisch zu beschreiben sind.

Die übergreifende, auf Abstraktion zielende Perspektive des triadischen Modells integriert ästhetische, subjektive und gesellschaftliche Kategorien, die nach de la Motte-

Haber aufgrund ihres Umfanges und ihrer Komplexität nicht mehr widerspruchsfrei zu systematisieren sind.[171]

Das Modell visualisiert dabei das musikalische Feld, dessen ontologische Struktur als fraktal angenommen wird. Die fraktale Struktur verhindert, dass das musikalische Feld allein durch Systematisierung hinreichend beschrieben werden kann. Die Visualisierung durch das systemische Modell steht also als Hilfe, als Ergänzung und als gedankliche Grundlage neben den begrifflichen Annäherungen, die für jede Verbalisierung notwendig sind.

---

[171] vgl. la Motte-Haber 2004b, S. 19

Anmerkung zur Auswahl der in den Kapiteln 3 bis 7 beschriebenen und analysierten Inhalte und Phänomene

Entsprechend der in Kapitel 1.2 dargestellten Methodik wurde das theoretische Sampling im Sinne einer teilnehmenden Beobachtung gestaltet. Besonderer Wert wurde dabei auf den Aspekt der gelegt, dass es sich beim Web 2.0 zum Untersuchungszeitpunkt um ein Massenphänomen handelte. Deshalb wurde zunächst Ausschau gehalten nach weit verbreiteten Plattformen, Phänomenen und Inhalten.

Bei den Plattformen hatten sich YouTube, Facebook und Google als die Seiten mit den meisten Aufrufen herauskristallisiert.

Um innerhalb dieser Plattformen Phänomene und Inhalte zu auszuwählen, die für die musikwissenschaftliche Forschung von Bedeutung sind, wurden Medienberichte online und offline überprüft. Dabei spielten auch die Statusmeldungen von relevanten Nutzern und Vorschläge der Plattformen auf deren Homepages eine wichtige Rolle.

Auch die Such- und Vorschlagsfunktionen der Plattformen wurden ausgiebig getestet und genutzt. Dabei zeigte die Erfahrung, dass die Vorschlagsfunktionen der Plattformen und die Vorschläge der anderen Nutzer meist bessere Ergebnisse lieferten, als die Suchfunktionen.

Wenn bei einem Phänomen erkennbar wurde, dass neue Inhalte keine neuen Informationen liefern, wurde die Recherche hierzu abgebrochen. Gleichwohl ist davon auszugehen, dass schon in naher Zukunft die stetigen Veränderungen eine Fortsetzung der Untersuchungen nahelegen werden.

Einige Kategorien, wie beispielsweise Videos mit pädagogische Musik auf YouTube (5.7.4), wurden aus systematischen Überlegungen abgeleitet, obwohl sie bisher kein Massenphänomen darstellen. Dennoch war es hier sinnvoll, einen aktuellen Stand beschreiben, da von diesem aus leichter die weitere Entwicklung nachzuvollziehen sein wird.

Insgesamt wurde Wert darauf gelegt, dass typische Beispiele ausgewählt wurden, die exemplarisch für eine ganze Gruppe von Inhalten stehen, da eine Gesamtschau der Inhalte ein unrealistisches Unterfangen darstellen würde. Falls möglich wurden anhand von kritischen Beispielen die Grenzen eines jeweiligen Phänomens ausgeleuchtet. Außerdem waren extreme Beispiele, was den Inhalt oder die Verbreitung betrifft, von besonderem Interesse.

3. Musik und soziale Netze - Musikgeschmack, Identität und Macht

Das Ausmaß der Nutzung von Social Media[172] macht das Web 2.0 zu einem Massenphänomen. Laut einer BITKOM-Studie aus dem Jahre 2011 sind 92 Prozent der Bevölkerung unter 30 Jahren Mitglied in sozialen Netzwerken. 85 Prozent dieser Gruppe nutzen die Netzwerke aktiv. Bei den 30- bis 49-Jährigen sind weniger als drei Viertel in den Netzwerken angemeldet und aktiv, bei den 50-Jährigen bisher nur jeder Zweite. Dabei ist Facebook das mit Abstand am meisten genutzte Netzwerk.[173]

Der Erfolg der technisch gestützten sozialen Interaktion basiert sicherlich teilweise auf der bereits in den 90-er Jahren des 20. Jahrhunderts beobachteten Individualisierung. Hitzler stellte den individualisierten Menschen dar, als einen „ausgebetteten", der erst wieder in neuen Kontexten Mitglied werden musste.[174]

Menschen, die nicht mehr eingebettet sind, beispielsweise in einer Familie, in einem Betrieb oder Verein, kompensieren diesen Verlust durch die Mitgliedschaft in einem digitalen sozialen Netzwerk.

Wenn soziale Kontakte aus der Realität in die digitalen sozialen Netze transportiert werden, so erfahren sie dabei gleichzeitig eine Transformation, da die sozialen Kontakte hierdurch eine stabilisierende Institutionalisierung erfahren. Damit zusammenhängend bieten die digitalen sozialen Netzwerke den Nutzern selbstverständlich Vorteile technischer Art, während gleichzeitig der direkte Kontakt von Person zu Person Einschränkungen erfährt.

---

[172] "Social media [2010]

152 million	– The number of blogs on the Internet (as tracked by BlogPulse).
25 billion	– Number of sent tweets on Twitter in 2010
100 million	– New accounts added on Twitter in 2010
175 million	– People on Twitter as of September 2010
7.7 million	– People following @ladygaga (Lady Gaga, Twitter's most followed user).
600 million	– People on Facebook at the end of 2010.
250 million	– New people on Facebook in 2010.
30 billion	– Pieces of content (links, notes, photos, etc.) shared on Facebook per month.
70%	– Share of Facebook's user base located outside the United States.
20 million	– The number of Facebook apps installed each day." Royal Pingdom 2011

[173] vgl. BITKOM 2011
[174] vgl. Hitzler 1998, S. 84 zitiert nach Müller et al. 2007

68

3.1 Die interaktive Wende

Die vielfältigen Möglichkeiten der Interaktion und ihre große Bedeutung legen den Gedanken nahe, die Ausweitung von Web 2.0-Aspekten als eine "Interaktive Wende" im Raum des Medialen zu interpretieren. Bei der Entwicklung von Medienangeboten muss deshalb die Frage nach den Möglichkeiten der Visualisierung in eine Frage nach den Möglichkeiten der interaktiven Gestaltung überführt werden.

Bei der Gestaltung von Internetanwendungen gehört es mittlerweile also immer dazu, eine Schnittstelle zu implementieren, die den Nutzern Partizipation ermöglicht. Teilweise wählen die Nutzer selbst Möglichkeiten der Beteiligung, indem sie sich über Inhalte belustigen oder sie multimedial bearbeiten.[175]

Münch stellt in diesem Zusammenhang fest, dass es bei der Gestaltung der Inhalte des Webs 2.0 meist nicht um eine inhaltliche Auseinandersetzung geht, sondern vielmehr um die Gestaltung von Gemeinschaft und um die Ausbildung von Identität.[176] Damit spielt sich die Gestaltung von Web 2.0 aus der Sicht der triadischen Relation verstärkt im Bereich MG ab, also im Bereich der Medien, die stark von sozialen Bezügen geprägt sind.

Wo die Interaktion vermehrt die Existenz des Nutzers als Minimalinformation vermittelt, ist das Nutzungsverhalten eher dem Bereich IG der triadischen Relation zuzuordnen.

Wichtig ist dann den Teilnehmern der Interaktion allein die Tatsache der Rückmeldung, nicht die Art oder der Inhalt der Rückmeldung. Die Interaktion selbst wird als Bedürfnisbefriedigung beziehungsweise als Belohnung empfunden.

Dieser Effekt kann dadurch verstärkt werden, dass die Kooperation ihre Teilnehmer zusätzliche Vorteile erleben lässt. Sie werden nicht nur Teil eines größeren Ganzen, beispielsweise eines Kunstwerks, eines Films, eines kollaborativen Songs oder einer Community, sondern sie nehmen gleichzeitig teil an einem Gewinnspiel oder erhalten zusätzliche Information.

Die Entwicklung, dass Anwendungen spielerische Aspekte implementieren, wird in der Sprachpraxis des Webs 2.0 als „Gamification"[177] bezeichnet. Einerseits beziehen die Entwickler die Grundlagen der PC-Spielentwicklung in die Gestaltung anderer Anwendungen mit ein, andererseits können die Anwendungen mit Spielbezug auch mit den Begriffen der Spieltheorie beschrieben werden.

---

[175] vgl. Lull 2007, S. 39
[176] vgl. Münch 2007b, S. 387
[177] zum Beispiel Gamification - Gamification Wiki, the leading Gamification Community 2012

Nach Caillois[178] beinhaltet das Spiel die vier Wesensmerkmale Zufall, Wettkampf, Maske und Rausch. Dabei tritt das Merkmal Maskierung in der virtuellen Welt häufig in Form von Alter Egos zu Tage, während das Rauscherlebnis eher mit dem bereits beschriebenen Flow nach Csikszentmihalyi korrespondiert.

Das Gemeinschaftserlebnis, das sich bei koordinierter Kooperation einstellen kann, kennen Musiker vom gemeinsamen Musizieren. So wird beispielsweise die geglückte zeitliche Koordination einzelner rhythmischer Strukturen von den Musikern wie von den Rezipienten als Groove erlebt.

Es gibt traditionell noch weitere Möglichkeiten im Zusammenhang mit Musik, wie Hörer in die Gestaltung der Musikdarbietung einbezogen werden können. Die Hitparaden, ein 1935 von CBS als Lucky Strike-Werbung eingeführtes Wettbewerbsspiel[179], können mittlerweile auf eine lange und einflussreiche Geschichte zurückblicken. Hierbei nehmen die Wünsche und damit auch die Bewertungen der Hörer Einfluss auf die Programmgestaltung.

Die Hitparade als Steuerungselement ermöglicht in sehr wirksamer Weise Rückkoppelungsprozesse bei der Steuerung von Aufmerksamkeit auf einzelne Musikstücke oder Künstler. Wer bekannt ist, wird vermehrt in die Hitparade gewählt, ein gutes Ranking in der Hitparade erhöht den Bekanntheitsgrad.

Wenn die Auswahl und die Kompilation von Musikstücken als künstlerische Entscheidungsprozesse verstanden werden, so kann im Falle von Hitparaden von einer Art kollaborativer Kreativität gesprochen werden. Allerdings ist dabei zu berücksichtigen, dass die Qualität der Ergebnisse stark von der Zusammensetzung der interagierenden Gruppe abhängt.

Aus ökonomischer Sicht leisten die Nutzer, die bei der Programmgestaltung einer Hitparade mitwirken, Arbeit für das entsprechende Medium. Die Auslagerung von unternehmerischen Tätigkeitsfeldern zu anderen Unternehmen wird auch als Outsourcing bezeichnet. In Analogie hierzu wird die Nutzung der Arbeitsleistung der Internetcommunity als Crowdsourcing beziehungsweise als interaktive Wertschöpfung[180] bezeichnet.

---

[178] vgl. Caillois und von Massenbach 1982, S. 46
[179] vgl. Wicke 1992, S. 450
[180] "Aus der von Unternehmen dominierten Wertschöpfung wird durch die aktive Rolle der Kunden und anderer externer Akteure eine interaktive Wertschöpfung. [...] Interaktive Wertschöpfung heißt Kooperation und sozialer Austausch." Reichwald und Piller 2009, S. 1

3.2   Facebook - das soziale Netzwerk

Facebook war zum Untersuchungszeitpunkt (2011) mit 800 Millionen Nutzern das weltweit größte digitale soziale Netzwerk. Davon meldeten sich 250 Millionen Nutzer von
einem mobilen Gerät aus an. In Europa entfielen mehr als 10 Prozent der Online-Zeit auf
Facebook.[181]

Gegründet wurde Facebook im Februar 2004 von Studenten, um die College-
Gemeinschaft des Harvard College in Cambridge, Massachusetts, digital zu vernetzen.
Entscheidend vorangetrieben wurden die Belange von Facebook vom heutigen CEO
Mark Zuckerberg.[182]

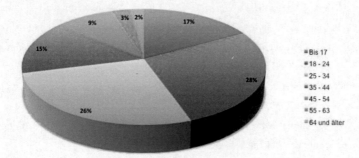

Abbildung 15: Altersverteilung der Facebooknutzer nach Futurebiz[183]

Alleine in Deutschland hatte Facebook im August 2011 über 20 Millionen Nutzer. Über
die Hälfte davon entfiel auf die Altersspanne von 18 bis 34 Jahren.[184]

Verschiedene Gruppierungen versuchen, den Erfolg von Facebook für ihre Belange zu
nutzen. Der deutsche Schlagerkomponisten Ralph Siegel schrieb beispielsweise den Song
„Facebook uh oh oh" (später „The Social Network Song") für Valentina Monetta, um
damit beim Eurovision Song Contest 2012 für San Marino anzutreten.[185]

Viele Webseiten implementieren Buttons, mit deren Hilfe sich der Nutzer als Fan der
Seite oder des Unternehmens auf Facebook positionieren kann. Während Facebook selbst
die Möglichkeit bietet, Filme hochzuladen oder YouTube-Inhalte im Nutzerprofil einzu-

---

[181] vgl. DiePresse.com 2011
[182] vgl. Mapping Global Friendship Ties | Facebook
[183] futurebiz 2011
[184] vgl. futurebiz 2011
[185] vgl. ValentinaMonetta 2012

betten, wurde die Entstehungsgeschichte von Facebook 2010 filmisch in *the social network* [186] verarbeitet.

Noch im Mai 2010 lag die Facebook-Verbreitung in Deutschland bei vergleichsweise niedrigen 11 %[187]. Die Verbreitung hatte sich bis Januar 2011 bereits um über 50 % auf 17 % gesteigert und strebte Werten wie in Norwegen oder den USA entgegen, wo bereits jeder zweite Einwohner einen Facebook-Acount hatte[188]. Es ist davon auszugehen, dass Facebook für eine gewisse Zeitspanne den Standard des digitalen sozialen Netzwerkes darstellen wird. Grund genug zu untersuchen, wie das Netzwerk in das musikalische Feld integriert wird. Die Nutzungspraxis des weit verbreiteten Kurznachrichtendienstes Twitter entspricht, für den musikalischen Bereich, strukturell und im Nutzerverhalten weitestgehend der Statusmeldungsfunktion von Facebook.

3.2.1 Band- und Fanseiten auf Facebook

Facebook bietet Musikern und Bands die Möglichkeit, sich und ihre Musik zu präsentieren. Das Konzept, die Entscheidungsmacht der Verlage bei der Veröffentlichung von Musik zu umgehen, steht dabei in einer Traditionslinie mit der Veröffentlichung von Musik in Stammbüchern[189], über Demotapes und Indielabels bis hin zur Gestaltung von Bandwebseiten im Internet.

Fanseiten auf Facebook sind eine Möglichkeit für jede Person und jede Organisation, sich innerhalb der Facebook-Community zu präsentieren. Wenn ein Facebook-Nutzer Fan einer solchen Seite wird, so wird dies in seinem Profil angezeigt. Jeder Nutzer kann also auch mithilfe von Fanseiten, die er auf seinem Profil anzeigt, sein Alter Ego im Netz formen.

Unter den Top 10 der deutschen Fanseiten (Abbildung 16) im Bereich Freizeit befanden sich am 27.03.2011 fünf Musikseiten. Platz eins nimmt dabei der Musik-Act *Unheilig* ein. Auch im Ranking aller Kategorien erreicht mit „Rammstein" eine Band den bemerkenswerten fünften Rang mit über 4,6 Millionen Fans[190]. Dies unterstreicht die Bedeutung, die der Musikgeschmack bei der Ausformung und Präsentation der eigenen Persönlichkeit

---

[186] Sony Pictures International 2011
[187] ONLINE 2010
[188] vgl. Hell 2011
[189] Der Gebrauch von Stammbüchern zu diesem Zweck ist beispielsweise bei Fanny Hensel, der Schwester von Felix Mendelssohn Bartholdy, belegt. (vgl. Bartsch und Hensel 2007, S. 17)
[190] ZoomSphere - local social statistics

einnimmt. Die Plätze sieben bis zehn zeigen, dass die Facebook-Community eher alternative Musik wie Punkrock oder Reggae bevorzugt.

Ranking	Name	Fans	Bereich
1	Unheilig	547.650	Rock
2	Mein Herz schlägt schwarz, rot, gold!	470.805	Fußball
3	Unnützes Wissen	452.995	sonstige
4	Gegen die Jagd auf Dr. Karl-Theodor zu Guttenberg	411.548	Initiativen
5	Hamburg	350.178	Städte
6	Matthias Schweighöfer	330.612	Schauspieler
7	Peter Fox	307.839	Reggae
8	Gentleman	303.389	Reggae
9	Culcha Candela	254.459	Pop
10	Die Toten Hosen	241.537	Rock

Abbildung 16: Ranking deutscher Fanseiten bei Facemeter im Bereich Freizeit, Stand 27.03.2011[191]

Da die Musikpräferenz in sozialen Netzwerken häufig zum Zwecke der Selbstdarstellung kommuniziert wird, enthalten musikbezogene Äußerungen oftmals mehr zwischenmenschliche Information als musikästhetische; die dargestellte Musikpräferenz gibt Auskunft darüber, was andere über den postenden Nutzer denken sollen.

Nicht nur die Musikpräferenz ist durch den sozialen Kontext geprägt. Auch das soziale Umfeld und die Freundeswahl werden durch den Musikgeschmack und die Kommunikation darüber beeinflusst. Die Auswahl von Freunden, real und virtuell, und die Genese der Musikpräferenz sind interdependente Prozesse. Diese Beobachtung wird auch durch Konsistenztheorien, wie beispielsweise Heiders Balancetheorie[192], gestützt.

---

[191] Quelle: Facemeter- Social Media Trends
[192] eine Darstellung der Theorie findet sich beispielsweise hier Frey 1997, S. 214

Nach der Balance-Theorie neigen Menschen dazu, Kohärenz in einer Dreiecksbeziehung zwischen zwei Personen und der Bewertung einer dritten Gegebenheit herzustellen. Falls sich die Personen mögen, wird das Dreiecksverhältnis dann als kohärent empfunden, wenn beide Personen die dritte Gegebenheit ähnlich bewerten. Falls sich die Personen nicht mögen, so wird das Dreiecksverhältnis als kohärent erlebt, wenn sich auch die Bewertungen der dritten Gegebenheit deutlich unterscheiden.

In einer Studie von Lewis, Gonzales und Kaufmann[193] wurde untersucht, ob die beobachtete Kohärenz bei Facebook-Freunden daher rührt, dass Personen eher Facebook-Freunde werden, weil sie den gleichen Musikgeschmack haben, oder ob Personen eher den Musikgeschmack ihrer Freunde annehmen. Die Ergebnisse der Studie deuten darauf hin, dass eher die Freunde entsprechend dem Musikgeschmack ausgewählt werden. Dies gilt insbesondere bei Personen, die Rock/Popmusik bevorzugen. Bei Facebook-Nutzern, die Klassik oder Jazz zu ihren Präferenzen zählen, finden auch Angleichungen des Musikgeschmacks statt. Dies wird von den Autoren mit dem Prestige dieser Musikrichtungen erklärt. Es sei hier jedoch auch die Vermutung erlaubt, dass im Bereich Klassik und Pop eher innermusikalische Aspekte bei der Musikpräferenz eine Rolle spielen, während im Bereich Rock/Pop Kontexte wie Mode oder Lebenseinstellung im Vordergrund stehen.[194]

Diese wechselseitigen Prozesse führen im Ergebnis dazu, dass sich Menschen mit gleichem Musikgeschmack als Gruppe, als zusammengehörig, wahrnehmen, vor allem auch in der Unterscheidung von anderen Gruppen mit anderen Vorlieben. Neben der Funktion der Gruppendefinition schreibt Kleinen darüber hinaus Musik die Funktion zu, den Nutzern des Cyberspace in den virtuellen Lebenswelten eine Art Heimat zu gewähren.[195]

Das Hinzufügen von Personen als virtuelle Freunde, das Annehmen von Freundschaftsanfragen, das Posten von Musik, Videos, Bildern und Kommentaren, wie auch das Kommentieren von geposteten Beiträgen dient darüber hinaus der gegenseitigen Pflege des Selbstwerts.[196]

In sozialen Netzwerken kann sich jeder Nutzer mit mehr Freunden und Bekannten verlinken, als er im realen Leben tatsächlich kennt. Dadurch kann er für sich selbst die Bedingungskomponente "Bekanntheit" erfüllen, ausbauen und pflegen. Auch das Posten von Meldungen über den eigenen Status verleiht einem Profil den Anschein von Prominenz.

---

[193] Lewis et al. 2012
[194] vgl. Lewis et al. 2012
[195] vgl. Kleinen 2007, S. 455
[196] vgl. Franck 2010, S. 76

Soziale Netzwerke stellen nicht nur für jeden die Möglichkeit dar, einen virtuell erweiterten Freundeskreis zu generieren. Sie bieten auch die Chance, Bindungen von eigener Qualität zu generieren und pflegen, die ohne technisch institutionalisiertes Netzwerk nicht oder ungleich aufwändiger zu erzeugen und zu gestalten wären. Die Öffentlichkeit, die durch Facebook leicht herzustellen ist, kann sich auch ungünstig für den Nutzer auswirken. Zum einen können sehr schnell Bilder oder andere Informationen über jeden und für jeden Nutzer sichtbar im Netz veröffentlicht werden. Zum anderen verbreiten sich ungünstige Nachrichten über prominente Nutzer im Netz wesentlich schneller, als von weniger aktiven Nutzern. Die Netzprominenz ist ähnlichem Öffentlichkeitsdruck ausgesetzt, wie Personen, die regelmäßig im Rampenlicht der konventionellen Medien stehen.

3.2.2 Kollaboration in Netzwerken zur Beeinflussung der Charts

Digitale soziale Netzwerke werden auch zur Planung koordinierter Aktionen genutzt. Noch am 02.12.2009 hatte der Gewinner der britischen Talentshow *X Factor* die besten Chancen, an Weihnachten auf Platz 1 der britischen Charts zu stehen. Dies war auch den Gewinnern der Talentshows in den Jahren zuvor gelungen. Die vorangegangene *X Factor*-Sendung hatte 16 Millionen Zuschauer erreicht. Der Casting-Show-Titel wurde als so dominant betrachtet, dass die britischen Buchmacher lieber Wetten auf Platz 2 annahmen als auf Platz 1 der Charts.[197]

Das Monopol von *Simon Cowell*, Musikproduzent und Juror von *X Factor*, auf den Weihnachtshit verärgerte die britischen Musikfans und es war klar, dass jeder, dem es gelingen konnte, die Chartspitze anstelle des *X Factor*-Gewinners einzunehmen, viele Musikfans erfreuen würde

Jon Morter gründete eine Facebook-Gruppe, die diese rebellische Atmosphäre repräsentierte. Der damals 35-jährige Radiotechniker aus Essex forderte Gleichgesinnte auf, ab dem 13. Dezember die Charts durch den massenhaften Kauf eines alternativen Songvorschlags zu beeinflussen. Mit folgender Botschaft rief er zur Mitarbeit auf: „Fed up with Simon Cowell's latest karaoke act being Christmas No. 1? Me too … So who's up for a

---

[197] vgl. Green 5:26PM GMT 2009

mass-purchase of the track 'KILLING IN THE NAME' from December 13th as a protest to the X Factor monotony?"[198]

Der von der Facebook-Gruppe unterstützte Song, ursprünglich 1992 veröffentlicht, wurde wie von der Facebook-Gruppe gewünscht mit 500.000 verkauften Downloads zum Weihnachtshit. Die Chartbeeinflussungsaktion kostete die Buchmacher 1 Million £. Manche der Wetten waren mit einer Quote von 1/150 für *Killing In The Name* abgeschlossen worden.[199]

McElderry konnte in der Woche nach der Aktion mehr Einheiten (196.000) verkaufen als *RATM*[200] (130.000) und stellte somit den Silvesterhit.[201] Kumuliert wurden bei der Aktion mehr als 1 Million Einheiten verkauft. Der Umstand, dass beide Songs, *Killing In The Name* und *The Climb*, bei Sony unter Vertrag sind, führte fast selbstverständlich zu Verschwörungstheorien. Hierauf Bezug nehmend, dementierte *Tom Morello*, der Gitarrist von *RATM*, eine Kooperation mit Sony, seinem ehemaligen Label.[202]

Wären *RATM* nicht seit nunmehr zwei Jahrzehnten als Band mit rebellischem Image bekannt, könnte man auch die These vertreten, dass die bewusste Mitarbeit bei der Grassroots-Aktion[203] rein marktstrategisch motiviert war. Nach der Veränderung der Wertschöpfungskette in der Musikindustrie, werden in der musikwirtschaftlichen Literatur der Verzicht auf physische Kopien und die emotionale Anreicherung des Produktes „Musikkünstler" als favorisierte Strategien der Musikindustrie dargestellt.[204]

3.2.3 Nachahmer der Grassroots-Aktion

Nach dem Erfolg der britischen Download-Aktion war es nicht verwunderlich, dass weitere Versuche der Chartbeeinflussung unternommen wurden. Im April 2010 stand die Entscheidung der deutschen Casting-Show *Deutschland sucht den Superstar*[205] an.

Tim Breuning gründete die Facebook-Gruppe „BLÜMCHEN (Boomerang) vs. DSDS |Boykott| Deutschland sucht den Superstar" und rief dazu auf, in der Zeit vom 23.04.2010

---

[198] vgl. Irvine 7:30AM GMT 2009
[199] vgl. NME 2009a
[200] Kurzform des Bandnamens *Rage Against The Machine*
[201] vgl. NME 2009d
[202] vgl. NME 2009c
[203] Im Sprachgebrauch des Internets sind Grassroots-Aktion solche Aktionen, die von der Basis aus (und nicht hierarchisch diktiert) initiiert und organisiert werden.
[204] vgl. Kaiser und Ringlstetter 2008, S. 50

[205] abgekürzt „DSDS"

bis zum 29.04.2010 den Song *Boomerang*, ein Hit der 90-er Jahre, von *Blümchen* zu kaufen.

Es gelang jedoch nicht, den *DSDS*- Gewinner *Merzad Marashi* von der Chartspitze fernzuhalten. Auch andere Gruppen, die sich beispielsweise *Led Zeppelin*'s *Stairway to Heaven* oder *Tenacious D*'s Song *Tribute* als Alternative zum *DSDS*-Song wünschten, scheiterten. Und dies, obwohl die Kampagnen nicht nur Facebook, sondern auch weitere digitale soziale Netzwerke für ihre Zwecke nutzten.

Blümchen schaffte durch diese Aktion immerhin den Wiedereinstieg in die Charts auf Platz 7. Motiviert durch diesen Teilerfolg gründete Tim Breuning, anknüpfend an die Blümchen-Downloadaktion, das *Social Media Music Label*, mit dem er junge deutsche Künstler durch gezielte und abgestimmte Downloadaktionen gute Chartplatzierungen sichern wollte. Allerdings hatte die dazugehörige Fansite auf Facebook bis zum 13.04.2011 nur 331 Facebook-Fans[206]. Dies kann als Hinweis darauf gewertet werden, dass die Schaffung einer zentralen Organisation, wie des erwähnten Social Media Music Labels, in Widerspruch zum Geist der Online-Community steht.

Viele weitere Gruppen, die zum Zweck der Chartbeeinflussung gegründet worden waren und die sich auf die *Blümchen* vs. *DSDS*-Aktion bezogen, schafften es nicht, viral zu werden und blieben auf sehr kleine Freundesnetzwerke beschränkt.[207]

Dass Grassroots-Aktionen auf Facebook Erfolg haben können, bewies auch eine israelische Facebook-Gruppe. Sie rief zum Boykott des *Metallica*-Konzerts in Tel Aviv auf, weil sie die Eintrittspreise zu hoch fand. Die Gruppe wuchs in nur vier Tagen auf über 6.000 Mitglieder an. Die Eintrittspreise wurden als Reaktion auf diese Aktion halbiert.[208]

3.2.4 Aspekte von Grassroots-Aktionen

Der Verlauf von Grassroots-Aktionen ist bestimmt von einem komplexen Bedingungsgefüge von Faktoren, die sich von Aktion zu Aktion unterscheiden. Im Falle der Chartbeeinflussung spielen beispielsweise der Star, der Song, die Botschaft und die Begründungen, das „Feindbild", der Zeitpunkt und der Zeitraum, die benutzten Plattformen und äußere Umstände eine Rolle. Alle beteiligten Elemente, von der Botschaft über die Medien bis

---

[206] vgl. Das 1te SOCIAL MEDIA MUSIC LABEL - Newcomer in die Charts - das Original 2011
[207] vgl. Facebook 2011
[208] vgl. sueddeutsche.de GmbH et al.

hin zu den Botschaftern, sollten, wie im Falle der *RATM*-Aktion, eine möglichst hohe Kohärenz aufweisen.

Jon Morter hatte bereits im Jahr 2008 eine Facebook-Gruppe gegründet, die dazu aufgerufen hatte, *Rick Astley*'s „Never gonna give you up" an die Chartspitze zu transportieren. Diese Songauswahl bezog sich auf das damals sehr populäre Rickrolling[209], bei dem Internetnutzer mit Fake-Links versuchten, möglichst viele andere Nutzer auf den Videoclip des Songs *Never gonna give you up* zu leiten. Allerdings fehlten *Rick Astley* und seinem Song offensichtlich das für die Aktion notwendige rebellische Image.

Nachdem dieser erste Versuch immerhin Platz 73 der Charts[210] erreichte, wählte Jon Morter für die Kampagne im Jahr 2009 den Song *Killing In The Name* von *Rage Against The Machine*. Ein rebellischer Song, von einer rebellischen Band[211] mit entsprechend rebellischen Fans.

Einer dieser rebellischen Fans war Jon Morter und seine rebellische Botschaft, die Vormachtstellung von X Factor beim Kampf um den Weihnachtshit anzugreifen, traf auf willige Weggefährten. Die Auswahl des Songs für 2009 begründete er in einem Interview.

> "Mr Morter, a part-time DJ, said he chose the Rage 1992 single because it was a personal favourite. >>It's got that feel of not bowing to authority and accepting the status quo. I've grown up with that tune and it says it all to me […]
>
> I thought wouldn't it be bloody brilliant to have them at number one over Christmas. It would be impossible, but why not give it a go. <<"[212]

Dass Jon Morter als DJ seine Affinität zur Musik und seinen Musikgeschmack verkörpert, verlieh seiner Persona auf Facebook die notwendige Authentizität. Nach Aussage von *Tom Morello* war die Band am Start der Kampagne nicht beteiligt. *Tom Morello* unterstützte die Kampagne jedoch in der Endphase der Aktion mit 50 Nachrichten auf Twitter.[213] Zu jenem Zeitpunkt hatte *Tom Morello* circa 40.000 Twitter-Follower.

---

[209] siehe hierzu Kapitel 5.4.5
[210] Quelle: Jon Morters Pinnwand auf Facebook.com am 30.04.2011
[211] ">>*Rage Against The Machine was built for moments like this,"*<< Morello declared." NME 2009b

[212] Irvine 7:30AM GMT 2009
[213] ">>*We were followers in this campaign, we tried to lend some wind to its sails, but it began at a completely grassroots level without the band's involvement,* << he explained. >>*Once we got in, we got in all the way, in those last four hours of the campaign I sent about 50 of the most storm the barricade Twitters that a man could send to try and encourage one last push*<<." NME 2009b

Ein weiterer Aspekt, der die Bedeutung des gelungenen Zusammenspiels der zu berück-sichtigenden Aspekte unterstreicht, war der Zeitpunkt für den Start der Download-Käufe, damit alle Käufe im richtigen Zeitraum getätigt und charttechnisch gewertet wurden.

Außerdem hatte Facebook als Plattform ein „People-to-People"-Image und war noch wenig für die Belange von etablierten Interessengruppen wie Firmen und Parteien instru-mentalisiert.

Es hätte sich für den Song von *Rage Against The Machine* als nachteilig erweisen kön-nen, dass der Titel aus dem Jahre 1992 stammte und dass deshalb keine CDs in den Ge-schäften verfügbar waren. Dieser Nachteil wurde möglicherweise durch das schlechte Wetter[214] im Aktionszeitraum ausgeglichen, weil es die X Factor-Fans vom Gang ins Geschäft abgehalten haben könnte.

Für das Gelingen der Kampagne war die Stimmung unter den britischen Musikfans von entscheidender Bedeutung, die gerade auf eine solche Protestmöglichkeit gewartet hatten.

Außerdem war der Song konkurrenzlos gut gewählt, so dass es keine ernsthaften Gegen-vorschläge gab, die die Kaufkraft der Massen auf verschiedene Projekte gestreut und somit geschwächt hätte.

Eine Streuung der Kaufkraft hatte die verschiedenen Kampagnen im Jahr 2008 behindert. Neben Jon Morters *Rick Astley*-Aktion gab es noch Kampagnen, die sich auf den Songti-tel *Hallelujah* bezogen, der vom *X Factor*-Gewinner *Alexandre Burke* interpretiert wurde. Eine Version von *Jeff Buckley* erreichte Platz 2 der Charts, das Original von *Leonard Cohen* Platz 36.[215]

Bei den Nachahmeraktionen in Deutschland, die 2010 den *DSDS*-Gewinner von der Chartspitze fernhalten sollten, ermutigten sich die Beteiligten teilweise gegenseitig durch den Hinweis darauf, dass eine solche Aktion auch in Großbritannien erfolgt hatte. Ein Verweis auf ein Vorbild bringt allerdings einen Verlust an Originalität und Authentizität mit sich.

Die beste Vorgehensweise für die Aktion wurde im Netz von den Teilnehmern kontrovers diskutiert. Dass sich gerade *Martin Kesici*, der die Casting-Show *Star Search*[216] im Jahre 2003 gewonnen hatte, durch Blog-Beiträge an der Anti-Casting-Show-Kampagne betei-ligte, dürfte für viele Musikfans befremdlich gewirkt haben.

---

[214] "That the bad winter weather came in, keeping people away from stores and made it more of a fair fight, because we didn't have hard copies in stories." NME 2009b

[215] vgl. Swash Thursday 2009 17.24 GMT

[216] Star Search war eine Casting-Show auf SAT1, die nur in den Jahren 2003 und 2004 gesendet wurde.

Neben den digitalen sozialen Netzwerken selbst, spielt auch die Wahrnehmung der Aktion in anderen Medien eine Rolle. So diskutierte beispielsweise die Bildzeitung[217] über die Anti-*DSDS*-Aktionen und die Vorzüge der zur Wahl stehenden Songs. In einem Blog wurde diskutiert, ob es nicht am chancenreichsten wäre, die potentielle Nummer 2 auf Platz 1 zu befördern.[218]

Das Medienforum ioff.de fragte danach, wo der Titel Boomerang gekauft werden würde. Dabei hatten die Download-Plattformen iTunes (40,57 %) und Amazon (36,79 %) die Nase vorne. 17,92 % wollten den Song bei Musicload kaufen und 12.26 % wollten ihn „woanders" herunter laden. Nur 11,32 % der Befragten 315 Nutzer hatten vor, die Maxi-CD zu bestellen.[219]

Dieses Einkaufsverhalten ist ein Hinweis darauf, dass solche Chartaktionen auf Online-Käufe angewiesen sind. Die Käufer können auf diese Weise durch wenige Klicks an einer Grassroots-Aktion teilnehmen, ohne ihre Wohnung verlassen zu müssen.

Bei der Anti-*DSDS*-Aktion in Deutschland ging durch die Beteiligung zu vieler Organisationen und Medien vermutlich der Grassroots-Charakter der Aktion verloren. Die Einflussnahme von starken und organisierten Interessengruppen schadet der Authentizität. Außerdem verteilten sich die Käufe auf verschiedene Songs, was auch zum Scheitern der Aktionen beitrug.

3.2.5   Macht und Rebellion in digitalen sozialen Netzen

Der Umgang mit Musik und die Musikpräferenz sind wichtige Aspekte sowohl der Fremd- als auch der Selbstwahrnehmung eines Individuums. Dabei gehören auch die Konnotationen, die Musik von der Gesellschaft oder einer Lebenswelt zugeschrieben werden, zum Feld gesellschaftlicher, kultureller und musikalischer Diskurse. Medien spielen in diesen Diskursen eine wichtige Rolle.[220]

Die Einflussnahme auf Chartplatzierungen mithilfe von Grassroots-Aktionen in digitalen sozialen Netzwerken ist Teil des musikalischen Diskurses. Eine solche Grassroots-Aktion ist gleichermaßen Endpunkt wie Anknüpfungs- und Kristallisationspunkt für musikbezogene Meinungen und Werturteile.

---

[217] vgl. BILD 2010
[218] vgl. Downloadaktion 23.04: Blümchen - Boomerang (Go back Jack Black - say no to copycats) - IOFF
[219] vgl. Downloadaktion 23.04: Blümchen - Boomerang (Go back Jack Black - say no to copycats) - IOFF
[220] vgl. Kleinen 2007, S. 443

Münch unterstreicht, dass die Durchsetzung bestimmter Interessen und musikalischer Standards wichtige Elemente der musikalischen Monopolbildung darstellen.[221] Die Kampagne gegen den *X Factor*-Song stellt ein Beispiel dafür dar, wie die Prozesse der Monopolbildung durch die etablierten Medieninstitutionen von den Möglichkeiten des Internets in Frage gestellt werden können.

Das Ringen um Vorteile, um Einfluss und Ansehen von Individuen und mehr oder weniger institutionalisierten Gruppen, ist ein anhaltender Prozess, dessen Momentanzustand wir als soziale Struktur bezeichnen.[222] Damit nicht jedes Individuum völlig selbstständig seine Interessen vertreten muss, finden sich Individuen in Gruppen zusammen. Auch die Gruppenbildung selbst ist ein Prozess, der sich Bottom-up strukturiert, während die gebildete Gruppenstruktur Top-down auf die Gruppenmitglieder Einfluss gewinnt. De la Motte-Haber stellt in diesem Zusammenhang fest, dass die Gruppenkohäsion Konformität bewirkt und bei wertbezogenen Meinungen Sicherheit gibt.[223]

Die Netz-Prominenz von Tom Morello war dabei von besonderer Bedeutung. Der Gitarrist konnte durch seine 40.000 Twitter-Follower sehr schnell sehr viele Menschen erreichen. Im Sinne der Ökonomie der Aufmerksamkeit zählt außerdem die Beachtung von Personen, denen ihrerseits viel Aufmerksamkeit zuteil wird, mehr, als die Beachtung von eher unscheinbaren Kommunikationsteilnehmern.[224]

Auch in der realen Welt beobachten Menschen, wie viel Aufmerksamkeit anderen zuteil wird[225]. Diese menschliche Verhaltensweise wird in digitalen sozialen Netzen technisch institutionalisiert, indem die Anzahl der Freunde im Netzwerk für jeden sichtbar angezeigt wird. Fanseiten können außerdem ihre Nutzungs- und Zugriffszahlen abrufen und veröffentlichen.

Tom Morello ließ keinen Zweifel daran, dass er diese Kampagne gegen die *X Factor*-Praxis der Pop-Produktion und Musikvermarktung als eine politische Aktion angesehen hat.[226] Damit erfüllte sich bereits in Ansätzen Flussers Prognose, dass die Entpolitisie-

---

[221] vgl. Münch 2007a, S. 51
[222] vgl. Martin 2006, S. 99
[223] vgl. La Motte-Haber 2007, S. 261
[224] vgl. Franck 2010, S. 116
[225] "Sobald zum direkten Tausch der Aufmerksamkeit die Unterhaltung über Dritte hinzukommt, kommt auch ein Zählwerk in Gang, welches registriert, wie viel die anderen verdienen." Franck 2010, S. 115
[226] vgl. NME 2009b

rung, für die er die Massenmedien verantwortlich macht, gestoppt werden könnte und dass die Kreisstruktur der Politik von einer Netzstruktur abgelöst werden wird.[227] Letztlich ist es bei dieser Aktion dem Initiator Jon Morter gelungen, die richtigen Entscheidungen zu treffen und dadurch Einfluss zu nehmen. Er gab das Ziel und die notwendigen Schritte dorthin vor. So waren es für jeden einzelnen Rebellen nur ein paar Klicks, um wirksam medienpolitisch tätig zu werden. Ohne seine zündende Idee hätte sich die Macht der Massenmedien behauptet, die bei den Konsumenten dezentral in Form von Konsumentenbequemlichkeit verinnerlicht ist.[228]

3.2.6 Musikangebote auf Facebook

Für Facebook-Profile von Bands besteht, wie ursprünglich auf der mittlerweile kaum noch genutzten Plattform MySpace, die Möglichkeit, eigene Songs zu veröffentlichen. Für andere Nutzer ist diese Möglichkeit nicht vorgesehen. Dadurch werden zu erwartende urheberrechtliche Probleme vermieden.

Facebook hat neben der Möglichkeit des Postens von YouTube-Videos auch die Möglichkeit des Postens von Musikstreams eingerichtet. So kooperiert Facebook seit September 2011 in einigen Ländern mit Spotify[229], einem Internetmusikdienst, der Songs zum Stream anbietet. Dieser Dienst war 2011 in Deutschland nicht verfügbar, da noch keine Einigung mit der GEMA erzielt werden konnte.

Durch die Implementierung von Spotify in Facebook erhalten die Nutzer im Newsticker die Songs angezeigt, die ihre Facebook-Freunde gerade hören. Sie haben dann die Möglichkeit, selbst die Songs anzuhören. Dadurch bekommen Facebooknutzer ständig Musikempfehlungen von ihren Freunden und sie können gemeinsam Musik hören, obwohl sie räumlich getrennt sind. Auch die Musikplattform cant.io[230] ermöglicht seinen Nutzern Songs auf Facebook zu posten, damit sie von Freunden angehört werden können.

---

[227] vgl. Flusser 2009a, S. 138

[228] Thomas zitiert Foucault mit seiner Aussage vom Anfang der 70er Jahre, wonach Disziplinarmacht depersonalisiert und dezentralisiert in ökonomischen Verhältnissen und Sozialsystemen sowie im Erziehungswesen und in den Subjekten, die die Machtverhältnisse verinnerlicht hatten, repräsentiert sei. (vgl Thomas 2009, S. 64)

[229] Mit Facebook verbinden - Spotify 2011

[230] ♫ Cantio

4. Google – die Informationsmaschine

Google wurde im Jahre 1998 von Larry Page und Sergey Brinist gegründet und ist schon seit Jahren die meistgenutzte Suchmaschine im World Wide Web. Dadurch ist es Google möglich, Daten von quasi jedem Nutzer zu sammeln und zu speichern. Aus diesem Datenpool kann Google genaue Nutzerprofile erstellen, die zum Beispiel für passgenaue Werbung verwendet werden. Es ist jedoch auch möglich, aus den akkumulierten Daten mit den entsprechenden Algorithmen kollektives Wissen zu generieren.

4.1 Das Google Prognose-Tool

Eine populäre und erfolgreiche Variante dieser Wissensgenerierung war die Prognose der Sieger des *Eurovision Song Contest*. Im Jahre 2009 konnte Google den Gewinner *Alexander Rybak* (Norwegen) richtig prognostizieren.[231]

Auch im Jahre 2010 lag die Google-Prognose richtig. Die Deutsche *Lena Meyer-Landrut* belegte von Anfang an bei Google den ersten Platz, den sie sich dann auch wirklich beim Finale sichern konnte. (Abbildung 17)

Laut Google vergibt der verwendete Algorithmus zwischen einem und zwölf Punkten, abhängig von der Häufigkeit der Suchanfragen, die die Teilnehmer und die Songs betreffen. Anfragen aus dem eigenen Land werden dabei nicht berücksichtigt, weil beim Wettbewerb auch keine Punkte für den Song des eigenen Landes vergeben werden.[232]

Eine gewisse Unschärfe ergibt sich aus dem Umstand, dass beim Wettbewerb die Publikumswertung nur 50 % der Entscheidung ausmacht. Die anderen 50 % der Wertung werden von einer Jury vergeben, deren Verhalten durch Google nicht prognostiziert werden kann.

2011 waren *Lena Meyer-Landrut* und das irische Duo *Jedward* die Favoriten der Google-Prognose. Sie wechselten sich bei der Führung mehrfach ab. Am 11.05.2011 lagen *Lena Meyer-Landrut, Jedward* und der russische Kandidat *Alexej Vorobjov* sehr dicht beisammen. *Ell/Niki* aus Aserbaidschan, die Sieger des Jahres 2011, erreichten die Prognosespitze nie. Zuletzt waren sie auf Rang 7 abgerutscht. *Lena Meyer-Landrut* erreichte

---

[231] vgl. Weigert 2010
[232] vgl. google 2011

letztendlich den zehnten Platz, der andere Google-Favorit *Jedward* Platz 8. Im Jahr 2012 wurde das Prognose-Tool nicht mehr angeboten. (Abbildung 18)

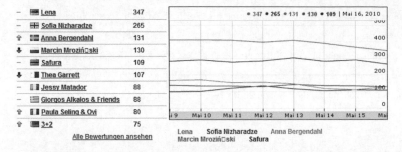

Abbildung 17: Google-Prognose für den Eurovision Song Contest in Oslo 2010[233]

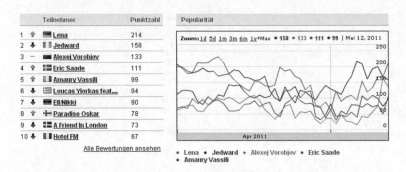

Abbildung 18: Google-Prognose zum ESC 2011 im Verlauf[234]

4.2   Das Google Doodle zu Les Pauls 96. Geburtstag

Zu besonderen Anlässen wird der Google-Schriftzug der Suchmaschine variiert darge-stellt. Der 09.06.11 war der 96. Geburtstag von Les Paul, dem Mitentwickler und Na-mensgeber einer Gibson-Gitarre. Ihm zu Ehren hatte Google den Schriftzug durch einzelne Gitarrenelemente dargestellt. Das besondere daran war, dass dieses Logo spiel-bar war.

---

[233] Eurovision 2010 2010

[234] google 2011

Das Gitarren Google Doodle konnte entweder zum Erklingen gebracht werden, indem der Nutzer mit dem Mauszeiger über die Saiten strich oder indem er mit dem entsprechenden Steuerbutton die Tastatur aktivierte. Dann waren die Zahlentasten von 1 bis 0 den Tönen der G-Dur-Tonleiter zugeordnet.[235]

Durch die Bereitstellung eines virtuellen Gitarren-Instruments, bot Google auch Gelegenheit zu beobachten, wie sich die Nutzer des Webs 2.0 ein solches Instrument aneignen. Eine wichtige Rolle bei der Kommunikation der Nutzungsweisen des Doodles spielte die Grassroots-Gruppe, die 2009 die britischen Charts zugunsten von *Rage Against the Machine* beeinflusst hatte.

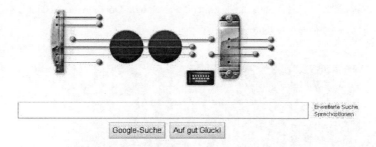

Abbildung 19: Das spielbare Google Doodle zu Les Pauls 96. Geburtstag[236]

Nachdem die Facebook-Gruppe "RAGE AGAINST THE MACHINE ★ CHRISTMAS NO.1 2009" das Gitarren Doodle von Google auf Facebook gepostet hatte, wurden viele Spielanleitungen für dieses einfache Instrument als Kommentare gepostet. Darunter, zum Beispiel das Riff von *Rage Against the Machine*s *Killing in the Name* oder der Anfang von *Metallica*s *Nothing else matters*. Aber auch die Anfänge von *Nirvana*s *All Apologies* oder das Intro von *Bob Marley*s *Redemption Song* wurden online gestellt.

Fast selbstverständlich war auch *Alle meine Entchen*, das Klavierstück für jedermann, dabei. Teilweise waren die Tonarten oder gar das Tongeschlecht der Spielanleitungen falsch. Dies tat aber offensichtlich dem Spaß an dem neuen, für jeden verfügbaren, virtuellen Instrument keinen Abbruch.[237]

---

[235] vgl. Google Doodle zum 96. Geburtstag von Les Paul 2011
[236] Google Doodle zum 96. Geburtstag von Les Paul 2011
[237] vgl. RAGE AGAINST THE MACHINE ★CHRISTMAS NO.1 2009 2011

Neben den Spielanleitungen auf Facebook gab es auch YouTube-Videos, die mit diesem Tool produziert worden waren. Ein Beispiel ist das Video „The Google Guitar Song"[238] von Fredrik Larsson, der vor allem mit seinen Multitrack-Videos auf YouTube eine breite Öffentlichkeit erreicht.[239]

4.3 Das Google Doodle zum 78. Geburtstag von Robert Moog

An dem Tag, als Robert Moog 78 Jahre alt geworden wäre, wurde der Google-Schriftzug durch einen virtuellen Synthesizer ersetzt. Robert Moog hatte den ersten Synthesizer im Jahre 1964 auf den Markt gebracht. Das interaktive Google Doodle vom 23.05.2012 war an den Mini Moog aus dem Jahre 1970 angelehnt.

Abbildung 20: Das Google Doodle zum 78. Geburtstag von Robert Moog[240]

Das Doodle war per Maus oder über die Tastatur spielbar. Der Klang des virtuellen Synthesizers konnte über die von Synthesizern bekannten Parameter Mix, Oszillatoren, Filter und Hüllkurve beeinflusst werden. Dem Synthesizer des Doodles war eine virtuelle Vierspur-Bandmaschine beigeordnet, sodass die Nutzer ihr Spiel auch aufnehmen konnten. Das Aufnahmegerät verfügte über zwei Buttons, die die Veröffentlichung der Aufnahmen im sozialen Netzwerk Google+ oder per Link ermöglichten.

---

[238] Larsson 2011b
[239] siehe hierzu Kapitel 5.5.5
[240] Das Google Doodle zum 78. Geburtstag von Robert Moog

Das Doodle wurde in ähnlicher Weise wie das Les Paul-Doodle im Netz kommuniziert. Neben den Veröffentlichungen von Einspielungen auf Google+ wurde die Existenz des Doodles auf Twitter verbreitet. Über Facebook tauschten die Nutzer Spielanweisungen für bestimmte Stücke aus. Tracy Morter, die Frau des Initiators von "RAGE AGAINST THE MACHINE ★ CHRISTMAS NO.1 2009" postete beispielsweise die Spielanleitung für *Black Sabbath*'s *Iron Man*, die von der Metal Hammer-Redaktion[241] auf YouTube zur Verfügung gestellt worden war.

Jakob Turcotte veröffentlichte auf der Seite „The Christian Science Monitor" Spielanleitungen für Songs, die eher dem Synthesizer-Klang gerecht werden, beispielsweise für *Cars* von *Gary Newman* oder für *Tainted Love* von *Softcell*.[242]

Die Suchanfrage „Moog Doodle" lieferte bereits am 24.05.2012, also einen Tag nach dem Erscheinen des Doodles, über 1000 Treffer auf YouTube. Dies zeigt den hohen Aufforderungscharakter des Doodles.

---

[241] Sharma 2012
[242] vgl. Turcotte

5.   Musik auf YouTube

Das Videoportal YouTube ermöglicht es den Nutzern, eigene Videos hochzuladen und somit anderen per Stream zugänglich zu machen. Der Download der Videos ist mithilfe geeigneter Software möglich, widerspricht jedoch den Nutzungsbedingungen von YouTube. YouTube startete am 23.04.2005. Das erste Video, „Me at the zoo", wurde von Jawed Karim, einem der drei YouTube-Gründer, hochgeladen[243]. Bereits 2006 wurde YouTube als defizitäres Start-up-Unternehmen für umgerechnet 1,3 Milliarden Euro in Aktien vom Google-Konzern aufgekauft.[244]

Abbildung 21: Screenshot des ersten YouTube Videos[245]

Mitte 2011 erzielte YouTube den dritten Platz beim Alexa Traffic Ranking:
"Top Sites [...] The top sites on the web, ordered by Alexa Traffic Rank.

1. Google

2. Facebook

3. Youtube

4. Yahoo

5. Live

6. Baidu

---

[243] „The first video on YouTube, uploaded at 8:27PM on Saturday April 23rd, 2005. The video was shot by Yakov Lapitsky at the San Diego Zoo." Karim 2005

[244] vgl. Zeit Online 2006

[245] Karim 2005

7. Wikipedia

8. Blogger

9. MSN

10. Tencent

11. Twitter [...]"[246]

Die hohen Nutzerzahlen[247] von YouTube haben die Plattform längst zu einem Teil der Mainstream-Medien gemacht und zu einer Kraft mit beachtlichem Einfluss im Popbereich.[248] Außerdem wird YouTube seit einiger Zeit für das kulturwissenschaftliche Arbeiten erschlossen, da sich zu nahezu jedem Thema Videos finden lassen.[249] Dabei stellt die audiovisuelle Kommunikation via YouTube, die durch die implementierte Antwort-Funktion in einen audiovisuellen Diskurs münden kann, eine wesentliche Veränderung der medial vermittelten Existenz dar. Nach Flusser werden sich kommende Generationen anders in der Welt wiederfinden, wenn der alphanumerische Code des okzidentalen Diskurses durch andere Codes ersetzt wird.[250] YouTube ist Teil einer neuen Kommunikationskultur, bei der Interaktion eine wesentliche Rolle spielt. Während bei den traditionellen Distributionsmedien Information und Unterhaltung zentral angeboten wurden, kann bei YouTube jeder zum Sender werden. Im Gegensatz zu den traditionellen Massenmedien ist nun nicht mehr die Information rar, die angeboten wurde, um Werbung zu verkaufen, sondern die Aufmerksamkeit für den Content.[251] Das Fernsehprogramm wurde für ein weitgehend homogenes Publikum gestaltet. Mit YouTube steht ein hochgradig diversifiziertes Angebot zur Verfügung, das vom Nutzer zu jedem von ihm gewählten Zeitpunkt abgerufen werden kann. Er kann dies mittlerweile

---

[246] alexa.com 2011
[247] "Videos [2010]

2 billion	– The number of videos watched per day on YouTube.
35	– Hours of video uploaded to YouTube every minute.
186	– The number of online videos the average Internet user watches in a month (USA).
84%	– Share of Internet users that view videos online (USA).
14%	– Share of Internet users that have uploaded videos online (USA).
2+ billion	– The number of videos watched per month on Facebook.
20 million	– Videos uploaded to Facebook per month." Royal Pingdom 2011

[248] vgl. Burgess und Green 2010, S. vii
[249] vgl. Dillge Wiss Verl Trier 2009
[250] vgl. Flusser 2009c, S. 72
[251] vgl. Franck 2010, S. 147–148

von fast jedem beliebigen Ort aus mit seinem Smartphone tun. Selbst das Erstellen und Hochladen von Content ist vom Smartphone aus, räumlich fast ungebunden, möglich. Ein Grund für die mangelnde Diversifikation im Fernsehen war nach Castells die Bindung der Rentabilität der Sendung an die Einschaltquote.[252] Spartensendungen hatten in privatrechtlichen Sendern somit nur Chancen, wenn sie genügend Zuschauer binden konnten. Bei öffentlich-rechtlichen Sendern untersteht die Programmgestaltung außerdem politischen Interessen.

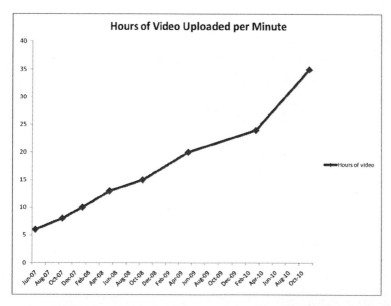

Abbildung 22: Anzahl der Videostunden, die jede Minute auf YouTube hochgeladen werden[253]

Während also bei traditionellen Verbreitungsmedien institutionell entschieden wird, welche Inhalte in den Sendungen stattfinden, kann auf YouTube jeder Material hochladen. Dass dieser Prozess weitgehend unmoderiert abläuft, wird teilweise als ein Kritikpunkt diskutiert. So können im Netz auch anstößige Inhalte präsentiert werden.[254]

---

[252] vgl. Castells und Kößler 2003, S. 379
[253] YouTube Blog Wednesday, 2010
[254] vgl. Dillge Wiss Verl Trier 2009

Die ständig immer schneller wachsende Menge an hochgeladenen Videos ist nicht effektiv zentral zu moderieren. Deshalb muss der Content von den Nutzern selbst kontrolliert und gegebenenfalls als unangemessen gekennzeichnet werden.

Das Uploadvolumen des auf YouTube hochgeladenen Contents wuchs von 2007 bis Ende 2009 stetig. 2010 vergrößerte sich das Uploadvolumen im Laufe des Jahres auf 35 Stunden pro Minute (Abbildung 22). YouTube vermutet die Verbreitung von video- und internetfähigen Smartphones als einen Bedingungsfaktor für das beschleunigte Wachstum.[255]

Ende des Jahres 2011 war der Upload auf 48 Stunden Content pro Minute angewachsen. Im Verlauf des Jahres 2011 hatte YouTube 1 Billion Aufrufe zu verzeichnen. Statistisch betrachtet bedeutet dies, dass in diesem Zeitraum jeder Mensch der Erde innerhalb eines Jahres 140 Videos auf YouTube aufgerufen hat.[256]

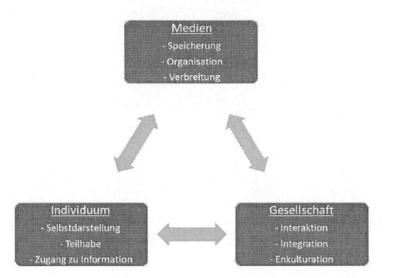

Abbildung 23: Die Funktionen von YouTube

Bezogen auf die triadische Relation erfüllt YouTube in den Bereichen I, G und M verschiedene Funktionen (Abbildung 23). YouTube schafft dem Individuum Zugang zu Information, es ermöglicht Teilhabe und bietet die Möglichkeit der Selbstdarstellung. Als Hypermedium speichert YouTube Information in Form von Medieninhalten, organisiert

---

[255] vgl. YouTube Blog Wednesday, 2010
[256] vgl. Allocca 2011

und verbreitet diese. Im Bereich G schafft YouTube Möglichkeiten zur Interaktion. Es unterstützt außerdem die Enkulturation und die Integration.

5.1 Die Herkunft des YouTube-Contents

Ein wichtiger Faktor beim raschen Wachstum von YouTube ist die verteilt ablaufende Kollaboration der Nutzer bei der Gestaltung der Inhalte. Allerdings war 2010 auch noch ein großer Teil des verfügbaren Materials auf traditionellem Weg, also professionell, produziert.

Bei den Daten von Burgess und Green (Abbildung 24) wird deutlich, dass 2010 noch fast die Hälfte des Contents traditioneller Art war. Häufig wurden Inhalte nicht von den jeweiligen Rechteinhabern hochgeladen, was für alle Beteiligten rechtliche Fragen aufwirft.

Die deutsche Verwertungsgesellschaft GEMA hatte Mitte 2010, nach dem Auslaufen des Vertrags mit YouTube, noch gezögert, Videos sperren zu lassen, für die sie die Lizenzgebühren der Urheber verwaltet.[257] Sie hatte dabei nach eigenen Angaben die Interessen der Nutzer und der Urheber im Blick und die Hoffnung, eine einvernehmliche Einigung über die zu entrichtenden Lizenzgebühren mit YouTube zu erzielen.[258]

Die erhoffte Einigung stand auch Mitte 2012 noch aus und so sehen die Nutzer in Deutschland bei Musikvideos häufig den Hinweis, dass das gewünschte Video in Deutschland nicht verfügbar sei. Die Verlautbarungen über den Verhandlungsstand divergieren stark. YouTube veröffentliche die Information, dass die GEMA 12 Cent pro Videoabruf verlange, während die GEMA von 1 Cent pro Aufruf sprach.[259]

Diese rechtlichen Unsicherheiten bremsen die Entwicklung von YouTube jedoch offensichtlich nur sehr wenig, zumal die Nutzer die Beschränkungen, die ihnen die Gesetze ihres Landes auferlegen durch Anonymisierungsdienste, wie zum Beispiel Cyber Ghost[260], umgehen können.

In einem weiteren Punkt liegen die Vorstellungen von YouTube und der GEMA auseinander. Die GEMA fordert eine genaue Abrechnung pro Aufruf, was für kleinere Künst-

---

[257] Mit den Forderungen nach Lizenzgebühren und der Praxis der Videosperrung steht die GEMA als Verwertungsgesellschaft nicht alleine da. Sie sieht sich in einer Allianz mit den US-amerikanischen Autorgesellschaften ASCAP, BMI und SESAC beispielsweise auch mit der französische SACEM und der italienischen SIAE. (vgl. Hoffmann 2010)
[258] vgl. Hoffmann 2010)
[259] vgl. Hoffmann 2010
[260] CyberGhost

94

ler eine deutliche Verbesserung ihrer Situation bedeuten würde. Die momentan praktizierten Pauschalverfahren bevorzugen die großen Namen des Musikgeschäfts. YouTube möchte wie die öffentlich-rechtlichen Sender eine Pauschale an die GEMA bezahlen.[261]

Number of Videos	MOST FAVORITED	MOST VIEWED	MOST DISCUSSED	MOST RESPONDED	TOTAL
Traditional	511	717	276	308	1812
User-Created	466	277	751	683	2177
Uncertain	103	86	53	89	331
Totals	1080	1080	1080	1080	4320

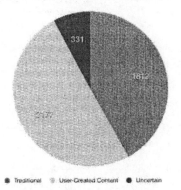

● Traditional ● User-Created Content ● Uncertain

Abbildung 24: Herkunft des Contents[262]

Bei diesem Streit wird der Wettbewerb zwischen etablierten und neuen Medien um die Aufmerksamkeit der Nutzer auf den ökonomischen Bereich übertragen. Dabei äußerten sich Sony Music und Universal Music im Dezember 2011 dahingehend, dass sie die noch ausstehende Einigung zwischen GEMA und YouTube als Nachteil betrachten, da zahlreiche Songs nicht aufgerufen werden können. Die Plattenfirmen sehen die GEMA noch nicht im digitalen Zeitalter angekommen.[263]

Eine weitere Quelle des YouTube-Contents, der nicht von privaten Nutzern stammt, sind Kanäle, die von Firmen betreut werden. Hierbei ließ sich 2010 noch ein Vorsprung der US-Firmen gegenüber europäischen Firmen feststellen.[264]

---

[261] vgl. GEMA vs. YouTube: Wer nimmt uns unsere Videos weg? | Spreeblick 2010
[262] Burgess und Green 2010, S. 42
[263] vgl. Reißmann und Lischka 2011
[264] "U.S. Companies are Most Likely to Have YouTube Channels Fifty-nine percent of U.S. companies in the Fortune Global 100 have YouTube channels compared with 52% in Europe, 35% in Asia-Pacific and 33% in Latin America. Entertainment/electronics and auto companies are most likely to have YouTube channels." Global Social Media Checkup

Das breite Engagement von etablierten Institutionen auf YouTube unterminiert die ermöglichte und erhoffte Demokratisierung durch das Web 2.0. Unternehmen, Institutionen und Künstler nutzen YouTube für Werbung, für PR- und Imagearbeit. Sie treten über Social Media mit Kunden in Kontakt und versuchen, sie so an das Unternehmen zu binden. Sie kämpfen um die Aufmerksamkeit der Internetnutzer, so dass die Internetökonomie sich zu einer Aufmerksamkeitsökonomie entwickelt. Deshalb prognostiziert Graf, dass zukünftig für die Aufmerksamkeit der Nutzer bezahlt werden wird und dass Sponsoring, Viralvideos und Branded Entertainment eine wichtige Rolle spielen werden.[265]

Privatpersonen pflegen ebenfalls aktiv ihre Selbstdarstellung. Sie präsentieren sich auf YouTube und erschaffen dadurch ein Bild von sich, das zumindest in ihrer Selbstwahrnehmung eine wichtige Rolle spielt.[266]

Dabei entwickelt sich offensichtlich auch ein neuer Starhabitus, der wenig Wert auf Abgrenzung von den Fans legt.[267] Wie lange ein solcher Starmodus etabliert werden kann, muss sich erst noch zeigen.

Es wird immer wieder deutlich, dass auch bei der digitalen Kommunikation Authentizität ein wichtiges Kriterium für die Kommunikatoren darstellt. Deshalb war einige Zeit die Qualität, im Sinne von Professionalität der Beiträge, nicht das entscheidende Kriterium. Graf prognostiziert in diesem Zusammenhang, dass nur einer authentischen Quelle die rare Aufmerksamkeit zuteil werden wird.[268]

Da beliebter und deshalb häufig aufgerufener Content die Werbeeinnahmen von YouTube und dem Mutterkonzern Google erhöht, beginnt der Konzern, selbst Kanäle zu produzieren. Hierfür wurden zum Start ein Budget in Höhe von 100 Millionen $ zur Verfügung gestellt.[269] Nach der achtmonatigen Startphase kündigte Google Mitte 2012 an, weitere 200 Millionen $ in die Entwicklung von YouTube-Kanälen zu investieren, um besseren Content bereitstellen zu können und somit mehr Nutzer anzuziehen und die Werbeeinnahmen zu steigern.[270]

---

[265] vgl. Graf 2010, S. 42
[266] vgl. Peters und Seier 2009, S. 187
[267] Y-Titty im Interview: „Wir wollen kein anderes Leben führen als unsere Zuschauer." zitiert nach Hölter und Müller
[268] vgl. Graf 2010, S. 42
[269] vgl. Foundation 2011
[270] vgl. The Wall Street Journal

Ein Kanal dieser Art ist die schon mehrere Jahre laufende Sendung *YouTube Secret Talents*. Bei diesem Format handelt es sich um einen Casting-Wettbewerb, bei dem Talente jeglicher Art gesucht werden.[271]

Beim Aufruf zur Teilnahme beschreibt YouTube weniger das Talent, die Person oder die Qualität der gesuchten Fähigkeiten, sondern die Eigenschaften, die das Video haben sollte, um potentiell bei YouTube erfolgreich zu werden. Das Kompetenz-Kriterium ist somit die potentielle Beliebtheit des Videos.

Für die teilnehmenden Musiker bedeutet dies, dass eine gewisse medienästhetische Intensität geschaffen werden muss, damit die Musik angemessen im Video präsentiert werden kann.

YouTube stellte 2011 sechs Finalisten vor, für die von der YouTube-Community gevotet werden soll. Es gab außerdem eine Verknüpfung, damit die Nutzer Facebook-Fan der einzelnen Finalisten werden konnten.

Unter den Finalisten befanden sich:

- *AltanaBananaTV*, ein Rapper aus Münster
- footballfreestyler, ein Dosenwerfer aus Essen
- *wgofficial*, ein Solosänger aus Würzburg
- *cetiehole*, eine Rockband aus Offenhausen
- *ElephantSlackliner*, ein Slacklineartist aus Korb
- *Trueschoolofficial*, eine Hip Hop-Band aus Aichach.

Die Finalisten erhielten ein Coaching, unter anderem von *Henning*, dem Sänger der Rockband *H-Blockx* und Mitglied der *Söhne Mannheims*. Diese Coachings wurden selbstverständlich auch online zur Verfügung gestellt.[272] Obwohl vier von sechs Finalisten aus dem musikalischen Bereich stammten, konnte der Slackline-Artist den Wettbewerb für sich entscheiden.

Das Coaching mag ein wichtiger Bestandteil einer Casting-Show sein, die dem Vorbild der TV-Castings nachempfunden ist. Von der YouTube-Community wurde das Coaching-Konzept nicht angenommen. Schließlich ist es bei den meisten populären YouTube-Videos auch schwer vorstellbar, dass sie unter pädagogischer Anleitung entstanden sind. Auch das Video zum Aufruf für das Voting für die *YouTube Secret Talents* war bei den Nutzern wenig beliebt. Am 26.05.2011 hatten 155.041 Nutzer das Video aufgerufen. 276

[271] vgl. YouTube - Kanal von secrettalents
[272] vgl. Kanal von secrettalents 2011

hatten angegeben, dass ihnen das Video gefällt. 569 Bewertern gefiel das Video nicht. Es erreichte somit zum betreffenden Zeitpunkt eine Beliebtheit von nur knapp 33 %.[273] Diese schlechte Resonanz belegt, dass ein zentral organisiertes Programm von der YouTube-Community noch nicht akzeptiert wird. Die Finalisten des Wettbewerbs wurden von einer YouTube-Jury und nicht von der Community ausgewählt, sie wurden gecoacht und der Kanal wird moderiert. Dies sind alles Praktiken, die nicht dem Bedürfnis der Community nach Authentizität entsprechen.

Demzufolge bleibt es schwierig, von institutioneller Seite erfolgreiche Kanäle zu produzieren, weil jede professionelle Einflussnahme auf die Gestaltung der Videos ein Minus an Authentizität bedeuteten kann.

Eine Möglichkeit, den Mangel an Authentizität konzeptionell zu vermeiden, der mit der Publikation von institutioneller Seite einhergehen kann, ist die Veröffentlichung durch den Künstler mit gleichzeitiger Unterstützung durch einen Sponsor. Damit bleibt die Autonomie der Künstlerpersönlichkeit weitgehend gewahrt.

Abbildung 25: Standbild aus dem Video „Golf Boys - Oh Oh Oh"[274]

Ein Beispiel für eine solche Kooperation ist das Video „Golf Boys – Oh Oh Oh". Das Video wurde am 13.06.2011 auf YouTube hochgeladen. Bis zum 19.06.2011 hatte es bereits 1.479.444 Aufrufe erzielt. Das Video setzt bei professioneller Bild- und Soundqualität auf einfache Kulissen. Im Mittelpunkt des Videos stehen vier Darsteller, deren

---

[273] vgl. YouTube 2011
[274] bencranegolf 2011

Auftreten in krassem Kontrast zu den Konventionen des Golfspiels, das den Kontext des Videos bildet, steht.

Der Uploader bencranegolf informiert im Kommentar über die Bezugsmöglichkeiten des Songs und über die die Sponsoring-Vereinbarungen, die im Zusammenhang mit dem Video bestehen. Der Song war außerdem bei iTunes verfügbar. Der Sponsoring-Vertrag mit der *Farmers Insurance* sicherte der gemeinsamen Charity-Initiative 1000 $ Spende pro 100.000 Aufrufe auf YouTube zu.[275]

Im November 2011 gelang YouTube ein wichtiger Schritt bei der Beschaffung von qualitativ hochwertigem eigenständigem Content. Es konnte ein Vertrag mit *Disney* mit einem Volumen von 10-15 Millionen Dollar abgeschlossen werden. Diese Kooperation eröffnet gleichzeitig auch *Disney* einen neuen Vertriebskanal. Außerdem waren zu diesem Zeitpunkt bei YouTube eigenständige Kanäle mit Prominenten wie *Madonna* und *Ashton Kutcher* in Planung[276].

5.2 Die Gestalter - Profi vs. Amateur

Der Content von YouTube wird sowohl von professionellen Produzenten, als auch von privaten Personen hergestellt. Die Unterscheidung Profi und Amateur findet in der Regel in den Dimensionen Ausbildungsqualität, Ausstattungsqualität und Motivation statt.

Dabei ist immer stärker eine Konvergenz zwischen Profi und Amateur zu beobachten. Einerseits wird leistungsfähige Aufnahmetechnik auch für Privatpersonen immer leichter zugänglich. Andererseits gibt es Annäherungsversuche der professionellen Videoproduzenten an die Ästhetik der Homevideos. Außerdem werden teilweise auch Amateure für ihre Werke finanziell entlohnt.

Solange Videos aus technischen, organisatorischen und finanziellen Gründen hauptsächlich von Profis erstellt werden konnten, etablierte sich ein Standard, der objektiv nachvollziehbare Maßstäbe für die Qualität eines audiovisuellen Produkts lieferte. Diese professionellen Standards, die sich auch an der Tradition des Dramas, der Literatur, der Musikkultur, der Architektur, der Fotografie und des Films orientierten, wurden in die Praxis des Webs 2.0 transferiert, modifiziert oder obsolet.

---

[275] vgl. bencranegolf 2011
[276] vgl. Disney and YouTube Sign Video Partnership 2011

Nutzung und Bewertung durch die Community des Webs 2.0 stellen basisdemokratische Entscheidungsprozesse dar, durch die der Content seinen Status zugeschrieben bekommt. Deshalb gibt es Tendenzen, die Unterscheidung von Profi und Amateur auf die Videos des Webs 2.0 nicht mehr anzuwenden.[277]

Durch die YouTube-Praxis, mit Videobearbeitungen auf Videos zu antworten, stellen YouTube und die darin kommunizierten Videos dialogische Medien dar. Im Gegensatz zu diskursiven Medien, die nach Flusser Information nur verteilen, entsteht durch die dialogische Kommunikation neue Information.[278]

Damit stellt sich die Frage, welche Information durch die dialogische Kommunikation von Videos auf YouTube geschaffen wird. Diese Frage kann nicht allein aus musikwissenschaftlicher Perspektive beantwortet werden. Es entsteht mehr und ästhetisch diversifizierte öffentlich verfügbare Musik. Dabei interagieren diese musikästhetischen Veränderungen mit medienästhetischen und sozialen Veränderungen.

Die häufig sehr langsam verlaufenden Veränderungen musikalischer Konventionen im Bereich der Popmusik veranlassen Künstler und Produzenten dazu, die gewünschte und notwendige Originalität im außermusikalischen Bereich herzustellen.[279]

Hierzu trägt auch die kreative Gestaltung von Musikvideos bei. Dabei sind Tabubrüche, wie das Spiel mit Toten in *Kanye West*'s *Monster*-Video eine Möglichkeit, mediale Aufmerksamkeit zu generieren. Zeitgemäßer erscheint jedoch der interaktive Umgang mit der Community. Das besagte *Monster*-Video animierte beispielsweise barelypolitical[280] zu einer Parodie, bei der sich die Darsteller der toten Figuren, einen Brechtschen Verfremdungseffekt aktualisierend, gelegentlich bewegen. Andere Nutzer stellen in sogenannten „Review"-Videos ihre Meinung zu professionellen Videos online.

Dabei entsprechen die Filmsettings dieser Reviews den Konventionen von Homevideos. Ein gewisses Maß an Zufälligkeit gehört dabei zum Standard. Die Videos werden häufig im häuslichen Lebensbereich der Nutzer produziert. Im einfachsten Fall mit der Webcam, die auf dem Computermonitor installiert ist. Dadurch besteht der Hintergrund des Darstellers aus den gegenüberliegenden Wänden. Diese werden gelegentlich für das Video präpariert. Sie werden jedoch keinesfalls von Grund auf nach gestalterischen Kriterien für

---

[277] vgl. Peters und Seier 2009, S. 193
[278] vgl. Flusser 2009b, S. 124
[279] vgl. Friedrichsen 2008, S. 26
[280] barelypolitical

den Zweck des Videodrehs aufgebaut. Diese Zufälligkeit kontrastiert in erheblichem Maß mit den Arrangements, die für professionelle Videodrehs erstellt werden.[281]

5.3 Musik im audiovisuellen Kontext

Auf YouTube kommt Musik immer im Zusammenhang mit Bildmaterial zum Erklingen. Für die Beschreibung und Analyse der auftretenden Kontextualisierungen wird hier zunächst eine begriffliche Systematik dargestellt. Grundsätzlich besteht ein Video aus drei Schichten: dem Bild, dem Ton und dem Plot, den der Rezipient aus den visuell und auditiv dargebotenen Informationen konstruiert. Diese Konstruktion findet auch statt, wenn ein Video mehr deskriptive als narrative Aspekte betont. Die Schichten haben jeweils eigene Merkmale und Besonderheiten. Es können jedoch auch Merkmale, wie zum Beispiel der Umgang mit Zeit, identifiziert werden, die in allen drei Schichten relevant sind. Deshalb gibt es auch Analyseblickwinkel, die sich auf alle drei Schichten beziehen lassen. Außerdem müssen die Verknüpfungen der drei Schichten eine wichtige Perspektive der Analyse darstellen. Die wesentliche Eigenheit der narrativen Schicht besteht darin, dass sie vom Rezipienten selbst aus den anderen Schichten konstruiert werden muss. Die auditive Schicht besteht aus Sprache, Geräuschen und Musik. Besonderheiten der visuellen Schicht sind die Möglichkeit des Standbildes und der Visualisierung von Sprache durch die Einblendung von Schrift.

5.3.1 Die Abfolge von Elementen

Die dargebotenen kulturellen Einheiten können in Echtzeit präsentiert werden, also synchron mit der Zeit des Rezipienten. Sie können aber auch verzögert und beschleunigt werden. Außerdem sind Schnitte und Sprünge innerhalb jeder einzelnen Schicht möglich. Mit der Abfolge der Elemente hat somit der Gestalter des Videos die Möglichkeit, auf die Zeitwahrnehmung des Rezipienten Einfluss zu nehmen. Als ein Beispiel für technisch

---

[281] vgl. Peters und Seier 2009, S. 192

veränderte Zeitabläufe sei das Video von Rebecca Black (siehe Kapitel 5.4) angeführt, bei dem phasenweise Zeitraffertechniken zum Einsatz kommen.

5.3.2 Ebenen der einzelnen Schichten des Videos

Werden die kulturellen Einheiten einer Schicht nicht zeitlich geordnet, sondern gleichzeitig präsentiert und oder entwickelt, so beinhaltet die jeweilige Schicht verschiedene Ebenen. Dabei kann es sich um parallele Handlungsstränge oder Bild- und Tonmontagen handeln. Diese Ebenen können parallel ablaufen, sie können als Vordergrund und Hintergrund organisiert sein, sie können ein-, aus- und überblendet werden und letztlich können sie sich auch gegenseitig verdecken.

In der visuellen Schichte können die Ebenen beispielsweise durch selektive Schärfe, durch eine gezielte räumliche Anordnung oder durch Schnitte wie bei den Animutationen (Kapitel 5.5.8) gestaffelt werden. In der Audioschicht kann Musik beispielsweise als unbewusst wahrgenomme Hintergrundmusik auftreten oder als Hauptaspekt der Tonspur.

5.3.3 Dimensionen der einzelnen Schichten

Jede Schicht entwickelt sich in Raum und Zeit. Daneben können die soziale und die technische Dimension als Analysekategorien hilfreich sein. Die soziale Dimension lässt sich wiederum ausdifferenzieren in den Bereich der Emotionen, den Bereich der Ökonomie und in die Frage, inwieweit die dargebotenen Informationen sich mit der Realität des Rezipienten vereinbaren lassen.

Bei der Frage nach dem Bezug einer filmischen Schicht zur Realität spielt nicht nur die Absicht des Autors und die Wahrnehmung des Rezipienten eine Rolle, also die Frage nach dem Bezug des Erzählten zur Realität, sondern jede in den einzelnen Schichten repräsentierte Kunstform hat schon ihren je eigenen Abstraktionsgrad. Ein Modell zur Strukturierung des Abstraktionsgrades bietet Monaco (Abbildung 26: Die Verbindung zwischen einer Kunst und ihrem Gegenstand). Das Spektrum dieses Abstraktionsmodells spannt sich zwischen der praktischen Erfahrung und der musikalischen Darstellung auf.

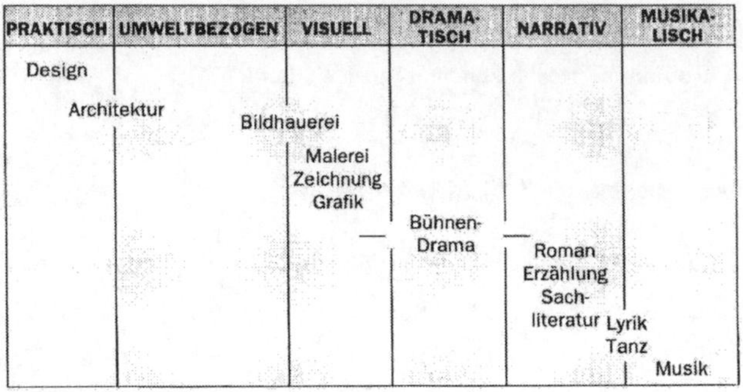

PRAKTISCH	UMWELTBEZOGEN	VISUELL	DRAMA-TISCH	NARRATIV	MUSIKA-LISCH
Design					
	Architektur				
		Bildhauerei			
		Malerei Zeichnung Grafik			
			Bühnen-Drama		
				Roman Erzählung Sach-literatur	
				Lyrik Tanz	
					Musik

Abbildung 26: Die Verbindung zwischen einer Kunst und ihrem Gegenstand[282]

Falls man der Musik überhaupt einen außermusikalischen Gegenstand zugrunde legen möchte, so besteht in jedem Fall ein deutlicher Abstand zwischen dem Gegenstand und seiner musikalischen Repräsentation. Als weit weniger abstrakt sind die Geräusche und Dialoge innerhalb der akustischen Schicht zu bewerten.

Auch die im Bild repräsentierten Gegenstände werden durch die Wahl der Einstellungen und Schnitte verfremdet. Außerdem sind die Videos auf YouTube immer noch auf die Zweidimensionalität beschränkt.

Die narrative Schicht ist nicht mit der Spalte der Narration im oben präsentierten Schaubild zu verwechseln. Diese Spalte bezieht sich auf rein sprachlich repräsentierte Narration. Die Narration im Video kann auch deutlich deskriptivere Züge annehmen als die rein sprachliche. Sie kann allerdings auch die Wahrnehmung des Rezipienten weit von der Realität wegführen. Dabei spielen auch die Funktionen der Musik eine wesentliche Rolle.

5.3.4 Dramaturgie innerhalb einer Schicht

Für die Dramaturgie eines Videos ist das Beziehungsgeflecht der einzelnen Schichten von grundlegender Bedeutung. Neben der Gestaltung der Dramaturgie im Kontext der medialen Repräsentationen es auch möglich, eine Dramaturgie innerhalb einer einzelnen Schicht zu entwickeln. Die Dramaturgie von Musik wird in der Musikwissenschaft durch die Formenlehre beschrieben. Auf der narrativen Ebene spielt die Erzähltheorie eine Rolle.

---

[282] Monaco et al. 2009, S. 26

Ein wichtiges dramaturgisches Mittel ist das Herstellen einer Inkohärenz zwischen dem Vorwissen beziehungsweise den Erwartungen des Rezipienten und den dargebotenen Informationen. Diese Inkohärenz kann bis zum Verlust der Kontrollkompetenz durch die Unbestimmbarkeit eintretender Ereignisse ausgedehnt werden und als starkes Spannungserzeugendes Mittel genutzt werden.[283]

Bei der Analyse ist außerdem der Umgang mit den jeweiligen Motiven zu untersuchen. Dabei spielt der Umgang mit den Konzepten Wiederholung, Variation und Kontrast eine wesentliche Rolle. Hier sei darauf verwiesen, dass die gestalterischen Konzepte der Wiederholung und der Variation stark mit den memetischen Vorgängen der Reproduktion und Variation korrespondieren.

5.3.5 Stile und Genres

Für jede einzelne Schicht gibt es etablierte Genres oder Stile, die die Auswahlmöglichkeiten bei der Gestaltung einschränken, lenken und vereinfachen. Dabei sind selbstverständlich auch der Bruch mit den Konventionen und die Vermengung verschiedener musikalischer Stile ein wichtiges Gestaltungsmittel. Was die Genres von Videos auf YouTube betrifft, so können mit dieser Arbeit möglicherweise Anknüpfungspunkte für eine Ausarbeitung einer Genretypologie geschaffen werden.

Faulstich stellt das Genre als ein spezifisches Erzählmuster dar, das vor allem durch stofflich-motivische und durch formal-strategische Konventionen und Schlüsselkategorien geprägt wird. Die Zuordnungskriterien selbst müssen aus den zu analysierenden audiovisuellen Texten gewonnen werden.[284]

Hickethier bezieht auch individuumsbezogene und gesellschaftliche Aspekte in den Genrekontext ein und macht darauf aufmerksam, dass die dem Rezipienten vertraute Erzählweise Erwartungen wecke und dass ein Genre einen historisch-pragmatischen Zusammenhang bestimme, in dem sich sowohl Produzenten als auch Rezipienten befänden.[285]

Somit steht auch der Genrebegriff im Spannungsfeld zwischen Individuum, Medien und Gesellschaft und die Definition beziehungsweise die Abstraktion eines Genres aus einer

---

[283] vgl. Faulstich 2002, S. 48
[284] vgl. Faulstich 2002, S. 28–29
[285] vgl. Hickethier 1996, S. 199 zitiert nach Metzger 2000, S. 201

Gruppe von Videos sollte entsprechend alle drei Bereiche des Spannungsfeldes berücksichtigen.

Trotz einiger formaler Parallelen zwischen YouTube-Videos und Spielfilmen darf nicht übersehen werden, dass sich diese beiden audiovisuellen Ausdrucksformen auch in wesentlichen Punkten unterscheiden. Zum einen setzt Krakauer bei Spielfilmen voraus, dass sie niemals das Produkt eines Individuums sein können, wohingegen gerade dies bei YouTube-Videos sehr wohl der Fall sein kann und häufig auch ist. Zum anderen verlangt der Aufwand, den die Herstellung eines Spielfilms mit sich bringt, dass damit ein breites Publikum angesprochen wird. Auch dies ist bei einem YouTube-Video nicht notwendigerweise der Fall. Während Kracauer aus den beschriebenen Merkmalen von Spielfilmen folgert, dass diese eine Nation direkter reflektieren als jedes andere Medium, muss für YouTube-Videos angenommen werden, dass sie doch eher ein Individuum oder eine bestimmte Lebenswelt reflektieren und seltener eine Nation oder eine Gesellschaft im Ganzen.[286]

5.3.6 Die Verknüpfung der einzelnen Schichten

Bei der Analyse der Verbindung der einzelnen Schichten kann sowohl nach dem zeitlichen als auch nach dem funktionalen Zusammenhang zwischen den Schichten gefragt werden. Zeitlich können die Schichten entweder synchron ablaufen, die Schichten können erinnernd oder antizipierend aufeinander verweisen.

Während beim Spielfilm die Musik in der Regel auf die Bilder und die Handlung bezogen wird[287], richtet sich die zeitliche Abfolge der Bilder in Musikvideos nach der zeitlichen Struktur der Musik.

Funktional kann eine Schicht die Information einer anderen verstärken, indem die Schichten die hierzu notwendige Kohärenz aufweisen. Eine Schicht kann eine andere symbolisieren oder kommentieren. Außerdem können die Schichten miteinander in Konkurrenz treten oder kontrastierend gestaltet sein.

Der intermediale Kontext muss sich nicht auf die Verknüpfung synchron präsentierter medialer Repräsentationen von kulturellen Einheiten beschränken. So kann beispielswei-

---

[286] vgl. Kracauer 1984, S. 11
[287] hierzu beispielsweise: „Die Handlung gibt den Ton an." Metzger 2000, S. 205

se auch ein Liedtext Bezüge zu einem Film beinhalten. Als Beispiel sei hier das an späterer Stelle analysierte Literal zu „Total Eclipse of my Heart" angeführt werden.[288]

Ein von der Musikwissenschaft gut untersuchter Bereich, in dem die Wechselwirkungen von Musik und Bild wesentlich sind, ist die Filmmusik. Hier unterscheidet man zwischen Techniken der Filmmusikgestaltung und ihrer Funktion.

Kloppenburg stellt die wichtigsten Techniken der Filmmusiktechniken diskursiv dar. Dabei bezieht er sich auf die Schriften von Bullerjahn[289], de la Motte-Haber/Emons[290] und Maas/Schudack[291]. Die Technik des *Underscoring* wird beschrieben, als Kompositionsweise, bei der die Musik möglichst alle Elemente und Prozesse der Bildebene mitvollzieht und illustriert. Bei der *Mood-Technik* wird die emotionale Stimmung einer Szene unterstrichen, beziehungsweise verdeutlicht oder hergestellt. Die *Motivtechnik* verknüpft Personen oder andere Elemente der Narration mit einem musikalischen Motiv oder einem Sound, der sie kennzeichnet und der symbolisch auf sie hinweist. Die Definition dieser archetypischen Kompositionstechniken erleichtert die Kommunikation über Filmmusik. In der Praxis sind die Techniken jedoch nicht immer streng zu trennen.[292]

Da im Spielfilm Musik nicht um ihrer selbst Willen erklingt, fragt die Filmmusik nach den Funktionen, die die Musik im audiovisuellen Kontext erfüllt. Die musikwissenschaftlichen Konzepte dieses Bereichs werden hier kurz dargestellt, weil sie auch teilweise für Videos auf YouTube anwendbar sind und weil daraus möglicherweise auch Funktionen abgeleitet werden können, die die visuelle Schicht von Videos erfüllt, wenn Ton und Bild gleichberechtigt beziehungsweise autonom gestaltet sind oder wenn das Video um der Musik Willen erstellt wurde.

Angeknüpft werden soll hier an die Traditionslinie von de la Motte-Haber[293], die sich auf die Semiologie von Metz[294] bezieht und deren Grundgedanken von Kloppenburg weiter systematisiert wurden. Demnach sind aus ästhetischer Sicht folgende Funktionen von Filmmusik zu identifizieren.

---

[288] siehe Kapitel 5.5.7
[289] Bullerjahn 1997
[290] la Motte-Haber und Emons 1980
[291] Maas und Schudack 1996
[292] vgl. Kloppenburg 2000b, S. 42–48
[293] de la Motte-Haber und Emons 1980
[294] Semiologie des Films 1972

106

„a) Syntaktische Funktionen: Erleichterung des strukturellen Verstehens

1. Akustische Verklammerung von Sequenzen

2. Abgrenzung von Handlungssträngen

3. Verdeutlichung von Einstellungswechseln

b) Expressive Funktionen: Intensivierung der Wahrnehmung

1. Unspezifische affektive Erregung

2. Expression von Gefühlen

3. Intensivierung des Situationserlebens

c) Dramaturgische Funktionen

1. Personencharakterisierung

2. Spannungserzeugung

3. Stellvertreterfunktion

4. Musik als Teil der Handlung

5. Wahrnehmung einer handelnden Person

6. Kommentar

- Eingriff in die gegenwärtige Handlung
- Vorausdeuten zukünftigen Handlungsgeschehens
- Ankündigen von Geschehnissen
- Verweis auf Zurückliegendes etc."[295]

Um diese Systematisierung im Folgenden sinnvoll verwenden und weiterentwickeln zu können, ist es notwendig, diese Darstellung mit der triadischen Relation in Beziehung zu setzen. Hierbei wird deutlich, dass die Funktionen jeweils an verschiedenen Stellen der triadischen Relation zu verorten sind.

Die Intensivierung der Wahrnehmung als expressive Funktion zielt von der Formulierung her stark auf die wahrgenommene und erlebte Wirkung beim rezipierenden Individuum. Die Formulierungen zur syntaktischen Funktion sind dagegen eher im Bereich des Mediums selbst angesiedelt. Hier ist von der Beziehung der Musik zu Einstellungen im visuellen Bereich die Rede, aber auch von Handlungssträngen, die sich als narrative Linien ohnehin erst in der Kognition des Rezipienten entfalten.

---

[295] Kloppenburg 2000a, S. 55

Während bei der Gestaltung eines Spielsfilms die narrative Linie im Vordergrund steht und die Filmmusik danach ausgewählt und gestaltet wird, wie sie der erzählten Geschichte am besten diene, gibt es im audiovisuellen Bereich auch alternativ verlaufende Gestaltungsprozesse. So wurde *Johann Wolfgang von Goethes* Ballade *Der Zauberlehrling* (1797) zunächst 1897 von *Paul Dukas* in die Programmmusik *L'Aprenti sorcier* transformiert. Diese Sinfonische Dichtung bildet wiederum die akustische Schicht des Disney-Films *Fantasia* (1940), der die Geschichte vom Zauberlehrling visualisiert.

Der Zeichentrickfilm wurde dabei inhaltlich und in seinem zeitlichen Verlauf so gestaltet, dass die Musik wirkt, als sei sie in der Underscoring-Technik dem Film hinzugefügt worden. Auf YouTube gibt es aktuell eine Vielzahl von Videos, die wiederum den Disneyfilm als Grundlage für eigene Gestaltungen nehmen. Das Video „Disney fantasia with Mickey"[296] präsentiert eine neu produzierte Filmmusik für den Zeichentrickfilm. „Der Zauberlehrling (School Project)"[297] zeigt das Ergebnis eines holländischen Schulprojektes, bei dem das Gedicht von wechselnden Sprechern vorgetragen wird, während auf der Bildebene der Disneyfilm läuft.

Auch das Video „MTLL Der Zauberlehrling"[298] nutzt die Bildebene des Disney-Films. Hierzu ist ein rhythmischer Vortrag des Gedichts zu hören, der das Playback von *Junge Dichter und Denker* (2009) nutzt.

Während bei der Beschreibung und Analyse von Musik im Spielfilm die oben dargestellten stereotypen Funktionen von Filmmusik einen wichtigen Aspekt darstellen, ist es bei der ganzheitlichen Betrachtung von Videos mit musikalischem Inhalt, beziehungsweise Schwerpunkt, auch notwendig, nach der Funktion der visuellen Schicht für die Musik oder den Künstler zu fragen.

Die Bildgestaltung kann sich dabei grundsätzlich auf verschiedene Aspekte der Musik beziehen, was am Beispiel *Giant Steps* von *John Coltrane* verdeutlicht werden kann.

Das Stück wurde 1959 aufgezeichnet und 1960 veröffentlicht. Dementsprechend gibt es hierfür kein originales Musikvideo. Aus dem Jahre 2001 stammt die Visualisierung von *Michal Levy*, von der ein Auszug auf YouTube[299] verfügbar ist.

Das Video von *Levy* thematisiert den Titel des Stückes *Giant Steps* durch eine Animation, bei der zunächst die Umrisse eine Hochhauses entstehen. Während die Treppen innerhalb

---

[296] Tanasis 2009
[297] Uyuppy 2010
[298] niggahigga77 2009
[299] twofourtree 2006

dieses Gerüsts gezeichnet werden, wird deutlich, dass diese „gigantischen" Treppen nicht Räume, sondern ganze Häuser innerhalb der ursprünglichen Grenzen verbinden.

Bei einem anderen Video, das ebenfalls den Titel „Giant Steps"[300] trägt, steht der Komponist und Interpret der Musik, *John Coltrane*, und die Originalaufnahme im Zentrum der Visualisierung. Hier wird über die gesamte Dauer des Videos das Plattencover des Albums *Giant Steps* eingeblendet, dessen Titelstück gleichzeitig präsentiert wird.

Eine dritte Möglichkeit wird vom Video „Animated Sheet Music: "Giant Steps" by John Coltrane"[301] repräsentiert. Hier entsteht eine Transkription des Saxophonsolos Note für Note in Echtzeit. Dies ermöglicht das Mitlesen der erklingenden Musik und steuert den Fokus der Wahrnehmung auf die Musik, beziehungsweise auf die Hauptstimme des Stückes.

Die Funktion des Videos „Giants steps solo by a Robot!"[302] zeigt einen Roboter, der das Stück „Giant Steps" auf einem Saxophon produziert. Es geht um die technischen Möglichkeiten, die bei der Produktion der erklingenden Musik eine Rolle spielen. Außerdem hat das Video auch eine Art „Beweisfunktion", da – unabhängig von der Qualität der Interpretation – es nicht ohne weiteres glaubwürdig erscheint, dass ein Roboter ein Jazzstück auf einem Saxophon spielt.

In eine ähnliche Richtung deuten Performance-Videos, die einen Interpreten bei der Darbietung des Stückes[303] präsentieren. Sie rücken den Musiker ins Zentrum der Wahrnehmung, machen auf seine Fähigkeiten und Gefühle beim Musizieren aufmerksam.

Formal lässt sich festhalten, dass ein Video versuchen kann, im Bild exakt das abzubilden, was auch zu hören ist. Das Video transportiert in diesem Falle eine Realitätsbehauptung. Es soll die Fähigkeiten des Musikers oder die Echtheit der Aufnahme möglichst unverändert und neutral wiedergeben.

Da jedoch jede audiovisuelle Aufnahme nur eine Transformation einer echten Situation darstellt und die Situation nicht wirklich technisch reproduziert werden kann, fehlen der Aufnahme einerseits Aspekte der Situation, es werden jedoch auch neue Informationen

[300] Jazzman2696 2010
[301] dancohen 2007
[302] nicofarr 2006
[303] Da auf YouTube leider kein Video verfügbar war, das John Coltrane selbst bei der Interpretation von Giant Steps zeigt, sei hier beispielhaft das Video „A 17 Year Old Plays Coltrane Giant Steps On a Selmer MK VI Alto Saxophone" erwähnt, das einen Siebzehnjährigen beim Spiel in seinem Zimmer zeigt. Das Video ist aufzurufen unter zoftig 2011

hinzugefügt. Dies schafft den künstlerischen Freiraum für Videoproduktionen, um den Bildern auch verfremdende expressive oder narrative Funktionen zuzuweisen.

Das Video schafft also mehr oder weniger kunstvoll den Kontext, in dem die Musik oder der Künstler wahrgenommen wird. Dabei kann einerseits die Erzeugung der Musik thematisiert werden oder eine Reaktion, beispielsweise Tanz, darauf. Der Kontext kann Öffentlichkeit oder Privatsphäre symbolisieren. Die Bilder können über die Darstellung einer bestimmten Lebenswelt den Künstler mit verschiedenen Werten konnotieren. Die visuelle Schicht rückt damit den Künstler und die Musik fast wörtlich ins rechte Licht.

5.4 Internet-Meme und YouTube-Stars

Medieninhalte, die vor allem im Web 2.0 Verbreitung finden, werden von den Nutzern des Webs 2.0 als Internet-Meme bezeichnet. Die Verbreitung von Memen vollzieht sich nach Heylighen[304] zyklisch. Dieser Lebenszyklus besteht im Wesentlichen aus vier Schritten.

Zunächst muss ein Mem von einem Individuum *assimiliert* werden. Als Voraussetzung hierfür nennt Heylighen drei Bedingungen. Das Mem muss Aufmerksamkeit erregen, sich in die vorhandenen Kognitionen des Individuums integrieren lassen und als relevant eingestuft werden. Die von Heylighen geforderte Integration eines Memes in vorhandene Kognitionen, ist diejenige, die bisher am besten durch das Web 2.0 als Replikationsapparat realisiert wird, beispielsweise durch die Verknüpfung von Inhalten über Schlagworte oder ähnliche Titel.

Die zweite Phase ist die Speicherung (*Retention*) des Mems im Gedächtnis des sogenannten Hosts. Die Chancen des Mems auf weitere Verbreitung steigen mit der Verweildauer des Mems im Gedächtnis des Hosts. Der Verweildauer eines Mems im Web 2.0 sind in der Regel kaum Grenzen gesetzt.

Der dritte Schritt im Lebenszyklus ist die *Expression* des Mems durch den Host. Das Mem, das zu diesem Zeitpunkt auch ein eigener Gedanke des Hosts sein kann, muss für seine Verbreitung in eine mediale Repräsentationsform transformiert werden. Dabei kann

---

[304] vgl. Heylighen 2009

es sich beispielsweise um Sprache, um ein Bild oder eine Verhaltensweise handeln. Die Expression muss kein bewusster Akt des Hosts sein.

Hier sei angemerkt, dass im Kontext des Webs 2.0 für die Transformation eines Mems in eine andere Repräsentationsform meist menschliche Intelligenz notwendig ist. Technische Systeme können zwar eine Melodie in unterschiedliche harmonische und stilistische Kontexte stellen. Es gibt jedoch noch keine technischen Systeme, die beispielsweise den Grundgedanken eines Gedichts musikalisch ausdrücken können.

Den letzten Schritt des Lebenszyklus eines Mems bildet die *Transmission*. Für die Übertragung des Mems muss die Information auf ein Trägermedium übertragen werden. Dieses Trägermedium kann nun wiederum einem neuen Host präsentiert werden, womit der Lebenszyklus des Mems wieder beim Schritt der Assimilation beginnt.

Die Meme werden an jeder Stelle des Lebenszyklus' selektiert. Ein Mem wird erfolgreicher assimiliert, wenn es selbst unverwechselbar und für den neuen Host leicht zu verstehen ist. Dieses Verständnis wird erleichtert, wenn die unterschiedlichen Gestaltungsmerkmale sich gegenseitig verstärken. Außerdem kann es Merkmale von Autorität beinhalten und dadurch als relevant eingestuft werden. Der Gedanke, dass ein Mem Autorität transportieren kann, stellt somit das Pendant der Memetik zur Foucaultschen Annahme von der dezentralen Verteilung von Macht dar.

Meme werden besser im Gedächtnis des Hosts gespeichert, wenn sie für den Host nützlich und durch den Host beeinflussbar sind und wenn sie mit sich selbst identisch bleiben, unabhängig von der ästhetischen Repräsentationsform.[305] Hierfür muss das Mem an sich schon einen gewissen Grad an Abstraktion aufweisen.

Im Stadium der Expression haben Meme Vorteile, die leicht in einen gestalterischen Ausdruck überführt werden können, während bei der Transmission die Kopienanzahl und das Engagement des Replikants eine wichtige Rolle spielen.

Das Konzept der Memetik ist gewinnbringend in Beziehung mit der triadischen Relation von Individuum, Medien und Gesellschaft zu setzen, da auch hier für jedes Mem die Frage gestellt werden kann, in welcher Beziehung es mit den drei Elementen des Modells steht.

Meme können in inhaltliche und formale Meme eingeteilt werden. Dadurch lassen sich Informationsstrukturen mithilfe einer Mem-Matrix als Kombination von formalen und inhaltlichen Memen beschreiben. Inhaltliche Meme sind solche, die die inhaltlichen Bau-

---

[305] vgl. Heylighen 2009

111

steine des Contents, der Informationsstruktur, darstellen, während formale Meme die Art der Struktur beschreiben.

Weiterhin können die Meme geordnet werden nach der medialen Repräsentationsform, derer sie sich bedienen. Meme können außerdem im visuellen, akustischen und ideellen Bereich verschiedene Grade der Abstraktion aufweisen.

Als inhaltliche Meme, die für den musikbezogenen Content des Webs 2.0 relevant sind, lassen sich folgende Medien und Medienbausteine identifizieren.

- Filme oder Filmsequenzen
- Videos oder Videosequenzen
- Bilder aus Filmen oder Filmsequenzen
- Samples, Songs und andere Musikstücke
- Tänze und Tanzstile
- Bilder und Fotos
- Konzepte, Text, Ton- und Bildmaterial aus Computerspielen
- Gedanken, Geschichten und motivisches Material wie „Rache" oder „Ironie des Schicksals"

Für den musikbezogenen Content des Webs 2.0 sind folgende formalen Meme relevant.

- Wiederholung
- Beschleunigung, Verlangsamung
- Schnitt
- Nachahmung, Neuinterpretation, Persiflage
- Remix, Mashup, Cover, Medley
- Verlinkung (wie beispielsweise im Falle des Rickrolling)
- Kollaborationen zur Chartbeeinflussung oder in Form von Flashmobs[306]
- Hypermusikalische Online-Performances im Stil von inbflat[307]

Wenn neuer Content erstellt wird, der Meme enthält, die bei den Web-Nutzern bereits bekannt sind, so führt dies seitens der Rezipienten zu einem Gefühl von „Verstehen". Dies verweist auf das ästhetische Konzept von Kant, wonach eine ästhetische Gestaltung

---

[306] Im Sprachgebrauch des Internets ist ein Flashmob eine Aktion, bei der sich Internetnutzer mit Hilfe von sozialen Netzwerken zu einer bestimmten Handlung zu einer vorgegebenen Zeit an einem vorgegebenen Ort treffen um dann dort wie auf ein geheimen Zeichen hin die Handlung, die meist dem Ort nicht angemessen ist, auszuführen und auch spontan wieder zu beenden. Hierbei kann es sich beispielsweise um das Aufführen eines Tanzes oder auch um eine Kissenschlacht handeln.
[307] siehe Kapitel 5.9.2

den Zugang erleichtere, beziehungsweise ein Objekt dann als schön bezeichnet werden könne, wenn seine Gestaltung das Verstehen vereinfacht. So gesehen generiert das Web 2.0 durch die Tradierung seiner Meme allmählich eine Ästhetik, die sich nur den Kennern der Meme erschließt.

Auch wenn viele Inhalte des Webs 2.0 sehr einfach verständlich sind, so entwickelt sich bei den Nutzern im Laufe der Zeit eine Wissensbasis, die ihnen hilft, neue Inhalte im Stil des Webs 2.0 besser zu gestalten und zu rezipieren. Die ästhetische Dichte des Contents wird dann nur von Experten in vollem Umfang erfasst. Nicht-Nutzer können die vielfältigen intertextuellen Bezüge infolgedessen nicht mehr in ihrer Komplexität erfassen. Deshalb ist die Kenntnis der wichtigsten Internet-Meme für das Verständnis von Musik im Kontext Web 2.0 notwendig.

Neben depersonalisierten Gedanken, Konzepten oder sonstigen kulturellen Einheiten, können auch Personen starke Beachtung und virale Verbreitung erfahren. Für diese Netzprominenz gilt, wie für alle Stars, dass sie in der Regel von deutlich mehr Personen gekannt werden, als sie selbst kennen. Bekanntheit ist mehrfach positiv konnotiert. Professionalität, Unterhaltung und Attraktivität werden durch den jeweiligen Star personalisiert. Außerdem ist Bekanntheit gleichzeitig das Ergebnis und der Ausgangspunkt von medialer Präsenz.[308] Allerdings treten im Web 2.0 auch des Öfteren unfreiwillig tragische Helden auf den Plan.

Auf YouTube ist mediale Präsenz für jeden herstellbar. Das Hochladen eines Videos garantiert bei dem immensen Uploadvolumen keineswegs automatisch öffentliche Wahrnehmung. Aufgrund der Asymmetrie zwischen verfügbarer Information und verfügbarer Aufmerksamkeit, müssen die Nutzer mit ihrer Aufmerksamkeit wirtschaften. Deshalb schreibt Franck der Aufmerksamkeit eine Rationalisierungsfunktion[309] zu, die einigen Videos und Personen auf YouTube zu extrem hoher Aufmerksamkeit verhilft, während andere Nutzer und der von ihnen bereitgestellte Content kaum wahrgenommen werden.

Wie auch in der Popmusik schon lange üblich, verläuft auch die Kanonisierung bei YouTube teilweise über Charts. Damit entspricht der Prozess der Kanonisierung der Forderung von Krönig[310], dass sie intersubjektiv zu vollziehen sei. Ob der ebenso geforderte Verzicht auf hierarchische Strukturen realisiert wird ist fraglich, da die strukturierenden Algorithmen im Netz im Zugriffsbereich von nur wenigen großen Institutionen liegen.

---

[308] vgl. Borgstedt 2007, S. 328
[309] vgl. Franck 2010, S. 51
[310] vgl. Krönig 2008

YouTube berechnet permanent eigene Charts, die über youtube.com/charts[311] aufgerufen werden können. Gelistet werden die Plätze 1-160. Die Charts werden nach verschiedenen Kriterien erstellt. Zur Auswahl stehen:

- Meistgesehene Videos
- Auch zu sehen auf
- Heiß diskutierte Videos
- Größter Beliebtheitsgrad
- Meistabonniert
- Meistgesehene HD-Videos
- Meistgesehene Partner
- Meistgesehene Nutzer
- Meistgesehene Videos
- Favoriten

Dabei können die Aufrufe verschiedener Zeiträume für die Berechnung zugrunde gelegt werden.

- Heute
- Diese Woche
- Diesen Monat
- Insgesamt

Bei den Charts ist die Berücksichtigung der YouTube-Kategorien möglich. Zur Auswahl stehen Autos & Fahrzeuge, Bildung, Comedy, Film & Animation, Gemeinnütziges Engagement, Leute & Blogs, Musik, Nachrichten und Politik, Reisen und Events, Spiele, Sport, Tiere, Tipps & Tricks, Unterhaltung, Wissenschaft & Technik.

In den Charts, die die Aufrufe seit dem Start von YouTube akkumulieren, befanden sich zum Untersuchungszeitpunkt auf den ersten 20 Plätzen ausnahmslos musikbezogene Videos. Am 28.05.11 sahen die Top Ten der Charts folgendermaßen aus:

---

[311] vgl. YouTube - Broadcast Yourself

Platz	Titel	Aufrufe	Likes	Dislikes	% Likes [P.E.]	% rated [P.E.]
1	Timbaland - Apologize (feat. One Republic)	95.481.660	n.v.			
2	Usher ft. Pitbull - DJ Got Us Falling In Love A...	66.028.509	93.840	2.355	97,6	0,15
3	Kid Cudi vs. Crookers - Day 'n' Night	60.940.320	n.v.			
4	Nightwish - Amaranth	47.677.353	126.495	8.746	93,5	0,28
5	Shakira - Loca (Official Video)	35.178.471	38.726	2.477	94,0	0,12
6	nirvana - smells like teen spirit	33.383.165	n.v.			
7	René La Taupe - Mignon Mignon - Regarde et télé...	32.510.580	k.A.			
8	FRAUENARZT & MANNY MARC - DISCO POGO (ORIGINAL ...	31.521.201	57.930	6.741	89,6	0,21
9	System Of A Down - Toxicity	30.846.560	n.v.			
10	aLeX 14 Beatbox NeW	29.642.886	104.739	34.501	75,2	0,47

k.A. (keine Angabe)

n.v. (Video und Daten in Deutschland nicht Verfügbar)

Tabelle 1: YouTube-Charts: Top Ten aller Kategorien und seit dem Start von YouTube

Unter den Top Ten befanden sich vor allem professionell produzierte Musikvideos, die ins Web 2.0 immigriert sind. Teils wurden die Videos von privaten Nutzern online gestellt, teils, wie bei *Frauenarzt* oder *Kid Cudi*, von den Künstlern beziehungsweise von ihren Labels. Manche Videos erschienen zwar in den Charts, sie konnten jedoch wegen des Rechtestreits zwischen YouTube und der GEMA in Deutschland nicht aufgerufen werden.

Die Beliebtheit der oben genannten professionellen Videos liegt im Bereich zwischen 89,6 % und 97,6 %. Sie wurden jedoch mit einer Bewertungsrate zwischen 0,12 % und 0,28 % seltener von den Nutzern bewertet, als das mit 75,2 % Beliebtheit schlechter bewertete Beatboxing-Homevideo von *aLeX* mit einer Bewertungsrate von 0,47 %.

Für das Video von Usher werden hier beispielhaft die verfügbaren Videostatistiken (Abbildung 27) erläutert. Diese Statistik kann für viele Videos über einen kleinen Link neben der Angabe der Aufrufhäufigkeit angezeigt werden.

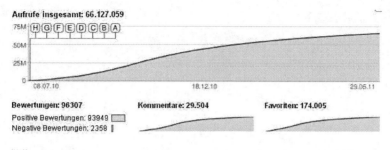

Abbildung 27: Verlauf der Aufrufhäufigkeit[312]

Das Video wurde am 9.07.2010 von dem Nutzer *MrNewRNBmusic*[313] auf YouTube hochgeladen. Die Statistik gibt Aufschluss darüber, wie häufig das Video über welche YouTube-Suche gefunden wurde. Alle angegebenen Arten von Suchanfragen wurden auch bereits am Tag des Uploads erstmals durchgeführt.

Bei den grafischen Darstellungen wird deutlich, dass alle drei verfügbaren Diagramme als Sättigungskurven beschrieben werden können. Das heißt, nach einer anfangs sich beschleunigenden Zunahme der Aufrufhäufigkeit, verlangsamt sich die Zunahme der Aufrufe. Zum Ende des berücksichtigten Zeitraums ist das Interesse an dem Video abgeflacht. Es wurde nur noch relativ selten aufgerufen, zu den Favoriten der Nutzer hinzugefügt und kommentiert.

In der Videostatistik (Abbildung 28) wird außerdem eine Weltkarte präsentiert, auf der erkennbar wird, in welchen Teilen der Welt das Video am häufigsten aufgerufen wird. Es gibt daneben eine kleine Statistik, die angibt, welchen Altersschichten die Nutzer angehören, die das Video am häufigsten aufrufen.

---

[312] YouTube - Usher ft. Pitbull - DJ Got Us Falling In Love Again [HQ] + Lyrics
[313] Bei diesem Nutzer handelt es sich nach eigenen Angaben um einen Jungen („Jerico"), der beim Aufruf am 29.05.2011 erst 15 Jahr alt war. (vgl. Kanal von MrNewRNBmusic 2011)

116

Zielgruppen
Am liebsten sehen dieses Video:

Geschlecht	Alter
Weiblich	13-17
Männlich	13-17
Männlich	18-24

Dieses Video ist am beliebtesten in:

Mehr

Weniger

Auszeichnungen für dieses Video (10)

#43 - Heiß diskutiert (insgesamt)
#17 - Heiß diskutiert (insgesamt) - Musik
#2 - Meistgesehen (insgesamt)
#103 - Meistgesehen (insgesamt) - Global
#2 - Meistgesehen (insgesamt) - Musik
#65 - Meistgesehen (insgesamt) - Musik - Global
#4 - Favoriten (insgesamt)
#3 - Favoriten (insgesamt) - Musik
#88 - Favoriten (insgesamt) - Musik - Global
#6 - Beste Bewertung (insgesamt)

Hochgeladen von MrNewRNBmusic am 09.07.2010

Gefällt 93.949, gefällt 2.358 nicht

Abbildung 28: Verteilung der Aufrufe[314]

YouTube vergibt Auszeichnungen an Videos, für die Aktivitäten, zu denen sie Nutzer veranlassen. Hierzu zählen beispielsweise, das Hinzufügen zu den eigenen Favoriten oder die Diskussion über das Video.

Im Vergleich zu den Statistiken des *Usher*-Videos weisen die Statistiken des meistgesehenen Homevideos (Abbildung 29) signifikante Unterschiede auf. In der Anfangsphase nach dem Upload wurde das Video nur selten aufgerufen. Außerdem war auch nach vier Jahren immer noch keine Sättigung der Kurve erkennbar. In der Statistik wird nur die unspezifische YouTube-Suche „beatbox" erfasst, über die das Video 1.170.588 Mal aufgerufen wurde. Ansonsten wurden die Nutzer durch die YouTube-Empfehlung von anderen Videos zu diesem weitergeleitet.

---

[314] YouTube - Usher ft. Pitbull - DJ Got Us Falling In Love Again [HQ] + Lyrics

117

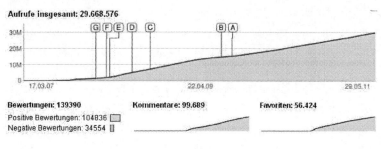

Abbildung 29: Statistik von aLeX Beatbox[315]

Diese Merkmale können als Indiz dafür gewertet werden, dass dieses Video virale Verbreitung gefunden hat und findet. Vermutlich wurde der Link des Videos im Netz per Email, Chat und Netzwerknachricht verbreitet. Die statistisch erfassten Weiterleitungen innerhalb von YouTube summieren sich lediglich auf eine Aufrufhäufigkeit von rund 11 Millionen im Gegensatz zu den knapp 30 Millionen Aufrufen insgesamt. Die Popularität des Nutzers wurde alleine durch das Netz generiert. Es handelt sich bei diesem jungen Beatboxer insofern um einen echten YouTube-Star.

Das Startum auf YouTube kann einer ähnlichen Schnelllebigkeit unterworfen sein, wie das Startum, das durch traditionelle Medien hergestellt und perpetuiert wird. Während jedoch in informationstechnischen Flautezeiten der traditionellen Medien gelegentlich Journalisten die Frage stellen: „Was macht eigentlich...?", gibt es diese institutionalisierte Form der Wiederbelebung von medialer Präsenz auf YouTube bislang nicht.

Solange ein Künstler nur über ein singuläres Video zu Bekanntheit gelangt ist, kann er sehr schnell wieder in Vergessenheit geraten. Nur wenn es ihm gelingt, sich als Künstler-

315 aLeX 14 Beatbox NeW

118

persönlichkeit über mehrere Bezugssysteme zu profilieren, hat er Chancen, längerfristig erfolgreich in Erscheinung zu treten. Als ein Beispiel sei *Albertoson*[316] angeführt, der seine Bekanntheit durch Messe- und Fernsehauftritte und Videos in den Sparten Musik, Sport und Lebensberatung für Jugendliche ausbaut.

Bei der Stabilisierung der Bekanntheit spielen die Bedürfnisse des Publikums ebenso einen Rolle, wie die Kriterien eines bestimmten musikalischen Genres oder die narrative Logik der Künstlerbiographie. Der Künstler repräsentiert dann ein bestimmtes Wertemuster und wird als semantisches Netzwerk wahrgenommen.[317]

Oftmals befriedigen die Videos auf YouTube hauptsächlich das Bedürfnis der Unterhaltung, was einem Video zu extensiver Rezeption verhelfen kann. Es wird dann nur wenig oder nur sehr kurzfristig nach der Person gefragt, die hinter der Produktion des Videos steckt. Dieses Desinteresse legt die Vermutung nahe, dass die Community weder die Personen, die die Videos produzieren, noch die Personen, die darin auftreten, als Künstler wahrnimmt.

Der erste Aufruf eines Videos findet durch einen Nutzer häufig nicht deshalb statt, weil er den Inhalt oder den Künstler kennt und deshalb das Video rezipieren möchte, sondern weil das Video viral empfohlen wurde. Das Video erhält durch die Empfehlung soziale Relevanz. Diese Empfehlungen, die beispielsweise durch Nachrichten oder Postings in sozialen Netzwerken stattfinden, dienen in vielen Fällen hauptsächlich der Kommunikation und der Kontaktaufnahme zwischen den Nutzern.

Nutzer posten oder verschicken Videos, um damit auf sich aufmerksam zu machen oder um ihre Person im Netz medial zu kontextualisieren. Dieses auf Selbstdarstellung und Partizipation gerichtete Verhalten lässt manche Videos oder Ideen im Netz viral werden.

Virale Videos repräsentieren in gewisser Weise die Mentalität der sie kommunizierenden Community und sie leisten einen Beitrag zur Generierung einer kollektiven Identität der Community.

Die Nutzer des Webs 2.0 können auf einen wachsenden Bestand an Internet-Memen zurückgreifen. Damit ein Mem viral wird, muss es von vielen Nutzern produktiv kommuniziert werden. Eine intellektuelle Aufladung des Videos ist in der Regel nicht notwendig, beziehungsweise massenpsychologisch[318] eher hinderlich.

---

[316] siehe Kapitel 5.4.2
[317] vgl. Borgstedt 2007, S. 327
[318] vgl. Le Bon 2011, S. 106

Die seit 2008 bestehende Plattform knowyourmeme.com[319] versucht durch eine kollaborativ arbeitende und professionell moderierte Community eine Kanonisierung des im Web 2.0 viralen Contents. Eine solche Kanonisierung ist nach Helms[320] immer dann notwendig, wenn in einer Gesellschaft Unsicherheit durch zu große Vielfalt entsteht.

Die Webseite wird auch in traditionellen Medien kommuniziert, wodurch sich die kulturelle Resonanz der Internetphänomene im Gesamten erhöht. Sie fand beispielsweise in der *New York Times* und im *Wall Street Journal* Erwähnung. Know Your Meme wurde außerdem vom Time Magazin 2009 unter die 50 besten Webseiten gewählt.[321]

Ende des Jahres 2011 wurden von YouTube eigene Jahrescharts veröffentlicht, getrennt nach Videos, die nicht von Major Music Labels produziert wurden und solche, die von eben jenen Medieninstitutionen stammen.

In den Charts der Videos, die nicht von den großen Labels stammen (Abbildung 30), fällt auf, dass sie auf verschiedenen Ebenen auf bereits bekannte Medieninhalte verweisen. Das Video von *Rebecca Black* fand im Netz schnelle Verbreitung, weil es viele Nutzer besonders schlecht fanden. Von 384.835 Bewertungen insgesamt waren am 21.12.2011 nur 80.450 positiv. Das bedeutet es wurde nur zu 20 % positiv bewertet.

Bei dem Video wurde offensichtlich der Versuch unternommen, sich dem Stil professioneller Musikvideos anzunähern. Das Misslingen dieses Unterfangens wurde von vielen Nutzern als im Kantschen Sinne komisch erlebt, da sich die gespannte Erwartung eines wohlgefälligen ästhetischen Ereignisses in völlig unerwarteter Weise auflöst.[322]

Es handelt sich um ein narratives Musikvideo, das den Inhalt des Textes in der Bildebene wiedergibt, während die Sängerin innerhalb dieser visuellen Erzählung den Song singt, beziehungsweise zu singen vorgibt.

Das Intro wurde in einer Trickfilmsequenz gestaltet. Es gibt Überblendungen, Schnitte und Zeitraffersequenzen. In der Sequenz von 0:23 min bis 0:28 min wird die Sängerin auf einer Ebene im Vordergrund in Echtzeit dargestellt, während ihre Filmfamilie im Zeitraffertempo aus dem Haus eilt.

An anderen Stellen wird die Protagonistin mithilfe von Tiefenunschärfe vor dem Hintergrund freigestellt, was auf ein gehobeneres Niveau bei der Filmtechnik verweist.

---

[319] vgl. Internet Meme Database | Know Your Meme 2008
[320] vgl. Helms und Phleps 2008, S. 8
[321] vgl. Internet Meme Database | Know Your Meme 2008

[322] vgl. Kant 1949, S. §54

Die Musikproduktion selbst steht anderen Titeln für Teenager wenig nach. Die ungewollte Komik des Videos entsteht durch die Diskrepanz zwischen professioneller technischer Produktion und mäßigem schauspielerischem Talent. Hier wird nur ein geringer Grad an Echtheit erreicht. Gerade dies wäre jedoch beim gewählten Inhalt des Songs - Auto fahren, feiern und singen wie die Großen - dringend vonnöten gewesen.

1	Rebecca Black - Friday (OFFICIAL VIDEO)
2	Ultimate Dog Tease
3	Jack Sparrow (feat. Michael Bolton)
4	Talking Twin Babies - PART 2 - OFFICIAL VIDEO
5	Nyan Cat [original]
6	Look At Me Now - Chris Brown ft. Lil Wayne, Busta Rhymes (Cover by @KarminMusic)
7	The Creep (feat. Nicki Minaj & John Waters)
8	Maria Aragon - Born This Way (Cover) by Lady Gaga
9	The Force: Volkswagen Commercial
10	Cat mom hugs baby kitten

Abbildung 30: "Most viewed YouTube videos globally (excluding videos from major music labels)[323]

Der zweite Platz, das Video „Ultimate Dogs Tease", sei hier noch erwähnt, weil es die vielen Tiervideos repräsentiert, die auf YouTube verbreitet werden. Videos und Bilder von Katzen, Hunden und Hamstern sind im Web 2.0 so populär, dass diese Praxis von der Web-Community zu einem Insider-Bilderscherz mit einem Jugendbild von Keanu Reeves verdichtet wurde (Abbildung 31).

Außerdem steht das Video mit der synchronisierten Hundestimme in Beziehung zu der im Web weit verbreiteten Lip-Sync-Praxis[324]. Während beim formalen Lip-Sync-Mem die Lippen in Playbackmanier zu bestehendem Gesang synchronisiert werden, wurde hier umgekehrt die Tonebene zur Bildebene synchronisiert.

[323] Quelle: YouTube.com am 21.12.2011
[324] siehe Kapitel 5.5.6

121

Abbildung 31: What if cats have their own internet?[325]

5.4.1 Kleiner Hai

Ein Beispiel für ein virales Video, das mit über 15 Millionen Aufrufen (Stand 30.05.2011) einen hohen Bekanntheitsgrad erlangt hat, ist das Video „Kleiner Hai".[326] Die Einfachheit seiner Machart kann durchaus als genretypisch für musikbezogene Homevideos des beginnenden 21. Jahrhunderts betrachtet werden. Allerdings wurde das Konzept dieser Art der Kinderreimpräsentation nicht weiterverfolgt. Die Imitationen weisen eher inhaltliche Bezüge zum Original auf. Aus memetischer Sicht handelt es sich bei den Imitationen um Replikationen des Phänotyps.

Setting und Inhalt des Videos könnten kaum einfacher sein Die Notwendigkeit von Humor für die befriedigende Rezeption des Videos korrespondiert mit der Erkenntnis, dass Vergnügen einen Bestandteil elementarer Ästhetik von populärkulturellen Praktiken darstelle.[327]

Eine jugendlich erscheinende Darstellerin[328] sitzt auf einem älteren, grünen Polstersessel. Sie trägt Jeans, einen blauen Pullover, einen roten Haarreif und eine Brille. Hinter dem Sessel befindet sich eine Heizung und die Lichtsituation lässt erkennen, dass sich über der Heizung ein Fenster befinden muss.

Zu Beginn der 1:50 min langen Videosequenz sitzt die Protagonistin aufrecht im Sessel mit den Armen auf den Lehnen. Sie schaut geradeaus an der Kamera vorbei. Nach drei

---

[325] What if cats have their own internet? | The Lolbrary - New Funny Random Pictures Added Daily
326 alemuel 2007
[327] vgl. Miltos 2009, S. 100
[328] "Im Juni 2008 bekannte Alemuel in einem "Bravo"-Interview, dass sie nicht 18 aber 25 Jahre alt sei. Außerdem sei sie keine Schülerin, sondern Studentin. Alexandra Müller gestand, dass sie geflunkert habe [...]" Flier

Sekunden beginnt das Mädchen mit ihrem Sprechgesang; die Kamera fährt wackelnd auf sie zu und zeigt sie dann frontal in einer Portraiteinstellung. Diese einfache Kamerafahrt setzt die Hauptdarstellerin wirkungsvoll in Szene und führt den Blick des Betrachters auf sie.

Den ersten Teil des Videos bildet eine Steigerungssequenz, bei der ein einfacher, bruchstückartiger Text rhythmisch repetitiv vorgetragen wird. Die wenigen Wortanteile, beginnend mit „Baby Hai", werden durch das ständig wiederholte Hinzufügen einer gesungenen, immer gleichen Basslinie zu einer zweitaktigen Phrase ergänzt.

Der rhythmische Vortrag des Sprechgesangs wird unterstützt durch ebenso rhythmische Finger-, beziehungsweise Hand- und Armbewegungen, die das Schnappen des Haimauls symbolisieren, wobei sich der Bewegungsradius dem ständig wachsenden Hai anpasst. Das Mädchen vollzieht dabei den Groove des Sprechstückes mit ihrem gesamten Körper nach.

Es mutet etwas befremdlich an, dass eine postpubertäre Person eine so große Freude am Vortrag eines Sprechgesangs hat, der aufgrund seiner Einfachheit und der ihn unterstützenden Bewegungen dem Bereich der musikalischen Früherziehung zu entstammen scheint. Die erkennbare Begeisterung hält jedoch das Interesse und die Aufmerksamkeit des Betrachters aufrecht.

Die Steigerungssequenz erstreckt sich über „Baby Hai" (Zeigefinger und Daumen zur Darstellung des Mauls), „Kleiner Hai" (Daumen gegen die restlichen Finger), „Großer Hai" (beide Handflächen gegeneinander), „Riesenhai" (vertikales Händeklatschen auf die Zählzeiten 2 und 4 mit weitausholenden Armbewegungen) bis hin zu „Weißer Hai" (Klatschen unter Ausschöpfung des maximalen Bewegungsradius' des oberen Arms).

Bei 0:40 min endet die Steigerungssequenz. Die Sprachlautstärke fällt deutlich ab. Es werden nur noch einfache Schwimmbewegungen mit kleinem Aktionsradius angedeutet.

Es beginnt eine narrative Sequenz („Mädchen schwimmt"), bei der die Darstellerin eine Kinderstimme imitiert. Bei sich verlangsamendem Tempo bleibt der repetitive Sprechrhythmus erhalten.

Der „Hai sieht" das schwimmende Mädchen, wobei die Protagonisten ihre rechte Hand flach oberhalb der Augen hält, um den Blick vor der einfallenden Sonne zu schützen. Der Tonfall folgt dabei ausdeutend der narrativen Linie der Geschichte, indem er beim Auftreten des Haies in der Szene des schwimmenden Mädchens fast gehässig das nahende Unheil verkündet.

123

Daraufhin wird der Tonfall ängstlich, wenn das schwimmende „Mädchen sieht", dass der Hai naht. Dabei dient die zweite Hand als Sonnenschutz und verdeutlicht dadurch den Perspektivwechsel. Der „Hai holt auf", mit bösem Tonfall und den bereits bekannten Handbewegungen. Das „Mädchen schwimmt schneller". Die Panik wird so groß, dass der mittlerweile 1:13 min durchgehaltene Sprechrhythmus verlassen wird. Der „Hai holt auf" mit deutlich erhöhtem Tempo. Danach schwimmt das Mädchen nur noch in Wortfetzen von „Mädchen", „schwimmt" und der gesprochenen Basslinie, um schließlich sein Schicksal mit einem Kreischen, das an Hitchcocks Duschszene erinnert, zu besiegeln. Der Groove wird an dieser Stelle (1:29 min – 1:31 min) erstmals völlig aufgegeben.

Danach erfährt der Rezipient, dass der „Hai frisst". Er tut das in gemütlichem Tempo und sehr genüsslich. Die Darstellerin verdeutlicht dies, indem sie sich den Bauch reibt und sich zurück in den Sessel lehnt. Die Basslinie wechselt hierzu vom bisherigen „Dim Dim – diedim" auf die kindliche Essenssilbe „njam". Zum Schluss teilt die Darstellerin dem Hai noch mit erhobenem Zeigefinger mit, dass er ein „böser Hai" sei. Sie macht es sich dabei recht gemütlich in ihrem Sessel. Mit den letzten Worten geht die Steadycam noch einmal näher auf das Gesicht der mahnenden Darstellerin zu. Damit endet das Video.

Die Einfachheit des Settings und die stellenweise verwackelte Kameraführung ohne Schnitt machen das Video zu einem typischen Vertreter der ersten viralen YouTube-Videos. Die Authentizität der Darstellerin, die es offensichtlich genießt, die Albernheit des Kindseins zu rekapitulieren, dürfte ein wesentlicher Grund für den Erfolg des Videos sein.

Der sich steigernde erste Abschnitt und der narrative zweite Teil veranlassen den Rezipienten dazu, das Video weiter zu verfolgen. Eine gewisse ästhetische Komplexität entsteht durch die kohärente Entwicklung von Narration, Tempo, Tonfall und Bewegung. Ob die Kameraführung absichtlich geschickt gewählt ist oder eher ein Zufallsprodukt, lasst sich nicht sagen. Sie trägt jedenfalls ihren Teil zum Gesamteindruck des Videos bei.

Das Video wurde am 15.01.2007 auf YouTube hochgeladen. Ab Dezember 2007 wurde es dann immer häufiger aufgerufen, um im Juni und Juli 2008 einen steilen Anstieg in der Aufrufhäufigkeit zu erfahren (siehe Abbildung 32). Seitdem wurde es mit weitgehend konstanter Häufigkeit aufgerufen. Auffällig ist, dass das Video namentlich über 5 Millionen Mal aufgerufen wurde. Häufiger wurde es jedoch offensichtlich durch externe Links aufgerufen, was auch hier vermutlich darauf zurückzuführen ist, dass das Video nicht durch interne YouTube-Verlinkungen, sondern extern durch die Netz-Community empfohlen wurde.

Das Video „Kleiner Hai" ist nicht nur ein Archetyp für ein musikbezogenes Homevideo, das viral kommuniziert wird. Es veranschaulich auch, wie ein Video zum Mem wird. Dabei wird das Konzept des Videos oder eine mediale Schicht als Ausgangspunkt für weitere Videos verwendet.

Eine sehr einfache Art, sich auf ein gegebenes Video zu beziehen und von dessen Popularität zu profitieren, ist es, sich auf dessen Namen zu beziehen oder den Namen einfach wörtlich zu übernehmen.

Das Antwortvideo „kleiner hai"[329] zeigt einen animierten Elefanten, der den Song „The Lion sleeps tonight" vorträgt. Dieses Video hatte am 01.06.11 fast 5 Millionen Aufrufe.

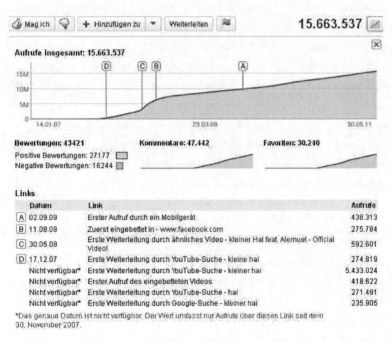

Abbildung 32: Kleiner Hai - Verlauf der Aufrufhäufigkeit[330]

Die Bekanntheit des Hai-Videos machte auch die Musikindustrie aufmerksam. Die EMI[331] produzierte 2008 einen Techno-Song nebst zugehörigem Musikvideo. Dieses

---

[329] abcdome
[330] alemuel 2007
[331] Electric and Musical Industries Ltd

Video kann unter dem Namen „Alemuel - Kleiner Hai (Musicvideo)"[332] aufgerufen werden. Es hatte am 01.06.11 allerdings nur 18.500 Aufrufe zu verzeichnen, was den Schluss nahelegt, dass die Popularität des Homevideos gerade auf seiner unvermittelten Einfachheit beruht.

Ein anderes Video mit dem Namen „Kleiner Hai Bim, Bim"[333] verwendet den professionell produzierten Techno-Song als Hintergrundmusik für eine selbst zusammengestellte Bilderfolge von Hai-Fotos. Es hatte bis zum 01.06.11 461.857 Aufrufe erzielt.

Ein weiteres „Kleiner Hai"-Video[334] bedient sich einer ähnlichen Praxis und fügt den ursprünglichen, rohen Soundtrack von alemuel zu seiner Haibild-Kompilation hinzu. Dieses Video hatte bis zum 01.06.11 1.603.084 Aufrufe erzielt. Auffällig ist die sehr schlechte Beurteilung mit 1.236 negativen bei nur 636 positiven Bewertungen. Dies entspricht einer Beliebtheit von nur 34 %.

Neben dem Fake-Video, das lediglich den Namen übernimmt und den Bearbeitungen, die vorhandenes Material neu zusammenfügen, gibt es auch Videos, die produktiv mit dem Material und dem Konzept des Originalvideos umgehen. Allerdings werden hier eher neue Memplexe geschaffen, als dass der Genotyp des Originals als Kopieranweisung benutzt wird.

So nutzt *hardcoreoma* bei „Kleiner Hai Remix 2"[335] sowohl Ton- als auch Bildmaterial des alemuel-Videos und setzt geschnittene Teile daraus über den durchlaufenden Techno-Song *In Da Club* von *Basshunter*. Teilweise werden Wortteile und Klatscher aus dem Originalvideo zu neuen rhythmischen Patterns zusammengefügt.

Diese Sample-Praxis ist für Techno-Songs nichts Ungewöhnliches. Akustische Artefakte, die durch die harten Schnitte entstehen, erfüllen die Hörerwartungen von Techno-Hörern. Allerdings verschmelzen die beiden Soundtracks nicht wirklich zu einer klanglichen Einheit, da die wahrzunehmenden Hallräume in keiner Weise aufeinander abgestimmt sind. Es wurde auch kein erkennbares Kompressionsverfahren angewendet, das sich zugunsten der Verschmelzung dynamischer Parameter hätte auswirken können. Der Remix hatte am 01.06.11 dennoch über 1,5 Millionen Aufrufe erzielt.

---

[332] Alemuel - Kleiner Hai (Musicvideo)
[333] skatepunk2425 2008
[334] JebJosi 2008
[335] hardcoreoma 2008

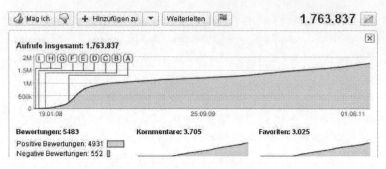

Abbildung 33: Verlauf der Aufrufhäufigkeit von "Kleiner Hai Remix 2" von hardcoreoma[336]

Eine andere Bearbeitungsvariante stellt das einfache Nachsprechen oder bewegungsmäßige Nachvollziehen des Originals dar. Ein Beispiel, das zugleich belegt, wie YouTube-Videos die häusliche musikalische Praxis beeinflussen, wurde als „Kleiner Hai"[337] von eiswuermchen auf YouTube hochgeladen. Man sieht ein kleines Mädchen, das visuelle und akustische Unterstützung beim Vortrag des „Kleiner Hai"-Sprechstückes erhält. Trotz der Unterstützung lässt sich erkennen, dass das Mädchen schon einige Übung beim Aufführen des Stückes erworben hat.

Sowohl der Remix, als auch das Wohnzimmervideo mit Kind, weisen in der Kurve der Aufrufhäufigkeit den prototypischen Verlauf von viralen Inhalten auf.

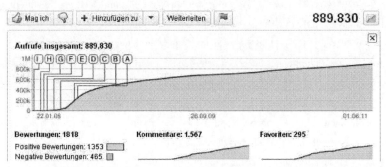

Abbildung 34: Verlauf der Aufrufhäufigkeit von "Kleiner Hai" von eiswuermchen[338]

Beide Videos haben nach einer schwachen Anfangsphase eine deutliche Steigung in ihrer Kurve, während sich die Kurve nach dieser viralen Phase wieder abflacht. Sie bleiben

---

[336] hardcoreoma 2008
[337] eiswuermchen 2008
[338] eiswuermchen 2008

jedoch Teil des Internetphänomens „Kleiner Hai". Deshalb werden sie immer noch regelmäßig aufgerufen.

Alberto Bruhn, alias ALBERTO TV, alias *Albertoson*, überschreitet mit dem dramaturgischen Aufbau seines Videos die Grenzen des reinen Remixes. Er startet mit einer Sequenz, die zum Hauptteil seines Videos „Alberto-Kleiner Hai Beatbox" [339], hinführt. In dieser Anfangssequenz verbrennt er sich theatralisch die Finger beim Händewaschen und bewegt dabei mehr aus Zufall Daumen und Zeigefinger in der „Baby Hai"-Manier. Diese zufällige Bewegung nimmt er improvisierend auf und startet damit seinen Vortrag.

Während seines Vortrags entfaltet er eine extreme Steigerung, die ihr Ende findet, als er „ertappt" wird und durch die Tür ermahnt wird. Somit schafft er eine Rahmenhandlung für seine „Kleiner Hai"-Version, um sich von den anderen, rein nachahmenden, Videos abzuheben.

5.4.2 Albertoson

Die Arbeitsweise von Alberto Bruhn, alias *Albertoson*, auf YouTube demonstriert, wie es einer Person gelingen kann, Popularität im und durch das Web 2.0 zu perpetuieren. Der aus Hamburg stammende Online-Entertainer hat seine Popularität durch kontinuierliche Arbeit auf YouTube immer weiter gesteigert. Seine Anfänge auf YouTube als Beatboxer wurden unterstützt durch seine Teilnahme bei der TV-Show „Das Supertalent" im Jahre 2007.

Zum Untersuchungszeitpunkt 2011 studierte Alberto Bruhn gerade Film und Animation und hatte am 12.06.11 bereits 287 Videos auf YouTube hochgeladen. Seine Videos waren insgesamt bereits über 96 Millionen Mal aufgerufen worden und sein Kanal hatte über 300.000 Abonnenten.[340]

Die Videos beschränkten sich nicht mehr auf Beatboxing, sondern Albertoson setzte sich in der Zwischenzeit auch in einer eigenen Sitcom-Persiflage, durch Fitness-Tipps, Online-Kräftemessen und durch straßenphilosophische Beiträge in Szene.

Am 07.06.11 war er zu Gast bei der Fernsehsendung „TV Total". Er wurde gebucht für Auftritte in Festivals und Discotheken und kommuniziert seine Beiträge selbstverständlich auch über Facebook und Twitter. Seine Präsenz auf verschiedenen Medienkanälen unterstreicht die durch das Internet realisierte Konvergenz der Medien. Nahezu 100 Mil-

---

[339] ALBERTO TV 2008
[340] vgl. Albertoson 2006

lionen Aufrufe auf YouTube stehen für sich und ziehen das Interesse aller Medien auf sich.

Albertoson beherrscht den professionellen Umgang mit seinen Fans. Er nutzt die Möglichkeiten von YouTube, um Interaktionsangebote zu machen. In seiner Reihe „Besiegst du mich?"[341] ruft er andere YouTube-Nutzer auf, Videoantworten zu posten. Auf dem YouTube-Channel „Clixoom"[342] beantwortet er Nutzerfragen und auch beim YouTuber-Treffen auf der Gamescom 2010[343] war er präsent, um seinen Fans etwas von ihrer Aufmerksamkeit zurückzugeben. Die virtuelle Interaktion tritt hier an die Stelle der traditionellen Autogrammstunde befriedigt aber in ähnlicher Weise das von Borgstedt beschriebene Bedürfnis der Fans nach Kontakt und Gegenliebe.[344]

5.4.3 Wo bist du mein Sonnenlicht

Ein weiteres musikbezogenes Mem ist der Song „Wo bist du mein Sonnenlicht", der von drei jungen Männern getextet und gesungen und mit einem selbstgedrehten Video online gestellt wurde.

In seiner ursprünglichen Version[345] hört man der Musikproduktion deutlich an, dass es sich um ein Homerecording handelt. Die Lautstärkeverhältnisse und das Frequenzspektrum entsprechen nicht den Hörerwartungen, die an Popmusikproduktionen gestellt werden. Das ursprüngliche Video wurde allerdings schon bald ersetzt durch eine Version[346], bei der im Mix professioneller gearbeitet wurde.

Der Song erinnert von seiner Anlage her an R'n'B mit loopbasierten Beats und zurückhaltender Instrumentierung. Im Gegensatz zu den Konventionen der professionellen Performer ist der Rap rhythmisch unsicher. Der Gesang weist tonal, rhythmisch, vom Ausdruck her, was Stimmbildung und Intonation betrifft große Schwächen auf. Der Text behandelt naive Teenager-Liebesgefühle in einer Straßensprache mit türkisch-pfälzischem Akzent.

Die Voicings alleine reichen schon aus, um einen unverwechselbaren Idiolekt zu begründen. Das Playback interagiert hervorragend mit diesem Idiolekt. Der einfache Beat mit

---

[341] zum Beispiel realalbertoson 2011
[342] clixoom 2010
[343] AlexiBexi 2010
[344] vgl. Borgstedt 2007, S. 333
[345] Grup Tekkan - Wo bist Du mein Sonnenlicht 2006
[346] Grup Tekkan - Wo bist du, Mein Sonnenlicht (Studio Version) 2006

129

einfachem Bass und einem flächigen Sound wird teilweise angereichert durch eine einfache Melodielinie, die stellenweise mit arabesken Ornamenten spielt.

Die drei jungen Männer haben ihre Kleidung offensichtlich für das Video mit Bedacht gewählt. Sie tragen schwarze und weiße Sakkos und haben die Haare mit Gel gestylt. Die Posen im Video sind professionellen Videos nachempfunden. Ebenso gibt es Schnitte und Kamerafahrten, die an das konventionelle Videoclip-Format erinnern. Die wechselnden Drehorte liegen in der Heimat der Grup Tekkan. Es wurden malerisch-romantische Stellen, wie Alleen, der Strand des Altrheins oder Gewölbearchitektur gewählt.

Insgesamt war dieses ästhetische Konzept für viele Nutzer in seiner scheinbar ungewollten Komik so ansprechend, dass das Video millionenfach aufgerufen und sehr häufig persifliert wurde. Das Video wurde außerdem in den traditionellen Medien kommuniziert. In der TV Show *TV Total*[347] wurde der Song von *Stefan Raab*, *Michael Bully Herbig* und *Christoph Maria Herbst* live gesungen. Die drei Komödianten gaben sich dabei alle Mühe, das Original möglichst authentisch zu interpretieren.

Der *Wo bist du mein Sonnenlicht*-Idiolekts erhielt auf YouTube vielfältige Resonanz. Der Kanal der *Grup Tekkan* mit über 26 Millionen Aufrufen wurde als Werbeplattform für einen Club genutzt. Unter dem Titel „next big thing really" wurde dort ein Klezmer-Stück mit Werbung und der Videospur von „Wo bist du mein Sonnenlicht" kombiniert. Damit haben sich *Grup Tekkan*, vermutlich aus kommerziellen Gründen, von ihrer „Sonnenlicht"-Vergangenheit verabschiedet. Allerdings sind weiterhin das Original und viele darauf bezogene Videos verfügbar, da das Video offensichtlich von anderen Nutzern heruntergeladen und anschließend über den eigenen Kanal hochgeladen wurde.

Der YouTube-Nutzer *ReProduce* hat eine überarbeitete Version[348] online gestellt. Die Videospur blieb dabei vollständig erhalten, während der Sound im Playback und bei den Voicings an die Popkonventionen angenähert wurde. Seinem Namen entsprechend hat *ReProduce* auch noch weitere überarbeitete Songs auf YouTube hochgeladen. Sein letztes Werk war eine House-Version des *Simpsons*-Titelthemas.[349] Dieses Video wurde am 17.05.2011 online gestellt und hatte am 04.06.11 erst 33 Aufrufe, während sein „Sonnenlicht"-Remake nahezu eine halbe Million Aufrufe erreicht hatte.

Daneben sind auch Videos mit bearbeitetem Text verfügbar. Teilweise wurden beim dafür notwendigen neuen Einsingen die Parameter der Originalvoicings möglichst au-

---

[347] Grup Stefan 2008
[348] ReProduce 2006
[349] ReProduce 2011

thentisch übernommen.[350] Teilweise wurde versucht, noch ungepflegter zu singen und ein eigenes Video zu drehen.[351]

5.4.4 Parry Gripp

Die YouTube-Stars *alemuel* und *Grup Tekkan* haben ihre Authentizität und Originalität zu erheblichen Anteilen ihrer zur Schau gestellten Unprofessionalität zu verdanken. Obwohl die von ihnen geschaffenen Meme im Netz weiterhin kommuniziert werden, treten die Produzenten des Content nicht mehr wahrnehmbar als Künstler in Erscheinung. Im Gegensatz hierzu steht die kontinuierliche Arbeit von *Parry Gripp*. Er erreichte ursprünglich einen hohen Bekanntheitsgrad durch die schnelle Verbreitung seines kurzen Videos „Do You Like Waffles?".

5.4.4.1 Do You Like Waffles?

Das Video „Do You Like Waffles?"[352] präsentiert einen Punkrock-Song, der im Frage-Antwort-Schema Solo vs. Chor nacheinander die Affinität zu Waffeln, Pfannenkuchen und Toast abgefragt. Außerdem gibt es noch die Botschaft des Solisten, dass er es nicht erwarten kann, eine Waffel zu bekommen und einige „Waffles"-Shouts des Chors.

Bei dem musikalischen Stil des Songs würde man eher punkideologische Parolen als Waffelwerbung erwarten. Das Video ist ein einfacher Zeichentrickfilm, in dem dargestellt wird, dass auch Roboter und Affen Waffeln mögen.

Das Songkonzept liegt in der Biographie von *Parry Gripp* begründet. Der Song entstand, weil die Band von *Parry Gripp* (*Nerf Herder*) ihre Karriere beendet hatte. Daraufhin suchte der Musiker ein neues Betätigungsfeld und produzierte das Werbevideo zur Eigenwerbung. Als Reaktion auf den Erfolg seines Waffel-Songs mit mehreren Millionen Aufrufen erhielt Parry Gripp kommerzielle Kompositionsaufträge für Werbung.[353]

Dass sein Erfolg nicht nur auf ein einzelnes Video beschränkt blieb, zeigt seine Kanal-Statistik[354] auf YouTube. Am 06.06.11 waren hier 61 Videos mit insgesamt über 70 Mil-

---

350 „Wo bist du mein Fischgesicht" Grup Tekkan verarsche-Wo bist du mein Fischgesicht 2007
351 „Wo bist du mein Kellerlicht" Grup Erkan - Wo bist du mein Kellerlicht? 2006
352 Gripp
353 vgl. Jeffries
354 Kanal von Parry Gripp 2011

lionen Aufrufen und über 110.000 Kanal-Abonnenten verzeichnet. Neben dem „Waffles"-Video wurde auch ein Hamster-Video von *Parry Gripp* sehr häufig aufgerufen.

5.4.4.2 Nom Nom Nom Nom Nom Nom Nom

Beim Song des Videos „Nom Nom Nom Nom Nom Nom Nom"[355] wird die Melodie auf der englischsprachigen, kindlichen Vokalisation „nom", die symbolisch für Essen steht, gesungen. Der Gesang wurde technisch erstellt. Dadurch bleibt der sprachliche Ausdruck während des gesamten Songs gleich.

Die Melodie selbst ist sehr kindlich gehalten. Ein kurzes rhythmisch ostinates Siebentonmotiv, das nach drei Tonrepetitionen einmal pentatonisch nach unten und nach oben pendelt, wird drei Mal sequenziert. Der erste Startton ist das d''. Im zweiten Takt beginnt und endet die Sequenz auf dem h'. Die Linie schreitet über den Transitus a' weiter zur nächsten Sequenz auf g', während die letzte Sequenz auf a' startet.

Die begleitenden Elemente des Gesangs sind ein einfaches Achtel-Orgel-Arpeggio, Achtel-E-Gitarren-Strumming, Schlagzeug und Bass. Dem Chorus liegt die Akkordfolge G – D – C – D zugrunde. Formal entwickelt sich das Stück über eine Steigerungssequenz auf einen Mittelteil mit Break-Charakter hin, um dann wieder in den Chorus zu münden.

Das Intro wird durch die alleinstehende Gesangslinie gebildet. Beim zweiten Durchgang der Akkordfolge tritt die Orgel hinzu, danach Bass, Schlagzeug und Gitarre. Auf den ersten Tutti-Chorus folgt ein Break, der nur zwischen Tonika und Dominante alterniert, während das Schlagzeug in Built-up-Manier zu den Schluss-Chorussen hinführt. In der ersten Hälfte des Breaks hält der Bass seine Töne über ganze Takte. In der zweiten Hälfte kehrt er zum Achtelrhythmus zurück, wobei die Linie in diesem Teil mit Wechsel- und Durchgangstönen belebt wird.

Der erste Schluss-Chorus ist ein Tutti-Chorus, vergleichbar mit dem Chorus vor dem Break. Beim zweiten Schluss-Chorus steigert das Schlagzeug die Dichte, indem jeder Grundschlag betont wird. Der dritte Schlusschorus besteht wieder nur aus Vocals und Orgel. Danach kommt ein kurzes Outro bestehend aus acht „Nom"-Repetitionen.

---

[355] Parry Gripp 2009

Abbildung 35: Transkription der Melodie und des Orgelarpeggios von Nom Nom Nom Nom Nom Nom Nom

Während im Vordergrund die Gesangslinie und das Orgel-Arpeggio immer unverändert erklingen und so zur offensichtlichen Einfachheit des Stückes beitragen, werden Bass und Schlagzeug bei jeder Wiederholung variiert. Dabei nähert sich der Variationsreichtum des Schlagzeugs dem Stil eines teilweise improvisierten Rockschlagzeugs im Live-Kontext an.

Die fortlaufenden Veränderungen bei Schlagzeug und Bass helfen, die Spannung beim Rezipienten aufrecht zu halten. Die ansonsten für einfache Produktionen typische Arbeitsweise mit Copy und Paste-Techniken, wäre in diesem Kontext leicht zu identifizieren und würde trotz aller Straffheit im Arrangement beim Hörer zur vorzeitigen Ermüdung führen.

Die visuelle Schicht präsentiert während des gesamten Videos Hamster oder Häschen, zum musikalischen Höhepunkt auch Katzen, Hunde und Küken, die an ihrer Nahrung nagen. Vom Anfang bis zum Ende des Break-Teils sind die Schnitte durchgängig jeweils auf die Taktanfänge gelegt, auch wenn sich Einstellung und Motiv nicht immer ändern. Während des gesteigerten Chorus' mit forciertem Schlagzeug ist die Videospur halbtaktig geschnitten, um danach in einer ungeschnittenen Einstellung zu verharren.

Die Interaktion der Schnitte mit formalen Merkmalen der Musik entspricht den typischen Videoclip-Konventionen. Die große Aufrufhäufigkeit des Videos und die Kommentare lassen darauf schließen, dass der Sound der Musik und die possierlichen Tierchen in einer förderlichen ästhetischen Relation stehen. Außerdem besteht durch die Verwendung von fremden Videos für die Videospur ein direkter Bezug zum Distributionsmedium YouTube.

Diese medienästhetische Selbstbezüglichkeit setzt sich fort in den 37 Videoantworten, die zum Originalvideo in Beziehung gesetzt wurden. Die Videoantwort von CupcakeAndTea[356] verwendet den Originalsoundtrack und eine eigene Videospur, in der ein zunehmend unschön essendes Mädchen im Zeitraffer präsentiert wird. Dieses Video wurde zwar bis Mitte 2011 über 35.000 Mal aufgerufen; es wird allerdings mit einer Beliebtheit

---

[356] CupcakeAndTea 2009

von nur 17 % sehr schlecht bewertet und die Kommentare waren so explizit, dass die Kommentarfunktion deaktiviert wurde.

Doppelt so häufig gesehen und deutlich besser, wenn auch mit 64 % nur mittelmäßig, bewertet wurde die Videoantwort von *greatalien82*[357]. Dieses Video verwendet nur die Vocalspur des Originalvideos. Diese Vocals wurden über ein einfaches Techno-Playback gelegt, dem der dynamische Druck und die Präsenz fehlen.

Die dazugehörige Videospur zeigt über die gesamte Länge einen Pac-Man, der gelegentlich seine Farbe wechselt und der vor einem schwarzen Hintergrund kontinuierlich weiße Punkte verspeist. Anscheinend hatte der Produzent dieses Videos auch schon den Gedanken, dass das Video nicht allzu viel Zuspruch erhalten würde, weil er selbst in einem Kommentar auf seine anderen Videos aufmerksam macht, von denen er denkt, dass sie besser gefielen.[358]

Die Strategie, auf ein populäres Video zu antworten, um dann auf anderen Content aufmerksam zu machen, war in diesem Fall nicht erfolgreich. Während die Remix-Video-Antwort ungefähr 60.000 Mal gesehen wurde, erreichten die anderen zwölf Videos von greatalien82 zusammen nur 10 % dieser Aufrufhäufigkeit.[359]

5.4.4.3 Weitere Titel von Parry Gripp

Parry Gripp gelang es nicht nur, den Erfolg seines ersten Videos zu nutzen, um Aufträge für weitere Kompositionen zu generieren, er schaffte es auch, seine Bekanntheit durch fortgesetzte Veröffentlichungen weiterzuentwickeln.

Auf seiner Internetseite „Parry Gripp – Song Of The Week"[360] stellt er seit Januar 2008 jede Woche einen neuen Song vor. Diese Songs können auf der Seite direkt angehört werden. Viele von ihnen sind mit einem direkten Link zum Online-Music-Store iTunes versehen.

Seine Songs greifen meist in humorvoller Weise Aspekte des Zeitgeschehens auf. Zum Muttertag 2011 überarbeitete er beispielsweise seinen YouTube-Hit „Nom Nom Nom Nom Nom Nom Nom". Er ersetzte dabei die Silbe „nom" durch „mom" und ließ die Vocals von einer Kinderstimme interpretieren. Die Struktur des Songs blieb vollständig

---

[357] greatalien82 2009
[358] vgl. greatalien82 2009
[359] vgl. greatalien82
[360] Parry Gripp

erhalten. Allerdings hat der Song eine deutlich bessere Klangqualität als das ursprüngliche Hamster-Video auf YouTube.

Am 11.02.2011 stellte *Parry Gripp* den Song „I Got No iPhone 2011" online, der sich auf seinen gleichnamigen Song vom 20.01 2009 bezieht. Beide Songs greifen den Hype um das Smartphone von Apple auf. Das lyrische Ich „hasst" in diesem Song sein Leben so sehr, dass es an Suizid denkt und sterben möchte, weil es kein iPhone besitzt.[361] Auch am 10.08.2010 hatte *Parry Gripp* den Song der Woche dem iPhone gewidmet. Der Song „Your iPhone Is Broken" erzählt die kurze Geschichte von einem iPhone-Nutzer, dessen iPhone herabstürzt, woraufhin ihm im Apple-Store mitgeteilt wird, dass seine Garantie erloschen sei und dass er sein Telefon für 200 $ ersetzt bekommen könnte.

Bedeutsam sind in diesem Zusammenhang weniger die Texte an sich, sondern die intertextuellen Bezüge. Während *Parry Gripp* sein Hamster-Video in einen intermedialen Kontext stellt, indem er Videos anderer YouTube-Nutzer für sein Musikvideo benutzt, ist in den iPhone-Songs das Smartphone, das für viele Nutzer das Zugriffsmedium für YouTube und andere Internetangebote darstellt, selbst Bezugspunkt der autopoietologischen Relation.

Mit dem Muttertagssong, der sich auf das Hamster-Video bezieht, zitiert sich *Parry Gripp* selbst. Durch die Schaffung dieses intermedialen Kontexts unterstreicht Parry Gripp die Rolle seines medialen Stils als Idiolekt.

5.4.5 Rickrolling

Seit 2007 verbreitet sich im Internet das Konzept des Rickrollings als formales Mem. Dabei werden Nutzer über Fake-Links auf *Rick Astley*'s Musik-Video „Never Gonna Give You Up" weitergeleitet. 2008 verhalf diese scherzhafte Praxis dem Video auf YouTube zu 13 Millionen Aufrufen innerhalb nur weniger Wochen.[362]

Auf YouTube wird das Rickrolling in der Regel so gestaltet, dass das *Rick Astley*-Video unter falschem Namen und mit falschem Vorschaubild angezeigt wird. Beliebt ist allerdings auch die Praxis, den Video-Link über das Netz zu verschicken unter dem Hinweis, dass man etwas ganz Tolles im Netz entdeckt habe.[363]

---

[361] vgl. ParryGrippRadio 2009
[362] vgl. BBC NEWS | UK | England | London | 2008
[363] vgl. VideoJug 2008

Diese einfache Form des Rickrollings fand ihre Fortsetzung im Real Live-Rickrolling. Dabei wird der Song *Never Gonna Give You Up* in einer Situation präsentiert, in der dies von den anwesenden Personen nicht erwartet wird. Ein Beispiel hierzu wurde von der männlichen A cappella-Gruppe der *University of Oregon* auf YouTube[364] hochgeladen. Die jungen Männer betreten die U-Bahn und performen den Song in einer a cappella-Version mit Beatbox-Drums und gesungenen Synthie-Stimmen.

Eine andere Form des Rickrollings wurde beim Nachrichtensprecher Bill O'Reilly angewandt. Im dazugehörigen YouTube-Video bekommt er vor laufender Kamera das besagte *Rick Astley*-Video auf seinem Teleprompter präsentiert. Das Video und die Nachrichten, die er eigentlich vortragen möchte, werden ihm im Wechsel angezeigt, was seine Verwirrung und seinen Ärger noch steigert. Die Parallelmontage des Teleprompters und der gesendeten Nachrichten[365] hatte am 13.06.2011 fast 3 Millionen Aufrufe auf YouTube erreicht.

Bereits 2007 wurde von ihasmario ein Video[366] auf YouTube online gestellt, bei dem man den Sequenzer „Mario Paint Composer" beim Abspielen von „Never Gonna Give You Up" mit den Sounds der alten Nintendo-Spiele verfolgen kann.

Ein gamingbezogenes Rickroll wird von linguica[367] präsentiert. Hierbei wurde in einer Spielsequenz des Ego-Shooters „Doom" die Handfeuerwaffe durch einem Stereokassettenrecorder ersetzt. Das Abspielen von *Never Gonna Give You Up* setzt den auftretenden Gegnern schwer zu.

2008 fand in der Liverpool Train Station in London ein Flashmob mit 300 bis 400 Personen statt. Die Flashmobber versammelten sich gegen 6 Uhr, sangen den Song *Never Gonna Give You Up* oder tanzen dazu und gingen danach weiter ihres Weges.[368]

2009 gab es einen iPhone-Wurm, der sich in offene iPhones einloggte und den iPhone-Nutzer rickrollte, indem er ein Bild von Rick Astley und den Text: "ikee is never going to give you up (You have been rickrolled)" präsentierte. Danach suchte der Wurm weiter nach offenen iPhones. Weiteren Schaden richtete der Wurm offensichtlich nicht an.[369]

Bei der Macy's Thanksgiving Day Parade 2008 in New York trat *Rick Astley* selbst als Teil eines Live-Rickrolling auf.[370] Dabei verweist das dort praktizierte Playbacksingen

[364] vgl. skippy790 2010
[365] LonelyAdventures 2008
[366] ihasmario 2007
[367] linguica 2007
[368] vgl. BBC NEWS | UK | England | London | 2008
[369] vgl. heise online 2009
[370] vgl. Moore 2008a

136

auf das Lipsynching, eine verbreitete YouTube-Praxis, bei der die Darsteller so tun, als ob sie ein Lied sängen.

Der Rickrolling-Trend verschaffte *Rick Astley* eine so hohe Popularität, dass die Rick Astley-Fans unter Nutzung der technischen Manipulierbarkeit des Votings ihn 2008 bei den *MTV Europe Music Award* zum „Best Act Ever" kürten. Bei diesem Voting erhielt er über 100 Millionen Stimmen - mehr als die Gewinner der anderen Kategorien zusammen. Andere Kandidaten für den Titel waren *U2, Britney Spears* und die *Beatles.*[371] Im Zusammenhang mit der technischen Manipulation von Votings führt Krönig an, dass Internet-Votings, zumal manipulierte, die Seitenaufrufe der betreffenden Seite, und damit deren Werbeeinnahmen, erhöhen. Er sieht darin auch den Grund, warum die Manipulation, solange sie nicht offensichtlich zutage tritt, toleriert oder gar gern gesehen wird.[372]

5.4.6 Der Trololo-Mann

Ein Mem, das kurze Zeit nach dem Rickrolling im Web 2.0 viral wurde, war der Trololo-Mann[373]. Es handelt sich dabei im Ursprung um eine Fernsehaufzeichnung aus dem Jahr 1976. Sie zeigt den Mitte 2012 verstorbenen sowjetischen Bariton *Eduard Khil* bei der Playback-Interpretation eines Songs, der der russischen Vokaliz-Tradition folgt.

Ursprünglich hätte der Song einen Cowboy-Text zum Inhalt haben sollen, was jedoch von der sowjetischen Zensur verhindert wurde. Die Vokalisationssilbenketten „trololo", „tralala" und „hahaha", die den Gesang bestimmen, vermitteln Fröhlichkeit, was der Protagonist auch durch eine etwas künstlich wirkende schauspielerische Mimik unterstreicht. Eine gewisse Netzaffinität hatte der Text auch dadurch, dass die Vokalisation „trololo" das Chat-Kürzel „lol" enthält, was für das englische „laughing out loud" steht.

Das Originalvideo wurde bis zum Januar 2012 über 10 Millionen Mal aufgerufen. Eine YouTube-Statistik war nicht verfügbar. Das Video fand nicht nur als Original Verbreitung, sondern auch einzelne Informationsbausteine des Videos, die als Meme auf das Video verweisen, verbreiteten sich im Web weiter.

[371] vgl. Moore 2008b
[372] vgl. Krönig 2008, S. 56
[373] RealPapaPit 2009

So wird beispielsweise der *Angry Man*[374], der bereits seit 2006 auf YouTube bekannt ist, mit dem Trololo-Mann nach Art des Rickrolling kombiniert, so dass das daraus entstehende Video dem Inhalt entsprechend den Titel „Angry man get's trolol'D" trägt.[375] Das Video „Trololo - 800% Hyper Extended Mix" nutzt eine weitere Verarbeitungstechnik, die selbst wiederum formalen Mem-Charakter entwickelt hat. Das Trololo-Mem wird hierbei stark verlangsamt wiedergegeben.

5.4.7 Sound Stretching

Den Ursprung nimmt die starke Verlangsamung von Musik als YouTube-Mem in der Arbeit von Nick Pittsinger alias *Shamantis*. Der Musiker aus Tampa, USA, beschreibt seine Musik auf seinem Soundcloud-Kanal als psychedelisches Downtempo.[376] Er nutzte das Sound Stretching Tool Paulstretch[377] um den Song *U Smile* von *Justin Bieber* um 800 % zu verlangsamen. Das Video ist aufgrund der Lizenzprobleme zwischen der GEMA und YouTube in Deutschland nicht verfügbar. Das Ergebnis war für die YouTube-Community so faszinierend, dass das extreme Sound Stretching auf weitere Songs angewendet wurde. Außerdem wurde die Popularität dadurch erhöht, dass Justin Bieber das Video bei Twitter[378] erwähnte.

Andere YouTube-Videos, die auf Time Stretching basieren, sind die Verlangsamung der Titelmelodie der Zeichentrickserie *The Simpsons*[379] oder die Verlangsamung des *Hummelflugs*[380] von *Nicolai Rimsky-Korsakoff*.

Das Time Stretching wurde auch mit anderen Memen kombiniert. So wurden auch die Meme „Trololo", „Rickrolling"[381] und „Single Ladies Dance"[382] verlangsamt und auf YouTube bereitgestellt. Ebenso wurden Windows Sounds[383] verarbeitet.

Die Experimentierfreudigkeit bei der Verlangsamung von Songs und Sounds bei YouTube-Nutzern ist ein Beleg für die Annahme, die beispielsweise von Ditsch und Pöttinger[384] vertreten wird, nach der die digitale Medien auch zur auditiven Wahrnehmungserziehung

---

[374] sadidas 2006
[375] batmayn123 2010
[376] vgl. Shamantis's sets on SoundCloud - Create, record and share your sounds for free
[377] Download und Beschreibung unter Paul's Extreme Sound Stretch 2011
[378] vgl. Kreidler 2010
[379] transeuropex 2010
[380] hollohill 2010
[381] hallohill 2010
[382] jaimev 2010
[383] Anthony70099 2010
[384] vgl. Dietsch 2009, S. 123

dienen können, weil sie helfen, die Sinne zu schärfen und bekannte Dinge anders zu sehen und zu hören.

5.4.8 Das „Apache"-Mem

Das „Apache"-Mem verwendet als Grundlage ein Musikvideo von *Tommy Seebach*. In
diesem Video spielt *Tommy Seebach* mit seiner Band in Indianerkostümen im Grünen den
Song *Apache*. Die Kostüme sind durch Franzenapplikationen entsprechend dem Songtitel
folkloristisch geprägt. Nach heutigen Konventionen wirken die Kostüme, der Auftritt der
drei leicht bekleideten Tänzerinnen und die Videoästhetik im Gesamten sehr befremdlich.
Das Setting des Videos, wie auch die Interaktionen der beteiligten Darsteller, entfalten
beim Rezipienten eine gewisse Komik, da das Video das Augenzwinkern vermissen lässt,
das bei einer solch surrealen Vermengung von Musik, Performance, Mode und Tanz zu
erwarten wäre.

Das Videomaterial ist Grundlage vieler Verarbeitungen. Dabei werden einander recht
ähnliche ästhetische Remix-Konzeptionen zugrunde gelegt. Die Version von dandrengen[385] verwendet den Song *Rock Your Heart Out* von *AC/DC* als Soundtrack und präsentiert die Videoaufzeichnungen der Instrumente aus dem *Seebach*-video an den Stellen des
Songs, an denen die jeweiligen Instrumente bei AC/DC hervortreten. Außerdem zeigt er
eine Tanzscene von *Tommy Seebach* mit den drei kostümierten Tänzerinnen.

Ähnliche intermediale Bezüge wurden beim „Apache – Gay Bar Remix"[386] oder bei
„Mogwai – The sun smells too loud"[387] hergestellt. Mit über 5 Millionen Aufrufen bis
Mitte 2011 ist die Deathmetal-Version „canibal corpse"[388] eine der populärsten fakultati-
ven Varianten dieses Mems.

Bei „Apache Vs Chemical Brothers" von mikaelk79dk[389] wurde die Tonspur komplett
durch „Hey Girl, Hey Boy" von den *Chemical Brothers* ersetzt. Auf die Textstelle „Hey"
wird jeweils ein Standbild des mit heraushängender Zunge winkenden Protagonisten
präsentiert.

---

[385] dandrengen 2007
[386] s14sher 2007
[387] doublewords 2008
[388] BigFatSandwich 2006
[389] mikaelk79dk 2007

139

Abbildung 36: Tommy Seebach als "Apache"[390]

In der Version „Air – Kelly Watch The Stars (Mood Cookbook Remix)"[391] wurden die Bilder so geschnitten, dass die Bildaufnahmen der Instrumente entsprechend ihrer Rolle im Song erscheinen. Darüber hinaus wird während des sphärischen Intermezzos, von 3:04 min bis 3:26 min, das Videomaterial in Slow-Motion dargestellt. Im Song wird an dieser Stelle die rhythmische Schicht verlangsamt und ausgedünnt. Die nur noch geflüsterte Stimme ist an dieser Stelle mit deutlichem Hall versehen. Außerdem wurde darauf geachtet, dass die Bewegungen der Tänzerinnen rhythmisch passend mit dem Playback interagieren.

Noch bevor das Bildmaterial in kreativer Weise für eigene Gestaltungen verwendet wurde, war der Song bereits Grundlage für diverse intertextuelle Verwebungen. Das zugrundeliegende Instrumentalstück wurde von *Jerry Lordan* komponiert. Sein Titel bezieht sich auf den Western *Apache* von 1954 mit *Burt Lancaster*. Erstmals wurde das Stück 1960 von den *Shadows* veröffentlicht. In der Folge wurde das Stück von vielen weiteren Künstlern interpretiert, darunter *The Ventures*, *The Surfaris* oder *Ricky King*.[392]

Die Version der *Bongo Band*[393] wurde im Hip Hop gerne wegen ihres halllastigen Percussion-Breaks gesampelt. Diese Version liegt beispielsweise auch der Interpretation der *Sugarhill Gang*[394] zugrunde, die beim „The Evolution Of Dance"-Video verwendet wird.[395]

---

[390] BigFatSandwich 2006
[391] sweetcatatoniauk 2007
[392] vgl. Rovi Corporation 2009
[393] MrBongoRecords
[394] TheHawaiianTropic
[395] siehe Kapitel 5.6.4

5.5   Mediale Praktiken auf YouTube

Die Möglichkeiten der Sound- und Videobearbeitung ermöglichen den Produzenten von Internetvideos mediale Praktiken, die vor allem durch YouTube Verbreitung fanden. Diese technisch orientierten Gestaltungsmöglichkeiten wurden auch schon vor dem Start von YouTube genutzt. Nach ihrer Immigration auf YouTube fanden sie wesentlich weitere Verbreitung. Die hier aufgeführten medialen Praktiken werden als formale Meme in vielfältiger Weise mit viralen inhaltlichen Memen verknüpft.

Die hier dargestellten medialen Praktiken wurden ausgewählt, da sie häufig verwendet und rezipiert werden und somit als typisch für musikbezogene Videos auf YouTube gelten können.

5.5.1   Coverversionen

Als Cover oder Coverversion werden hier Bearbeitungen von Musikstücken bezeichnet, die ein gegebenes Musikstück an den Idiolekt eines Künstlers annähern. Während bei der E-Musik und der dazugehörigen Werkästhetik das Wesen eines Musikstückes vom Komponisten erschaffen wird und die Interpretation möglichst ideal den Geist der Komposition realisieren soll, ist bei der U-Musik die Aufführung oder Produktion eines Musikstückes teilweise identisch mit dem Erfindungsprozess und in der Regel determinierend für sein Wesen.

Diese konzeptionellen Unterschiede mögen auch daher rühren, dass zur Zeit der Entstehung der klassischen ästhetischen Konzeption eine Interpretation mangels tontechnischer Apparaturen nicht zu konservieren und somit auch nicht als idealtypisch tradierbar war. Das Wesentliche musste in der konservierbaren Notation gesucht werden.

Beim wiederholten Aufnehmen von schriftlich fixierter Musik spricht man von Mehrfachaufnahmen, die jeweils die schriftlich fixierte Komposition als Bezugsobjekt haben. Bei einer Coverversion stellt meist die erste Aufnahme eines Stückes den Bezugspunkt dar, der das Wesen einer Komposition zum Ausdruck bringt. In der Populären Musik verortet Pendzich den Übergang von der Praxis der Mehrfachaufnahme zur Coverversion in der Mitte des 20. Jahrhunderts.[396]

---

[396] vgl. Pendzich 2004, S. 75

Diese Konzeption der Populären Musik liegt darin begründet, dass die erste Aufnahme häufig auch diejenige war, die die höchste Präsenz in den Medien erzielen konnte. Coverversionen hatten es dagegen in der Mehrzahl schwer, als originelle Neuinterpretation stabil in der öffentlichen Wahrnehmung präsent zu bleiben. Sie wurden häufig nur live dargeboten, auch weil die Veröffentlichung von Coverversionen der Zustimmung des Urhebers bedarf.

Mit den Entwicklungen bei der Musikbearbeitung wurde es zunächst möglich, dass auch am heimischen PC Produktionen von hoher technischer Qualität entstehen konnten. Eine breite Öffentlichkeit konnten diese Bearbeitungen, die in der Regel die Genehmigung durch den Urheber umgehen, erst durch das Internet erreichen.

Diese Veränderungen machen nun auch im Bereich der Populären Musik das Ringen um die beste Interpretation einer Komposition öffentlich wahrnehmbar. Dieses Streben nach der guten Interpretation mag schon immer stattgefunden haben, allerdings war der Vorteil, den die Originalinterpretation durch ihre mediale Präsenz gewinnen konnte, meist nicht mehr zu kompensieren. Die Entscheidung über die ideale Interpretation lag somit vor allem in den Händen der Musikindustrie.

Diese Entscheidungsmacht verlagert sich im Web 2.0 hin zu den produzierenden und rezipierenden Nutzern der Internets. Zum einen ist es hier möglich, dass ein Musikstück innerhalb einer bestimmten Subkultur als beste Interpretation Verbreitung finden kann.

Zum anderen kann sich eine Coverversion in der breiten Öffentlichkeit als eigenständige Schöpfung mit entsprechend extensiver und intensiver Rezeption etablieren.

Ein Beispiel für diese Möglichkeit stellt die Neuinterpretation des Stückes „Somebody That I Used To Know" dar. Das Original von *Gotye feat. Kimbra* wurde am 05.07.2011 auf Youtube online gestellt und hatte bis zum 24.02.2012 über 84 Millionen Aufrufe erzielt. Die beliebteste Coverversion[397] stammt von *Walk Off The Earth*. Diese Interpretation hatte zum gleichen Referenzdatum innerhalb von 6 Wochen über 60 Millionen Aufrufe erreicht.[398]

Die Band *Walk Off The Earth* betreibt bereits seit 2008 einen Kanal auf YouTube. Während sie in den ersten vier Jahren mit insgesamt über 50 Uploads annähernd vier Millionen Aufrufe zu verzeichnen hatten, schaffte es die Coverversion von *Somebody That I Used To Know* innerhalb von nur fünf Tagen über fünf Millionen Aufrufe zu generieren. Nach sieben Tagen waren es dann bereits über 15 Millionen.

---

[397] walkofftheearth 2012
[398] vgl. Angaben bei Google- und YouTube-Suchanfragen am 24.02.2012

Die Originalität dieser Neuinterpretation ist in weiten Teilen auf die audiovisuelle Repräsentation angewiesen, da das Beeindruckende daran zumindest vordergründig das gemeinsame und bestens koordinierte Spiel von fünf Musikern auf einer Gitarre darstellt.
Die Klangästhetik des Originalsongs bot sich für diese Art der Interpretation an. Auch
hier ist das Playback eher zurückhaltend instrumentiert. Es besteht im Wesentlichen aus
einer Bassspur, Mallet-Linien und Percussions, die eher aus rätselhaften Geräuschen
bestehen, denn aus konventionellen Schlaginstrumenten.

Das Setting des Videos der Coverversion weist typische Merkmale eines Homevideos
auf; im Hintergrund sind Teile einer Wohnungseinrichtung zu sehen. Allerdings wurden
die Filmaufnahmen professionell ausgeleuchtet. Die Musiker tragen dunkle Kleidung,
was die Wirkung der gezielt beleuchteten Gesichter und der Gitarre verstärkt. Die Mikro-
fone im Bild zeigen, dass eine gute Tonqualität angestrebt wurde.

Die Coverversionen, die sich auf die *Walk Off The Earth*-Version beziehen, unterstreichen den Status dieser Version als neues Original. Der YouTube-Kanal *barelypolitical*
parodiert in der 55. Folge der YouTube-Show *The Key of Awesome* die Coverversion von
Walk Off The Earth. Dabei werden das Setting des Videos und die Soundästhetik übernommen. Die Darsteller der Parodie sind mit einfachen Mitteln an das Erscheinungsbild
von *Walk Off The Earth* angepasst. Der Gesangstext der Parodie kommentiert den Inhalt
der Bildebene in ähnlicher Weise wie ein Literal-Video. Hierbei werden beispielsweise
Bezüge hergestellt zum gemeinsamen Spiel auf einer Gitarre[399] oder zum Verhalten einzelner Musiker, wobei auch leichte Modifikationen des Videos auftreten.[400]

Neben Coverversionen, die in ihrer Popularität an das Original heranreichen, finden auf
YouTube auch Versionen Verbreitung, die nur ein ausgewähltes Publikum ansprechen.
Zum einen sind hier beispielsweise die Videos des *Jingle Punks Hipster Orchestras* zu
nennen, die Bearbeitungen von Rocksongs für Streichquartett und wechselnde Instrumente aus dem Bereich der Popmusik präsentieren. Der YouTube-Kanal[401] der *Jingle Punks*
besteht bereits seit 2007. Am 28.02.2012 waren dort 79 Videos verfügbar.

Zum 20-jährigen Jubiläum der Platte *Nevermind*, die die Band *Nirvana* weltberühmt
machte, veröffentlichten die *Jingle Punks* eigene *Nirvana*-Einspielungen. Das beliebteste
Nirvana Cover der *Jingle Punks* war am 28.02.2012 der Song *Lithium* mit 136.317 Aufrufen, deutlich vor *Smells like Teen Spirit*, dem größten Hit des *Nevermind*-Albums mit

---

[399] bei 0:01 min: „Now and then we like to play one guitar together. "
[400] bei 0:49 min: Maybe it's because he drives our van.", bei gleichzeitiger Präsentation der Van-Schlüssel.
[401] jinglepunks 2007

143

12.169 Aufrufen. In den Kommentaren macht ein Nutzer darauf aufmerksam, dass Personen, die diese Coverversion von *Lithium* mögen, auch Interesse an der chorischen Coverversion von *Polyphonic Spree*[402] haben könnten. Diese stammt aus dem Jahre 2008 und nähert sich bereits der Anzahl von einer halben Million Aufrufen an.

Neben den genannten Titeln bietet YouTube noch eine Reihe weiterer Coverversionen an. Selbstverständlich sind auch Originaleinspielungen von *Nirvana* selbst verfügbar. Insgesamt führte die YouTube-Suchanfrage „Lithium Cover" am 28.02.2012 zu 7.770 Treffern.

Welche Interpretation einer Komposition am besten ihr Wesen zum Ausdruck bringt, hängt letztlich auch von der Wahrnehmung des jeweiligen Rezipienten ab. Die Coverversion der *Jingle Punks* hat durch den Verzicht auf eine Gesangsstimme eher die Chance, als für sich authentisch realisiert zu werden, als Coverversionen, die versuchen, den Gesang von *Kurt Cobain* nachzuahmen.

Dass die Neuinterpretation von bekannten Stücken bei vielen produzierenden Nutzern ebenso beliebt ist, wie bei den Rezipienten im Web 2.0, wird auch durch diesbezügliche Versuche des Crowdsourcing aufgezeigt. In diesem Kontext schrieb der Automobilhersteller Citroën einen Interpretationswettbewerb[403] aus, bei dem eine Auswahl an klassischen Stücken, darunter beispielsweise der *Türkische Marsch* von *Wolfgang Amadeus Mozart* oder der *Kanon in D-Dur* von *Johann Pachelbel*, als Vorlage vorgegeben war. Die Namen der Stücke waren dabei direkt mit einer entsprechenden Suchanfrage bei YouTube verlinkt, so dass die Wettbewerbsteilnehmer sich die vorhandenen Interpretationen auf YouTube anhören konnten.

Eine YouTube-typische Form der Interpretation von bekannten Songs, die weder an eine breite noch an eine spezifische Öffentlichkeit gerichtet ist, sondern die schon im Namen eine starke Selbstbezogenheit des Interpreten transportiert, sind YouTube-Inhalte, deren Titel mit „Me singing" beginnt. Diese Videos erwecken zum Teil den Eindruck, dass sie vor allem das Gefühl des Dabeiseins fördern sollen, indem sich der Interpret mit Hilfe seiner Kamera und YouTube audiovisuell spiegelt und selbst inszeniert.

Die YouTube Suchanfrage „Me singing" lieferte am 28.02.2012 über 8 Millionen Treffer. An erster Stelle der Trefferliste zeigte YouTube das Video „Me Singing "E.T." by Katy Perry"[404] an. Am 01.03.2012 hatte das Video bereits über 13 Millionen Aufrufe erzielt.

---

[402] exp8tri8 2008
[403] DER WETTBEWERB | CITROËN DS5-Musikwettbewerb
[404] zeldaxlove64 2011

Der Kanal[405] der Sängerin *Christina Grimmie* alias *zeldaxlove64* wurde bereits über 25 Millionen mal aufgerufen, die 120 Videos des Kanals erreichten bisher über 267 Millionen Aufrufe bei fast 1,5 Millionen Abonnenten.

Die Kanalseite verfügt über ein Eingabefeld, in das YouTube-Nutzer Wünsche für Coverversionen eingeben und bewerten können. Hier haben bisher 91.138 Personen 74.140 Vorschläge eingereicht und 472.589 Stimmen abgegeben. Der aktuellste Song des Kanals war am 01.03.2012 eine Coverversion von „Somebody That I Used To Know". Im Gegensatz zu vielen ihrer anderen, ungeschnittenen Videos, in denen sie, sich selbst am Keyboard begleitend, vor einer Teenagerzimmerwand singt, ist dieses Video produziert und geschnitten. Die Sängerin ist an einigen Stellen mehrstimmig zu hören und sie begleitet sich selbst am E-Bass und am Keyboard, während auch gelegentlich ein Gitarrist eingeblendet wird.

Abbildung 37: Kanal von *Christina Grimmie*[406]

Auf der Kanalseite von *Christina Grimmie* befinden sich zwei externe Links. Einer zu *Radio Disney*, einer Tochter von *The Walt Disney Company* und einer zu *iTunes*. Dies belegt, dass mittlerweile große Medienunternehmen die Popularität von YouTube-Stars nutzen, um auch netzaffine Kunden zu erreichen.

Damit sind die Grenzen fließend von einem YouTube-Star und einem Video wie „Me singing Man Who Can't Be Moved By The Script"[407] von einem anderen Teenager, das

---

[405] Grimmie 2009
[406] Grimmie 2009

sich mit nur 177 Aufrufen in der gleichen „Me singing"-Trefferliste befindet. Der Erfolg dieser Eigenproduktionen hängt somit nicht von der Unterstützung der etablierten Medienunternehmen ab, sondern diese sind mittlerweile bestrebt, den Kontakt zu Mitgliedern der YouTube-Community herzustellen beziehungsweise aufrecht zu erhalten.

Auch das große US-amerikanische Onlinemagazin *mashable.com* generiert Aufmerksamkeit mit der Popularität von YouTube und YouTube-Coverversionen. Hierzu wählt die Redaktion wöchentlich einen bekannten Song aus und recherchiert hierzu zehn verschiedene Coverversionen auf YouTube. Die Nutzer von *mashable.com* werden anschließend aufgefordert, die beste Coverversion auszuwählen.

Nr.	Künstler	Upload am	Aufrufe	Gestaltung	%-Rang[408]
1	LEELOO[409]	08.11.2011	*264.591*	*n, b, d, p*	*38,73*
2	Corey Grey[410]	18.11.2011	*350.489*	*b, d, p*	*19,93*
3	Freak Maurice[411]	22.09.2011	52.629	p	1,07
4	ohmycash[412]	10.11.2011	21.698	p	1,5
5	TheJonnieandBrookie	12.11.2011	34.038	b, p	5,51
6	Olivia Noelle	nicht mehr	verfüg-	bar da	privat1,57
7	ajoran2189[413]	02.11.2011	28.815	d, p	0,83
8	Taylorlauren01[414]	19.11.2011	5.103	d	2,07
9	StantonMusicOnline[415]	11.11.2011	*171.945*	*n, b, d, p*	*27,75*
10	SoundElijah[416]	9.11.2011	78.930	b, d	1,04

n = narrativ, b = Bildunschärfe, d = digitale Bildbearbeitung, p = deutliche Artefakte durch Produktion, wie Mehrspuraufnahmen oder akustische Raumgestaltung

Tabelle 2: Voting-Titel des Mashable-Face-Offs

Am 21.11.2012 wurde für dieses sogenannten Face-Off *Katy Perry*'s Song *The One That Got Away* ausgewählt. Bei den zehn nominierten Coverversionen (Tabelle 2: Voting-Titel

---

[407] Haileyjoy14 2012
[408] Mashable 2012
[409] heyleeloo 2011
[410] Grey 2011
[411] freakmorice 2011
[412] ohmycash 2011
[413] ajoran2189 2011
[414] taylorlauren01 2011
[415] StantonMusicOnline 2011
[416] SoundElijah 2011

des Mashable-Face-Offs) fällt auf, dass sie größtenteils von jugendlichen Einzelkünstlern oder Bands stammen. Beim Videodreh wurde in der Regel ein häusliches Setting gewählt. Einzelne Videos nähern sich jedoch auch in ihrer Bildgestaltung an Performance-Videos an, die den Künstler in seiner Arbeitsumgebung, zum Beispiel einem Tonstudio oder einem Proberaum, zeigen. Bei der Videotechnik werden regelmäßig Optiken verwendet, die ein Freistellen durch selektive Unschärfe ermöglichen. Ebenso werden die Nachbearbeitungsmöglichkeiten von modernen Kameras und Schnittsoftware genutzt. Hier kann Einfluss genommen werden auf den Kontrast oder die Farbgestaltung.

Die Instrumentierung entspricht meist den Rock-/Popkonventionen. Als typische Produktionsmerkmale sind die nachträgliche Dopplung der Gesangslinie zu nennen oder das Hinzufügen von Hallräumen.

Diese Auswahl von Videos legt eine Annäherung der YouTube-Videos an die Ästhetik von professionellen Videoclips offen, ohne jedoch den privaten Kontext zum Transport von Authentizität aufzugeben.[417]

Bei den Videos fällt auf, dass ein hoher Aufwand bei der Produktion und eine Annäherung an professionelle Standards sowohl von den YouTube-Nutzern, als auch beim *Mashable*-Face-Off honoriert werden. Dies verdeutlicht auch, dass bei Musikvideos auf YouTube, die Bildebene entscheidenden Einfluss auf den Erfolg des Videos hat.

5.5.2 Remixes

Während bei Coverversionen meist die Bearbeitung eines Songs vorliegt, die den Song an den Stil eines Künstlers anpasst, wird beim Remix der Song so bearbeitet, dass er dem Stil eines musikalischen Genres oder einer bestimmten Aufführungssituation entspricht. So sind etablierte Remix-Arten der beatlastige Dancefloor-Remix oder der um lange Instrumentalteile, Intros und Outros gekürzte Radio Edit.

Aus der Perspektive der triadischen Relation ist der Remix damit eher im Bereich MG zu verorten, da hier die Kunst einer Gesellschaft oder von gesellschaftlichen Gruppierungen angesiedelt ist. Die Coverversion repräsentiert den individuellen Stil eines Künstlers und gehört somit eher in der Bereich MI der triadischen Relation (Abbildung 38).

---

[417] vgl. YouTube Cover Song Face-Off: Katy Perry's "The One That Got Away"

147

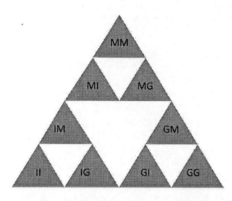

Abbildung 38: Sierpinski-Dreieck in der zweiten Stufe mit Abkürzungen

Die Suchanfrage „Remix" lieferte auf YouTube am 17.03.2012 ungefähr 2,3 Millionen Treffer. Ein sehr beliebter Remix auf YouTube stellt die Techno-Version von *Rihanna*'s R'n'B-Nummer *Umrella* dar. Das dazugehörige Video aus dem Jahre 2008 konnte bis zum 18.03.2012 über 10 Millionen Aufrufe verzeichnen. Die Gesangslinie wird hier in einen Techno-typischen Kontext gestellt. Der Remix enthält ein Sechzehntel-Snare-Built-up, die Wiedergabe der Gesangslinie mit einem Techno-typischen Organ-Sound und die notwendige durchgängige Bass Drum auf den vier Zählzeiten.

Neben den zahlreichen Remixes auf YouTube, die einen Song tanzbar machen sollen[418], gibt es auch Remixes, die ursprünglich rhythmisch prägnante Songs in ein entspanntes Gewand kleiden. Ein Beispiel hierfür stellt „God Given Easy Listening Remix"[419] dar. Hier wurde das Stück *God Given* des Alternative Rock-Projekts *Nine Inch Nails* in ein Easy Listening-Stück umgearbeitet.

5.5.3 Medleys

Medleys stellen auf YouTube eine Verarbeitungspraxis dar, bei der Songs beziehungsweise Songteile nach eigens hierfür bestimmten Kriterien ausgewählt und zu einem neuen Stück kompiliert werden.

Ein Kriterium zur Bestimmung der Reihenfolge der Stücke kann beispielsweise der jeweilige Veröffentlichungszeitpunkt darstellen. Dadurch kann mit dem Medley eine be-

---

[418] Die YouTube-Suche „Dance Remix" lieferte am 18.03.2012 alleine fast eine halbe Million Ergebnisse
[419] breslin97 2009

148

stimmte Entwicklungslinie nachgezeichnet werden. So werden auf diese Weise beispielsweise Songs kompiliert, die gepfiffene Teile enthalten, die Vokalisationen enthalten
oder die mit populären Tänzen[420] verknüpft sind.

Nr.	Komponist	Titel	Jahr	Zeit (min)
1	Lt. F.J. Ricketts	Colonel Bogey Theme	1914	0:00 – 0:20
2	Ben Bernie	Sweet Georgia Brown	1925	0:20 – 0:25
3	Frank Churchill	Whistle While You Work	1937	0:25 – 0:33
4	Raoul Kraushaar	Lassie	1954	0:33 – 0:40
5	Earle Hagen	Andy Griffith Show	1960	0:40 – 0:46
6	Ennio Morricone	A Fistful of Dollars	1964	0:46 – 0:51
7	Ennio Morricone	The Good, The Bad, And The Ugly	1966	0:51 – 0:58
8	The Lovin' Spoonful	Daydream	1966	0:58 – 1:05
9	Bernard Herrmann	Twisted Nerve	1968	1:05 – 1:14
10	Otis Redding	Sitting on The Dock of The Bay	1968	1:14 – 1:23
11	The Beatles	Hello, Goodbye	1970	1:23 – 1:29
12	Paul Simon	Me And Julio Down By The Schoolyard	1972	1:29 – 1:40
13	Billy Joel	The Stranger	1977	1:40 – 1:57
14	Supertramp	Goodbye Stranger	1979	1:57 – 2:04
15	J. Geils Band	Centerfold	1981	2:04 – 2:08
16	The Bangles	Walk Like An Egyptian	1986	2:08 – 2:13
17	Bobby McFerrin	Don't Worry, Be Happy	1988	2:13 – 2:19
18	Guns n' Roses	Patience	1989	2:19 – 2:25
19	Warren G	Regulate	1994	2:25 – 2:34
20	Beck	Sissyneck	1997	2:34 – 2:38
21	Bob Sinclair	Love Generation	2005	2:38 – 2:43
22	Peter Bjorn and John	Young Folks	2006	2:43 – 2:49
23	Edward Sharpe and the Magnetic Zeroes	Home	2009	2:49 – 2:56
24	The Black Keys	Tighten Up	2010	2:56 – 3:04
25	Foster the People	Pumped Up Kicks	2010	3:04 – 3:10
26	Maroon 5	Moves Like Jagger	2011	3:10 – 3:18

Tabelle 3: Titelliste der "History of Whistling"

Das Video „History of Whistling | cdza"[421] zeigt ein Trio, bestehend aus einem Pianisten,
einem Kontrabassisten mit zusätzlicher Bass-Drum und einem pfeifenden Frontman. Der
Kontrabassist wechselt für zwei Songs (*Beatles* und *Paul Simon*) zur Akustikgitarre.
Laut Titel zeichnet das Video die Geschichte des Pfeifens nach. Die Beschreibung dieser
Geschichte vollziehen die Produzenten des Videos durch die Aneinanderreihung von
Songmelodien aus den Jahren 1914-2011. Die Komponisten der einzelnen Titel und ihr
Veröffentlichungsjahr werden jeweils in der rechten unteren Ecke des Videos eingeblen-

---
[420] siehe Kapitel 5.6.4
[421] CDZA 2012

det. Das Video hatte bis zum 5.07.2012 345.416 Aufrufe mit einer Beliebtheit von 99 %
bei knapp 4902 Bewertungen verzeichnet.

Entsprechend dem Herkunftsland von *CDZA*, wurden bei dem Medley vor allem Songs
kompiliert, die in den USA Hits waren. Dies erklärt auch das in den Kommentaren ange-
merkte Fehlen von *Wind of Change* (1990) der deutschen Rockband *Scorpions*.
Ansonsten fällt auf, dass es in den 1960-er Jahren und im ersten Jahrzehnt des 21. Jahrhunderts eine Häufung von gepfiffenen Hits gab. Bei fast allen Songs wird die Glissando-
Fähigkeit des Pfeifens stilbildend eingesetzt.

Nr.	Interpret	Titel	Jahr	Zeit (min)
1	Manfred Mann	Do Wah Diddy	1964	0:01 – 0:09
2	Van Morrisson	Brown Eyed Girl	1967	0:09 – 0:16
3	The Beatles	Hey Jude	1968	0:16 – 0:25
4	Simon and Garfun-kel	The Boxer	1969	0:25 – 0:35
5	Stevie Wonder	My Cherie Amour	1969	0:35 – 0:45
6	Steam	Na Na Hey Hey Kiss Him Goodbye	1969	0:45 – 0:51
7	Roberta Flack	Killing me softly	1971	0:51 – 1:02
8	Elton John	Crocodile Rock	1972	1:02 – 1:12
9	Billy Joel	Piano Man	1973	1:12 – 1:21
10	Elton John	Goodbye Yellow Brick Road	1973	1:21 – 1:33
11	Billy Joel	Uptown Girl	1983	1:33 – 1:40
12	Michael Jackson	Wanna be startin' somethin'	1983	1:40 – 1:45
13	Seal	Kiss from a Rose	1993	1:45 – 1:52
14	Hanson	MMMBop	1997	1:52 – 2:01
15	Third Eye Blind	Semi Charmed Life	1997	2:01 – 2:05
16	Will Smith	Gettin jiggy with it	1998	2:05 – 2:09
17	Blink-182	All the small Things	1999	2:09 – 2:16
18	Eiffel-65	Blue	1999	2:16 – 2:20
19	Kylie Minogue	Can't Get You Out of My Head	2001	2:20 – 2:26
20	Jack Johnson	Bubble Toes	2002	2:26 – 2:32
21	Eminem	Without Me	2002	2:32 – 2:37
22	Gwen Stefani	Rich Girl	2004	2:37 – 2:47
23	O-Zone	Dragostea din tei	2004	2:47 – 3:00
24	Pink	So What	2008	3:00 – 3:04

Tabelle 4: Titelliste der "History Of Lyrics That Arent't Lyrics"

Das von *CDZA* bereits 2011 veröffentlichte Video „History Of Lyrics That Aren't Lyrics |
cdza"[422] präsentiert ein Medley, bei dem Songs ausgewählt wurden, die Vokalisationsse-
quenzen aufweisen.[423]

---

[422] CDZA 2011
[423] siehe Tabelle 4, Seite 153

Die Stücke werden wie beim zuvor angeführten Pfeifvideo von einem Trio aufgeführt. Neben Flügel und Bass besteht dieses Trio jedoch aus einer Frontfrau. In den Kommentaren der rezipierenden Nutzer wird die Auswahl der Songs als recht gelungen diskutiert. Einzelne weitere Songs werden auch hier vorgeschlagen. Im Übrigen beschäftigen sich die Kommentatoren mit der Zusammenstellung der einzelnen Bestandteile.

Medleys werden auch zu bestimmten Anlässen kompiliert. Die Jingle Punks veröffentlichen beispielsweise am Tag der Oscar-Verleihung 2012 das Video „Jingle Punks / Hipster Orchestra -Oscar Medley 2012". Hier wurde eine Auswahl an Filmmusiken verarbeitet. Zu den Titeln des Medleys zählen unter anderem das *James Bond*-Thema, das *Indiana Jones*-Thema, das *Ghost Busters*-Thema und das *Titanic*-Thema. Diese Verknüpfungen verdeutlichen, wie durch YouTube Verbindungen zwischen aktuellen Ereignissen wie den Academy Awards und Künstlern oder Songs geschaffen oder wahrnehmbar werden, die ohne YouTube nur schwer realisierbar gewesen wären.

Der schwedische Sänger und Gitarrist *Fredrik Larsen* stellt eine ganze Reihe von Medley auf YouTube bereit, bei denen er bekannte Melodien zu Medleys verarbeitet. Neben einem Medley aus Videospielmelodien[424], präsentiert er Medleys von Weihnachtsliedern[425], Cartoons[426] oder Fernsehserien[427]. Teilweise benutzt er für die Gestaltung seiner Videos auch Bild-in-Bild-Verfahren oder die Multitrack-Technik[428].

5.5.4 Mashups

Der Begriff Mashup wird im Kontext des Webs 2.0 für Plattformen oder Inhalte verwendet, die Informationen aus anderen Plattformen oder Elemente anderer Inhalte benutzen, um daraus neue Informationen oder Inhalte zu generieren. Die Bandbreite reicht von collagenartigen Ansammlungen von Einzelteilen bis hin zu Mashups, die als neue Einheit erscheinen.

YouTube lieferte am 18.03.2012 auf die Suchanfrage „Mashup" ungefähr 139.000 Treffer. Mashups von bestimmten Künstlern lassen sich finden, wenn man den Namen des

---

[424] Siehe Kapitel 5.5.9.2
[425] Freddie25 2011
[426] Freddie25 2010
[427] JoyWeberify1 2011
[428] Siehe auch Kapitel 5.5.5

Künstlers mit der Abkürzung „vs" kombiniert. Die Suchanfrage „Metallica vs" lieferte beispielsweise am 27.08.2012 ungefähr 18.200 Treffer.

Eine einfache Art von Mashup stellt die durchgängige remixartige Kombination eines Songs A mit der Instrumentalschicht eines Songs B dar. Ein Beispiel präsentiert das Video „LaBrassBanda ft. Busta Rhymes - Woo Hah! Marienkäfer"[429]. Hier wird das Instrumentalstück *Marienkäfer* der bayrischen Bläser-Band *La Brass Banda* mit dem Vocal-Track von *Busta Rhymes* kombiniert. Dies stellt den Rap in einen Kontext mit doppeltem Tempo und verdeutlicht, welchen großen Einfluss das Playback auf die Wahrnehmung der Vocals haben kann. Das so entstandene Mashup wird durchgängig mit einer Tanzsequenz von Maggie Simpson aus der Comic-Serie *The Simpsons* kombiniert.

Komplexer gestaltet sich das Mashup „Bob Marley vs The Beatles - Let It Be, No Cry - Mashup by FAROFF"[430] aus *Bob Marley*'s Hit *No Woman No Cry* und *Let It Be* von den *Beatles*. Hierfür trennt der Produzent des Mashups beide Songs in jeweils zwei Schichten auf, Vocal-Track und Playback. Im Verlauf des Mashups kommen dann verschiedene Kombinationen der vier Teile zum Erklingen. Die *Bob Marley*-Vocals werden mit dem *Beatles*-Playback kombiniert und umgekehrt. Dabei steigert sich die Komplexität im Verlauf des Videos, so dass im letzten Teil beide Vocal-Tracks gleichzeitig über dem *Bob Marley*-Playback erklingen. In der Bildebene erscheinen abwechselnd Teile von beiden zugrundeliegenden Videos.

Im Video „Stayin' Alive In The Wall (Pink Floyd vs Bee Gees Mashup) by Wax Audio"[431] wird noch mehr mit identifizierbaren Elementen bekannter Songs gearbeitet. Während das Playback von *Stayin' Alive* die Grundlage der Instrumentalspur bildet, liegt der Schwerpunkt der Vocal-Tracks bei *Another Brick In The Wall*. Dennoch werden gelegentlich Frage-Antwort-Elemente gestaltet, bei denen meist Teile der *Bee Gees*-Tonspur als Antwort auf die *Pink Floyd*-Tonspur gegeben werden. Zum ersten Mal geschieht dies bei 0:42 min. Außerdem erklingt ab 2:17 min das Gitarren-Solo des *Pink Floyd*-Songs. Auf der Bildebene werden recht beliebig Teile beider Originalvideos gezeigt.

Im Jahre 2009 veröffentlichte der israelische Musiker Ophir Kutiel alias *Kutiman* seine Mashup-Reihe *Thru You*. Diese Reihe wird gebildet von sieben Stücken, die vollständig aus einzelnen Samples fremder YouTube-Videos bestehen. Bei den Bausteinen dieser Mashups handelt es sich meist um Einspielungen einzelner Instrumente oder kurze Hits

[429] TheAim666 2011
[430] fanfaroff 2010
[431] waxaudio 2010

von Instrumentengruppen. Die Songstrukturen, die stark an die Strukturen beatorientierter Dance-Stücke angelehnt sind, wurden sämtlich von Kutiman gestaltet. Er bediente sich lediglich kurzer Phrasen oder noch kleinerer Bausteine, um die *Thru You*-Videos zu produzieren.

Da bei dieser Arbeitsweise meist die Tonspuren mehrerer Videos gleichzeitig erklingen, hatte Kutiman einen weiten Entscheidungsspielraum, was die visuelle Schicht betrifft. Stellenweise werden die Bildebenen von gleichzeitig erklingenden Tonspuren auch gleichzeitig präsentiert. Häufig wird jedoch auch der Fokus auf einzelne Spuren gelenkt, teilweise schon, bevor das jeweilige Instrument im Song zum Erklingen kommt. Hierdurch erfüllt die visuelle Schicht eine antizipierende Funktion.

Das erste Video der Reihe „Kutiman-Thru-you - 01 - Mother of All Funk Chords"[432] wurde aus Teilen von insgesamt 22 Videos arrangiert. Eine Linkliste der verwendeten Videos ist im Kommentar des Videos angeführt. Bei den meisten der verarbeiteten Videos handelt es sich um Lehrvideos, die Spieltechniken (Drums) oder Tonleitern (Posaune, Rhodes) zum Inhalt haben. So ist wurde beispielsweise der Drum-Track aus einem Lehrvideo von *Bernard „Pretty" Purdie*, einer Drummer-Legende, die schon mit *Aretha Franklin*, *James Brown* oder *B. B. King* zusammengespielt hat, zusammengeschnitten.

Einige Shouts stammen dagegen von Kindern, die bei einer Cheerleader-Übung aufgezeichnet wurden. Die Trompeten- und Posaunentöne wurden aus kurzen Demonstrationen von Tonleitern herausgeschnitten, während beim Gitarrensolo komplexeres Tonmaterial verwendet werden konnte.

Insgesamt handelt es sich beim ersten Mashup um eine groovebetonte Funknummer. Einerseits erhält das Video durch die Einblendungen der einzelnen Musiker einen gewissen Performance-Charakter, andererseits verweisen die remixtypischen Schnitte, auch auf der Videoebene, auf die samplebasierte Mashup-Praxis am Rechner.

Das zweite Stück „Kutiman-Thru-you - 02 - This Is What It Became"[433] ist ein Reggae mit One Drop-Bass Drum und typischen Sirenen-Soundeffekten. Tonal bleibt das Stück permanent auf a-Moll stehen. Teilweise verwendet *Kutiman* stereotype Dub-Echoeffekte und lässt einige Dancehall-Rapper zu Wort kommen.

Auch hier wurden die meisten tonalen Elemente aus Lehrvideos zusammengeschnitten. Es kommt außerdem ein Bass-Synth zum Einsatz, dessen Retro-Sounds vom Besitzer zu Demonstrationszwecken online gestellt wurden. Der Guiro-Part entstammt einem Video,

---

[432] kutiman 2009a
[433] kutiman 2009b

das einen kubanischen Spieler zeigt, der einem Touristen auf der Straße eine kurze Einführung in die Handhabung der Guiro gibt. Bemerkenswert ist vor allem der Posaunen-Track, der einen Posaunen-Schüler bei einem weniger gelungenen Vorspiel zeigt. Das unsichere Spiel des Schülers wirkt im Kontext des *Kutiman*-Mashups in einer musikalisch sinnvollen Weise dann eher zurückhaltend.

Beim Arrangement selbst verwendet *Kutiman* Reggae-typische Elemente wie Off-Beat auf mehreren rhythmischen Ebenen oder das Frage-Antwort-Schema beim Wechselspiel zwischen Posaune und Melodika. Auch die Forderung des Redners nach der Legalisierung von „Ganja"[434] fügt sich in den Reggae-Kontext.

Mit dem dritten Stück „Kutiman-Thru-you - 03 - I'm New"[435] widmet sich *Kutiman* stilistisch dem Acid-Jazz. Auch bei diesem Stück arbeitet er wieder weitgehend loopbasiert. Während die den fremden Videos entnommenen Stücke, abgesehen von den Rap-Teilen, immer sehr kurz sind, schafft *Kutiman* in den *Thru You*-Stücken größere Strukturen durch die klare Abgrenzung der Songteile. Instrumentalteile wechseln mit Rapteilen. Beim dritten Stück nimmt er ab 4:30 min die Beat-Sektion komplett heraus und schafft einen sehr sphärischen Teil aus Klavierbegleitung, Gesang und Geigenfills.

Das vierte Video „Kutiman-Thru-you - 04 - Babylon Band"[436] ist ein Breakbeat-Stück. Dieses Video reflektiert auf allen medialen Schichten vorzüglich die Arbeitsweise der Breakbeat-Stilistik. Das Sampling und die dementsprechende Copy and Paste-Arbeitsweise, die im Breakbeat als stilbildende Artefakte hörbar sind, werden vor allem beim Schlagzeugsolo in der Anfangssequenz bis 0:30 min auch sichtbar. Im Gegensatz zu den ersten drei Videos, in denen hauptsächlich einzelne Töne und Akkorde aus Lehrvideos Verwendung fanden, kommen hier längere Demonstrationen von Instrumenten zum Einsatz. Dabei wird durch die Moog-Samples eine breakbeattypische Ambience geschaffen, die den Kontext für den sich ständig steigernden musikalischen Konkurrenzkampf von Schlagzeug und Bouzouki bildet.

Eine Mischung aus Latin-Pop und Trip-Hop kreierte *Kutiman* beim Video „Kutiman-Thru-you - 05 – Someday"[437]. Eine Heimorgelbegleitautomatik bildet zusammen mit Live-Percussions-Einspielungen und sphärischen Klängen den Hintergrund für den Wechsel aus Gesang und Vibraphonsolo.

---

[434] Marihuana wird auf Jamaika im landestypischen Slang Patois als Ganja bezeichnet.
[435] kutiman 2009c
[436] kutiman 2009d
[437] kutiman 2009e

Das Video, das die Grundlage der Gesangsspur[438] lieferte, zeigt die Sängerin im häuslichen Kontext mit ihrem Kleinkind auf dem Arm. Sie trägt in ihrem Video einen Song solistisch vor, den sie nach eigenen Angaben einige Jahre zuvor geschrieben hatte. Im Kommentar zu ihrem Video entschuldigt sie sich für die vernehmbaren Geräusche ihres Kindes, das zum Zeitpunkt der Aufnahme etwas krank war. Eine solche Aufnahmesituation mag für YouTube-Videos nicht weiter verwundern, bei professionellen Musikproduktionen wäre dies äußerst ungewöhnlich.

Das sechste Video der Reihe ist „Kutiman-Thru-you - 06 - Wait For Me"[439], das dem Bereich R'n'B zuzuordnen ist. Hier gibt es einen recht langen Vocal-Track, der als „Talkbox practice 3"[440] auf YouTube hochgeladen wurde. Das Video des Vocal-Tracks zeigt einen jungen Mann in häuslicher Umgebung beim Experimentieren mit einer Talkbox.

Im Originalvideo[441] mit dem Synthie-Piano zeigt ein Nutzer, wie er den Song *Apologize* (2006) von *One Republic* auf einem virtuellen PC-Instrument über die PC-Tastatur spielt. Die Praxis der Nutzung von PC-Sounds zum Nachspielen bekannter Melodien wird auch in vielen anderen YouTube-Videos thematisiert.

Mit dem Talkboxsound der Vocals und dem Hip Hop-typischen Scratching manifestiert *Kutiman* den typischen Sound des R'n'B. Die Beats bestehen aus einem Mix von akustischen und elektronischen Drum-Samples.

Den Abschluss der Serie bildet eine Ballade, bei der die Rhythm-Section deutlich in den Hintergrund tritt. „Kutiman-Thru-you - 07 - Just a Lady"[442] besteht aus einem Vocal-Track und einer Keyboard-Begleitung. Aufgelockert wird das Playback durch kurze Einspielungen einer Querflöte und durch die Ambience von Wind Chimes beziehungsweise einer Harfe.

Insgesamt erlangte das Projekt *Thru You* eine recht hohe Aufmerksamkeit, zum einen was die reinen Aufrufzahlen betrifft, zum anderen was die Rezeption in den Medien auch außerhalb der YouTube-Community anbelangt.

So wurde allein das erste Video der Serie auf YouTube bis zum 17.03.2012 fast 1,5 Millionen Mal aufgerufen, über die dazugehörige Website *thru-you.com* zudem über 3,5 Millionen Mal. Bei *Spiegel Online* wurde *Kutiman* als „taktvoller Bilderstürmer" be-

---

[438] dadasarah 2008
[439] kutiman 2009f
[440] TalkBoxerDX 2008
[441] happybois 2008
[442] kutiman 2009g

zeichnet, seine Projekt als „groovendes Videopanorama"[443]. Auf *taz.de* vertritt man die Meinung, das Projekt setze der „Gemeinde ein Denkmal"[444].

5.5.5 Multitrack-Videos

Abbildung 39: Standbild aus dem Video zu Bohemian Rhapsody[445]

Das Video zu *Queen*'s *Bohemian Rhapsody* (1975) nutzte die Möglichkeiten der Video- technik, um die Arbeit mit dem Mehrspurverfahren im Tonstudio zu visualisieren. Einige Stellen der *Bohemian Rhapsody* beinhalten Chorpassagen, die live von der Band nicht zu reproduzieren waren, deshalb wurden diese Passagen bei Konzerten vom Band abgespielt, im Musikvideo wurden die Portrait-Einstellungen der Bandmitglieder an den entspre- chenden Stellen technisch wiederholt. Das so entstandene Werbevideo hebt sich durch die Videotechnik von einem reinen Performance-Video ab und kann aus dieser Perspektive als der erste Musikvideo-Clip angesehen werden.

Mittlerweile sind die PCs der Endverbraucher so leistungsfähig, dass es technisch nahezu jedem Nutzer möglich ist, solche Multitrack-Videos zu erstellen. Dadurch kann ein ein-

---

[443] vgl. Hollstein 2009
[444] vgl. Schmickl 2009
[445] queenofficial 2008

156

zelner Nutzer mehrstimmigen Gesang und alle erforderlichen Instrumente audiovisuell aufzeichnen und verarbeiten.

Die Arbeit von *Fredrik Larsson* lehnt sich an das Bohemian Rhapsody-Video von Queen an. In seinem Video „Killer Queen Cover (FreddeGredde)"[446] verarbeitet er den Queen Song *Killer Queen* (1974) chorisch. Dabei singt er im Video alle Stimmen selbst. Per Videotechnik erscheint er bis zu acht Mal gleichzeitig.

Abbildung 40: Standbild aus dem Multitrack-Video "Killer Queen Cover (FreddeGredde)"[447]

Mike Tompkins erhält mit seinen Multitrack-Videos bereits seit mehreren Jahren große Aufmerksamkeit auf YouTube. Das Video „Teenage Dream & Just the way you are - Acapella Cover - Katy Perry - Bruno Mars - Mike Tompkins"[448] hatte bis zum 19.04.2012 über 18 Millionen Aufrufe erzielt. Hier interpretiert er, wie auch in seinen anderen Arbeiten, einen bekannten Popsong a cappella. Dabei arbeitet er nicht nur chorisch-mehrstimmig, sondern ersetzt auch die geräuschhaften Elemente der Popmusik durch Techniken des Beatboxing. Die Bildgestaltung unterstützt den Rezipienten bei der Wahrnehmung der einzelnen Elemente.

Der Fokus der auditiven Wahrnehmung wird über den visuellen Bereich durch eine Art Bedeutungsperspektive gesteuert, bei der wichtige Elemente zentral und größer angeord-

---

[446] Larsson 2011a
[447] Larsson 2011a
[448] Tompkins 2010

157

net werden. Außerdem sind teilweise einzelne Fenster der Multitrackdarstellung auch durch schriftliche Hinweise gekennzeichnet.

Diese Art der Videogestaltung ist in der besonderen Erscheinungsweise von *Mike Tompkins* so populär, dass sein seit 2006 bestehender Kanal mittlerweile über 80 Millionen Aufrufe verzeichnet.

Auch die Solistin des ersten *Virtual Choir*'s[449], die sich auf ihrer Facebook-Fanseite[450] selbst *Melody Myers* nennt, betreibt einen eigenen YouTube-Kanal[451]. Hier präsentiert sie Videos, die in Zusammenhang mit ihrer Arbeit für *Eric Whitacre*'s *Virtual Choir* stehen. Außerdem gibt es typische „Me singing-Videos", in denen sie immer eher getragene Melodien, wie *Ave Maria* oder *You Raise Me Up*, interpretiert. Sie nutzt seit einiger Zeit auch das Multitrack-Verfahren im Videobereich um virtuelle Chorvideos zu erstellen. Ein Beispiel hierfür stellt ihre Version von *Love Me Tender*[452] dar.

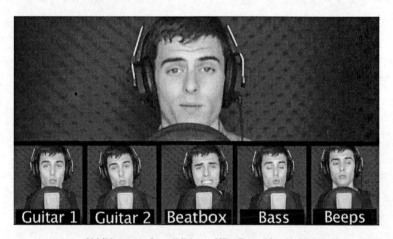

Abbildung 41: Standbild aus Mike Tompkins Multitrack "Teenage Dream"[453]

5.5.6 Lip-Sync-Videos

Lip-Syncing, das Herstellen von Synchronität zwischen Lippenbewegungen und Sprache oder Gesang, ist grundsätzlich in zwei Richtungen möglich. Synchronsprecher müssen

___
[449] siehe Kapitel 5.8.1
[450] Melody Myers | Facebook
[451] SugarbabyLA 2008
[452] SugarbabyLA 2012
[453] Tompkins 2010

158

beim Synchronisieren eines Films die Sprache möglichst passend zu den bestehenden Lippenbewegungen ausführen. Beim „Singen" eines Vollplaybacks werden die Lippen synchron zu einer gegebenen Gesangslinie bewegt.

Diese zweite Art des Lip-Syncing erfreut sich auf YouTube seit den Anfangstagen des Mediums größter Beliebtheit. Das Video-Konzept stellt einen offensichtlichen Bruch mit der Realitätsbehauptung von bildhaftem Videomaterial dar. Während im Fernsehen Playbackaufführungen in der Regel so produziert werden, dass sie die Illusion der Live-Darbietung aufrecht erhalten, wird dies auf YouTube oftmals offensichtlich vermieden. In diesen Fällen schafft die Aufgabe der Realitätsbehauptung Authentizität.

Das erste Lipsync-Video wurde am 25.06.2005 hochgeladen, nur zwei Monate nach dem Start von YouTube. Die Lip-Sync-Videos sind also eine musikalische YouTube-Praxis der ersten Stunde. Das Lip-Sync-Video „two chinese boys:i want it that way"[454] zeigt zwei junge asiatische Männer, die mittels Lip-Syncing den Song *That Way* von den *Backstreet Boys* interpretieren. Im Hintergrund sitzt eine dritte Person. Sie scheint unbeeindruckt von der Performance mit dem Rücken zur Kamera zu arbeiten. Die scheinbare Inklusion des Rezipienten in die Alltagssituation verleiht dem Video eine voyeuristische Komponente.

Die Choreographie der beiden Männer ist abgesprochen und geübt. Sie stellen die unterschiedlichen Charaktere der *Backstreet Boys* abwechselnd dar. Die Lippenbewegungen sind sehr gut synchronisiert und wirken etwas überaffektiert. Dazu bewegen die beiden Darsteller Oberkörper und Arme tänzerisch zur Musik. Dieses Video war seinerseits Vorbild und Ausgangspunkt für viele ähnliche Lip-Sync-Videos.

Während der Anfangsphase von YouTube war *Gary Brolsma* mit seiner Interpretation von *Numa Numa* bereits ein kleiner Lip-Sync-Star im Internet. Seit Dezember 2004 gehört er zu den bekanntesten Persönlichkeiten des Webs.[455] Seinem Video gelang erfolgreich die Immigration auf YouTube. Sein Kanal *NewNuma*[456] verzeichnete bis zum 14.06.2011 über 50 Millionen Aufrufe.

Teilweise gehen die Lip-Sync-Videos auch über die Synchronisierung der Lippen mit Gesangslinien hinaus. Das Video „Hilarious Lip Sync" von helloimromeo[457] zeigt zwei Darsteller, die mit ihren Lippenbewegungen die Hauptstimmen eines instrumentalen Big-Band-Stückes interpretieren.

---

[454] Zugriff zwischenzeitlich wegen der GEMA-Rechte verweigert cow 2005
[455] vgl. Patalong 2006
[456] NewNuma 2006
[457] helloimromeo 2006

159

Unter anderem stellen sie die Einsätze beziehungsweise den Klang einer Trompete, eines Xylophons und einer E-Gitarre mimisch, zum Beispiel mithilfe von Augenbewegungen, dar. Besondere Wirkung erzielen sie mit der guten Kenntnis des Arrangements. Dadurch können sie die rhythmischen Big-Band-Shouts gezielt inszenieren. Außerdem beziehen sie auch tänzerische Ansätze und Luftgitarrenspiel in ihre Darstellung mit ein.

Große Popularität erreichte der Teenager *Keenan Cahill* durch seine Lip-Sync-Videos auf YouTube. Die Videos des jungen Mannes hatten am 14.06.2011 bereits über 250 Millionen Aufrufe erzielt. Er hat über 100 Videos auf YouTube hochgeladen und führt auf seinem Channel die Berufsbezeichnung „Performer".

Abbildung 42: Keenan Cahill in "Teenage Dream(with me)"[458]

Nachdem *Katy Perry* auf die Lip-Sync-Version ihres Titels *Teenage Dream* aufmerksam geworden war, twitterte sie dem mit dem Maroteaux-Lamy-Syndrom geborenen Jungen ein wohlwollendes Feedback (Abbildung 43). Daraufhin wuchs die Popularität seiner Uploads stark an[459].

Anfang 2012 hatte Cahill eine eigene Bekleidungslinie und eine iPhone-App, mit deren Hilfe man ihn tanzend in eigene Videos einfügen kann. Neben einem Auftritt bei *America's Next Topmodel* war er auch zu Gast bei den *America Music Awards*.[460] Der junge

---

[458] Cahill 2010
[459] vgl. FOCUS Online 2011
[460] vgl. Keenan Cahill: What's Next For The Viral YouTube Celeb

Mann wurde 2010 als 15-jähriger zur TV Show von *Chelsea Lately* eingeladen und trat gemeinsam mit dem *Rapper 50* Cent in einem Lip-Sync-Video auf.[461]

Abbildung 43: Katy Perry's Tweets concerning Keenan Cahill[462]

Damit wurde seine virtuelle Popularität in den Kontext der etablierten Medienlandschaft transportiert. Auftritte in großen TV-Shows und Preise können auch für Internetstars mit vielen Millionen Videoaufrufen immer noch als Nobilitierung gelten.

5.5.7 Literals

Als Literals werden Bearbeitungen von Musikvideos auf YouTube bezeichnet, die den Bildinhalt, beziehungsweise die verwendeten filmischen Techniken, beschreibend und interpretierend durch einen bearbeiteten Songtext möglichst exakt wiedergeben. Dabei wird die Gesangslinie des Originals beibehalten.

Für die meisten Menschen wird die Bedeutung eines Songs im Text transportiert.[463] Darüber hinaus ist der Text Teil der Musik und im Musikvideo synästhetisch mit der Bildebene verbunden. Dementsprechend verändern sich durch die Versprachlichung der Bildebene die Bedeutung eines Musikvideos und das Beziehungsgefüge aus Bild, Ton und Narration.

Auf der narrativen Ebene besteht ein grundsätzlicher Unterschied zwischen Musikvideo und Film. Im Film wird der Inhalt, in der Regel die Handlungslinie, durch Bilder und

---

[461] vgl. ChelseaLately 2010
[462] Keenan Cahill: What's Next For The Viral YouTube Celeb
[463] vgl. Frith 2002, S. 158

Dialoge vorangetrieben. Diese beiden Ebenen weisen deshalb notwendigerweise eine hohe Kohärenz auf.

Im Musikvideo treten meist der gesungene Text und die restlichen musikalischen Parameter in eine ästhetische Beziehung, während die zugeordneten Bilder dienende Funktion haben.

Die Entwicklung des im Fokus des Songs stehenden Plots und die Bilder können sich kohärent entwickeln. Oftmals ist dies jedoch nicht der Fall. Bei einer hohen Kohärenz der Entwicklung ist in der Filmmusik von „Mickey Mousing" die Rede. Dabei deutet die Musik die Entwicklung im Bild tonmalerisch aus. In Analogie hierzu kann man das Verhältnis von Song und Video im Literal als „lyrisches Mickey-Mousing" bezeichnen. Die Worte folgen dem Bild „wörtlich". Der Ursprüngliche Plot des Songs wird dadurch stark verfremdet.

Da die Bildebene der für Literals verwendeten Musikvideos den Text meist in einer eher impressionistischen Manier ausdeutet, was man in Analogie zu den Begriffen der Filmmusik als „visuelle Mood-Technik" bezeichnen könnte, entstehen bei der Produktion eines Literals teilweise surrealen Effekte.

Ein bis zum 25.06.2011 über 10 Millionen Mal aufgerufenes Literal ist die Bearbeitung des Videos von *Total Eclipse Of The Heart*. Es basiert auf einem Liebeslied von *Bonnie Tyler*, das sowohl in konkreter als auch in bildhafter Sprache die mächtigen Sehnsüchte von scheidenden Liebenden zum Ausdruck bringt.

Die Ballade wurde 1983 von *Jim Steinman* getextet, komponiert und produziert. Die Single war in verschiedenen Ländern ein Nummer-Eins-Hit und der kommerziell erfolgreichste Song, sowohl von *Bonnie Tyler* als auch von *Jim Steinman*.[464]

Das Video zum Song wurde von *Russel Mulcahy* produziert, der auch beispielsweise für *Video Killed The Radio Star* verantwortlich war, das erste Musikvideo beim Start von *MTV*.[465]

Das Original-Musikvideo greift die Licht-Thematik des Songtextes auf, geht aber sehr frei damit um. Die einzelnen Einstellungen erinnern inhaltlich und in ihrer Anordnung sehr an die Surrealität des Traumes. Damit entspricht das Video exemplarisch Barthelmes' Aussagen zur Ästhetik von Musikvideos, wonach die visuelle Schicht eines Videos nicht den Inhalt des Songs bebildern, sondern metaphorisch erfassen solle.[466]

---

[464] vgl. Total Eclipse of the Heart at AllExperts
[465] vgl. IMDb
[466] vgl. Barthelmes 1993, S. 47

Eben dieses Bildmaterial mit der expressionistischen Anordnung von Personen mit künstlich leuchtenden Augen, Ninjas und Turnern in einem repräsentativen Gebäude wird nun
zusammen mit dem Song zum Ausgangspunkt für das Literal von *dascottjr*[467]. Eingesun-
gen wurde dascottjrs Text von Felisha Noble unter dem Künstlernamen *Persephone Maewyn*[468].

Das Literal zu *Total Eclipse of the Heart* gewinnt schon durch die Verbalisierung der
surrealen Bilder eine ungewöhnliche ästhetische Dichte. Dazu ist der Literal-Text durch
die durchgängige Kommentierung der bildhaft dargestellten Situation durchzogen von
intertextuellen Referenzen. Mehrfach kommentiert sich das lyrische Ich selbst oder
spricht den Rezipienten direkt an, was eine enorme Verstärkung der Selbstreferentialität
bewirkt. Als Nachweis sei auf folgende Stellen verwiesen:

- "[…] can you see me […]" (Z. 2) [469]
- "[…] let's see […]" (Z. 8)
- "Why aren't I reacting […]" (Z. 10)
- "Guess I should be acting […]" (Z. 12)

Einige Teile des im Literal verwendeten Texts beziehen sich auf die technischen Aspekte,
der im Video verwendeten Bildsprache:

- „Pan the room […]" (Z. 1)
- „[…] a dim lit shot […]" (Z. 4)
- „[…] close-up […]" (Z. 5)

Der Text des Literals folgt in weiten Teilen der collageartigen Ansammlung von Videomaterial. Dadurch gibt es viele Gedankensprünge.

- „Door's ajar. Wander through a hall with doors that magically open, and this
  classroom has a fan." (Z. 1 f.)
- „Why do they play football inside? Here's another shot of fencing. And I've
  mostly been lit from behind. Watch these shadows run off." (Z. 27 – 30)

---

[467] Scott 2007
[468] Felisha Noble (Persephone Maewyn)
[469] Die Zeilenangaben bei den Textverweisen beziehen sich auf die Transkriptionen im Anhang. Um eine
gute Lesbarkeit zu gewährleisten, werden nicht alle Textstellen zitiert, die als Beleg für die getroffenen
Aussagen dienen könnten.

Außerdem macht sich der Autor über die Auswahl und die Gestaltung des Bildmaterials lustig:

- „[…] random use of candles […]" (Z. 1)
- „[…] stock footage of a moon in the sky." (Z. 6)
- „I pull my feathered hair whenever I see floating cloth.", Z. 44

Daneben gibt es auch intratextuelle Verweise.

- "[…] dancing ninja men […]" (Z. 20) → "Spin around. Ninjas." (Z. 21)
- „And they shouldn't fence at night" (Z. 25) → "Here's another shot of fencing." (Z. 28)
- In den Zeilen 17 und 50 wird eine Figur als "Emo Kid" bezeichnet.

Im Mittelteil schafft es der Produzent, auch durch das Einfügen einer Art Hörspiel während des Instrumentalteils, eine neue narrative Linie zu entwickeln. Das Verhalten der Protagonistin wird vom Autor als Ergebnis eines starken Harndrangs interpretiert.[470] Dieses neu hinzutretende Motiv spinnt der Literal-Autor dahingehend weiter, dass die Protagonistin letztlich den Weg zur Toilette leider nicht erfolgreich meistert. („Now I need to find a mop! Look at me now!" (Z. 49)

Auch an anderen Stellen wird der Literal-Text sehr spekulativ „[…] you can tell by my staring, it's a long time since I've been with a man." (Z. 15 f.)

Bei der Textgestaltung wurde nicht nur auf die Interaktion der präsentierten medialen Schichten Musik, Literaltext und Video geachtet. An einigen Stellen lehnt sich der neue Text phonetisch an den Originaltext an.

- Zeile 25 beginnt sowohl im Original wie auch im Literal-Text mit "and" und endet auf „night". Durch das Kreuzreimschema entsteht auch am Ende der Zeilen 27 und 29 wieder eine phonetische Kohärenz zwischen Original und Literal.
- Auch die Zeile 36 hat in beiden Versionen den gleichen Anfang, „I", und das gleich Ende, „tonight".
- Aus dem Originaltext der Zeile 59, „I really need you tonight", wird im Literal das phonetisch kohärente "I whip my head to the right!"

---

[470] „Get out of my way! I've gotta pee!" (Z. 46)

Die Phantasie des Rezipienten wird durch die Fülle der Verweise angeregt, die der neue Text konnotiert.

- Die Verwendung von „Ringo Star? [...]" (Z. 11) dem Schagzeuger der *Beatles*, schafft eine Verbindung zu den Anfängen der Popmusikgeschichte.

- Die Interpretation einer Figur im Video als "[...] Emo Kid [...]" (Z. 17) interpretiert das Bildmaterial aus der Perspektive der aktuellen Popmusikkultur.

- Die Bezeichnung einer Figur im Video als „Arthur Fonzarelli" (Z. 32) kann beim Rezipienten zu verschiedenen Aktualisierungen führen. Einerseits kann der Hinweis auf die US-amerikanische Serie *Happy Days* (1974 – 1984) bezogen werden, aus der die Figur *Arthur Fonzarelli* ursprünglich stammt. Andererseits schafft die Verwendung dieser Figur eine Verbindung zu anderen Medien, wie zum Beispiel zu dem Film *Pulp Fiction* (1994) von *Quentin Tarantino*, der auch schon den „Fonzie" filmisch zitiert.

- Ein Tanz im Musikvideo wird als „Macarena" (Z. 34) interpretiert. Dies verstärkt die komische Kontrastierung zwischen dem sehr emotionalen Original-Song und dem Literal-Text, da der *Macarena*-Tanz eher als unbeschwerter Sommerhits anzusehen ist.

- Der Literal-Text interpretiert einzelne Posen von *Bonnie Tyler* im Video einmal als Filmzitate aus *Rocky* (Z. 36) einmal als Zitat aus *Evita* durch den Hinweis „Here's where I pretend to be Eva Peron." (Z. 39).

- In Zeile 56 bietet der Text gleich zwei Interpretationen des Bildmaterials an. „It started out as Hogwarts, now It's Lord of the Flies! [...]. Damit assoziiert der Autor *Harry Potter* (Band I 1997, Band VII 2007), eine Zauberlehrlings-Saga von *Joanne K. Rowling*, und den *Herr der Fliegen*, einem Roman von *William Golding*, der 1954 das Böse im Menschen im Eindruck zweier schrecklicher Weltkriege behandelt.

Während der YouTube-Channel des Produzenten am 26.06.2011 insgesamt über 20 Millionen Mal aufgerufen worden war, hatte der YouTube-Channel der Sängerin des Literals am gleichen Datum noch nicht einmal die Tausendergrenze erreicht. Dies ist ein deutlicher Hinweis darauf, dass die gesangliche Leistung in diesem Kontext von der Community nicht weiter beachtet wird.

5.5.8 Animutation

Als Animutation werden Musicvideoclips bezeichnet, die auf der visuellen Ebene aus Flashanimationen bestehen. Bevorzugt nutzen diese Animutationen Darstellungen von Gesichtern, die durch die selektive Animation des Unterkiefers mit den Gesangslinien synchronisiert werden. Im Internet wird der Internetkünstler *Neil Cicierega* als Erfinder der Animutationen diskutiert.[471]

Bei der Verbreitung des Konzepts Animutation spielten verschiedene Faktoren eine Rolle. Zum einen ermöglichte die Einfachheit des Konzepts seine schnelle Imitation. Zum anderen sind die technischen Voraussetzungen für die Erstellung einer Animutation relativ niedrig. Ein Computernutzer braucht hierzu lediglich eine Software zum Erstellen von Flashanimationen und Bilder und Musik als digitales Ausgangsmaterial. Dieses Material war auch bereits 2001 in vielfältigen Ausprägungen im Internet verfügbar.

Neil Cicierega war bei der Gestaltung seiner ersten Animutation erst 13 Jahre alt. Er ist damit ein typischer digitaler Pionier, der mit Hilfe der von anderen geschaffenen technischen Grundlagen neue Wege beschreitet und die neuen Möglichkeiten der Distribution nutzt.

Imitierende Animutationen werden in Anlehnung an den Neologismus Animutation auch häufig als Fanimutation bezeichnet. Beispiele für Adaptionen des Konzepts sind „We drink Ritalin"[472] oder die Videoantwort hierauf „Hot Limit - The misheard lyrics".[473] Das Video „We drink Ritalin" wurde 2002 von *Robin Wilburn* gestaltet. Es basiert auf dem Rave-Song *Hot Limit* (2001) von *John Desire* und deutet dessen Text an einigen Stellen visuell aus. Weite Teile der Flash-Collage sind jedoch ohne Bezug zu den Lyrics.

Die Videoantwort „Hot Limit – The misheard lyrics" hat den gleichen Song als Grundlage und präsentiert durchgängig einen absichtlich „verhörten" Text[474], wobei an einigen Stellen das Original erhalten bleibt. Die Stilistik der Bildebene ist ebenfalls an die Praxis der Flash-Collagen gehalten. Der Song *Hot Limit* ist bei den mit Computerspielen aufge-

---

[471] vgl. Blacksheep: Neil Cicieregas „Japanese Pokerap, wird in der Diskussion als erstes Animutationsvideo dargestellt: "In Neil Cicierega's first-ever animutation, Mike Brady and some green guy on the telephone bust a rap naming all 150 Pokemon from the original Gameboy games." The Japanese Pokerap - FanimutationWiki 2012, Einen weiteren Hinweis auf das wahrscheinliche Entstehungsjahr gibt die Datierung des „Japanese Pokerap2" auf das Jahr 2001 (vgl. Animutations!! 2009.
[472] Wilburn 2002
[473] MarioNintendoh 2008
[474] siehe Kapitel 5.5.9

wachsenen Jugendlichen auch deshalb bekannt, weil er bei einem Tanzcomputerspiel verwendet wurde.[475]

5.5.9 Misheard Lyrics

YouTube bietet eine Vielzahl von Videos, die semantische Umdeutungen der phonetischen Gegebenheiten von gesungenen Liedtexten präsentieren. Unter dem Suchbegriff „Misheard Lyrics" lieferte YouTube am 8.07.2012 ungefähr 9.990 Treffer. Üblicherweise ist in den Videos der Originalsong zu hören, während auf der Bildebene ein „verhörter" Text, verschriftlicht und in einfachen Grafiken ausgedeutet, präsentiert wird. Die Umdeutungen der phonetischen Gegebenheiten erscheinen oft dadaistisch, da ihnen teilweise die inhaltliche Relevanz und die semantische Kohärenz fehlt.

Für Misheard Lyrics werden bevorzugt Songs ausgewählt, bei denen der Originaltext für die Rezipienten nur schwer verständlich ist. Im Falle von „Misheard Lyrics "Pride Shall Fall""[476] liegt die Unverständlichkeit des gesungenen Textes in der Vokalästhetik des Grindcore begründet. Der Text wird hier mit stark verzerrter Stimme herausgepresst. Das Video wurde seit seiner Veröffentlichung im März 2010 bis zum 8.07.2012 über 3 Millionen Mal aufgerufen.

Noch schneller verbreitete sich das Video „Michel Teló - Ai Se Eu Te Pego - Misheard Lyrics"[477]. Dieses Video wurde am 17.03.2012 auf YouTube veröffentlicht und erreichte bis zum 8.07.2012 über 4,4 Millionen Aufrufe. Die Unverständlichkeit des Originaltextes liegt in diesem Fall für die deutschen Rezipienten in der Unkenntnis der portugiesischen Sprache begründet.

Abbildung 44: Standbild aus dem Video "Michel Teló - Ai Se Eu Te Pego - Misheard Lyrics" - "Pego" wird als "Perl-Huhn" verhört[478]

---

[475] vgl. xkonsentox 2012
[476] coldmirror 2010
[477] TheDroggelbecher 2012
[478] TheDroggelbecher 2012

Es gibt auch Misheard Lyrics, die einen deutschen Text auf Englisch umdeuten. Deutsche Rezipienten haben hier dann offensichtlich Schwierigkeiten, die Umdeutungen lustvoll nachzuvollziehen, da ihnen die ursprüngliche Bedeutung verständlich und geläufig ist. Der Produzent von „Misheard Lyrics - Rammstein – Engel"[479] merkt hierzu frustriert im Kommentar[480] zum Video an, dass er sich wünsche, dass die Kommentarfunktion für deutschsprachige Besucher abgeschaltet werden solle, da das Video eben nicht für diesen Rezipientenkreis produziert worden sei. Die Schwierigkeiten der deutschsprachigen Nutzer mit dem Verhören der deutschen Sprache begründen auch die schlechte Bewertung des Videos mit nur 43 % Beliebtheit.

5.5.10 Autotune

Autotune war ursprünglich ein Studiowerkzeug, um die Intonation von Gesangslinien mit technischer Hilfe zu korrigieren. Wenn die aufgenommene Stimme zu weit von der angestrebten Intonation entfernt ist, produziert Autotune deutlich hörbare Artefakte, die ihrerseits als stilistisches Mittel eingesetzt werden. Ein erstes populäres Beispiel hierfür ist der Song *Believe* (1998) von *Cher*.

Die *Gregory Brothers* verwendeten das Studiowerkzeug, um Stimmen aus Nachrichtensendungen zu Gesangslinien umzuformen. Die so produzierten Songs veröffentlichten sie in ihrer YouTube-Reihe *Autotune the News*. Das prominenteste Beispiel hierfür ist das Video „Bed Intruder Song"[481]. Dieses Video war das am meisten aufgerufene YouTube-Video das Jahres 2010 in der Kategorie der nicht von Plattenfirmen veröffentlichten Videos. Bis zum 16.02.2012 hatte es über 98 Millionen Aufrufe erzielt.

Das Video und der Song basieren auf einer Nachrichtensendung, bei der über eine versuchte Vergewaltigung berichtet wird. Der Bruder des Opfers, der den Täter in die Flucht schlagen konnte, berichtete in der Sendung über den Vorfall. Seine extrovertierte Erzählweise animierte offensichtlich die *Gregory Brothers* zur Nutzung seines Monologs als Songgrundlage.

Die Umarbeitung von gesprochenem Text zu einer Gesangslinie wird seit 2011 erheblich vereinfacht durch die eigens hierfür konzipierte iPhone-App *Songify*. Die YouTube Such-

---

[479] LlamaPot 2008
[480] vgl. LlamaPot 2008
[481] schmoyoho 2010

anfrage „Songify" erzielte am 16.02.2012 bereits über 5000 Treffer mit entsprechenden Videos.

5.5.11 Chiptunes und 8-bit-Sounds

Die Affinität von Computernutzern zur Klangästhetik früher Computerspiele, wie sie bereits von Föllmer beschrieben wurde, setzt sich auch auf YouTube fort. Für Musik, die auf einfachen Computersounds basiert, wird hier der Begriff Chiptunes verwendet. Alternativ hierzu ist auch der Begriff 8-Bit-Sound gebräuchlich. Die Suchanfrage „chiptune" lieferte am 8.07.2012 ungefähr 23.900 Treffer, die Suchanfrage „8-bit sound" ungefähr 71.700 Treffer.

Es lassen sich eine Vielzahl von Originalkompositionen und Bearbeitungen finden. Obwohl die Klangästhetik dieser Bearbeitungen in der Regel auf Einfachheit zielt, wird bei der instrumental interpretierten Gesangslinie häufig ein Zugeständnis gemacht und der Gesamtsound durch Pitchbending etwas organischer gestaltet.[482]

Abbildung 45: Chiptune-Setup aus dem Video "Rockman game boy dmg micromix LSDJ live"[483]

Bemerkenswert sind auch die Performance-Setups, die für die Live-Produktion von 8-Bit-Musik entwickelt und genutzt werden. Hier kommen vor allem der Nintendo Game Boy und das Korg Kaoss Pad (siehe Abbildung 45) zum Einsatz.[484]

---

[482] vgl. zum Beispiel "what is love 8 bit" (sora1233333 2010)
[483] xdigitalhorrorx 2011
[484] vgl. zum Beispiel weeence 2008, xdigitalhorrorx 2011 oder bibinson 2011

5.5.12 Musikalisches Material aus der digitalen Welt

Auf YouTube lässt sich eine Vielzahl von Videos finden, die musikalisches Material aus der digitalen Welt verwenden. Zum einen werden dabei einfache Sounds von Handys, Windows-Signaltöne oder Sounds aus Games verwendet. Zum anderen werden die Melodien von Games auf den verschiedensten Instrumenten interpretiert. Der Sound von Handys bleibt dabei häufig, zumindest was die Einfachheit betrifft, noch sehr nahe am Original. Interpretationen auf überblasenen Flaschen, auf dem Schlagzeug oder durch sinfonisches Orchester und Chor weichen deutlich vom Referenzwerk ab.

Bei der Verarbeitung von Windows-Signaltönen werden in der Regel Hip Hop- oder Dance-Beats als Grundlage genommen und dann entsprechende musikalische Stereotype aus den Windows-Sounds darüber gelegt. Dazu werden entweder kurze Sounds percussiv verwendet oder die Produzenten der Remixes konstruieren sich durch Pitching tonale Instrumente um melodische Strukturen[485] entstehen zu lassen.

5.5.12.1 Sounds aus Games – der Mario Paint Composer

Ein Werkzeug, das häufig für solche eignen Gestaltungen verwendet wird, ist der *Mario Paint Composer*. Diese kostenlos zugängliche Software ist ein Sequenzerprogramm, das Noten mit Symbolen der alten *Supermario*-Spiele von *Nintendo* darstellt. Die verwendeten Sounds entstammen ebenfalls der Welt von Supermario.

Da die Songs nicht aus dem Sequenzerprogramm zu extrahieren sind, werden sie häufig abgefilmt und die Filme auf YouTube veröffentlicht. Beispiele hierfür lassen sich über die Eingabe von „Mario Paint Composer" in der Suchefunktion von YouTube leicht aufrufen. Die entsprechende Suchanfrage lieferte am 7.07.2012 ungefähr 17.500 Treffer. Unter den populären Treffern befinden sich vor allem Bearbeitungen von Computerspielmusiken und von Charthits.

5.5.12.2 Songs aus Games

Entsprechend der großen Bekanntheit von *Tetris* erfreut sich auch die dazugehörige Melodie auf YouTube großer Beliebtheit. Selbst eine sehr einfache Version der Originalme-

---

[485] zum Beispiel: thequadcoreguy 2008

lodie[486] verzeichnete am 04.08.2011 fast 3 Millionen Aufrufe bei einer Beliebtheit von über 98 % auf YouTube. Das Tetris-Thema A besteht aus einer zweiteiligen Melodie, die durch ein Ostinato begleitet wird. Diese russische Weise ist unter dem Namen *Korobeiniki* bekannt und diente Mitte des 19. Jahrhunderts als Melodie für das gleichnamige Gedicht von *Nikolai Nekrasov*.

Um den Fans das Nachspielen der Melodie auf dem Klavier zu erleichtern, gibt es mehrere Videotutorials auf YouTube. Dabei werden teilweise die zu spielenden Tasten auf einem virtuellen Keyboard angezeigt. Eine häufig aufgerufene Anleitung[487] zeigt für beide Teile der Titelmelodie jeweils eine verlangsamte Version für die rechte und die linke Hand. Die Notennamen der gespielten Töne werden zur Verdeutlichung eingeblendet.

Abbildung 46: Bildausschnitt aus "Tetrissong im Flaschenmix"[488]

Neben den Anleitungen zum Spielen der Melodie auf dem Piano zeigen die Videos auch den Einfallsreichtum der YouTube-Nutzer bei der Gestaltung des *Tetris*-Songs. Das Video „Tetris Theme on a Cellphone"[489] zeigt, wie die Melodie vereinfacht mit den Tastentönen eines Handys gespielt werden kann. Diese Handynutzung erfreut sich laut YouTube-Statistik einer kontinuierlichen Beliebtheit. Sie hatte bis zum 7.07.2012 bereits über 2 Millionen Aufrufe erzeugt.

---

[486] IIIIIIIII 2008
[487] RememberSeptember 2007
[488] colseven2000 2009
[489] TheNoel 2007

171

Mehr Planungsaufwand und Übung wurde für das Video „Der Tetris Song im Flaschen-mix"[490] investiert, bei dem drei Spieler auf gestimmten Getränkeflaschen das Stück mehr-stimmig gestalten (Abbildung 46). Sie haben sich zu diesem Zweck eigens eine kreisförmige Anordnung von Flaschen als Instrument hergestellt. Dieses Instrument er-möglicht es den Spielern, zu dritt gleichzeitig zu spielen, während es jedem Spieler mög-lich ist, recht schnell zu weiter entfernt liegenden Tönen zu wechseln. Laut den Angaben im Kommentar zum Video, handelt es sich nicht um ein Fake-Video. Die Spieler haben das Stück live mit reduzierter Geschwindigkeit eingespielt. Um sich dem Originaltempo anzunähern, wurde dann eine durch Schnitte beschleunigte Version auf YouTube hochgeladen.

Eine Variation auf recht hohem spieltechnischem Niveau stellt die Beatboxversion „Tetris Theme Beatbox"[491] von *HIKAKIN* dar. Hier intoniert der Musiker die Melodie mit der Kopfstimme und entwickelt gleichzeitig hierzu ein Beatboxing[492], das sich an der Stilistik des Drum and Bass orientiert. Nach einem kurzen Intro aus Beatbox-Sounds baut sich allmählich eine rhythmische Struktur aus Hi-Hat-Achteln und einer sich steigernden Bass-Drum auf. Die Wiederholung der Melodie wird durch einen Break vorbereitet. Das Beatboxing der ersten Wiederholung ist durch einen typischen Breakbeat-Charakter mit starken Synkopierungen und Halftime-Elementen geprägt. Der zweite Melodie-Teil wird durch einen Wechsel aus Half- und Doubletime Beats begleitet. Die YouTube-Statistik des Videos zeigt in der Jahresmitte 2010 einen für virale Videos typischen An-stieg. Seitdem wurde das Video kontinuierlich rezipiert, was bis zum 04.08.2011 zu über 1,7 Millionen Aufrufen führte.

Neben einigen einfachen und rohen Versuchen, das Stück auf verschiedenen Instrumen-ten wie Ukulele, Okarina oder auf durch Wasser gestimmten Gläsern zu spielen, fällt noch das Video „Tetris Theme A (Korobuschka) - Helligandskirken Hvide Sande"[493] auf, das eine Interpretation eines *Gori Fater*-Arrangements der russischen Weise auf einer Kirchenorgel präsentiert.

Eine letzte Version, die Erwähnung finden soll, ist die Interpretation „Tetris Theme (Ko-robeiniki)"[494] von *Zac Kim*, einem Gitarristen aus Seoul, Süd Korea. Die Spezialität die-ses Interpreten ist das musikalische Spiel auf zwei E-Gitarren gleichzeitig, wobei er sich

---

[490] colseven2000 2009
[491] HIKAKIN 2010
[492] siehe Kapitel 5.8.1
[493] TheTschick 2011
[494] ZackKim 2008

die Gitarre für die linke Hand umhängt und die zweite auf einem Ständer montiert. In Analogie zu den Konventionen des Pianospiels liegt in der linken Hand in der Regel die Begleitung während er mit der rechten Hand meist die Melodie spielt. Sehr eigen bei seinem Spiel ist, dass sämtliche Töne im Bereich der Gitarrenhälse getappt werden müssen, da ja je Gitarre nur eine Hand zur Verfügung steht.

Bei der Auswahl der Stücke hält sich *ZackKim* an die Hits der digitalen Generation. Neben Interpretationen der Titelmelodien von *Tetris, Super Mario, Zelda* und den *Simpsons* gibt es auch einige Popsongs und eine Interpretation von *Für Elise*. Dies ist auch deshalb bemerkenswert, weil dieses Stück von *Beethoven* auch für ein an anderer Stelle besprochenes beliebtes Lehrvideo zum Einstieg ins Klavierspiel gewählt wurde.[495]

In ähnlicher Weise, wie hier dargestellt, werden auch die Titelmelodien anderer populärer Computerspiele wie *Supermario* oder Die *Legenden von Zelda* verarbeitet. Hier fallen vor allem die Mitspielvarianten[496] auf, bei denen zu der Originalmelodie ein Interpret mit seinem Instrument additiv hinzutritt.

Wenn im Web 2.0 eine neue Verarbeitungstechnik als formales Mem viral wird, werden bereits virale inhaltliche Meme mit ihm zu neuen Memplexen verknüpft. So wurde auch das *Super Mario Bros.*-Thema[497] im Jahre 2010 einem Sound Stretching[498] unterzogen, als diese Technik gerade populär war. Dieser Umgang mit den Memen des Webs 2.0 entspricht somit einer Systemaktualisierung, die Fleischer[499] für die Tradition von Zeichensystemen definiert.

Fredrik Larsson, alias *FreddeGredde* oder *Freddie25*, präsentiert ein Medley aus verschiedenen Titelmelodien aus Videospielen.[500] Damit die Stücke mit Akustik-Gitarre und Gesang spielbar sind, benutzt er Texte, die von anderen Nutzern geschrieben wurden. Hierzu greift er auf Produktionen zurück, die auf YouTube verfügbar sind.

Einige der verwendeten Bearbeitungen entstammen dem Kanal von brentalfloss[501], der am 27.07.2012 über 300 Videos auf YouTube bereitstellte. Für seine Videos nutzt er die Musik von Videospielen. Auf den bekannten Melodien singt er selbstproduzierte Texte und visualisiert diese Texte im Video bildergeschichtenartig.

---

[495] siehe Kapitel 5.7.1
[496] zum Beispiel Zelda mit Geige gbritaney 2009 oder Super Mario Bros mit Drums vadrum 2007
[497] iamjamesid 2010
[498] siehe Kapitel 5.4.7
[499] vgl. Fleischer 1994, S. 99
[500] Larsson 2010
[501] BRENTALFLOSS 2006

5.5.12.3 Gamification im YouTube-Kontext

Die Einbeziehung von spielerischen Elementen bei der Gestaltung von Web-Anwendungen und Webinhalten tritt auf YouTube in verschiedenen Ausprägungen auf.
Auf der Seite der Produktion von YouTube-Videos werden Sounds und Musik aus Computerspielen im Kontext von YouTube-Videos verarbeitet. YouTube veranstaltet selbst den Wettbewerb *Secret Talents* und Nutzer gestalten ihre eigenen YouTube Battles.

YouTube hat allerdings auch begonnen, Aspekte der Gamification auf der Seite der Rezeption zu implementieren. Hierzu hat YouTube im November 2011 den YouTube-Slam[502] gestartet. Hierbei können die Nutzer zwischen den Kategorien Niedliches, Skurriles und Comedy wählen. In den USA gibt es zusätzlich die Kategorien Musik und Tanz.

Wenn der Nutzer den Slam startet, bekommt er zwei Videos der gewählten Kategorie präsentiert, von denen er eines als Sieger bestimmt. Anschließend lässt YouTube zwei neue Videos gegeneinander antreten. Während für die Nutzer durch das neu hinzukommende spielerische Element des Wettbewerbs der Lustgewinn durch die Wahlmöglichkeit im Vordergrund steht, soll der Slam auch noch einen praktischen Nutzen für die Plattform haben. Die YouTube-Anwendung soll laut *Google Research* helfen, die immer schneller wachsende Zahl von Videos schneller zu ordnen.[503]

5.5.13 Online-Battles auf YouTube

Als Battle wird im aktuellen Sprachgebrauch eine wettbewerbsartige Auseinandersetzung bezeichnet, bei der die Battle-Gegner ihre Fähigkeiten auf einem bestimmten Gebiet, zum Beispiel dem rhetorischen Schlagabtausch oder Freestyle-Rap, messen. Grundsätzlich lassen sich zwei Arten von Battle-Videos auf YouTube unterscheiden.

Bei der ersten Variante wird ein Battle gefilmt, während die Kontrahenten sich am selben Ort befinden. Diese Art der Kommunikation ist demnach nicht auf YouTube als Kommunikationskanal angewiesen. YouTube dient hier nur der Veröffentlichung und Verbreitung.

Bei der zweiten Variante findet der Battle direkt auf YouTube per Videoantwort statt. Beide Varianten beinhalten das spielerische Element des Wettbewerbs und sind auf dieser Ebene auch mit dem klassischen Konzert (lat. *concertare* = wetteifern) verwandt.

---

[502] Slam 2011
[503] vgl. YouTube Slam: Beliebte Videos im Duell 2011

Zwei ältere Battles, die aufgezeichnet wurden, bevor YouTube Online-Battles ermöglichte, sind Drum-Battles der Drummer-Legende *Buddy Rich*. Der erste Battle „Buddy Rich and Jerry Lewis Drum Solo Battle 1965"[504] zeigt ein spaßhaftes Wetteifern mit dem Komödianten *Jerry Lewis*. Im Wesentlichen stellt dabei *Jerry Lewis* mit einfachen Rhythmen eine musikalische Frage, während *Buddy Rich* diese Frage aufnimmt und sie variantenreich beantwortet. Schließlich entwickelt sich aus dem Frage-Antwortspiel ein Soloauftritt von *Buddy Rich*, dem *Jerry Lewis* nichts mehr hinzuzufügen hat. Nach diesem Solo hebt sich hinter den Drummern ein Vorhang, der eine Big Band verborgen hat und die beiden Drummer spielen gemeinsam ein kurzes Stück zusammen mit der Band.

Der zweite Battle „Buddy Rich VS Animal"[505] folgt einer ganz ähnlichen Dramaturgie. Hier tritt das *Animal* aus der *Muppet Show* als Kontrahent auf. Auch hier gehen die beiden Drummer zuerst musikalisch auf die Vorgaben des Gegners ein und versuchen diese zu erweitern. Auch dieser Battle endet mit einem Solo von *Buddy Rich*. Darüber ist das Animal so verärgert, dass es *Buddy Rich* eine Trommel gegen den Kopf wirft.

Die Online-Battles, die mit Videoantworten arbeiten, können zum einen quasi von selbst entstehen, in der Art dass jemand unaufgefordert auf ein Video reagiert. Zum anderen können solche Battles auch organisiert stattfinden, so dass es eine Institution gibt, die den Battle initiiert und zur Teilnahme aufruft.

5.5.13.1 Der offene Battle um den WM-Song 2010

Ein großer Wettstreit, der nicht zentral organisiert wurde, war das Ringen um den Hit zur *FIFA-Fußball-WM 2010*. Viele Künstler und Produzenten versuchten, teilweise schon sehr frühzeitig, einen Song für die WM auf YouTube zu etablieren.

Bei der Produktion der Songs wurden verschiedene Strategien genutzt. Einen einfachen Weg wählte die Band *Bonfire*, um wieder in den Blick der Öffentlichkeit zu gelangen. Sie versuchten sich an einer Rockversion[506] der deutschen Nationalhymne.

Weitere Neuinterpretationen bekannter Melodien gestalteten die *Sportfreunde Stiller* und das Projekt *Uwu Lena*. Die *Sportfreunde Stiller* hatten mit ihrem Song *'54 '74 '90 2006* bereits im Jahre 2006 einen Hit, den sie textlich direkt nach der Niederlage der deutschen

---

[504] Buddy Rich and Jerry Lewis Drum Solo Battle 1965
[505] Die Episode 522 mit Buddy Rich wurde vom 11.-15. August 1980 aufgezeichnet. (vgl. Muppet Wiki). Sie ist auf YouTube verfügbar unter: Buddy Rich VS Animal
[506] Murmeltier44 2010

175

Mannschaft im Halbfinale dahingehend umformulierten, dass er die Hoffnungen für die WM 2010 artikulierte.

Sehr erfolgreich wurde die Coverversion des *Eurovision*-Siegertitels *Satellite* von 2010, das von *Uwu Lena* in *Schland o Schland*[507] umgetextet wurde. Dieser Song wurde im Netz so extensiv kommuniziert, dass er, auch mithilfe der medialen Resonanz, viral wurde und auf YouTube über 10 Millionen Aufrufe erzielte.

Ebenfalls eine hohe Verbreitung fand eine Coverversion des *Eddie Grant*-Songs *Gimme Hope Joanna* (1988). Es wurde unter dem Titel „Gimme Hope Joachim"[508], in Anspielung auf den Nationaltrainer Joachim Löw, überarbeitet und erhielt einen entsprechenden deutschsprachigen Text.

Viele weitere Songs von nicht etablierten Künstlern schafften es kaum, aus der Masse der WM-Songs hervorzutreten. Allein auf YouTube konkurrierten 55 Songs um die Wahrnehmung der Fußballfans. In dieser Konkurrenzsituation war Bekanntheit der entscheidende Wettbewerbsvorteil. Nur bereits populäre Künstler oder Melodien schafften es, in einem bemerkenswerten Umfang rezipiert zu werden.

5.5.13.2 Seoul City Online B-boy Battle

Ein Beispiel für einen institutionell organisierten Online-Battle[509] auf YouTube ist der „Seoul City Online B-boy Battle"[510]. Hier wurde zu einem Breakdance-Online-Battle aufgerufen und die Modalitäten zum Verlauf des Battles festgelegt. Für die erste, offene, Runde wurden 193 Videoantworten gepostet. Die besten 15 wurden für die zweite Runde ausgewählt[511]. Aus diesen 15 Teilnehmern wurden wiederum vier für die Endrunde der besten Sechs gewählt, die dann nicht online, sondern zentral in Seoul stattfinden sollte Zwei Plätze der besten Sechs wurden für Nachqualifikationen freigehalten.

Für die Top 6[512] qualifizierten sich *Aranha* aus Brasilien, *Drama* aus Italien, *Redo* aus Holland, *Victor Kim* aus den USA, *Yoriyas* aus Marokko und *Atomic Goofball* aus den USA. Das Video des letzten Battles[513] ist ebenfalls auf YouTube aufzurufen. Hierbei wird

---

[507] uwulena 2010
[508] bastaacappella 2010
[509] "Fever Seoul was an online b-boy battle organized by the Seoul City Government to spread, worldwide, an appreciation for the b-boying culture in Seoul." seouldreamseries 2011
[510] seouldreamseries 2010b
[511] seouldreamseries 2010c
[512] seouldreamseries 2010a
[513] seouldreamseries 2011

deutlich, dass der Battle der letzten Sechs keine Endausscheidung war, sondern dass bei ihnen die gemeinsame Performance im Mittelpunkt stand.

5.5.14 Die medialen Praktiken in der triadischen Relation

Die oben beschriebenen weit verbreiteten medialen Praktiken können auch den Bereichen der triadischen Relation zugeordnet werden (Abbildung 47). Literals, Misheard Lyrics und Lipsynching sind durch die Arbeit eines Individuums geprägt. Die Veränderung von gesprochener Sprache zu Gesang durch Autotune, die Herstellung von Animutationen und Multitrack-Videos ist auf Multimediarechner angewiesen. Das Verschicken von Fake-Links (Kapitel 5.4.5), Kollaboration und die Gestaltung von Grassroots-Aktionen sind sozial geprägte Praktiken, die dem Bereich G zuzuordnen sind.

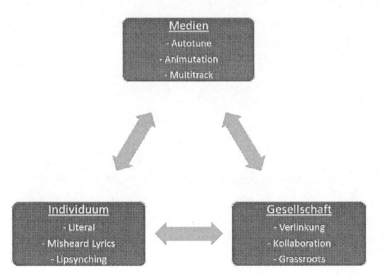

Abbildung 47: Die medialen Praktiken in der triadischen Relation

5.6 Tanz auf YouTube

"Welches Moment dieser Ideen ist's denn also, dessen die Musik sich in der Tat so wirksam zu bemächtigen weiß? Es ist die Bewegung (natürlich in dem weiteren Sinne, der auch das Anschwellen und Abschwächen des einzelnen Tones oder Akkordes als >>Be-

177

wegung<< auffaßt). Sie bildet das Element, welches die Tonkunst mit den Gefühlszustän-
den gemeinschaftlich hat und das sie schöpferisch in tausend Abstufungen und Gegensät-
zen zu gestalten vermag."[514]

Wenngleich Hanslick die Bewegung im erweiterten Sinne in einer Verbindung mit Musik
und Emotion sieht, so kann auch, oder vielleicht erst recht, Bewegung im engeren Sinne
in ebendieser Verbindung gesehen werden.

Beim instrumentalen Musizieren ist energische Musik das Resultat energischer Bewegungen, sanfte Musik das Ergebnis sanfter Bewegungen. Diese Verbindung kann auch bei
der Rezeption eines Konzertes akustisch und visuell nachvollzogen werden. Hier bilden
Bewegungen die Verbindung zwischen den musikalischen Empfindungen des Dirigenten
und dem Orchesterklang.

Beim Tanz geht die musikalische Empfindung als Information gerade den umgekehrten
Weg. Der wahrgenommene Klang wird mittels des Tanzes für den Tänzer körperlich und
für den Rezipienten mindestens visuell erfahrbar. Dabei kann der Tänzer existentielle
Erfahrungen machen, da sich in der Ausübung von Bewegungen der menschliche Wille
im Schopenhauerschen Sinne sehr subjektiv erleben lässt.[515]

Da ein medial kommunizierter Tanz nicht kontextfrei präsentiert werden kann, werden
beim Tanz auch immer außermusikalische Information kommuniziert. Dabei spielen die
Person des Tänzers und sein Körper ebenso eine Rolle, wie seine Kleidung, die entsprechenden Parameter der Tanzpartner, das Setting und die Musik, die dem Tanz zugrunde
liegt. Auch wenn sich die Rezipienten des Tanzes vornehmlich auf die Tänzer konzentrie-
ren, so werden doch zumindest unbewusst die Konnotationen der erklingenden Musik in
die synästhetische Wahrnehmung integriert.

Auf YouTube gibt es eine große Anzahl von Videos, die tänzerische Darbietungen zum
Inhalt haben. In die öffentliche Wahrnehmung gelangen dabei am leichtesten Videos, die
sich durch Originalität und Authentizität, aber auch durch Aktualität, hervorheben.
Selbstverständlich gelten auch für tanzbezogene Videos die kulturellen Resonanzen, die
den Videos populärer Personen zu mehr Popularität verhelfen. Auch hier wird die Ungleichverteilung der Aufmerksamkeit perpetuiert.

Gemeinsam ist vielen der hochgeladenen Tänze, dass man in den Videos Menschen, von
denen man es nicht erwartet, in Situationen tanzen sieht, wo man es nicht erwarten würde,

[514] Hanslick 1982, S. 53
[515] vgl. Schopenhauer 2002, S. 151

Diesem Verstoß gegen eine angenommene allgemeine Erwartungshaltung liegen unterschiedliche Ursachen zugrunde.

Durch die Verbreitung der Aufzeichnungsgeräte, mittlerweile vor allem durch die Nutzung von Smartphones, werden Menschen und Situationen gefilmt, die ansonsten nicht im Zentrum des öffentlichen Interesses stehen würden. Es werden Situationen präsentiert, die üblicherweise nur von einem begrenzten oder vertrauten Personenkreis wahrgenommen werden könnten.

Zum Teil ist es den aufgezeichneten Personen im Moment des Tanzes nicht bewusst, dass sie gerade gefilmt werden und dass der Film später veröffentlicht wird. Dadurch entsteht eine Interdependenz zwischen Voyeurismus und der Realitätsbehauptung.

Der Entstehung vieler Videos liegt eine teilweise exhibitionistische Motivation zugrunde. Menschen zeichnen sich bei ihren privaten Tanzübungen auf, sie tanzen bewusst an öffentlichen Plätzen oder sie studieren einen Tanz ein, den sie in ihrer Lebenswelt darbieten und aufzeichnen. Dadurch werden Informationen über Subkulturen in einen musikalischen Kontext gestellt und veröffentlicht. Musik und Tanz können dabei sowohl paraphrasierend als auch polarisierend mit der Lebenswelt interagieren.

5.6.1 Militär im Gleichschritt

Das Video „Telephone Remake"[516] von malibumelcher wurde im Krisengebiet in Afghanistan aufgezeichnet und geschnitten. Es zeigt Soldaten, die zum Song *Telephone* von *Lady Gaga* und *Beyonce* tanzen. In der ersten Sequenz treten zwei Soldaten in Camouflage-Uniform auf. Sie interpretieren bei ihrem Tanz das Originalvideo und versuchen dabei, die Bewegungen von *Lady Gaga* und *Beyonce* zu imitieren.

Nahezu alle kontextuellen Bezüge dieses Videos wirken befremdlich. Soldaten, deren Berufsalltag geprägt ist von ständiger Lebensgefahr, tanzen selbstvergessen. Diese wechselseitigen Neukontextualisierungen sind vermutlich auch ein Teil des Begründungszusammenhangs für die schnelle Verbreitung des Videos.

Für die meisten YouTube-Nutzer dürfte diese Kriegssituation eine fremde Welt darstellen. Das Setting des Videos wird von einer Holzbaracke gebildet. Daneben erkennt man eher beiläufig eine Schusswaffe. Die Beiläufigkeit dieser echten Waffe, die in echten

---

[516] malibumelcher 2010

Gefahrensituationen zum Einsatz kommt, steht in krassem Gegensatz zu den Spielzeug-
waffen, die spielerisch beim Originalvideo in Szene gesetzt werden.

In der zweiten Sequenz zwischen 1:37 min und 2:32 min tritt eine Gruppe von Soldaten
in einem präparierten Raum auf. Es handelt sich wieder um eine Holzbaracke, allerdings
wurde hier im Hintergrund eine Kulisse aus zwei überdimensionalen Telefonhörern geschaffen. Die tanzende Gruppe trägt Kostüme, die an den extravaganten Stil von Lady
Gaga angelehnt sind. Die Tänzer tragen Boxershorts, Applikationen aus Karton und Kle-
beband um Hüften und Bauch. Auch eine merkwürdig anmutende Kopfbedeckung aus
glitzerndem Band und ein Gestell aus Räumwerkzeug, das sich einer der Tänzer bis auf
Überkopfhöhe an den Rücken geschnallt hat, kommen zum Einsatz.

Die Männer tanzen am Anfang und am Ende der Choreographie als Gruppe mit synchronen Bewegungen. Dazwischen treten zuerst ein Sänger, dann zwei Tänzer, in Uniform
hinzu. Die restlichen fünf Männer halten sich im Hintergrund. Dies zeigt, dass bei der
Ausarbeitung der Choreographie rudimentäre gestalterische Grundlagen angewendet
wurden.

Die letzte Sequenz wurde wieder im anfangs beschriebenen Rahmen aufgezeichnet. Sie
beginnt mit einer angedeuteten Trainingssituation. Ein Soldat führt Liegestütze aus, während ein Kollege über ihm energische Skippings mit lockeren Tanzbewegungen kombiniert. Zwei weitere Uniformierte stehen rechts und links daneben und begleiten die Szene
mit Hüftschwung und Händeklatschen. Dadurch wird die Realität der Soldaten in die
Welt des Tanzes integriert.

Danach kommen mehrere kurze Szenen, in denen Sprünge und Würfe von einem Zweier-
team gezeigt werden und einige Tanzsolos, die große Freude an geschmeidiger Bewegung
beweisen.

Dem musikalischen Outro werden Outtakes, wie man sie von filmischen Komödien
kennt, zur Seite gestellt. Zuerst eine Tanzsituation der Gruppe mit einem Solotänzer in
der Mitte, der eher verhalten improvisiert. Danach werden Fotos der einzelnen Tänzer in
ihren Kostümen präsentiert, bevor die Namen der auftretenden Tänzer und des Produzenten *Malibu Milkshake Melcher* im Abspann eingeblendet werden.

Das *Telephone*-Remake-Video fand schnelle Verbreitung. Es wurde am 23.04.2010 online gestellt und hatte am 4.5.2010 bereits über 3 Millionen Aufrufe, die sich bis zum
15.06.2011 wiederum mehr als verdoppelt hatten.

Der 24-jährige Aaron Melcher, einer der Hauptakteure des Videos und der Soldat, der das Video auf YouTube hochgeladen hat, war laut seinem Facebook-Posting vom Erfolg des Videos mehr als überrascht.[517]

Sowohl die schnelle Verbreitung des Videos, als auch die seinem Erfolg zugrunde liegende Originalität, wurden in traditionellen Medien kommuniziert. Die *Washington Post* äußerte in diesem Zusammenhang die Hoffnung, dass dieses Video dem amerikanischen Volk die Ödnis und den Schrecken des fernen Kriegs in Afghanistan näher bringen würde.[518]

Ein Effekt, den ein solches Video-Remake mit sich bringt, ist die Aufmerksamkeit, die dem darin interpretierten Originalvideo und der dazugehörigen Musik zuteil wird. Wenn auch das Hauptaugenmerk bei einem solchen Remake nicht unbedingt auf der Musik liegt, so bedeuten die über 6 Millionen Aufrufe doch, dass der Originalsong über 6 Millionen Mal in diesem Zusammenhang in die öffentliche Wahrnehmung gerückt wurde.

Das Remake eines Videos kann somit als virales Marketing für den Originalsong und den ursprünglichen Künstler gesehen werden. Im Sinne von Weinacht und Scherer handelt es sich um Produkt-Placement, und zwar in doppeltem Sinne. Einerseits wird der Song im Kontext des Videos sehr häufig rezipiert, andererseits werden der Soldatenberuf und das Leben im Kriegsgeschehen in einem sehr unbeschwerten Stil dargestellt.

Die Praxis der Soldaten, die sich im Krisengebiet beim Tanzen filmen, war nicht neu. Bereits im Jahre 2007 wurde der „Vanilla Ice Remix (gotta see)"[519] online gestellt. Das Video wurde bis zum 16.04.2011 über eine Million Mal aufgerufen.

Dem Video wurde vom Uploader ein Kommentar zum produktionsästhetischen Kontext beigefügt:

> "we had a little free time while we were in iraq and took a minute to make this video for all of you in the states to enjoy! hope you like it! just because we are a group of military police doesnt mean we dont know how to have fun!"[520]

Die erste, einminütige Szene dieses Videos wurde ohne Schnitte aus der Vogelperspektive mit einer händisch geführten Kamera im Schotterhof eines einfachen Gebäudes gefilmt.

---

[517] vgl. ONLINE et al. 2010
[518] vgl. WEB.DE
[519] lam918 2007
[520] lam918 2007

Zu Beginn des Videos bezeichnen sich die Darsteller des Videos als die *fantastic 14*. Der Song *Ice Ice Baby* von *Vanilla Ice* startet mit der Drum-Spur. Danach sieht man die Hauptperson des Videos, Thomas Tex, einen uniformierten Soldaten, alleine in einem Innenhof mit dem Rücken zur Kamera. Die restlichen Tänzer treten bewaffnet aus verschiedenen Türen und Toren auf. Sie richten ihre Gewehre und Pistolen auf den Mann im Mittelpunkt und deuten spielerisch eine Festnahme an. Auch hier wurden Aspekte des außerästhetischen Kontextes spielerisch in die Choreographie importiert.

Der Protagonist dreht sich zur Kamera und beginnt mit dem Einsetzen der Vocals mit Lip-Syncing. Die restlichen Soldaten packen ihre Pistolen weg und beginnen zu tanzen. Die Soldaten mit Gewehren halten diese mit beiden Händen waagerecht vor den Körper. Ihr Tanz besteht größtenteils aus einer militärischen Drillübung. Sie führen Skippings zum Beat des Songs aus. Einige Soldaten tanzen auch etwas verhalten den „Sänger" an.

Nach 1:04 min wechselt die Szenerie zu einem militärischen Geländefahrzeug vor dem Gebäude. Die bewaffneten Männer führen rhythmische Bewegungen zur Musik aus. Die tänzerischen Bewegungen wirken insgesamt eher spontan improvisiert mit aleatorischer Choreographie. Im Laufe der Einstellung fährt die Kamera auf den Protagonisten zu. Nach 1:34 min verlassen alle Soldaten, außer der Hauptperson, das Fahrzeug. Bis 2:23 min wird lediglich das Lip-Syncing der Hauptperson in einer händisch geführten Portrait-einstellung präsentiert.

Zur nächsten Szene wird durch Überblenden gewechselt. Bis 2:42 min tanzen die Soldaten wieder gemeinsam, aber dennoch eher solistisch im Freien. Einzelne Tänzer stellen sich spontan in den Mittelpunkt.

Die darauf folgende Szene spielt vor den Plastiktoiletten des Standortes. Die Soldaten treten nacheinander aus einer Plastikkabine aus. Die Kamera schwenkt nach einigen Auftritten von den Kabinen weg, so dass der Anschein erweckt wird, als würden alle Soldaten aus der gleichen Kabine heraus auftreten. In dieser Sequenz werden, teilweise recht ungelenk, einfache Breakdance-Elemente improvisatorisch in den Tanz integriert.

Bei dieser sich weiterentwickelnden Improvisation imitieren die Tänzer gegenseitig ihre Ideen, bis sie sich zum Ende der Sequenz hin auf eine Tanzfigur geeinigt haben. Dabei wird ein Fuß zum Rücken hin mit der Hand der gleichen Seite nach oben gezogen. Die andere Hand wird hinter den Kopf geführt. Solcherart auf einem Bein stehend, werden Sprünge ausgeführt, nach denen jede Bodenphase eine Ausgleichsbewegung zur Aufrechterhaltung des Gleichgewichts beinhaltet.

Die choreographische Organisation dieser Sequenz erinnert an einfache Prinzipien der Schwarmorganisation, die von Brandstetter auf den Tanz bezogen werden. Sie nennt in diesem Zusammenhang Anweisungen wie "Bewege dich zum Mittelpunkt derer, die du in deinem Umfeld siehst", "Bewege dich weg, sobald dir jemand zu nahe kommt" und "Bewege dich in etwa in dieselbe Richtung wie deine Nachbarn". Der Ablauf der Improvisation impliziert, dass ebensolche Regeln zur Anwendung kommen.[521]

Nach 3:31 min positionieren sich die Männer in einer Reihe mit der Blickrichtung nach links vor ihrem Militärfahrzeug. Dabei zeigen sie zur Präsentation ihrer Dienstgrade ihre Schulterklappen.

Ab 3:33 min beginnt die Schlusssequenz des Videos. Die Soldaten treten nacheinander einzeln vor die Kamera und präsentieren sich kurz, auch hier wieder mit Bewegungen, die dem militärischen Fitness-Drill entstammen. Die Namen oder Nicknames der Soldaten werden eingeblendet mit teilweise videobezogenen Ergänzungen wie „Main Star", „Lead Dancer" oder „The Director".

Danach läuft ab 4:49 min ein Abspann. Darin werden die Beteiligten zum Outro des Songs genannt. Die Musik endet bei 5:13 min. Danach läuft der Abspann bis zum Ende bei 5:40 min ohne Sound.

Die Musik dieser militärischen Tanzvideos entstammt offensichtlich dem Freizeitbereich der Soldaten. In Kampfeinsätzen wird in der Regel „härtere" Musik, wie Heavy Metal oder Gangster-Rap gehört.[522]

Dies verdeutlicht, dass auch in Kriegssituationen Musik bewusst ausgewählt wird, um der persönlichen Stimmung zu entsprechen, beziehungsweise sie zu beeinflussen. Dabei wird gerade im Tanz die Musik körperlich reflektiert und somit ihr emotionaler Gehalt auch unbewusst aufgenommen.

5.6.2 Flashmobs

YouTube wird nicht nur genutzt, um Tanz-Videos über das Internet zu verbreiten, es werden auch Tanzaktionen mithilfe von YouTube und digitalen sozialen Netzen angeleitet und deren Live-Aufführung koordiniert. Bei einem Flashmob trifft sich ein Gruppe von Personen, die sich meist nicht persönlich kennen, an einem öffentlichen Platz, um dort koordiniert Handlungen zu vollziehen, die der Erwartungshaltung der unwissenden

---

[521] vgl. Brandstetter 2007a, S. 65
[522] vgl. Gittoes

183

Anwesenden bezüglich des Settings deutlich widersprechen. Koordiniert wird ein Flashmob im Vorfeld seiner Inszenierung meist mithilfe digitaler Kommunikationsmittel. Nach der digitalen Organisation eines Flashmobs schaffen die Aktionen der beteiligten Personen eine eigene Wirklichkeit. Brandstetter, Brand-Risi und Eikels sprechen in diesem Zusammenhang von einem organisatorischen Effekt von Bewegungen. Demnach schaffen Bewegungen als Organisationsmedium eine organisatorische Wirklichkeit.[523] In diesem Sinne erhalten der Aufführungsort, der erlebte Zeitraum, die beteiligten Personen und die verwendeten Medien eine neue Bedeutung.

Eine beliebte Variante des Flashmobs stellt die öffentliche, von den unwissenden Anwesenden häufig als spontan empfundene, Darbietung eines Tanzes dar. Ein solcher Flashmob, der auf YouTube am 16.06.2011 nahezu 30 Millionen Aufrufe verzeichnete, wurde als Werbeaktion unter der Leitung von Michael Gracey für T-Mobile inszeniert[524]. T-Mobile nutzt den entsprechenden YouTube-Kanal[525] intensiv. Seit dem Beitritt im Januar 2009 wurden bis zum 16.06.2011 769 Videos mit insgesamt über 80 Millionen Aufrufen online gestellt. Mehr als ein Drittel der Aufrufe entfällt also auf das Flashmob-Video.

Der Drehort des Videos ist die Liverpool Street Station in London zur Rushhour. Der Dreh wurde acht Wochen im Voraus geplant. Die Musik besteht aus acht verschiedenen Musikstücken, die von den Produzenten als „klassisch" bezeichnet werden. Die Situation wurde mit zehn versteckten Kameras gefilmt. Im Vorfeld der Aktion wurden von dem Produzententeam die 400 Darsteller aus 10.000 Bewerbern ausgewählt. Der Choreograph *Ashley Wallen* leitete die Auswahl und die Proben. Zum privaten Training wurde der Tanz als Video zur Verfügung gestellt. Zwei Tage vor dem Showdown fand eine nächtliche Probe am Originaldrehort statt. Als besonderes Gimmick versuchten die Tänzer auch unbeteiligte Personen in den Tanz zu integrieren.[526]

Die Werbebotschaft „live is for sharing", die das Video transportieren soll, wurde in kurzen Einstellungen integriert. Bei 1:41 min werden zwei Damen aus dem überraschten Publikum eingeblendet, die den Tanz per Handy kommunizieren. Die eine Dame berichtet mündlich am Telefon von der überraschenden Situation. Die andere Dame filmt die Situation mit dem Handy.

---

[523] vgl. Brandstetter 2007b, S. 8
[524] livesforsharing 2009
[525] T-mobile 2009
[526] vgl. livesforsharing 2009

184

Nach acht Wochen Planung kann man davon ausgehen, dass diese Damen in einem T-Mobile-Werbespot nicht zufällig auftreten. Insgesamt kann der Spot aus der Perspektive von T-Mobile sicherlich als Erfolg bezeichnen werden. Das Video erreichte kostenlos, im Gegensatz zum TV-Spot, 30 Millionen YouTube-Nutzer.

5.6.3 Homedances auf YouTube

Als Homedances sollen hier Tänze bezeichnet werden, bei denen die Situation der Aufzeichnung eher privaten Charakter hat. Dabei muss es sich beim Setting nicht notwendigerweise um das Zuhause der tanzenden Person handeln.

Die Nutzung von YouTube für die Erforschung musikbezogener Praktiken aus musikethnologischer Perspektive erzeugt eine Vermengung von Musikethnologie und Mediologie. Diese Vermengung schafft für die Musikwissenschaft neue Chancen und Möglichkeiten.

Der erste Treffer, den die YouTube-Suche am 16.06.2011 zum Suchbegriff „homedance" lieferte, war das Video „The Funeral Home Dance"[527], das in den letzten vier Jahren 68.644 Mal aufgerufen wurde. Bereits 1988 hatten sich zwei Jungen beim Tanzen in einem Ausstellungsraum für Särge gefilmt. Dabei wurden sie vom Vater des einen Jungen erwischt und zurechtgewiesen.[528]

Die zwei Jungen hatten sich für ihren Tanz mit Sakkos, Perücken und Sonnenbrillen kostümiert. Als Musik haben sie einen für Hip Hop-Verhältnisse recht schnellen Song gewählt, der dem Stil jener Zeit entspricht. Der spielerische Charakter des Tanzes wird durch die ungeübten Bewegungen und eine sehr unathletische Breakdanceeinlage unterstrichen. Nach nur 0:38 min tritt der Vater im Off hinzu und beendet den Tanz.

Zum Zeitpunkt der Aufnahme hatten die Jungen noch keine Möglichkeit, ihr Video einer breiten Öffentlichkeit zugänglich zu machen. Somit blieb ihnen damals nur die Möglichkeit, das Video ihren Freunden und Bekannten vorzuführen.

Dennoch wurden auch damals dadurch schon die Grenzen zwischen Selbsterfahrung und die Selbstüberschreitung im Tanz durch das Aufzeichnen des eigenen Tanzes abgeschritten.[529] Das Video hat für die Jungen offensichtlich seine Bedeutung über die Jahre erhalten, sonst hätten sie es nicht 19 Jahre später, im Erwachsenenalter, online gestellt.

---

[527] pinkagumma 2007
[528] "1988. My dad yells at me and Ed for dancing in the funeral home again" pinkagumma 2007
[529] vgl. Peters und Seier 2009, S. 200

Abbildung 48: Ausschnitt aus "Funeral Home Dance"[530]

Den besonderen Reiz, etwas Verbotenes zu tun, genießen die Männer möglicherweise umso mehr, als sie sich per YouTube heute damit rühmen können, wenngleich sie sich quasi in moralischer Sicherheit wiegen, da sie ihren Tanz in der Zwischenzeit offensichtlich als Jungenstreich verbuchen.

Das Video „hot arab dance"[531] zeigt eine weibliche Person in einem häuslichen Kontext beim Bauchtanz. Es wurde 2007 von tamana77 auf YouTube hochgeladen und bis zum 16.06.2011 über 7 Millionen Mal aufgerufen.

Laut der Aufrufstatistik wird das Video hauptsächlich von Männern im Alter von 25 bis 54 Jahren aufgerufen. Diese stammen schwerpunktmäßig aus Nordafrika und von der arabischen Halbinsel. Die höchsten Aufrufraten hat das Video in Marokko und in Ägypten, dem Heimatland des Kanals von Tamer.[532]

Das private Bauchtanzvideo erreichte Platz 33 der meistgesehenen Videos in Ägypten. Auffällig ist das vergleichsweise hohe Alter der aufrufenden Männer. Viele der in Europa und den USA populären Videos werden eher von jüngeren Nutzern aufgerufen.

Das Video scheint spontan aufgenommen worden zu sein. Die tanzende Dame mit dem langen schwarzen Haar bewegt sich auf einer kleinen freien Fläche zwischen Wohnzimmertisch und Flur. Auf dem Wohnzimmertisch steht eine Flasche und ein Glas mit Orangensaft. Auch die Kleidung der Darstellerin wirkt zufällig gewählt. Sie trägt eine rosafarbene Hose und ein buntgestreiftes Trägertop.

---

[530] pinkagumma 2007
[531] tamana77 2007
532 tamer 2006

186

Die Tanzbewegungen sind rhythmisch eher lose mit der zugrundeliegenden arabischen Musik koordiniert. Größeren Wert legt die Darstellerin auf ihr Spiel mit ihrem Haar und den Armen. Die Kamera zoomt gelegentlich sehr sprunghaft in sehr nahe Einstellungen, so dass dann nur der Kopf oder der Hüftbereich der Tänzerin inszeniert werden. Insgesamt wirkt der Tanz unaffektiert und wenig auf ein Publikum bezogen. Die Interaktion zwischen dem Blick der Darstellerin und ihrem Spiel mit der Kamera geben dem Video zusammen mit dem zufälligen Setting eine sehr private Atmosphäre. Die Popularität des Videos könnte demnach in der Authentizität, die auf männlichen Voyeurismus trifft, begründet sein.

5.6.4 Evolution of Dance

Das Video "Evolution of Dance – By Judson Laipply"[533] war zeitweise das meistgesehen Video auf YouTube. Am 16.06.2011 verzeichnete es nahezu 175 Millionen Aufrufe. Der Titel bezieht sich paraphrasierend auf die Dramaturgie des Videos, beziehungsweise des zugrunde gelegten Medleys.

Es werden in kurzen Zeitabschnitten verschiedene tänzerische Idiolekte der Popmusik interpretiert. Die verwendeten Songs der Kompilation sind tendenziell nach der chronologischen Reihenfolge ihrer Veröffentlichung geordnet.

Die meisten der verwendeten Stücke konnten bei ihrem Erscheinen recht hohe Chartplatzierungen erreichen. Für Judson Laipply war es offensichtlich jedoch zusätzlich der idiomatische Charakter des zugehörigen Tanzes, der die Aufnahme in seinen Kanon der die Entwicklung des Pop-Tanzes repräsentierenden Songs begründete. Durch diesen herausgehobenen Charakter der Songs und durch den Umstand, dass nur repräsentative Auszüge der Stücke dargeboten werden, erhält der Soundtrack Potpourri-Charakter im Sinne von Giesbrecht.[534] Von einer Entwicklungslinie des Poptanzes ist insofern nicht zu sprechen, als die Stile teilweise disparat nebeneinander stehen. Bei der Kompilation, die der Tanzaufführung zugrunde liegt, werden die Songs aus Tabelle 5 genutzt.

---

[533] judsonlaipply 2006
[534] vgl. Giesbrecht 2008, S. 64

	Song	Interpret	Zeit im Video	Jahr
1	Hound Dog	Elvis Presley	0:02 – 0:13	1956
2	The Twist	Chubby Checker	0:13 – 0:31	1960
3	Stayin Alive	The Bee Gees	0:31 – 0:38	1977
4	YMCA	The Village People	0:38 – 0:55	1978
5	Kung Fu Fighting	Carl Douglas	0:55 – 1:03	1974
6	Keep on	The Brady Bunch Kids	1:03 – 1:16	1973
7	Greased Lightnin	John Travolta	1:16 – 1:29	1972
8	You Shook Me All Night Long	AC/DC	1:29 – 1:41	1980
9	Billie Jean	Michael Jackson	1:41 – 1:50	1982
10	Thriller	Michael Jackson	1:50 – 1:59	1982
11	Oompa Loompa	Willy Wonka & the Chocolate Factory	1:59 – 2:04	1971
12	Mr. Roboto	Styx	2:04 – 2:14	1983
13	Break Dance	West Street Mob	2:14 – 2:27	1983
14	Walk Like An Egyptian	The Bangles	2:27 – 2:37	1987
15	The Chicken Dance	Bob Kames	2:37 – 2:41	1992
16	Mony Mony	Billy Idol	2:41 – 2:57	1981
17	Ice Ice Baby	Vanilla Ice	2:57 – 3:12	1990
18	U Can't Touch This	MC Hammer	3:12 – 3:42	1990
19	Love Shack	The B-52's	3:42 – 3:46	1989
20	Apache	Sugarhill Gang	3:46 – 4:02	1981
21	Jump Around	House of Pain	4:02 – 4:15	1992
22	Baby Got Back	Sir Mix-a-Lot	4:15 – 4:23	1992
23	Tubthumping	Chumbawamba	4:23 – 4:31	1996
24	What is love	Haddaway	4:31 – 4:39	1993
25	Cotton Eye Joe	Rednex	4:39 – 5:01	1994
26	Macarena	Los del Rio	5:01 – 5:06	1996
27	Bye Bye Bye	NSYNC	5:06 – 5:28	2000
28	Lose Yourself	Eminem	5:28 – 5:33	2002
29	Hey Ya	OutKast	5:33 – 5:39	2003
30	Dirt Off Your Shoulder	Jay-Z	5:39 – 5:49	2003
31	Ice Ice Baby	Vanilla Ice	5:49 – 5:52	1990
32	Bye Bye Bye	NSYNC	5:52 – 6:01	2000

Tabelle 5: Die Songs von "Evolution Of Dance"[535]

Der Darsteller Judson Laipply stand bei der Aufzeichnung seiner sechsminütigen One Man Show auf einer einfachen Bühne im Spotlight. Das Publikum ist zwar nicht im Video zu sehen, auf der Videoaufzeichnung ist jedoch sein Klatschen und Rufen wahrzunehmen. Der Klang des Applauses lässt auf ein kleines Theater, eine Aula oder ein Gemeindehaus als Aufführungsort schließen. Die Geräuschkulisse des Publikums mit Rufen und Szeneapplaus im Off gibt dem Video eine Art Sitcom-Charakter.

Die interpretierten Tanzstile stehen teilweise repräsentativ für ein Bewegungsrepertoire, das einer Musikrichtung entspricht, teilweise sind es Bewegungselemente, die speziell

---

[535] vgl. judsonlaipply 2006

einem Song zugeordnet werden können, weil der Song schon bei seiner Veröffentlichung mit den Bewegungselementen kombiniert wurde oder weil die Bewegungen den Text ausdeuten.

Die Popularität des Videos beruht sowohl auf der Popularität der verwendeten Tänze wie auch auf der Art der Kompilation und der Performance. Die dazugehörigen Songs sind oder waren größtenteils ebenfalls sehr populär, wenn auch einige der interpretierenden Künstler in anderen Rankings kein hohes Renommee erfahren.

Hound Dog (1) steht exemplarisch für den Rock'n'Roll-Tanzstil, der mit seinen weiten Kniebewegungen wesentlich von *Elvis Presley* geprägt wurde. Mit der Doppelsingle *Hound Dog/Don't Be Cruel* belegte *Elvis Presley* 1956 die Plätze eins und zwei der US-Billboard-Charts. Dies stellt ein gutes Argument dafür dar, die Kanonisierung populärer Tänze mit dieser Single zu beginnen, wenngleich *Hound Dog* mit Platz 2 vorlieb nehmen musste.[536]

Bei *The Twist* (2) demonstriert Judson Laipply das typische „Zigaretten austreten". Dieser Teil dehnt mit einer Länge von 18 Sekunden die meist verwendeten 10-Sekunden-Schnitte. Den musikalischen Break bei 0:29 min bezieht Judson Laipply in seinen Tanz ein, indem er sich hier dem Publikum zuwendet und, auf das Publikum deutend, kurz innehält. Der Song „*The Twist*" wurde zum „biggest US chart Hit" ernannt. Er erreichte die Chartspitze im Erscheinungsjahr 1960 und im Jahre 1962 nochmals.[537]

Zum Disco-Tanz der 70-er Jahre zählen die Interpretationen von *Stayin Alive*, *YMCA* und *Kung Fu Fighting*. Bei *Stayin Alive* (3) wird schauspielerisch ein eher schüchterner Tanztyp angedeutet, der anscheinend erste Bewegungsversuche ausführt. Bei *YMCA* (4) interpretiert Judson Laipply die Tanzbewegungen des Originalvideos. Dadurch tritt hier die Prosumenten-Ästhetik[538] seines Videos besonders deutlich zutage. Im Falle von *Kung Fu Fighting* (5) interpretiert der Tänzer den Text des Songs, indem er Bewegungsmuster präsentiert, die der Kampfkunst entstammen und die vor allem aus Kung-Fu-Filmen bekannt sind.

Der Tanz zu *Keep On* (6) von *The Original Brady Bunch Kids* stellt eine Tanzaufführung der Folge *Amateur Nite* aus der Serie *The Brady Bunch* dar. Die Folge wurde am

---

[536] vgl. Hanson 2008
[537] vgl. BBC NEWS | Entertainment | 2008
[538] "Movement and dance are not just elements of the video clip that is being consumed, but can also be added in home videos as an activity of the >>prosumer<<." Peters und Seier 2009, S. 191

189

26.01.1973 erstmals ausgestrahlt. Der zugrundeliegende Song wurde von *The Brady Bunch Kids* interpretiert.[539]

Der Tanz zu *Greased Lightnin* (7) bezieht sich auf *John Travolta* als Danny Zuko in der Musicalverfilmung von *Grease* (1978). Das Musical wurde am 17.02.1972 am *Eden Theatre* in New York uraufgeführt und ist eine Reminiszenz an die Jugendkultur der 50-er-Jahre.[540]

Das Headbanging bei *You Shook Me All Night Long* (8) erhält durch die Ausführung im Half-Time-Tempo einen besonders plakativen Charakter. Mit einer kurzen Handbewegung animiert Judson Laipply dabei das Publikum, seine Bewegungen nachzuvollziehen. Der Song entstammt dem erfolgreichsten Album von AC/DC, „Back In Black", das auf Platz 7 der meistverkauften Alben rangiert.[541]

Mit *Billie Jean* und *Triller* wird der Tanzstil von *Michael Jackson* geehrt. Beide Songs sind auf dem Album *Thriller* (1982) erschienen. Dieses Album nimmt die zweite Position in der Liste der meistverkauften Alben ein.[542] Laipply implementiert in seine Tanzdarbietung typische Erkennungsmerkmale des interpretierten Künstlers beziehungsweise Songs. Bei *Billie Jean* (9) symbolisiert er die Hutkrempe von *Michael Jackson*'s Hut mit der vorgehaltenen Hand. Aus der Choreographie des *Thriller*-Musikvideos (10) greift sich Judson Laipply Bewegungselemente heraus und unterstreicht diese durch Übertreibung oder Verlangsamung der Bewegungen.

Die Tanzbewegungen von *Oompa Loompa* (11) sind der Kinderbuchverfilmung „Willy Wonka & the Chocolate Factory" (1971) entlehnt.[543] Bei *Mr. Roboto* (12) greift Judson Laipply die Robot-Dance-Thematik auf, die im Tanz der beginnenden 80-er-Jahre populär war. *Mr. Roboto* wurde auf dem Album *Kilroy Was Here* (1983) veröffentlicht. Damit schafft es Bezüge zu einem Mem, das Verbreitung fand, lange bevor Internet-Meme möglich waren.[544]

---

[539] vgl. IMDb
[540] vgl. Flamme
[541] vgl. von Appen et al. 2008, S. 36
[542] vgl. von Appen et al. 2008, S. 36
[543] vgl. IMDb
[544] Das "Kilroy was here"-Meme nahm seinen Ursprung während des 2. Weltkriegs. Der US-amerikanische Materialinspektor James. J. Kilroy benutzte den Slogan "Kilroy was here" um von ihm getestete Produkte zu kennzeichnen. Die getesteten Produkte tauchten gemeinsam mit der Markierung auf vielen Schlachtfeldern auf, so dass den Soldaten die Markierung allgegenwärtig erschien und sie begannen, den Spruch selbst zu verbreiten. (vgl. Bjarneskans et al. 2003)

190

Die Nähe des Robot-Dance' zum Breakdance wird durch den darauffolgenden *Breakdance* (13) unterstrichen. Hier verbindet Judson Laipply den Moonwalk mit einem athletischen Abrollen über die gesamte Körpervorderseite.

Die Tanzbewegungen bei *Walk Like An Egyptian* (14) von den Bangles zeigen die in archäologischen Funden dargestellten Gehbewegungen, die ihrerseits als Inspiration für den Song dienten.

The Chicken Dance (15) war so bekannt, dass die nur vier Sekunden, die ihm innerhalb der Kompilation eingeräumt werden, ausreichen, um ihn dem Publikum zu vergegenwärtigen. Dieser Tanz besteht, wie später auch *Macarena*, aus einer einfachen Abfolge von Tanzbewegungen, die es auch ungeübten Tänzern mit eingeschränktem Bewegungsrepertoire ermöglichen sollen, sich gekonnt zu dem Lied zu bewegen.

Billy Idol's Hardrock-Song *Mony Mony* (16) ist eine Coverversion des gleichnamigen *Tommy James & the Shondells*-Songs von 1968. In den ersten Sekunden der Songeinspielung macht sich Judson Laipply demonstrativ zurecht und wischt sich den Schweiß ab. Danach interpretiert der Tänzer die Textstelle „Ride your pony", indem er Bewegungen nach der Art spielender Kinder ausführt, die einen Ritt imitieren möchten.

Das auf der Basslinie von *Queen*'s *Under Pressure* (1981) basierende *Ice Ice Baby* (17) gehört zu den ersten Hip Hop-Songs, die eine breite Öffentlichkeit erreichen. Judson Laipply führt dazu die weit ausladenden Hip Hop-Moves jener Zeit aus, die beispielsweise auch *Die Fantastischen Vier* zu ihrem Video *Die da* (1992) inspiriert hatten. Auf die Textstelle „[…] stop" hält der Tänzer mit zum Publikum gestreckter Hand inne, um dann mit dem Song „U Can't Touch This" fortzufahren.

Bei *U Can't Touch This* (18) baut Judson Laipply die zum Ende des letzten Songs ausgestreckte Hand als Bewegungselement in seinen Tanz ein. Anschließend präsentiert er, quasi zitierend, Tanzfiguren, die zum Repertoire des Party-Tanzes zu zählen sind. Beispielsweise imitiert er das „Reiten eines Pferds", das „Einkaufen" oder das „Starten einer Motorsäge". Eine kurze Tanzpause wird durch den Yell aus dem Break von *Love Shack* (19) initiiert.

Der Song *Apache* (20) wurde hier in der Hip Hop-Version der *Sugarhill Gang* in die Kompilation eingefügt. Das zugrundeliegende Instrumental-Thema wurde ursprünglich von *Jerry Jordan* komponiert. In der Version von *Tommy Seebach* wurde es zum Internet-Mem.[545]

---

[545] siehe Kapitel 5.4.8

Bei *Jump Around* (21) befolgt Judson Laipply die Anweisung des Chorus' und springt. Dabei macht er mit einem Arm winkende Bewegungen, was den Bewegungen entspricht, die üblicherweise ausgeführt wurden, als dieser Song aktuell war.

Während *Baby Got Back* (22) werden die Hüftbewegungen nachvollzogen, wie sie im Originalvideo von *Sir Mix-a-Lot* präsentiert werden. Als Randnotiz sei hier angeführt, dass auch von *Sir Mix-a-Lot* eine Cover-Version des *Apache*-Themas existiert.

Beim Einsatz von *Tubthumping* (23) lässt sich Judson Laipply mehrfach zu Boden fallen und spielt, den Text ausdeutend, einen Betrunkenen. Auch bei *What is love* (24) steht die Textausdeutung im Mittelpunkt. Der Protagonist spielt in kurzen Andeutungen eine Szene, in der sich ein Tänzer einer imaginären Dame nähert und durch Bewegungen seine erotischen Absichten signalisiert.

Während des 22-sekündigen *Cotton Eye Joe*-Abschnittes (25) steigert Judson Laipply die Intensität permanent. Er ruht zunächst für einige Sekunden, um dann mit Beinbewegungen zu beginnen, die dem irischen Tanz entstammen. Zuerst schwingt er jeweils immer nur ein Bein, während das andere auf dem Boden verbleibt. Danach beginnt er, die schwingenden Bewegungen des einen Beins mit Sprüngen des anderen zu kombinieren. Zum Höhepunkt dieses Abschnitts wirft er die Beine weit zu beiden Seiten heraus. Danach beendet er den Abschnitt, indem er mit kreuzenden Schritten die Bühne überschreitet.

Bei *Macarena* (26) deutet Laipply zunächst sehr kurz die bekannten Bewegungen an, um sie dann als „Tanzaufgabe" an das Publikum abzugeben. Während *Bye Bye Bye* (27) werden die einstudierten Gruppentänze der Boygroup-Ära parodiert. Am Ende dieses Abschnitts stellt sich der Tänzer als Marionette dar und bezieht sich dabei auf die künstlerische Unselbstständigkeit von Boygroup-Mitgliedern

Zu dem Titelsong *Lose Yourself* (28) aus dem Film *8 Mile* (2002) spielt Judson Laipply den rappenden *Eminem*, beim Performen während des Battles im Film.

Hey Ya (29) bezieht sich bereits im Titel idiomatisch auf Indianergesang. Judson Laipply imitiert in seiner Vorführung den an rituellen Tanz angelehnten Stil, den *OutKast* zu diesem Song kreierten.

Das letzte Stück, das in der Kompilation neu auftritt, ist *Dirt Off Your Shoulder* (30). Hier wird wieder der Text durch Handbewegungen interpretiert, wie es von den Auftritten *Jay-Z'* bekannt war.

Während der letzten beiden kurzen Einblendungen der bereits verwendeten Songs *Ice Ice Baby* (31) und *Bye Bye Bye* (32) verabschiedet sich Judson Laipply gestisch und tritt dann von der Bühne.

Judson Laipply, der Protagonist des Videos, arbeitet als Comedian und Motivationstrainer in den USA. „Evolution Of Dance" wird auf seiner Website als eine Visualisierung der Entwicklungsprozesse der menschlichen Kultur interpretiert[546].

Der Erfolg des Videos hat ihm zu internationaler Bekanntheit verholfen. Das extreme Ausmaß der Bekanntheit seines Videos beruht vermutlich auch auf Rückkoppelungsprozessen zwischen viraler Verbreitung und Verstärkung durch berichte in traditionellen Medien[547]. Um den Hype um sein Video aufrecht zu erhalten, hat Judson Laipply außerdem eine Fortsetzung, „Evolution Of Dance 2"[548], produziert.

5.6.5 Single Ladies

Zu einem tanzbezogenen Mem wurde der Stil des Musikvideos zu *Single Ladies* von *Beyonce Knowles*. Das Originalvideo[549] hatte am 20.06.2011 über 124 Millionen Aufrufe erzielt. Der Tanzstil im Video bezieht sich auf die Arbeit von *Bob Fosse*[550], das Arrangement der drei Tänzerinnen auf eine Aufzeichnung eines Auftrittes seiner Ex-Frau *Gwen Verdon* bei der *Ed Sullivan-Show*[551].

Bei dem in der *Ed Sullivan-Show* interpretierten Titel handelt es sich um den Filmtrack *Mexican Breakfast* von *Johnny Mandel* aus dem Film *Harper*[552] von *Jack Smight*. Die Videochoreographie übernimmt das Arrangement mit drei Tänzerinnen und der Protagonistin in der Mitte. Es integriert ebenso das Spiel mit heller und dunkler Beleuchtung wie das choreographische Element der Halftime-Sequenzen, das teilweise auf alle Bewegungsdimensionen ausgeweitet wird, teilweise auf die Arme beschränkt bleibt. Außerdem wurde das Musikvideo, wie auch der Tanz in der TV-Show, in einer Einstellung gedreht.

Kurz nach Veröffentlichung des *Single Ladies*-Videos gestaltete *Beyonce* eine Parodie des Tanzes mit *Justin Timberlake* in ihrer TV-Show *Saturday Night Live*. Diese Parodie

---

[546] vgl. The Evolution of Dance Video
[547] Im Zusammenhang mit der "Evolution of Dance" trat Laipply in TV shows wie 20/20, Good Morning America, Rolling Stone, The Today Show, BBC and People auf. (vgl The Evolution of Dance Video)
[548] PeopleJam 2009
[549] beyonceVEVO 2009
[550] BeyonceStans4 2008
[551] z.B. Lizardking73 2010
[552] The Internet Movie Database

wurde zum Ausgangspunkt vieler weiterer Parodien auf YouTube. Teilweise wird hierbei der Tanz durch kleine Kinder, ungelenke Männer oder Computeranimationen vorgeführt.[553] Die schnellen Verbreitungsmöglichkeiten durch das Web 2.0 machen es dem Rezipienten möglich, die Entstehung solcher Metapersiflagen mitzuverfolgen.

Auch der damals neu gewählte US-Präsident Barack Obama bezog sich beim Tanzen mit seiner Frau Michelle während der Feierlichkeiten zu seiner Präsidentschaftswahl auf die Tanzparodie[554]. Diese öffentlichkeitswirksame Art der Anschlusskommunikation an den kulturellen Dialog auf YouTube war sicherlich auch ein wichtiger Faktor für die weitere Verbreitung des Mems.

5.6.6 Aerobicon

Das Aerobicon-Mem nahm seinen Ursprung in einem Video zu dem Titel *Deceptacon* der Electroclash-Band *Le Tigre*. Der Tänzer und Choreograph Miguel Gutierrez performte den Tanz, genannt *Aerobicon*, zusammen mit seinem ehemaligen Musikerkollegen Howie Rigberg, der zwischenzeitig als *myrobotfriend*[555] Musik veröffentlichte.

Abbildung 49: Ausschnitt aus dem Tanzvideo "Deceptacon"[556]

Die beiden ehemaligen Musiker hatten den Tanz in den Jahren 2000/2001 einstudiert. Durch einen befreundeten Autor kam der Kontakt zu der Band *Le Tigre* zustande, die

---

[553] vgl. The Single Ladies Dance | Know Your Meme 2011
[554] "I'm not like Justin; I didn't put on the outfit,' the president told Beyoncé at the 'We Are One' concert." Kaufman und Gil 2009
[555] My Robot Friend Loves You 2010
[556] letigreworld 2004

daraufhin die beiden Tänzer bat, den Tanz als Video aufzuzeichnen. Das Video wurde zunächst bei den Live-Shows der Band genutzt.[557]

Am 23.01.2006 wurde das Video schließlich auf YouTube hochgeladen und hatte am 20.06.2011 fast 2,5 Millionen Aufrufe erreicht. Bemerkenswert sind auch hier die Videos, die sich auf diesen Tanz beziehen.

Das Video „DECEPTACON . le tigre"[558], das 2008 von *greenfilmsltd* hochgeladen wurde, zeigt zwei junge Herren mit Boxershorts, Tennissocken, Sonnenbrillen und Schweißbändern um die Stirn. Sie imitieren die Aerobicon-Choreographie, lassen dabei jedoch die notwendige Synchronität vermissen.

Auch das Video „Daft Bodies - Harder Better Faster Stronger"[559] von *Daftpunkalive* bezieht sich auf die Anordnung des kostümierten Tanzduos. Die dabei verwendete Choreografie greift das Konzept der *Aerobicon*-Choreographie auf, fügt jedoch im Wesen neue Elemente ein. Die mit Roboterkopf versehenen Tänzerinnen sind an Armen und Beinen mit den Textteilen des Songs beschriftet. An den entsprechenden Stellen des Songs bewegen sie sich roboterartig so, dass der erklingende Text auch gelesen werden kann. Dieses Video verzeichnete am 20.06.2011 bereits über 12 Millionen Aufrufe auf YouTube.

Das erweiterte Konzept steht wiederum in Beziehung zu anderen Produktionen, beispielsweise von *Election08* und seinem Video „Daft The Vote"[560]. Allerdings wurden hier die jungen und relativ sportlichen Darstellerinnen des *Daftpunk*-Videos durch übergewichtige Männern ersetzt. Außerdem sind neue Einstellungen hinzugefügt, in denen die Darsteller in Wahlkabinen gehen und Versatzstücke des Texts auf den Händen im Vordergrund präsentiert werden.

5.6.7 Matt Harding

Der Programmierer Matt Harding hat eine Reihe von Videos online gestellt, die ihn zeigen, wie er während einer Weltreise an verschiedenen öffentlichen Plätzen tanzt. Sein skurril hüpfender Tanzstil in den gefilmten Urlaubsselbstportraits animierte die YouTube-

---

[557] vgl. Aerobicon : Miguel Gutierrez 2011
[558] greenfilmsltd 2008
[559] daftpunkalive 2007
[560] Daft The Vote 2008

195

Nutzer Hardings Kanal[561] auf YouTube über 70 Millionen Mal aufzurufen. Das erste Video wurde 2003 und 2004 aufgezeichnet und 2005 erstmals veröffentlicht.[562]

In neueren Videos bezieht er auch andere Personen in den Tanz mit ein, zum Beispiel bei seinen Aufzeichnungen des Jahres 2008[563], die am 21.06.2011 bereits über 37 Millionen Aufrufe verzeichneten.

Abbildung 50: Standbild aus "Where the Hell is Matt in 2029"[564]

Eine Videoantwort[565] sieht Harding auch noch im Jahre 2029 tanzen, während die Prognose für die Zukunft in anderen Bereichen nicht so hoffnungsvoll ausfällt (Abbildung 50).

5.7   Lehrvideos auf YouTube

Viele YouTube-Videos bieten Instruktionen und Hilfen, die auf die Erweiterung der instrumentalpraktischen Kompetenz zielen. Lernen durch Unterweisung bietet den Grundannahmen der Memetik entsprechend eine höhere Präzision bei der Reproduktion, als die reine Nachahmung. Memetisch ausgedrückt nutzen die Meme deshalb auch das Web 2.0 für die Reproduktion von Genotypen[566].

Dass jeder jeden unterrichten kann, ist ein wesentliches Merkmal des „Instrumentalunterrichts 2.0" auf YouTube. Es gibt keine Zugangsvoraussetzung, die einen Nutzer zum Lehrer qualifiziert. Die Community entscheidet durch die Nutzung der Videos, wessen Wissen Verbreitung findet. Was anderen als hilfreich erscheint, wird weiterempfohlen

---

561 Harding 2006
562 vgl. mattharding2718 2006
563 Matt Hardings Kommentar zum Video: "14 months in the making, 42 countries, and a cast of thousands. Thanks to everyone who danced with me." mattharding2718 2008
564 fallofautumndistro 2009
565 fallofautumndistro 2009
566 vgl. Blackmore 2000, S. 110

196

und genutzt. Die YouTube-Suche unterstützt diesen Auswahlprozess dahingehend, dass sie häufig aufgerufene Videos an exponierter Stelle anzeigt. Außerdem werden zu jedem Video inhaltlich verwandte Videos vorgeschlagen.

5.7.1 Der Einstieg in das Klavierspiel

Die Suchanfrage „Klavier lernen Anfänger" lieferte am 05.08.2011 111 Ergebnisse. Das am häufigsten aufgerufene Video dieser Ergebnisliste war das Video „Ganz einfach Klavier spielen lernen Teil 1 von 7"[567] von OpenMusicSchool. Es hatte bis zum 06.08.2011 295.772 Aufrufe erzielt.

Bedeutende Ereignisse für Erkennung

	Datum	Veranstaltung	Aufrufe
A	03.03.10	Erste Weiterleitung durch Google-Suche - klavier lernen	7.108
B	03.03.10	Erste Weiterleitung durch Google-Suche - klavier spielen lernen	6.285
C	02.02.10	Erste Weiterleitung durch YouTube-Suche - klavier lernen anfänger	8.122
D	22.01.10	Erste Weiterleitung durch - www.google.de	27.951
E	22.01.10	Erste Weiterleitung durch YouTube-Suche - keyboard spielen lernen	7.848
F	22.01.10	Erste Weiterleitung durch YouTube-Suche - klavier spielen lernen	7.001
G	21.01.10	Erste Weiterleitung durch YouTube-Suche - klavier lernen	29.628
H	21.01.10	Erste Weiterleitung durch YouTube-Suche - keyboard lernen	18.283
I	21.01.10	Erster Aufruf durch ein Mobilgerät	13.926

Zielgruppen

Am liebsten sehen dieses Video:

Geschlecht	Alter
Weiblich	13-17
Männlich	45-54
Männlich	13-17

Dieses Video ist am beliebtesten in:

Mehr
Weniger

Abbildung 51: Ausschnitt aus der Statistik von "Ganz einfach Klavier spielen lernen Teil 1 von 7"[568]

Die Statistik des Videos (Abbildung 51) zeigt, dass das Video am häufigsten über die YouTube-Suche „klavier lernen" aufgerufen wurde. Fast genauso häufig wurde es jedoch direkt von der Suchmaschine *google* weitergeleitet. Ein Test bei *google* am 06.08.2011

---

[567] OpenMusicSchool 2010
[568] OpenMusicSchool 2010

ergab, dass das Video bei der google-Suche „Klavier lernen" an dritter Stelle von fast 3 Millionen Treffern angezeigt wird. Dabei war es das einzige Video, das direkt aus der *google*-Trefferliste aufgerufen werden konnte. Der Videokurs ermöglicht es dem YouTube-Nutzer, die ersten beiden Teile, also den vollständigen A-Teil des Rondos, von *Beethovens Für Elise* ohne Notenkenntnisse spielen zu lernen. Dabei werden drei Kameraeinstellungen verwendet. Zunächst wird der Lehrer beim Erklären halbschräg von vorne gezeigt. Er befindet sich dabei in einem Homestudio. Beim demonstrativen Spiel wird die Klaviatur aus zwei Perspektiven gefilmt. Entweder wird hauptsächlich die rechte Hand seitlich von oben gezeigt, oder beide Hände werden senkrecht von oben dargestellt. Alle drei Einstellungen werden parallel montiert. Das Hauptbild wird dabei von der Einstellung der rechten Hand gebildet. Die Frontalaufnahme des Spielers wird wechselweise in der rechten und linken oberen Ecke eingeblendet, die Klaviatur mit beiden Händen am unteren Rand. Teilweise wird die Originalklaviatur am unteren Rand auch durch eine Computersimulation ersetzt.

Der Lehrer des Videos verwendet zwar Notennamen in seinen Ausführungen, durch die Einstellungen, die die Hände zeigen, ist es jedoch auch ohne Vorkenntnisse möglich, dem Kurs zu folgen. Auf die Erklärung von Notenwerten wird verzichtet und das Stück wird didaktisch und musikalisch sinnvoll elementarisiert. Dazu wird das Stück in sehr kleine Abschnitte zerlegt. Teilweise wird die Anzahl der Töne in den Abschnitten gezählt. Außerdem werden einfache formale Merkmale der Melodie verbalisiert, was die Internalisierung der Tonfolge erleichtert.

Die einzelnen Abschnitte werden im Video häufig wiederholt, so dass einerseits das beim notenlosen Spiel notwendige Auswendiglernen unterstützt wird und andererseits der Lernende nicht im Video zurückspringen muss.

Trotz der kleingliedrigen Unterteilung, die sich pro Video meist auf ein bis zwei Takte beschränkt und die innerhalb eines Videos häufig zwei bis drei Töne zu kleinen Gruppen verbindet, behält der Rezipient immer den Überblick, da der Lehrer im Video stets die Teile wieder zu einem größeren Ganzen zusammenfügt und Verweise auf andere Stellen im Stück herstellt, die gleiche oder ähnliche Tonverbindungen enthalten. Diese intra- und infratextuellen Verweise werden nicht musiktheoretisch reflektiert, sondern lediglich präsentiert.

Ganz einfach Klavier spielen lernen	Aufrufe
Teil 1 von 7	295.772
Teil 2a von 7	150.675
Teil 2b von 7	70.394
Teil 3 von 7	75.514
Teil 4 von 7	43.230
Teil 5 von 7	30.881
Teil 6 von 7	24.339
Teil 7 von 7	34.488

Tabelle 6: Die Aufrufhäufigkeit der einzelnen Kursteile

Offensichtlich folgen nicht alle YouTube-Nutzer, die das Video aufrufen, dem gesamten Kurs. Teil 6 erzielt nur knapp 8 % der Aufrufe des ersten Teils. Allerdings sei angemerkt, dass sich die YouTube-Nutzer, die sich bis zum siebten Teil durcharbeiten, lobend und dankend über den Videokurs äußern. In den Kommentaren[569] wird ebenfalls deutlich, was die Gründe für die Nutzung des Videokurses auf YouTube sind. Einerseits loben die Schüler den methodisch-didaktischen Aufbau des Videokurses, andererseits werden die zeitliche Flexibilität und die Kostenersparnis gegenüber konventionellem Instrumentalunterricht gewürdigt.

Diese Art des Unterrichts eignet sich vor allem für Lerner, die einen autodidaktischen Weg bevorzugen. Das sind in der Regel eher selbstständige Personen. Für Schüler, bei denen die Lehrer-Schüler-Beziehung eine wichtige Rolle spielt, kann ein solcher Videokurs eine sinnvolle Ergänzung darstellen.

Mit der Auswahl von Beethovens *Für Elise* aus dem Jahre 1810 wird der Kanon der kulturwürdigen Musik tradiert. Aus der Bandbreite der einfachen Klavierliteratur wird die Erarbeitung eines klassischen Stückes gewählt. Diese Art des Einstieges wird offensichtlich auch von der YouTube-Community gerne angenommen. Damit belegt die YouTube-

---

[569] Beispiele für Kommentare [sic!]:

"Ich danke dir von ganzem Herzen ^^ ich habe "Für Elise" heute den ganzen Tag gelernt und kann jetzt spielen jedoch der feinschliff fählt, trotzdem danke!
MrPierreBoch vor 3 Monaten" Ganz einfach Klavier spielen lernen Teil 7 von 7 - YouTube

"Danke ! Danke viel mal ich bin erst Anfänger und das ist mein erstes Song, dass Ich auf mein E-Piano spiele ich habe es nur von Ihnen gelernt Danke viel mal ! Mann brauch ja kein Klavier Lehrer. Danke !
IPeas1 vor 2 Monaten" Ganz einfach Klavier spielen lernen Teil 7 von 7 - YouTube

Community eindrucksvoll die Aussage Fukačs, dass Beethoven und Brahms auch heute noch am besten dem Bedarf an „normaler Musik" entsprechen[570].

Der hier besprochene Einstieg ins Klavierspiel ist weniger eine Anleitung zum Klavierspiel als eine Anleitung zum Spielen des konkreten Stückes. Trotzdem werden allgemeine Aspekte wie Fingersatz, Intervalle oder der verwendete Tonraum auch angesprochen. Die Unterrichtsform der Unterweisung per Video ist an sich schon sehr auf das Objekt des Unterrichts fokussiert. Der Lerner als Subjekt muss sich den Gegebenheiten anpassen und hat keinen Einfluss auf die innere Gestaltung des Unterrichts. Dass dies beim Modelllernen kein Nachteil ist, weil auch ein im Film präsentiertes Modell stark zur Nachahmung animieren kann, wurde bereits experimentell[571] nachgewiesen.

Die Kommentare zum Kurs zeigen, dass es gelingen kann, sich das Stück, zumindest seinen Notentext, mithilfe von YouTube anzueignen. Der videogestützte Instrumentalunterricht virtualisiert somit den musikpädagogischen Aspekt der Erziehung *zu* Musik, da das Gelingen eines Lernprozesses die Motivation zum Weiterlernen in der Regel steigert. Man könnte in diesem Zusammenhang, neben der Erziehung zu Musik, auch von einer *Selbst*erziehung durch Musik sprechen.

5.7.2 Hilfen für Instrumente außereuropäischer Musikkulturen

Neben dem besprochenen und einer Vielzahl weiterer Klavierkurse, können auch für fast alle anderen Instrumente Kurse auf YouTube gefunden werden. Dabei erstreckt sich das Spektrum nicht nur über die Instrumente der abendländischen Musikkultur, für die in der Regel auch in jeder Stadt ein Lehrer gefunden werden kann und für die hinlänglich Literatur verfügbar ist. Auch für Instrumente, die anderen Musikkulturen entstammen, bietet YouTube Hilfen an.

Ein Beispiel hierfür sind Videos, die das Erlernen des Djembé-Spiels unterstützen. Die Djembé ist eine westafrikanische Trommel, deren Korpus aus einem Stück eines Baumes herausgeschnitten und mit Ziegenfell bespannt wird. Sie wird mit den Händen gespielt und weist drei charakteristische Klänge auf, einen Basston im Zentrum des Fells, einen offenen hohen Ton am Rand des Fells und einen knalligen Klang, der durch eine besondere Spieltechnik erzielt wird. Selbstverständlich können diese Töne auch variati-

---

[570] vgl. Fukač 1997
[571] Diese Aussage bezieht sich auf die Darstellung eins Experiments von Bandura, Ross & Ross (1963) in: Edelmann 1994

onsreich moduliert werden. Beim gemeinsamen Spiel von mehreren Spielern ist das Solo-spiel eines Einzelnen, begleitet von einem Grundrhythmus der anderen Spieler, eine we-sentliche Grundstruktur der Spielpraxis.

Das Video, das *google* bei der Suchanfrage „djembe lernen" an erster Stelle der Treffer-liste anzeigte, war das Video „Djembe-Unterricht"[572] von mylucatoni. Es zeigt einen Zusammenschnitt aus einer Unterrichtssituation mit mehreren unisono spielenden Schüle-rinnen und ihrem Lehrer. Dieser tritt erst in der zweiten Hälfte des Videos erklärend in Erscheinung. Dabei spricht er die im Unterricht anwesende Lernergruppe an, nicht die YouTube-Nutzer.

Mit einer Beliebtheit von unter 70 % bei 21.079 Aufrufen bis zum 07.08.2011 zeigt die Community auf das Video trotz seiner bevorzugten Behandlung bei *google* keine allzu positive Resonanz.

Die Teilnehmer des im Video demonstrierten Djembé-Unterrichts befinden sich alle be-reits im Erwachsenenalter. Das relativ späte Einstiegsalter lässt vermuten, dass das Trommelspiel eher als ein Ausgleich angesehen wird und dass die Teilnehmer des Kurses keine besondere Meisterschaft auf der Djembé anstreben. Damit ist dieser Kurs verwandt mit den Drum-Circles von Christine Stevens[573] und der Gruppenimprovisation von Lilli Friedemann[574].

Bei Europäern, die sich im Laufe ihres Lebens für das Djembé-Spiel interessieren, steht häufig das Erlernen eines Instruments nicht an erster Stelle der Motivation. Ausgleich zum Berufsalltag, Persönlichkeitsentwicklung und soziale Kontakte sind die vorrangigen Ziele bei solchen Trommel-Kursen. Dadurch rückt aus pädagogischer Sicht in solchen Fällen die Erziehung *durch* Musik in den Vordergrund.

Ein Djembé-Kurs, der mehr an die YouTube-Nutzer adressiert ist, wird von *expertvillage* präsentiert. Dieser Kanal bietet mehrere Videos zum Djembé-Spiel an, die verschiedene Aspekte des Spiels demonstrieren. In diesen Videos erläutert ein Trommel-Lehrer, der allein schon durch sein Äußeres den ethnischen Hintergrund der Djembé authentisch repräsentiert, sein Konzept des Djembé-Spiels.

Das Video des Kurses mit den meisten Aufrufen, nennt sich „How to Play African Drums : Six Sounds of a Djembe Drum".[575] Hier erhalten die drei Klänge der Djembé jeweils eine eigene Sprechsilbe in Abhängigkeit von der Hand, mit der sie geschlagen werden,

---

[572] mylucatoni 2009
[573] Stevens 2003
[574] z.B. Friedemann 1971 oder Friedemann 1983
[575] expertvillage 2008

was letztlich zu sechs definierten Klängen führt: go, do (tief) - dun, gun (hoch) – pa, ta (slap).

Der Lehrer erklärt nach dieser Einführung, dass sich aus diesen sechs Klängen eine Geschichte erzählen oder ein Buch schreiben ließe. Er demonstriert auch, wie er aus diesem Djembé-Alphabet Rhythmen konstruiert. Beim zuerst vorgestellten Silbenrhythmus entsteht ein Vierermetrum, indem nach den sechs in gleichmäßiger Folge gespielten Klängen eine Pause in der Länge von zwei Einheiten eingefügt wird.

Nach der Präsentation des Rhythmus´ im Vierermetrum wird ein Rhythmus im Dreiermetrum präsentiert. Dazu wird die zunächst eingefügte Pause weggelassen. Auffällig bei der Spielweise ist, dass der Lehrer wenig Wert auf exakte Gleichmäßigkeit bei den Notenlängen legt. Jeweils zwei Klänge werden durch die Verlängerung der zweiten Note zusammengefasst.

Der Dreierrhythmus wird schließlich variiert, indem jeweils Dreiergruppen mit dem Basston am Anfang gespielt werden. Hier steigert der Lehrer zum Ende des Videos hin das Tempo, was den Schülern einerseits seine Meisterschaft zeigt und sie andererseits auch zum Üben in höheren Tempi motivieren kann.

Eine weitere Variante des Einstiegs in das Djembé-Spiels wird in einem Video demonstriert, das darstellt, wie eine Gruppe von Urlaubern dazu animiert wird, gemeinsam zu trommeln. Das Video „Djembe workshop beachclub Timboektoe“[576] wurde in den Niederlanden aufgezeichnet. Bei dem Workshopleiter handelt es sich um den im Senegal geborenen *Moussé Dramé*. Eine Gruppe von über 30 Personen zeigt die während des Workshops erworbenen elementaren Fähigkeiten zum gemeinsamen Musizieren.

Der Gruppe gelingt es, einen gemeinsamen Rhythmus durchzuhalten und auf visuelle und akustische Zeichen des Workshopleiters zu reagieren, um das Trommelstück zu strukturieren und zu beenden. Das Publikum der Vorführung wird gelegentlich durch Mitklatschen oder einen einfachen Call-Response-Gesang in das Spiel einbezogen. Das gemeinsame Spiel zeigt dynamische Anpassungen um den hervortretenden Solisten Raum zu schaffen.

Die Absprache von akustischen und visuellen Signalen und der Wechsel aus solistischen Teilen und Tutti-Abschnitten korrespondieren wiederum mit den Konzepten von Lilli Friedemann und den Drum-Circles. Die rhythmisch deutlich strukturierten Elemente

---

[576] ragscholten 2008

machen gelegentlich freien Elementen Platz, die bei Lilli Friedemann als „Tumult" und bei den Drum-Circles von Christine Stevens als „Rumble" bekannt sind.

Wenn auch die Protagonisten der bisher besprochenen Videos zum Djembé-Spiel in Ansätzen um Authentizität bemüht waren, so wurde jedoch die präsentierte Musik nicht in ihrem ursprünglichen Kontext realisiert. Das Elementar-Ursprüngliche afrikanischer Trommelmusik verliert sich in diesen Videos durch die Pädagogisierung und die Kommerzialisierung in Workshops mit Unterhaltungs- und Selbstfindungscharakter.

Abbildung 52: Djembé- und Dunun-Spieler in Accra[577]

H	x		x	x	x		x	x			x			x			x	x	
(M)							x	x	x	x	x								
T	x			x			x		x	x		x			x	x			
D	x		x	x		x		x	x	x		x	x	x		x	x	x	x
V	x	x	x	x	x		x	x	x	x	x	x	x	x	x	x	x	x	x
B	x		x		x		x	x		x		x		x			x	x	
A	x		x		x		x		x		x		x		x		x		

Tabelle 7: Das Pattern der sechs Spieler[578]

Für den musikwissenschaftlich interessierten YouTube-Nutzer bieten sich im Falle von ethnisch geprägter Musik Videos an, die einem Kontext mit Echtheitscharakter entstammen. Ein Video, das diesem Anspruch gerecht zu werden scheint, ist die Aufnahme

---

[577] Lafu12 2010a
[578] H: hohe Dunun, M: eine Variation der mittleren Dunun (hohe und tiefe entfallen dann), T: tiefe Dunun, D: Djembé, V: Djembé-Variation, B: Bell, A: Afuché

„Djembe groove in Accra...very deep" aus Ghana[579]. Es zeigt eine Gruppe von sechs Musikern, davon drei mit je einer Djembé, eine Spielerin mit Afuché, ein Spieler mit Bell und ein Solist, der drei Dununs im Ballet Style spielt.

Die Gruppe spielt während des gesamten Videos einen zweitaktigen ternären Rhythmus. Afuché und Bell halten über weite Strecken, mit gelegentlichen Variationen, hauptsächlich die Time. Die drei Djembés bilden den Grundrhythmus, der in der Mitte des Vortrages eine Steigerung erfährt.

Die Hauptmelodie wird vom Spieler mit den Dununs gespielt, der ebenfalls sein Pattern aus der hohen und der tiefen Trommel meist beibehält. In der zweiten Takthälfte des ersten Taktes des zweitaktigen Patterns fügt der Spieler gelegentlich Variationen auf der mittleren Dunun ein. Insgesamt ist die gesamte Darbietung von großer Spielfreude geprägt. Ein Kameraschwenk aus dem Raum der Trommler auf die Straße zeigt außerdem einen freudig tanzenden Zuhörer.

Das Video „Ghanaian in action at the cultural arts center"[580] des gleichen Nutzers zeigt einige der Spieler aus dem eben besprochenen Video mit einem anderen Djembé-Grundrhythmus, der eine gewisse Verwandtschaft mit der brasilianischen Samba aufweist. Einerseits markiert der tiefe Klang die Taktschwerpunkte und es wird mit einer, beziehungsweise zwei, Sechzehntel Note(n) auf diesen Schwerpunkt hingeleitet. Andererseits ist der Rhythmus durch einen Wechsel aus einfacher Rhythmik am Anfang und komplexer Rhythmik in der zweiten Hälfte des Patterns geprägt. Dieser Rhythmus wird von den Spielern in vielfältiger Weise solistisch variiert.

H		x	x			x	x	x	x	
T	x				x	x	x			x

Tabelle 8: Sambaähnlicher Djembé-Rhythmus[581]

YouTube bietet nicht nur die Möglichkeit, Einblick in verschiedene musikalisch-kulturelle Praktiken zu nehmen. Es lässt sich hier auch beobachten, in welcher Weise Musik interkulturelle Verbindungen ermöglicht. Der nepalesische Musiker *Binod Kutuwal* zeigt in seinem Video „African Djembe solo (2) by Binod katuwal from kathmandu Nepal."[582], wie er in seinem Trommelspiel auf einer afrikanischen Djembé moderne Hip

---

[579] Lafu12 2010a
[580] Lafu12 2010b
[581] H: hoher , offener Djembé-Klang, T: tiefer Basston der Djembé
[582] Binodkatuwal 2010

Hop-Rhythmen, klangliche Scratching-Imitationen und latein-amerikanische Spieltechniken zu einem eigenen Stil kombiniert.

5.7.3 Lehrvideos im Bereich Popmusik

E-Gitarre und Rockschlagzeug waren lange Zeit Instrumente, die sich Jugendliche häufig autodidaktisch angeeignet haben. Auch die Nutzung des Computers als Instrument und als Produktionsmaschine wurde von den musikalischen Early-Adopters häufig selbstgesteuert erschlossen. Mittlerweile gibt es in diesem Bereich eine Vielzahl von etablierten Unterrichtsmöglichkeiten. Die Bandbreite reicht vom Peer-Learning bis hin zu akademischen Studiengängen.

Dennoch ist es für viele Menschen weiterhin attraktiv, sich im Bereich Popmusik selbstständig weiterzuentwickeln. So stellen beispielsweise Kleinen und von Appen mit einem Verweis auf Ryan und Deci[583] dar, dass vor allem die Selbstbestimmung dem autodidaktischen Lernen zu seiner Beliebtheit verhilft. Dies führe schlussendlich auch zu einer hohen intrinsischen Motivation beim Erarbeiten popmusikalischer Kompetenzen. Die Autoren verweisen weiterhin darauf, dass Pädagogen sich dieses Motivationspotential zunutze machen sollten und das informelle Lernen komplementär in die Prozesse formaler musikalischer Bildung integrieren sollten.[584]

YouTube bietet eine Vielzahl von Videos, die für das Lernen im popmusikalischen Bereich genutzt werden können, beziehungsweise die bereits eigens zu diesem Zweck konzipiert und produziert wurden.

Der Kanal JustinSandercoe[585] ist ein sehr häufig genutztes Angebot für Gitarrenunterricht. Die hier verfügbaren Videos sind inhaltlich weit gestreut. Der Gitarrist, der auch unter dem Pseudonym *JustinGuitar* einen Kanal auf YouTube betreibt, verzeichnete am 10.12.2011 auf seinen beiden Kanälen jeweils etwa 50 Millionen Videoaufrufe und je circa 150.000 Abonnenten. Das brachte den Kanal JustinSandercoe auf Rang 11 der meist abonnierten Musikerkanäle in Großbritannien und Nordirland. Der Kanal JustinSancercoe stellt 342 Videos bereit, der Kanal JustinSandercoeSongs 142 Videos.

Die Website justinsandercoe.com ging bereits im Jahre 2003 online und war als Unterstützung und Werbung für Justin Sandercoes privaten Gitarrenunterricht angelegt. Seit

---

[583] Ryan und Deci 2000
[584] vgl. Kleinen und von Appen 2007
[585] JustinSandercoe

Dezember 2006 nutzt Justin Sandercoe auch YouTube als Plattform. Einige seiner Videos sind im Hotelzimmer entstanden, während er auf Tour war. Er arbeitet unter anderem als Gitarrist für *Katie Melua*, mit der er bereits tausende Konzerte gespielt hat.[586] Das am häufigsten aufgerufenen Video des Kanals JustinGuitar war das Video „Justin's Easy Acoustic Solo Blues Lesson - Part 2 (Guitar Lesson)"[587] aus dem Jahre 2007. Es handelt sich dabei um den zweiten Teil einer dreiteiligen Video-Serie. Das Video hatte am 10.12.2011 über 1,9 Millionen Aufrufe, während der erste Teil[588] ungefähr 1 Million, der dritte Teil[589] 380.000 Aufrufe hatte.

Alle drei Videos folgen der gleichen Syntax. Sie beginnen mit einem Vorspann, bei dem zunächst ein Standbild eingeblendet wird, das neben dem Logo von JustinGuitar einen Verweise auf die Internetseite „JustinGuitar.com" enthält und das darüber informiert, dass der Videounterricht komplett kostenlos sei. Danach werden der Titel der Video-Serie und der gerade aufgerufene Teil eingeblendet. Die letzte Einblendung „with Justin Sandercoe" weist auf den Autor der Lehrvideos hin.

Auch des Setting aller drei Videos ist identisch. Der Gitarrenlehrer sitzt mit einer Akustik-Gitarre auf einem Lammfell. Im Hintergrund sieht man außerdem zwei E-Gitarren und einen Mikrofonständer. Im ersten Abschnitt jedes Videos wird der Lerner über den Inhalt der Einheit informiert.

In der Einführung des ersten Teils dieser Solo Blues-Serie wird der Rezipient motiviert das Stück zu lernen. Dazu erklärt der Protagonist, dass der Vorteil des Solostückes darin bestehe, dass es ohne Gesang dargeboten werden kann und dass somit der Gitarrenschuler ein „cool" klingendes Stück vorbereitet, das er Zuhause dem Besuch vorspielen kann, falls es die Situation erfordert.

Der Protagonist erklärt weiterhin, dass das Stück auf einem 12-Takt-Bluesschema und einer Variation davon basiert, das er im Anfängerkurs einführt. Außerdem werden im Stück die Moll-Pentatonik und einige Blues-Licks verwendet.

Anschließend erklärt JustinSandercoe den Aufbau der dreiteiligen Serie. Im ersten Teil werde das Stück als solches dargeboten. Im zweiten Teil werden die einzelnen Teile des Stückes danach analysiert, welche Finger und welches Picking verwendet werden und im dritten Teil werden schließlich stark beziehungsweise mäßig verlangsamte Teile des Stückes präsentiert.

---

[586] vgl. Sandercoe
[587] JustinSandercoe 2007b
[588] JustinSandercoe 2007a
[589] JustinSandercoe 2007c

Neben den Informationen über die Kurs-Serie auf YouTube wird der Rezipient auch über Medien außerhalb von YouTube informiert. Er erfährt, dass dieses Stück Teil einer DVD werden soll, die aus fünf ähnlichen Stücken bestehen solle und er wird zu einem Feedback über den online gestellten Kurs ermuntert. Außerdem stehen die Tabs zu diesem Stück auf der Internetseite des Gitarristen bereit. Insgesamt dient der erste Abschnitt des Videos auch zum Herstellen einer persönlichen Schüler-Lehrer-Beziehung. Zusammen mit den informierenden Anteilen des Unterrichtseinstiegs erscheint die Eröffnungssequenz als gut geeignet, Unsicherheiten seitens der Schüler abzubauen. Das Setting vermittelt zudem eine häusliche Atmosphäre, wie sie YouTube-Nutzer auch von anderen Videos kennen.

Nach diesen Erklärungen, die 2:10 min des 4:04 min langen Videos beanspruchen, beginnt der Lehrer mit dem Vortrag des Stückes. Die Darbietung startet mit einem zuvor nicht erwähnten Intro, das bei der Wiederholung entfällt. Das Stück selbst wird in einem langsam schreitenden Tempo mit bluestypischer dynamischer Hervorhebung der Synkopen gespielt.

Auf den Vortrag des Stückes folgt ein Standbild, mit dem der Rezipient auf das Forum der Internetseite verwiesen wird. Dort können Fragen an den Lehrer gestellt werden. Nach dieser Information wird überblendet auf ein weiteres Standbild, das den „Jedi Master Wardley" als Kameramann und Editor ausweist. Zum Abschluss des Videos werden nochmals das Logo und die Internetadresse von Justin Sandercoe eingeblendet.

Das zweite Video hat eine Gesamtlänge von 10:00 min. Hier erklärt Justin Sandercoe in kleinen Schritten, wie das von ihm geschriebene Stück „Solo Blues One" zu spielen ist. Dabei gibt es zunächst wieder einen informierenden Unterrichtseinstieg in Form eines Überblicks über den Inhalt und das Ziel des Videos. Der Lerner erfährt hier, dass das Stück in Teilen zu je zwei Takten erklärt wird. Dabei soll das Hauptaugenmerk auf die linke Hand gelegt werden.

Entsprechend ändert sich die Kameraeinstellung zum Beginn des eigentlichen Gitarrenunterrichts. Während der Lehrer bei seinen Erklärungen in voller Größe im Bild erscheint, wird der Bildausschnitt dann verkleinert, so dass nur noch die linke Hand auf dem Gitarrenhals zu sehen ist.

Der Lernprozess wird bei der Einführung des Intros sehr stark operationalisiert. Justin Sandercoe erklärt das Blues-Lick durch die Angabe des zu nutzenden Fingers, der zu greifenden Saite mit dem dazugehörigen Bund. Außerdem wird die Abfolge der zu spielenden Saiten einzeln erklärt, wobei auch die entsprechenden Töne erklingen. Auf

Notennamen wird hier noch gänzlich verzichtet. Allerdings werden die Abfolgen instruktionspsychologisch sinnvoll wiederholt. Lediglich einmal wird auf die A-Saite mit Notennamen verwiesen, wobei auch dies direkt anschließend erklärt wird und der Akkord, der das Intro abschließt, wird mit der konventionellen Bezeichnung („B7") benannt. Danach wird auch dieser Akkord in der stark operationalisierten Erklärweise dargestellt.

Wenn ein Teil stark verlangsamt vorgespielt wird, bleiben die Notenwerte lediglich tendenziell erhalten. Längere Noten werden länger gespielt, kürzere kürzer. Insgesamt wird das Timing in seiner Exaktheit gelockert.

Bei der folgenden Erklärung geht Justin Sandercoe entsprechend weiter vor. Akkordnamen werden benannt, anschließend werden einzelne Fingerbewegungen und Griffe Schritt für Schritt erklärt.

Der dritte Teil der Serie hatte zum Untersuchungszeitpunkt circa 380.000 Aufrufe und war damit der am wenigsten genutzte Teil. Er hat eine Gesamtlänge von 9:36 min. Der Grundgedanke des dritten Videos besteht darin, das Stück sehr langsam und mit dem richtigen Timing zu spielen. Dabei kann es für Anfänger hilfreich sein, dass der Lehrer im Video an vielen Stellen mitzählt. Das Video empfiehlt, die zweitaktigen Licks auch jeweils einzeln zu üben. Diese Aufteilung soll es dem Lerner ermöglichen, exakt zu spielen ohne sich zum schnellen Voranschreiten im Spiel genötigt zu sehen.

Auf den ersten, stark verlangsamten Teil des Unterrichts folgt ein Mittelteil in mittlerem Tempo. Abschließend wird das Stück auch mit erhöhtem Tempo vorgetragen. Nach dem Vortrag der schnellen Version teilt der Lehrer dem Lerner mit, dass die schnelle Version lediglich als Herausforderung zu Üben anzusehen sei.

Abschließend ermutigt Justin Sandercoe noch dazu, die Sololinie zu verändern. Er macht auf die bereits im ersten Video erwähnte DVD aufmerksam und fordert die Rezipienten auf, ihm Feedback zu geben.

Die Website justinguitar.com bezieht sich stark auf den Gitarrenunterricht, den Justin Sandercoe auf YouTube online stellt. Es gibt jedoch auch Informationen über Justin Sandercoes Arbeit, über DVDs und Bücher. Die verfügbaren Informationen sind nach Kategorien geordnet und mit einer Nummerierung versehen, so dass sie anhand dieser Nomenklatur auch auf YouTube aufzurufen sind.

Die erste Kategorie auf Justin Sandercoes Website ist für Produkte reserviert. Hier sind die DVDs, Bücher, eBooks, Merchandise-Artikel und Alben aufgeführt, die von ihm erhältlich sind. Hier wird deutlich, dass ein Weg der Wertschöpfung durch frei verfügbare Videos auf YouTube über den Verkauf ergänzender Produkte verlaufen kann.

Anschließend folgen die Kategorien für seine Unterrichtsvideos auf YouTube. Diese sind eingeteilt in The Basics, The Justinguitar Beginner's Course (Fingerübungen, Akkorde und Skalen), The Justinguitar Beginner's Songbook mit Spielanleitungen für einfache populäre Songs, The Justinguitar Intermediate Method, Technique Lessons, Chords, Rhythm, Scales, Arpeggios, Guitar Gear :), Aural Training, Recording Techniques, Masterclasses, Blank Papers, Practice Time, Transcribing, Songs, Awesome Riffs, Awesome Licks, Classic Solos, Blues, Folk, Rock and Metal, Jazz, Songwriting, Recommended, Links, Global Issues, Miscellaneous und Admin and about meeeee.

Die Breite Streuung der Unterrichtsinhalte macht deutlich, dass sich Justin Sandercoes mit seinem Online-Unterricht an eine breit gestreute Zielgruppe von Internetnutzern wendet. Auf der Homepage seiner Website macht er deutlich, dass er seine Internetangebote weiterhin kostenfrei anbieten möchte, damit sie jeder nutzen kann, unabhängig von den jeweiligen finanziellen Möglichkeiten. Allerdings besteht die Möglichkeit, den kostenlosen Internetunterricht durch freiwillige Spenden zu unterstützen.

5.7.4 Videos mit pädagogischer Musik

Pädagogische Musik, als funktionale Musik, die für musikpädagogische Zwecke komponiert wurde, findet in den Videos auf YouTube relativ wenig Beachtung. Der Ansatz, der von den meisten Lehrvideos mit musikalischem Hintergrund verfolgt wird, verwirklicht eine Elementarisierung von Musik, die ursprünglich keine außermusikalische Funktion zu erfüllen hatte. Als Beispiel sei hier der Klavier-Kurs zu „Für Elise"[590] angeführt. Musikpädagogische Konzepte, die einer eigenen musikalischen Ästhetik folgen, beziehungsweise ein eigenes pädagogisches Instrumentarium verwenden, finden bislang nur schwachen Widerhall auf YouTube.

Es gibt verschiedene Videos, die dokumentieren, wie mit dem Orff-Instrumentarium gearbeitet wird. Beachtung finden Aufführungen von Schülern der Primarstufe[591] in Singapur, Aufführungen der Sekundarstufe[592] in den USA, die Instrumentalspiel und Tanz kombinieren oder ein Video aus Brasilien[593], das zeigt, wie dort das Orff-Instrumentarium mit dem traditionell brasilianischen Pandeiro und einer solistisch agierenden Posaune kombiniert wird. Dabei wird ein ethnisch geprägter brasilianischer Idiolekt verwendet.

---

[590] siehe Kapitel 5.6.1
[591] gohtom 2008 Videoname: „Orff Instruments"
[592] 292420 2007 Videoname: „Orff Level II SMU Summer 2007"
[593] felipegama 2008 Videoname: „Coco - Orff Schulwerk"

Hilfreiche Videos lassen sich auch zu dem musikpädagogischen Konzept des Boomwhacker-Spiels finden. Da dieser Bereich für viele, die momentan musikpädagogisch arbeiten, noch relativ neu ist, bietet YouTube die Chance, sich anschaulich über die Möglichkeiten der Boomwhacker-Nutzung zu informieren. Echte Anleitungen, wie sie für andere Instrumente und Praktiken zu finden sind, fehlten hier jedoch genauso, wie beim Orff Instrumentarium.

Für Neueinsteiger im Bereich Boomwhackers bietet sich zunächst ein Video mit positiver Resonanz in den Kommentaren an. Das Video „Boomwhackalacka!"[594] hatte am 10.08.2011 33.063 Aufrufe erzielt. Es hat seit seinem Upload vor fast 4 Jahren 61 ausschließlich positive Bewertungen erhalten. Dargeboten wird ein Stück, das der Komponist *Rodney Money* gemeinsam mit sieben Schülern der siebten Jahrgangsstufe aufführt. Das Stück, das in weiten Teilen aus repetitiv gespielten rhythmisch-akkordischen Strukturen aufgebaut ist, wird von den Schülern sicher dargeboten. Der Klang des Stückes profitiert von der Akustik der Aufnahmesituation. Der naturgemäß kurze Klang der Boomwhackers erfährt durch die Akustik der Turnhalle eine Verlängerung. Außerdem wirkt das Stück durch seine Gliederung in zwei Teile mit unterschiedlichen Tempi abwechslungsreich.

5.7.5 Pädagogisierte Musik

YouTube bietet eine Vielzahl von Beispielen, wie kommerzielle Musik im pädagogischen Kontext genutzt wird. Der YouTube-Kanal „PS22 Chorus"[595] ist ein populäres Beispiel für diesen Bereich. Hier werden seit dem Jahre 2006 Videos veröffentlicht, die die Chorarbeit an der Public School 22, einer öffentlichen Grundschule auf Staton Island, dokumentiert.

Der Chor setzt sich jeweils aus Schülern der fünften Jahrgangsstufe zusammen. Es wird in der Kanalbeschreibung ausdrücklich darauf hingewiesen, dass die Schule keinen künstlerischen Schwerpunkt verfolgt. Der Chorleiter Gregg Breinberg studiert mit dem Chor in der Regel populäre Musikstücke ein. In den Videos begleitet er den Chor teilweise mit einer Gitarre oder einem Klavier. Der zweitweise zweistimmig singende Chor wurde auf YouTube so beliebt, dass auch die etablierten Medien und Stars auf ihn aufmerksam wurden.

---

[594] composingatnight 2007
[595] agreggofsociety 2006

Mittlerweile absolvierte der Chor gemeinsame Auftritte mit Künstlern wie *Tori Amos*, *Crowded House, Matisyahu, The Bangles* oder *Kylie Minogue*. Zu den prominenten Gästen im Publikum zählt beispielsweise der Präsident der USA, Barack Obama. Die wohl wichtigste Aufführung für den Chor war der Abschluss der Oscar-Verleihungen 2011 mit dem Song *Over the Rainbow*.

Im Jahr 2010 wurde der Chor mit dem seit 1997 existierenden „Webby Award"[596] als „Artist of the Year" ausgezeichnet. Dabei handelt es sich um einen Preis, der herausragende Erscheinungen im Internet würdigt. Die Jury besteht aus Persönlichkeiten der etablierten Medienwelt, wie zum Beispiel *David Bowie* oder *Matt Groening* und Mitarbeitern von Medieninstitutionen, wie beispielsweise den *New York Times*.

Die Videos des Chores erzielten bis zum 27.02.2012 über 42 Millionen Aufrufe. Auffällig ist das Engagement jedes einzelnen Kindes. Obwohl die Sänger während der Aufzeichnungen sitzen, führen sie in der Regel tanzende Bewegungen aus und deuten die Textinhalte durch ihre Gesten aus.

In Deutschland ist die Praxis der Veröffentlichung schulmusikalischer Arbeit weniger verbreitet. Die YouTube-Suchanfrage „Schulchor" verzeichnete am 27.02.2012 846 Treffer. Der Suchbegriff „Schulmusik" führte lediglich zu 215 Treffern. Die meisten dieser Videos erzielen Aufrufhäufigkeiten im zwei- bis dreistelligen Bereich.

5.8 Experimentell-subkulturelle musikalische Praktiken auf YouTube

Für die bisher genannten Bereiche des Instrumentalspiels sind in aller Regel Lehrwerke und Literatur verfügbar. Daneben gibt es auch Experimente mit alternativen Instrumenten und Instrumentalpraktiken, die ihre musikpädagogische Relevanz daraus beziehen, dass sie aus der Lebenswelt junger Menschen stammen, dass sie von jungen Menschen wahrgenommen werden oder dass sie junge Menschen aufgrund ihrer Unkonventionalität ansprechen.

Die Nutzung von digitalen Medien im schulischen Bereich wird häufig von ästhetischen oder pädagogischen Vorbehalten und technischen Hürden gehemmt. Dagegen ist die Nutzung von YouTube beim Peer-Learning, als der vorherrschenden Lernform in Jugendkulturen, eine Selbstverständlichkeit.

---

[596] Welcome to the Webby Awards

Als musikalische Verhaltensweisen, die eher im subkulturellen Bereich angesiedelt sind, sind beispielsweise Beatboxing, Bodypercussion und Street Drumming zu nennen. Beim Beatboxing werden Schlagzeuggeräusche mit Hilfe von Stimmlauten und Atemgeräuschen imitiert. Bei der Bodypercussion werden Geräusche genutzt, die mit dem menschlichen Körper durch Schlagen oder Reiben zu erzeugen sind. Beim Streetdrumming werden schließlich sowohl traditionelle Schlaginstrumente als auch selbst zusammengestellte Setups aus Alltagsgegenständen oder Objets trouvé verwendet.

5.8.1 Beatbox

Die YouTube-Suche „Beatbox lernen" erzielte am 29.01.2012 ungefähr 405 Treffer, während die englischsprachige Suche „beatbox learning" ungefähr 1.190 Treffer lieferte. Die Suche „Beatbox learn" lieferte 2.510 mit dem Suchbegriff verknüpfte Videos.

Bei den „angesagten Videos", die YouTube der Trefferliste zur Seite stellt, rangierte das Video „Albertos Beatboxunterricht 1.0"[597] mit über 2,1 Millionen Aufrufen an der ersten Stelle. Der Name des Videos erweckt den Eindruck, dass den Rezipienten eine grundlegende Einführung ins Beatboxing erwartet. Inhaltlich beschäftigt sich das Video entgegen der durch den Titel geweckten Erwartung damit, wie Alberto zwei Melodien und einen Beat musikalisch vereint. Dabei visualisiert er den angedachten Verschmelzungsprozess mit Hilfe seiner beiden Zeigefinger, die er im Verlauf des Videos zusammenführt. Dies impliziert ein sukzessives Morphing der drei vorgestellten Elemente, während er tatsächlich wechselweise jeweils die beiden Melodien mit dem Beat kombiniert.

Ein Videotutorial, das analytisch auf der Ebene der reinen Beats ansetzt ist „German BEATBOX Tutorial - Beginner Beats (Übungsbeats)"[598]. Der Protagonist in diesem Video formuliert einige Prinzipien, die ein Beatboxanfänger seiner Meinung nach beachten sollte. Als Grundbausteine des Beatboxing nennt er die „Töne" Kick, Snare und Hi-Hat. Dabei erfährt der Rezipient, dass es wichtig sei, dass man die „einzelnen Töne heraushört". Außerdem fordert er die Lerner dazu auf, einzelne Klangelemente zu identifizieren, um ein Erkennen von rhythmischen Strukturen zu ermöglichen.

Als erste Übung schlägt der Videolehrer einen einfachen Beat vor, bei dem Kick und Snare im gleichmäßigen Rhythmus abwechselnd erklingen. Im Verlauf der Präsentation wird der Rhythmus zu einem typischen teilharten Hip-Hop-Beat variiert. Allerdings leidet

---

[597] ALBERTO TV 200/
[598] Beatboxerrip 2009

das Timing in diesem Teil des Videos. Auch der darauffolgende Uptempobeat wird rhythmisch recht unpräzise demonstriert.

Im weiteren Verlauf des Videos präsentiert und erläutert er einen Beat im Dreiermetrum, den er als Walzer bezeichnet. Aufgrund seiner Struktur aus zwei alternierenden Dreierpatterns liegt es jedoch eher nahe, den Beat als Slowrock zu bezeichnen.

Hi-Hat		x	x		x	x	
Snare				x			
Kick	x						

Tabelle 9: Der "Walzer" aus dem Beatbox-Tutorial

Als Hilfe wird im Video eine Vokalisation dieses Beats eingeblendet ("B-ts-ts-pf-ts-ts"). Diese Vokalisation verdeutlicht die einfache Möglichkeit, mithilfe unserer Schriftsprache recht eindeutige Produktionsanweisungen für Beatbox-Lautfolgen zu formulieren. Hier werden Verbindungen zum elementaren musikpädagogischen Konzept von *Carl Orff* erkennbar, bei dem Sprache in Form von einfachen Sprechreimen genutzt wird, um Rhythmen zu repräsentieren und rhythmische Kompetenzen zu erweitern. Durch die lautmalerische Nutzung der stimmlichen Möglichkeiten findet beim Beatboxing allerdings eine noch weitergehende Elementarisierung statt.

Im Folgenden wird der Lerner dazu animiert, die Beats zunächst langsam zu üben. Anschließend wird noch eine Reihe weiterer Beats präsentiert. Zunächst wird ein Pattern mit synkopierter Kick („B-ts-pf-B-ts-B-pf-ts") vorgestellt, anschließend eine eher technische Übung („B-pf-B-ts-B-pf-B-ts"). Ein weiteres Pattern ist an die Beats des frühen Gangsterraps angelehnt („B-ts-pf-ts-ts-B-pf-ts"). Das Pattern entspricht beispielsweise der zweiten Strophe von *Coolios* „Gangsters Paradise" (1995).

Kurz vor Ende des 4:09 min langen Videos gibt der Lehrer nach einem kurzen missglückten Anlauf noch mit einem kurzen schnellen Freestyle-Part eine Demonstration seines Beatbox-Styles, was nach den eher analytischen Anweisungen motivierend auf den Lerner wirken könnte.

Eine auf technische Hilfen angewiesene Form des Beatboxing stellt das Konzept von *ThePetebox* dar. Dieser Künstler veröffentlicht auf YouTube Videos, in denen er mithilfe eines Setups aus Mikrofonen und Effektgeräten per Beatboxing sich selbst wiederholende Loops erzeugt. Über das so gewonnene loopbasierte Playback intoniert, beziehungsweise improvisiert er dann teilweise gesungenen Text, teilweise einfache Vokalisationen.

Bei seinem Video „THePETEBOX Future Loops beatbox Album Track 4 Loop Pedal - Panther Dance"[599] werden nacheinander eine Hi-Hat-Loop, zwei basslastige Harmonie-spuren, eine Percussions-Spur und eine Scratching-Spur geschichtet. Entsprechend der Harmonie- und Hi-Hat-Spuren, die auf *Henry Mancini*'s *Pink Panther-Thema* (1963) verweisen, wird über das Playback das Thema gesungen, wobei der Klang der Stimme den Klang einer Posaune imitiert.

Ab 2:29 min verwandelt sich das Stück in eine Uptempo-Dance-Nummer. Eingeleitet wird diese Entwicklung durch das Hinzufügen einer Bass Drum. Das Schlagzeug-Pattern entwickelt sich durch die Ergänzung mit weiteren Kicks und Snares zu einem Jungle-Beat, angereichert mit recht hohen, durch digitale Effekte sphärisch klingende Kopfstim-menlinien. Über dieses verwandelte Playback wird nun ein Text gesungen, der sich bis zum Ende des Videos hin zu einem Kanon entwickelt.

5.8.2 Bodypercussion

Im Bereich der Bodypercussion ist das Angebot an speziell für Lerner konzipierten Vi-deos stark eingeschränkt. Die You-Tube-Suchanfrage „Bodypercussion lernen" lieferte am 30.01.2012 nur acht Ergebnisse. Hier bietet es sich an, Videos mit Aufführungscha-rakter in den Lernkontext zu transportieren.

Das Video "Steve Reich • Clapping Music"[600] zeigt das *GVSU New music Ensemble* bei der Aufführung der Bodypercussion-Komposition *Clapping Music* von *Steve Reich*. Die-ses Minimal Music-Stück basiert auf einem einfachen Pattern

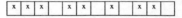

Tabelle 10: Grundpattern von Steve Reichs "Clapping Music"

Das Pattern wird im Verlauf des Stücks durch Permutation variiert. Die entstehenden Variationen werden überlagert, so dass letztendlich ein durchgehender Klatschrhythmus entsteht, der jedoch in sich durch die Art der Aufführung räumlich-klangliche Modulatio-nen aufweist. Weitere Videos im Bereich Bodypercussion, sicherlich auch mit eher mu-sikpädagogischem Akzent, sind zukünftig zu erwarten.

---

[599] Pytrantula 2012
[600] billry1 2007

5.8.3 Streetdrumming

Die YouTube-Suchanfrage „Street Drummer"[601] lieferte am 31.01.2012 ungefähr 63.700 Treffer. Eines der meistgesehenen Videos aus dem Bereich Street Drumming, ist das Video „best street drummer ever!". Es hatte am 31.01.2012 über 1,3 Millionen Aufrufe. Der Uploader erwähnt in seinem Kommentar zum Video, dass es vor einem Markt aufgenommen wurde und dass der Drummer innerhalb einer halben Stunde 20 $ eingenommen habe. Die 5:49 min des Videos zeigen demnach einen Ausschnitt aus einer längeren Performance.

Der Drummer sitzt bei der Performance relativ knapp über dem Boden hinter einem Setup aus Stapeln von Eimern, einer Blechwanne mit Hi-Hat-Funktion, einem Blechtopf als Bell und einem umgedreht liegenden 18"-Becken. Das Zentrum des Setups bildet ein Stapel aus vier ineinandergestülpten Eimern mit circa 15-20 l Fassungsvermögen. Diese Eimer sind mit der Öffnung nach unten so auf ihren Bügeln abgestellt, dass die Öffnung einige Zentimeter über dem Boden verbleibt. Direkt vor dem Drummer befindet sich ein kleineres Gefäß, das nicht im Bild zu erkennen ist. Von seiner musikalischen Funktion her ist es als Snare zu bezeichnen.

Rechts und links neben den Eimern mit Bass Drum-Funktion stehen jeweils sehr ähnliche Eimerstapel, jedoch mit der Eimeröffnung flach auf dem Boden aufliegend. Dies bewirkt einen klanglichen Unterschied zu dem mittleren Stapel, der die Bass Drum-Funktion übernimmt.

Zwischen den Eimern und dem Drummer befindet sich die Blechwanne mit der Öffnung nach innen, so dass durch das Streichen über die Innenseite des geriffelten Bodens der Wanne ein schnarrendes Geräusch erzeugt werden kann. Außerdem werden stellenweise schnelle repetitive Schlagfolgen gespielt, indem der Stick im Inneren der Wanne auf und ab bewegt wird.

Zur Rechten des Drummers befindet sich das umgedrehte Becken auf einem weiteren Eimerstapel während am linken Rand des Setups ein fünfter Eimerstapel mit der Öffnung nach oben aufgestellt befindet. Das Setup wird mit konventionellen Sticks gespielt. Insgesamt zeigt das Setup sehr anschaulich, dass hier eine Vielzahl von klanglichen Möglichkeiten erkundet und zu einem funktionierenden System kombiniert wurde.

Die Aufzeichnung beginnt während der bereits laufenden Performance. Der musikalische Verlauf zeigt, dass die erklingende Musik konzeptionell mit einem gewissen Grad an

---

[601] kinya70335 2008

Offenheit organisiert ist. Einzelne Pattern werden kombiniert und variiert. Die Längen der Teile und die Art der Verbindung der Teile folgen an verschiedenen Stellen außermusikalischen Anforderungen, wie beispielsweise dem notwendig werdenden Zurechtrücken einzelner Teile des Setups.

Der erste Abschnitt der gefilmten Sequenz bis 1:20 min ist geprägt von einer meist gleichbleibende Bass Drum-Snare-Figur.

Zeit	1	e	+	e	2	e	+	e	3	e	+	e	4	e	+	e
Bell			x	x					x	x	x			x		
Hi-Hat		x						x	x					x	x	
Snare					x								x			
Bass	x								x							

Tabelle 11: Hauptpattern des ersten Abschnitts

Über diese Bass Drum-Snare-Figur werden wechselweise Variationen der hier dargestellten Hi-Hat- beziehungsweise Bell-Figur gespielt. Dabei lässt der Spieler des Öfteren zweitaktige Strukturen entstehen. Außerdem erzielt der Street Drummer Abwechslung durch Fill-ins, die zum Teil aus einfachen Sechzehntelläufen über die Eimer bestehen oder aus repetierten Schlagfolgen von drei Achteln Länge, so dass metrische Überlagerungen entstehen. Bei circa 0:41 min nutzt der Drummer außerdem eine Tempoerhöhung als spannungssteigerndes Element.

Zeit	1	e	+	e	2	e	+	e	3	e	+	e	4	e	+	e
Hi Tom								x								
Lo Tom											x					
Hi-Hat	x	x	x		x	x			x	x		x			x	
Snare					x								x			
Bass	x														x	x

Tabelle 12: Hauptpattern des zweiten Abschnitts

Ab 1:20 min wird ein Überleitungsteil gespielt, bei dem die Bass Drum-Figur mit Variationen weitergespielt wird und ansonsten die Achtel mit Schlägen auf den Rand des Bass Drum-Eimers aufgefüllt werden. Dieser Rand übernimmt im nun folgenden Teil ab 1:34 min die Funktion der Hi-Hat. Während der Überleitung sucht der Drummer nach einem geeigneten Stick für die linke Hand und rückt sein Equipment zurecht.

Im zweiten Abschnitt werden gelegentlich längere Fill-in-Teile gespielt, bei denen längeren Abschnitte mit metrischer Überlagerung eines 6-Sechzehntel-Patterns über dem zugrunde liegenden 4/4-Takt gespielt werden. Durch die hohe Dauer dieser Abschnitte wird die Bindung an die Taktart auch teilweise aufgelöst.

Ab 2:08 min baut der Drummer gelegentlich Passagen ein, bei denen er Jonglage mit Drumming mischt. Dass er gerade an diesen Stellen Szenenapplaus erhält unterstreicht den artistischen Charakter der Performance. Die musikalische Gestaltung wird vom Publikum weniger realisiert und honoriert.[602]

Von 2:36 min bis 2:40 min integriert der Drummer einen kurzen Abschnitt, bei dem er das Metrum verlässt und eine Folge von repetitiven Schlägen mit einem Stick spielt, während er mit dem anderen Stick Druck auf den bespielten Eimerboden ausübt, wodurch sich die erzielte Tonhöhe kontinuierlich verändert. Diese Tonhöhenmodulation ist auch beim Spiel von Bongos gebräuchlich, wobei hier die Modulationen in der Regel durch das Aufdrücken eines Ellenbogens erzeugt werden.

Von 2:50 min bis 3:05 min wird wieder ein Überleitungsteil eingefügt, der mit der rechten Hand in der Metallkiste gestaltet wird. Bei diesem Teil rückt der Drummer sein Set zurecht.

Zeit	1	e	+	e	2	e	+	e
oben			x				x	
hinten		x						
unten	x				x			

Tabelle 13: Der Überleitungsteil aus verschiedenen Sounds der Blechbox

Anschließend präsentiert er das Pattern der Anfangsphase der Aufzeichnung. Zunächst von 3:05 min bis 3:15 min in der Hi-Hat-Version, nach einem erneuten kurzen Einschub des Überleitungsteils bis 3:30 min in der Bell-Version. Die Bell-Version wird auch an dieser Stelle in erhöhtem Tempo gespielt.

Bei 4:03 min wird ein zweitaktiges Pattern mit Half-Time-Feel präsentiert. Es ist stilistisch deutlich an den R'n'B-Pattern des beginnenden ersten Jahrzehnts des dritten Jahrtausends orientiert.

---

[602] Eine entsprechende Erfahrung konnte der Stargeiger Joshua Bell beim öffentlichen Spiel in einer Washingtoner Metrostation machen. Das Video „Joshua Bell "Stop and Hear the Music" by the Washington Post" zeigt den Musiker am 12.01.2007 beim Experiment, inkognito zu spielen. Die Passanten zeigten sich von der Virtuosität des Unbekannten recht unbeeindruckt. (vgl. powervisionboard 2008 und Schreiber 2007)

Zeit	1	e	+	e	2	e	+	e	3	e	+	e	4	e	+	e
Bell					x				x	x	x		x	x		
Hi-Hat	x															
Snare									x							
Bass	x				x											

Zeit	1	e	+	e	2	e	+	e	3	e	+	e	4	e	+	e
Bell	x						x	x		x			x			
Hi-Hat																
Snare									x						x	
Bass		x	x													

Tabelle 14: Zweitaktiges Halftime Pattern

Hier beginnt der Drummer zunächst den Teil mit der schwerpunktmäßigen Nutzung der Bell und wechselt dann mehr und mehr zur Hi-Hat. Bei 4:43 min entfernt er die Bass Drum aus dem Pattern. Auch dies stellt eine typische Verarbeitungstechnik der R'n'B-Beatgestaltung dar.

Ab 5:18 min wird mit einem einfachen Überleitungsteil aus Schlagrepetitionen zu einem weiteren Pattern übergeleitet. Dabei handelt es sich um eine Verschmelzung der bereits im zweiten Abschnitt genutzten Sechzehntelschläge zum Auffüllen zwischen der Bass Drum-Snare-Figur mit dem R'n'B-Pattern. Die einzelnen Bell- und Hi-Hat-Schläge des R'n'B-Patterns werden hierbei auf die Eimer mit Tom-Funktion gelegt.

Streetdrumming entwickelte sich während des Untersuchungszeitraumes, vermutlich auch durch die Verbreitung über YouTube, zu einer musikalischen Praxis, die als neuartig, zeitgemäß und authentisch konnotiert ist. Dies zeigt sich daran, dass im April 2012 zwei unabhängige Autowerbespots ausgestrahlt wurden, bei denen Streetdrumming thematisiert wurde.

Im Werbespot für den Fiat 500 mit *Jennifer Lopez* erscheint je nach Fassung in den ersten 20 Sekunden ein Streetdrummer im Bild, während im Off die Worte: „[…] der Ort der mich antreibt […]" gesprochen werden[603].

---

[603] vgl. FiatDeutschland 2012

Abbildung 53: Standbild aus dem Werbespot für den Skoda Fabia im April 2012[604]

Der Werbespot für den Skoda Fabia bezieht das Streetdrumming noch deutlicher ein. Hier bildet das Streetdrumming sowohl im Bild als auch in der auditiven Ebene das integrierende Element. Im Bild werden die anderen Bildelemente um den Drummer arrangiert (Abbildung 53), bei der Musik wird das Streetdrumming kompositorisch in die sich entwickelnde Musik integriert.

YouTube als Distributionskanal spielte bei der Genese dieses Videos insofern eine Rolle, als die organisierende und gestaltende Agentur über YouTube auf den Streetdrummer *Phil Bondy* aufmerksam wurde[605]. Im Zusammenhang mit dem Werbespot trat *Phil Bondy* auch beim Genfer Autosalon 2011[606] auf dem Messestand von Skoda auf. Insofern eröffnet YouTube als Promotionskanal für einige Musiker auch die Möglichkeit einer finanziellen Wertschöpfung.

5.9 Kollaborative Produktionen

Die Vernetzung der Nutzer im Web 2.0 ermöglicht die kollaborativen Gestaltung von Medieninhalten. Die so entstehenden Inhalte können als Produkt einer verteilten Kreativität interpretiert werden.[607]

---

[604] GermanAdvertisements 2012.
[605] Diese Information gab das Skoda Informationscenter auf Nachfrage des Autors.
[606] InFramePic 2011
[607] vgl Bruns 2010, S. 25

Bei kollaborativen Konstruktionsprozessen sind verschiedene Organisationsformen zu unterscheiden. Zunächst sind Verarbeitungsprozesse zu nennen, die einen gegebenen Memplex evolutionär mithilfe formaler Meme weiterentwickeln. Dies kann beispielsweise in Form von Coverversionen oder Remixes geschehen. Zu nennen sind jedoch auch Literal- oder Lipsync-Versionen oder Parodien. Eine solche Kollaboration basiert also darauf, dass ein jeweils abgeschlossenes Werk neu interpretiert wird, beziehungsweise darauf, dass Teile eines oder mehrerer Werkes zum Material für ein neues Werk mit Mash-up-Charakter werden. Diese Art der sukzessiven Kollaboration wurde in den vorangegangenen Abschnitten bereits dargestellt. Im Gegensatz hierzu sind auch Konstruktionsprozesse zu nennen, die bereits in ihrer konzeptionellen Anlage teilsynchronisierte kooperative Elemente vorsehen.

5.9.1   Eric Whitacre – Virtual Choir

Ein Beispiel für ein Werk, das bereits in der Konzeption verteilte Kollaboration implementiert, stellt das Video „Eric Whitacre's Virtual Choir - 'Lux Aurumque'"[608] dar. Komposition und Produktion wurden von *Eric Whitacre* von Beginn an so angelegt, dass der Chor von Sängern gebildet wird, die sich selbst ihren Gesangspart aneignen und ihn audiovisuell aufzeichnen.

Abbildung 54: Eric Whitacre's Virtual Choir[609]

---

[608] EricWhitacresVrtlChr 2010
[609] EricWhitacresVrtlChr 2010

Entstanden ist ein Video bei dem 185 Stimmen zu hören sind, die auf insgesamt 243 Tonspuren aufgezeichnet wurden. Die Sänger stammen aus 12 unterschiedlichen Ländern und bilden gemeinsam einen virtuellen Chor.

Das Video selbst wurde von *Scott Haines* produziert. Hierzu wurden die Tonspuren so abgemischt, dass sie im Panorama verteilt und in einem virtuellen Hallraum erklingen. Das Bildmaterial, das jeden einzelnen Sänger beim Singen in seiner häuslichen Umgebung zeigt, wurde in einer virtuellen Choraufstellung angeordnet. Kamerafahrten verstärken dabei den Eindruck, dass es sich um ein Performance-Video handle, das den Chor in einer Live-Situation zeigt.

In der Vorbereitungsphase wurden Videoplattformen wie YouTube und Vimeo.com als Kommunikationskanäle genutzt, um die Instruktion des Komponisten an die Chormitglieder zu transportieren. Außerdem sind die Auditions für die Solostimme auf YouTube zu sehen.

Im Folgejahr 2011 produzierte *Eric Whitacre* den Virtual Chor 2.0 mit seinem Chorstück *Sleep*. Hierfür wurden über 2.000 Videos aus 58 Ländern eingesandt. Das hieraus entstandene Video wurde aufgrund der Unstimmigkeiten zwischen GEMA und YouTube auf YouTube gesperrt, es ist allerdings auf Vimeo[610] verfügbar.

Abbildung 55: Der Virtual Choir 2.0[611]

---

[610] + rehabstudio 2011
[611] + rehabstudio 2011

Im Video zum Virtual Choir 2.0 wurden die Einzelvideos der Sänger nach Ländern geordnet auf angedeutete Planetenkugeln projiziert. Insgesamt entsteht der Eindruck eines lichtdurchfluteten Nachthimmels. Außerdem werden einzelne Textteile des Liedtextes „Sleep" eingeblendet. Dadurch reflektiert die Bildebene des Musikvideos sowohl den eigenen Entstehungsprozess, wie auch die Entstehung der einzelnen Tonspuren und den gesungenen Text, wobei der Text sowohl als tatsächlich gegebenes Zeichensystem als auch in seiner semantischen Interpretation in Erscheinung tritt.

Das Musikvideo beinhaltet durch die Videos der einzelnen Sänger Elemente eines erweiterten Performance-Videoclips. Außerdem verweist es auf die narrativen Elemente des gesungenen Textes. In der Summe ist das Video auch aufgrund der Farbgebung und der Geschwindigkeit der Bildgestaltung als expressives Video zu klassifizieren. Insgesamt wird hier ein möglicher Weg aufgezeigt, wie Musik abseits der Videoclipkonventionen visualisiert werden kann.

Abbildung 56: Instruktionsvideo für die Sopranstimme von *Water Night*[612]

Für das dritte Projekt, den Virtual Choir 3, wurden 3.746 Videos aus 73 Ländern eingesandt. Die Produktion lief zum Untersuchungszeitpunkt noch. Das hier produzierte Mu-

---

[612] Damien du Toit - http://coda.co.za 2012

sikvideo „Water Night" war Teil der Feierlichkeiten und der Ausstellung zum 100. Jubiläum der Fertigstellung der Titanic in Belfast.[613]
Für die Koordination des virtuellen Chores und zur seiner Vermarktung betreibt *Eric Whitacre* eine Website. Hier konnten die Chorsänger die Klavierbegleitung und die Noten[614] herunterladen. Es wurden jedoch auch Videos bereitgestellt, die gleichzeitig das Dirigat von *Eric Whitacre*, die entsprechende Notation mit Text und einen Mitsingchor präsentieren (Abbildung 56).

5.9.2 Darren Solomon – inbflat

Das Videoprojekt *inbflat* basiert auf der Idee, mehrere Musiker gleichzeitig in verschiedenen Videos zum Erklingen zu bringen. Bei der Konzeption von *inbflat* legte *Darren Solomon* lediglich die Tonart B-Dur („b flat") fest. Für die Musiker, die er zur Mitarbeit aufrief, gab er offene und recht einfache Anweisungen.

"*-Sing or play an instrument, in Bb major. Simple, floating textures work best, with no tempo or groove. Leave lots of silence between phrases.*
-Record in a quiet environment, with as little background noise as possible.
-Wait about 5-10 seconds to start playing.
-Total length should be between 1-2 minutes.
-Thick chords or low instruments don't work very well.
-Record at a low volume to match the other videos.
-You can listen to this mix on headphones while you record.
-After you upload to YouTube, play your video along with the other videos on this page to make sure the volume matches."[615]

Welche Videospuren letztendlich zusammen abgespielt werden, liegt in der Hand des Rezipienten. Der vom Initiator gewünschte verzögerte Start beim Einspielen der einzelnen Spuren führt seitens des mitgestaltenden Rezipienten zu einem aleatorischen Element. Die rhythmischen Probleme, die hieraus resultieren können umgeht Solomon durch den Wunsch nach groove- und tempolosen Elementen und langen Pausen zwischen den

---

[613] vgl. Damien du Toit - http://coda.co.za 2012
[614] Ein Beispielauszug befindet sich im Anhang.
[615] Solomon 2009a

223

Phrasen. Um die Kohärenz zwischen den Tracks zu verstärken, können die teilnehmenden Musiker einen Vorab-Mix auf dem Kopfhörer mithören, während sie ihren eigenen Track aufzeichnen. Dies gibt der Produktion einen gewissen Live-Charakter, der vom koproduzierenden Rezipienten wieder neu interpretiert wird.

Außerdem wurden bei den Spielanweisungen psychoakustische Gesichtspunkte berücksichtigt, da besonders tiefe oder dichte Klänge vermieden werden sollen. Während die letzte Entscheidung bezüglich der gespielten Videos beim Rezipienten liegt, wurde auch schon eine Vorauswahl von *Solomon* festgelegt. Diese Entscheidungen wurden subjektiv und gefühlsmäßig getroffen, gestützt durch das Experimentieren mit verschiedenen Videokombinationen[616].

Für den ersten Aufruf zur Kollaboration hatte *Darren Solomon* eine Beispiel-Site eingerichtet, in der bereits sechs Video-Tracks durch den Rezipienten kombinierbar waren.[617]

Abbildung 57: Das Video-Interface von inbflat[618]

Darren Solomon versteht *inbflat* in den FAQ seiner Website als Ehrung für *Terry Riley* und seine Arbeit *Song For The Ten Voices Of The Two Prophets*. Damit stellt er *inbflat* in die Tradition der tranceartigen Linie der Minimal Music.

---

[616] vgl. Solomon 2009b
[617] Solomon 2012
[618] Solomon 2009a

5.9.3 marker/music

Das Folgeprojekt von *Darren Solomon* war *marker/music*[619]. Es handelt sich dabei um ein Auftragsprojekt der *Northern State University* in Aberdeen, South Dakota. Hier sind die auszuwählenden Videos auf einer Google-Map, bestehend aus Straßennamen und Luftaufnahmen, angeordnet. *Solomon* nennt dieses Arrangement eine „interactive sound and music map". Damit bezieht er sich implizit auf die Tradition der Soundscapes, beziehungsweise auch auf *John Cages*[620] *Imaginary Landscape No 1* aus dem Jahre 1939.

Abbildung 58: marker/music-Landkarte mit teilweise geöffneten Videofenstern[621]

Während *Cage* mit elektronischen Klangzeugungen experimentierte und dadurch eine fremdartige akustische Landschaft in der Phantasie des Rezipienten entstehen lässt, bietet Solomon auch visuelle Informationen an. Allerdings werden diese in einen verfremdenden akustischen Kontext gestellt. Die Fülle der gleichzeitig verfügbaren akustischen und

---

[619] Solomon 2010
[620] Auch das schwedische Video „Music for One Apartment and Six Drummers" (2001), das auf verschiedenen YouTubekanälen verfügbar ist, stellt mit seinen vier Sätzen und der Nutzung von Alltagsgegenständen einen Bezug zur Arbeit von John Cage her. In diesem Fall stellt Cages „Living Room Music" (1940) die Referenzkonzeption dar. Allerdings verlangt die schwedische Konzeption von Ola Simonsson und Johannes Stjärne Nilsson, dem Titel des Stückes entsprechend, vergleichsweise hohe spieltechnische Kompetenzen.
[621] Solomon 2010

visuellen Reize zwingt den Rezipienten, selbst ordnend einzugreifen. Diese Strukturierungsarbeit kann teils mit Hilfe der interaktiven Oberfläche stattfinden, teils rein kognitiv. Der Rahmen des Projektes wurde an die Möglichkeiten des Auftraggebers adaptiert. Das Projekt wurde vollständig in Aberdeen und von einer beschränkten Anzahl Personen realisiert. Außerdem stand nur eine Woche für die Umsetzung zur Verfügung.

Die Projektwoche wurde zur Hälfte für die Realisierung der Aufnahmen und zur Hälfte für das Editieren und Programmieren der Videos und des Interfaces verwendet. Die unterschiedlichen Fachbereiche wurden arbeitsteilig am Projekt beteiligt.

Was von *inbflat* übernommen wurde, war die Festlegung auf eine Tonart, in diesem Fall G-Dur. Allerdings kommen hier nicht nur Einzelmusiker zur Aufführung, sondern auch das Jazz Ensemble der Universität, dem Solomon für die Aufzeichnung ein Improvisationskonzept vorgab. Hierfür wurden die Teiltöne von fünf Akkorden notiert. Bei den Akkorden handelt es sich um Vierklänge, die *Solomon* notierte, indem er die Tonstufen in Beziehung zum Grundton G durch eine Zahl angab. Der Akkord #1 besteht aus den Stufen 1,3,5,7 und bezeichnet dadurch einen G maj7-Akkord. Die Gestaltung eines Spannungsbogens wurde durch weitere Akkorde ermöglicht:

#2 – 1,2,4,6 [konnte je nach Lage als am7 oder C6 interpretiert werden]

#3 – 2,4,5,6 [konnte als am sus4 oder am11 interpretiert werden]

#4 – 2,3,5,7 [konnte als hm7 interpretiert werden]

#5 – 1,4,5,7 [konnte als D11 oder D sus4 interpretiert werden]

Die Musiker wurden angewiesen, keine Töne unterhalb des kleinen g zu spielen, damit der Gesamtklang nicht zu „muddy" werden sollte. Während der Aufzeichnung wurden die jeweiligen Akkorde von *Solomon* durch Handzeichen vorgegeben.

Die Arbeitsweise schafft eine Kombination von Methoden der Gruppenimprovisation mit der Arbeitsweise aus *inbflat*. Außerdem lag auch bei diesem neuen Projekt die Entscheidung, was die Auswahl der verwendeten Videos betrifft, wieder bei *Solomon*, der auch hier das verfügbare Material sichtete und in einem experimentellen Prozess entschied, welche Videos seiner Meinung nach gut harmonierten.[622]

Damit liegt auch bei diesem kollaborativen Konzept ein großer Teil des kreativen Entscheidungsprozess in der Hand eines ausführenden Künstlers. Während die Musiker und Videokünstler beim Herstellen ihrer Beiträge einen recht großen Gestaltungsspielraum nutzen konnten, verlief die Auswahl des verwendeten Materials auf der Grundlage der

---

[622] vgl. Solomon 2010

Expertise einer Einzelperson ohne Einbeziehung kollektiver Entscheidungsprozesse. Letztlich entscheidet der einzelne Rezipient, wie er seine eigene Version des Stückes gestaltet.

5.9.4 Auslagerung der Textgestaltung

Eine recht rudimentäre Form der Kollaboration stellt die arbeitsteilige Produktion eines Songs dar, bei der ein Songwriter die Gestaltung des Textes an die Community auslagert. Diese Form der Kollaboration wurde bei der Produktion des Videos „Fab The Gap – Something New"[623] angewandt. Zusätzlich zu den Textfragmenten steuerte hier die Community allerdings auch noch zu den Textschnipseln passenden Fotos als Bildmaterial bei, das für die Gestaltung des Videos verwendet wurde.

5.10 Visualisierungen klassischer Musik

Da es sich bei YouTube um ein Videoportal handelt, wird auch beim Einstellen von klassischer Musik eine Bildspur benötigt. Falls es sich bei der Aufzeichnung nicht um ein echtes Performance-Video handelt, muss diese Spur oft eigens für den Upload produziert werden.

Kloppenburgs Forderung, dass die Bildebene in schlüssiger Beziehung zur Musik stehen oder gar aus dieser abgeleitet sein sollte[624], wird bei den Videos nur teilweise realisiert. Die aus ästhetischer Sicht wünschenswerte genetische Kohärenz zwischen Ton und Bild ist oft nur in sehr schwacher Ausprägung wahrnehmbar.

Bei Performance-Videos, die den Interpreten bei der Darbietung der Musik zeigen, sind die Zusammenhänge zwischen Ton und Bild eindeutig gegeben, ihre Eindeutigkeit steht jedoch in Widerspruch mit der für ein ästhetisch anspruchsvolles Video zu fordernden Polysemie. Performance-Videos im klassischen Bereich haben häufig eher dokumentierenden Charakter.

Gleichwohl haben Einstellung, Kameraführung und Schnitt Einfluss auf die Rezeption der Musik. So können beispielsweise Solisten, Satzgruppen, das Orchester als Ganzes,

---

[623] FabTheGap 2009 und Email im Anhang (Text 4: Email von Fab the Gap)
[624] vgl. Kloppenburg 1993, S. 34

227

der Dirigent, das Publikum oder das Setting insgesamt in den Fokus der Wahrnehmung gerückt werden.

Die Schnittfolge der Bilder lässt den Rezipienten des Videos die Musik in dem Sinne erfahren, wie es der Bildgestalter beabsichtigt. Die Präsentation des Dirigats verdeutlicht die Intention des Dirigenten. Diese Perspektive kann vor allem dann hilfreich sein, wenn die Akustik der Tonspur dynamisch komprimiert ist, oder wenn die Aufnahmequalität zu unerwünschten akustischen Verdeckungen führt.[625]

Einstellungen, die den Rezipienten wegführen von den musikalisch relevanten Akteueren, geben der Bildschicht von Performance-Videos einen verstärkt expressiven Charakter. Noch mehr gilt dies für Videos, die gänzlich auf die visuelle Darstellung von musikalischen Quellen verzichten. Solche expressiven YouTube-Videos präsentieren bevorzugt Folgen von Standbildern, die mehr oder weniger den emotionalen Gehalt der Musik, der Empfindung des Produzenten entsprechend, unterstützen.

Falls es sich um Programmmusik handelt, oder wenn der Titel eines Musikstücks visuelle Assoziationen nahelegt, werden die semantischen Informationen in der Bildgestaltung berücksichtigt. Neben die expressiven Aspekte können dann auch narrative Anteile treten. So zeigt das Video „Schumann – [sic!] Traumerei Op. 15"[626] eine langsam überblendete Folge von Bildern, die vom Bildgestalter offensichtlich mit dem Thema Traum assoziiert werden. Durch die langsamen Überblendungen entstehen zeitweise surreale Collagen, die das Traumthema des Musikstückes unterstreichen.

Ein Beispiel für eine Visualisierung eines Stückes aus dem 20. Jahrhundert stellt "John Cage >>Imaginary Landscape No. 1<<"[627] dar. Diese Visualisierung reflektiert die Kälte der elektronischen Klangerzeugung durch sehr kontrastreiche Scharzweiß-Fotos, die collagenartig aneinandergereiht werden. Teilweise entsprechen die Bildschnitte der Konvention, deutliche Wechsel musikalischer Parameter zu unterstreichen[628], teilweise verstoßen sie dagegen und bauen dadurch Spannung auf. Diese Spannung wird noch unterstrichen durch die selektive Schärfe der Bilder, die stellenweise das augenscheinliche Motiv des Bildes unscharf stellt. Einige der Bilder sind auch nur stellenweise ausgeleuchtet, was dem Betrachter zusätzliche Rätsel aufgibt.

Manche Videos verzichten gänzlich auf die Anbahnung von inhaltlichen Gedankenspielen und zeigen über die gesamte Dauer lediglich ein Standbild des Komponisten. Diese

---

[625] vgl. zum Beispiel cleverorbit 2009
[626] arteybelleza 2010
[627] tracerprod 2006
[628] vgl. Kloppenburg 1993, S. 35

Visualisierung wird beispielsweise durchgängig beim Kanal von „Thewayofmusic"[629] gewählt. Am 11.03.2012 hatten die 27 Videos des Kanals insgesamt eine Aufrufzahl von über 77.000 erreicht. Der Kanal hatte 42 Abonnenten.

Im Zentrum des Interesses dieses Kanalbetreibers steht offensichtlich nicht die Präsentation einer Interpretation, sondern die Präsentation der Komposition an sich. Er benennt vermutlich auch deshalb nicht die Quelle der Musik oder die Namen der ausführenden Musiker. Auf diese Weise präsentiert er beispielsweise „[sic!]Fruhlingslied op.62-2 - j.l.f.medelssohn"[630].

Eine visuelle Ausdeutung des Titels „Frühlingslied" hält das Video „Mendelssohn - Spring Song - Songs Without Words"[631] bereit. Hier wird zur nicht weiter spezifizierten Klavierinterpretation eine Folge von Bildern mit frühlingshaftem Inhalt präsentiert. Als geeignet erschienen dem Gestalter Motive mit Küken, Frühblühern und blühenden Bäumen. Allerdings wurde beim Bildschnitt, wie es häufig bei solchen YouTube-Videos der Fall ist, kein zeitlicher Zusammenhang mit der Musik hergestellt.

Es gibt auch YouTube-Kanäle, die die Interpretation, beziehungsweise den Interpreten in den Focus rücken. Das Video „MENDELSSOHN Spring Song"[632] präsentiert ebenfalls das Frühlingslied von *Felix Mendelssohn-Bartholdy*. Die Bildebene besteht durchgängig aus einem Strandbild mit surrealistischer Farbgebung. Die Tonspur besteht aus einer häuslichen Einspielung des Frühlingsliedes. Die hier zu hörende Interpretation des Stückes mit Flöte und Keyboard-Begleitung weist sowohl in der Hauptstimme als auch in der Begleitung Unsicherheiten auf. Dabei transportiert nicht nur die Spielweise den Amateurcharakter der Aufnahme, sondern auch die Verarbeitung der Aufnahme. Diese wurde räumlich nicht gestaltet, so dass die Zimmerakustik der Aufnahmesituation erhalten bleibt. Die Keyboardbegleitung wirkt in den Höhen etwas gedämpft, was sie zwar als Hintergrund ausweist, ihr aber auch die Brillanz nimmt.

5.11 YouTube-Tools

Für YouTube ist eine Vielzahl von Hilfsprogrammen, sogenannten „Tools", verfügbar. Einige dieser Tools erweitern die musikbezogene Funktionalität von YouTube. Teils

---

[629] Thewayofmusic 2009
[630] Thewayofmusic 2010
[631] Derwentcub 2009
[632] davidsmffei 2010

229

werden die Tools von YouTube selbst implementiert, teils von unabhängigen Program-
mierern oder Organisationen.

5.11.1 YouTubedisko

Das Tool YouTubedisko ist wie eine typische DJ-Software aufgebaut. Es gibt zwei
Decks, in die YouTube-Videos geladen werden können, eine Suchfunktion und eine Liste
mit Videos, die die Plattform als passend zur bestehenden Auswahl vorschlägt. Hilfreich
hierbei ist, dass sowohl die Such-, wie auch die Vorschlagsfunktion nur Musikvideos
anzeigt. Um die Videos, die noch abgespielt werden sollen, zu sammeln, gibt es eine
sogenannte Dropbox, in der Videos per Drag and Drop abgelegt werden können. Genauso
einfach können sie anschließend in einen der Player gezogen werden.

Abbildung 59: Screenshot von YouTubedisko[633]

In der Mitte gibt es einen Crossfader, der ein Überblenden zwischen den Decks ermöglicht. Das DJ-Pult ist so programmiert, dass ein Video, das man neu auswählt, in den
jeweils gemuteten Player geladen wird. Dadurch können unerwünschte harte Schnitte
vermieden werden.

---

[633] The incredible YouTubeDisko 2010

Eine Schwierigkeit im Umgang mit diesem Tool besteht darin, dass manche YouTube-Kanalbetreiber ihre Videos für die Einbettung in andere Plattformen sperren. So können etliche Videos zwar über YouTubedisko gefunden, jedoch nicht abgespielt werden.

5.11.2 Tubalr

Tubalr[634] ist ebenfalls eine Plattform, die das Musikhören über YouTube komfortabler gestaltet. Hier gibt der Nutzer den Namen einer Band ein und erhält dann Videovorschläge, die seinem Suchbegriff entsprechen. Dabei kann er entscheiden, ob nur exakte Treffer angezeigt werden sollen oder ob auch ähnliche Bands zur Auswahl hinzugezogen werden sollen.

Der Nutzer kann auch ein Musikgenre auswählen und erhält dann entsprechende Vorschläge. Dazu nutzt die Plattform Datenmaterial von last.fm[635]. Die Vorschläge werden nacheinander gespielt. Man kann jedoch auch einen Song aus der Wiedergabeliste entfernen, zum nächsten Song wechseln oder direkt einen Song in der Trefferliste aufrufen.

5.11.3 YouTube Leanback

Es gibt nicht nur unabhängige Plattformen, die das Datenmaterial von YouTube verwenden oder es in Form eines Mashups, wie Tubalr, mit den Daten anderer Plattformen verbinden. YouTube implementiert auch selbst Tools, die die Nutzerfreundlichkeit erhöhen. Das Tool Leanback[636] ermöglicht es, YouTube als einen endlosen Stream von Videos zu nutzen. Dabei kann dieses Tool die Auswahl nach Suchbegriffen vornehmen; man kann jedoch auch Kanäle oder Kategorien auswählen, zu denen die angezeigten Videos gehören. YouTube stellt sich in diesem Modus automatisch auf die Vollbildansicht ein.

Auch bei YouTube Leanback hat der Nutzer die Möglichkeit, in den Stream einzugreifen und Videos direkt aus der von YouTube erstellten Playlist auszuwählen.

---

[634] Stewart 2010
[635] Startseite – Last.fm
[636] YouTube - Leanback

Abbildung 60: Startseite von YouTube Leanback[637]

5.11.4 YouTube Schools

YouTube Schools ist ein Nutzungsbereich von YouTube, der nur angemeldeten Schulen offen steht. Hier werden nur Lehrvideos angezeigt, so dass für Schulen die YouTube-Nutzung sicherer wird. Da es auf YouTube auch Videos mit unerwünschten Inhalten gibt oder solche, die eher der Zerstreuung als dem Lernen dienen, gibt es Schulen, in deren Netzwerken der YouTube-Zugriff gesperrt ist. Die Öffnung des Netzwerkes für YouTube Schools sollte aufgrund der verifizierten Inhalte möglich und sinnvoll sein. Allerdings erfordert die Anmeldung bei YouTube School die Einrichtung eines Google-Kontos für die Schule, was wiederum datenschutzrechtliche Bedenken provoziert, da *google* als Mutterkonzern von YouTube dadurch das Nutzungsverhalten der Schule nachvollziehen, speichern und vermarkten kann.

5.11.5 Yamelo – Musikvideos nach Erscheinungsdatum geordnet

Yamelo[638] bietet eine Zeitleiste von 1960 bis heute, auf der Musikvideos nach ihrem Erscheinungsdatum angeordnet sind. Der Nutzer kann eine Jahreszahl auswählen und bekommt hierzu eine Übersicht der entsprechenden Videos angezeigt. Er kann sich das Video anschließend direkt auf der Plattform in einem kleinen Fenster anschauen oder durch einen Klick zu dem Video auf YouTube wechseln.

---

[637] YouTube - Leanback

[638] Yamelo

6. Die Facetten netzbasierter Radios

Als die zunehmende Verbreitung von schnellen Internetverbindungen die Echtzeitübertragung von Musik über das Internet erlaubte, wurde es möglich, auch Radioprogramme über das Netz zu verbreiten. Föllmer unterschied hierbei zwischen Webcasting, der Verbreitung des Radioprogramms über das Internet und Webradios, Radiostationen, die erst durch das Internet ermöglicht wurden.[639]

Mittlerweile machen das Angebot, die Arbeitsweise und die Sendepraxis von konventionellen Radiostationen und Webradios diese Unterscheidung in weiten Teilen obsolet. Deshalb wird im Folgenden zusammenfassend von netzbasierten Radios die Rede sein.

Laut einer Untersuchung aus dem Jahr 2012[640], die Goldmedia im Auftrag des BITKOM anstellte, kannten 46 Millionen Deutsche netzbasierte Radios. 12 Millionen Deutsche nutzten netzbasierte Radios mehrmals wöchentlich, 3,7 Millionen sogar täglich.

Ein wesentliches Merkmal des traditionellen Radios war die massenmediale Verbreitung von Sprache und Musik als Einbahnstraße, wenngleich interaktive Elemente wie die Einbeziehung der Hörer durch das Telefon oder über den Postweg schon länger gängige Praxis war.

Außerdem war und ist das Radio ein Sendekanal, der auf Rezeption in Echtzeit angelegt ist. Die Aufzeichnung des Programms ist allerdings technisch recht komfortabel möglich. Es gibt Software, die das Radioprogramm aufzeichnet, nach Songs trennt und den abgespeicherten Dateien die richtigen Namen zuweisen. Beispielsweise bietet der WDR für seine Hörer einen eigenen Radio-Recorder zum Download[641] an.

Die Plattform Surfmusik.de[642] bietet eine Sammlung von über 16.000 Radiosendern aus 150 Ländern, geordnet nach 100 Musikrichtungen. Unter den „Top Sendern", die auf der Startseite angezeigt werden, finden sich sowohl GEZ-finanzierte Sender wie SWR 3 und Bayern 3 Radio, als auch Webradios wie fresh80s.

Die Fülle an verfügbaren Radiosendern verändert die Machtverhältnisse innerhalb der Medienlandschaft. Das Radio hat für viele Nutzer die von Frith beschriebene „Schlüsselfunktion" bei der Auswahl und Verbreitung von Musik verloren.[643] Während große Radiosender, die versuchen weiterhin als Massenmedium ein möglichst breites Publikum

---

[639] vgl. Föllmer 2005, S. 53
[640] Goldmedia für den Bitkom 2012
[641] Westdeutscher Rundfunk 2010
[642] Radio Internetradio und Webradio Online 2012
[643] vgl. Frith et al. 1981, S. 153

anzusprechen, sehr vorsichtig agieren und möglichst etablierte Künstler und bekannte Songs spielen, können die neu entstandenen Spartensender das Programm gezielt für eine definierte Zielgruppe gestalten.

Die Entwicklung, dass die Grenzen zwischen Radiosendern und sonstigen Musikplattformen von Labels oder Bands verschmelzen, wurde bereits von Föllmer beobachtet und dokumentiert.[644]

Einige netzbasierte Radios, die möglicherweise exakter als präferenzorientierte Streamingplattformen zu bezeichnen wären, gestalten den Auswahlprozess der Musik durch Algorithmen, die ein individualisiertes Radioprogramm ermöglichen. Dabei lassen sich im Groben zwei Archetypen von Auswahlmustern unterscheiden, einerseits die auf ästhetischen Kriterien basierende „Musikgenetik" bei Pandora[645] und andererseits die sozial determinierte Auswahl von last.fm.[646]

Aufgrund der Funktionsverschiebung des Radios von der synchronen Versorgung von Millionen Menschen mit der gleichen Musik hin zu einer individualisierten Versorgung durch die „Me-Media" spricht Steinmetz von einer „Atomisierung" der Kommunikationsteilnehmer.[647]

Allerdings soll hier angemerkt werden, dass die netzbasierten Radios auch Möglichkeiten der Verbindung schaffen. Beispielsweise können die Nutzer ihre Zugänge von Facebook und SoundCloud derart verbinden, dass ihre Facebook-Freunde ständig darüber informiert werden, welche Musik sie gerade auf Sound-Cloud hören. Falls diese ebenfalls über einen SoundCloud-Zugang verfügen, kann dann auch hier gemeinsam und fast synchron Musik gehört werden.

Ein Argument für die Beibehaltung der Bezeichnung „Radio" für die Streamingplattformen ist die Fortführung der Tradition der kostengünstigen Versorgung mit Unterhaltung. Diesen Zugang zu kostengünstiger Information interpretiert Williams als einen Nachteilsausgleich für strukturschwache Regionen. Was mit der Verbreitung des Radios seinen Anfang nahm, setzt sich mit netzbasierten Radios, beziehungsweise mit dem Internet an sich, fort.[648]

Ein weiterer Aspekt, der mit dem Begriff des Radios konnotiert wird, ist die permanente, oftmals hintergründige, Gestaltung einer akustischen Umgebung. Den Wunsch nach einer

---

[644] vgl. Föllmer 2005, S. 55
[645] siehe Kapitel 6.2
[646] siehe Kapitel 6.3
[647] vgl. Steinmetz 2006, S. 84
[648] vgl. Williams und Williams 2002, S. 20

235

akustischen Umgebung beschreibt Kleinsteuber etwas flapsig als das Bedürfnis, dass es etwas „auf die Ohren" gebe.[649]

6.1 Demokratische Aspekte netzbasierter Radio

Brechts Wunsch, das Radio vom Distributionsapparat zum Kommunikationsapparat weiterzuentwickeln, ist in den multimedialen Möglichkeiten des Webs 2.0 weit über Brechts Utopie hinaus verwirklicht.[650] Auf den Plattformen des Webs 2.0 kann jeder seine Botschaft an die Community senden und Musik oder Videos veröffentlichen. Dabei werden manche Inhalte nur von Freunden wahrgenommen, andere Inhalte finden eine breite Öffentlichkeit. Die Algorithmen der Plattformen entscheiden gemeinsam mit dem kollektiven Nutzerverhalten darüber, welche Inhalte viral werden.

Die Konzepte der netzbasierten Radiosender Spraydio.com[651] und Jelli[652] bilden eine Zwischenstation auf dem Weg vom massenmedialen Radio zu offenen Plattformen. Hier können die Nutzer demokratisch über das dann gesendete Programm entscheiden. Dadurch hören letztlich dann wieder alle Hörer die gleiche Musik zur gleichen Zeit.

Durch die Entwicklung der Smartphones werden die Möglichkeiten der netzbasierten Radios um die Option der Mobilität und den Aspekt der Lokalität erweitert. Während mit jedem internetfähigen Smartphone auch die netzbasierten Radios gehört werden können, lässt das Konzept von wahwah.fm[653] jedes Smartphone zur Radiostation werden.

Der Nutzer stellt hier eine eigene Playlist aus seinem Musikarchiv zusammen. Wenn er diese hört, können andere Nutzer in Echtzeit mithören, indem sie die Songs von anderen Musikarchiven streamen. Da das Überspringen und Zurückspulen nicht möglich ist, wird der Dienst von den Verwertungsgesellschaften als Radio eingestuft. Um der Mobilität der Smartphone-Stationen gerecht zu werden, wird ihre ungefähre Position auf einer Karte angezeigt.[654]

---

[649] vgl. Kleinsteuber 2006, S. 95
[650] vgl. Wöhrle 1988, S. 45–60
[651] vgl. Vollmer 2005, S. 54
[652] Jelli - 100% user controlled radio ᔆᴹ
[653] Eibach 2012
[654] vgl. Knoke 2011

Eine Plattform, die es den Nutzern auch ermöglicht, am heimischen Rechner Songs und Jingles zu einer eigenen Radiosendung zusammenzustellen, bietet die Site radionomy.[655] Dieses Konzept bietet einerseits die Chance, selbst als Radioredakteur tätig zu werden und ein Programm zu gestalten, andererseits lässt sich durch die Vielzahl der so entstehenden Sender meist eine Auswahl treffen, die der eigenen Musikpräferenz entspricht. Eine weitere Vereinfachung beim Suchen und Finden von Musik, die den eigenen Wünschen entspricht, bieten die im Folgenden dargestellten Konzepte.

6.2 Pandora und die Musikgenetik

"The overall goal of the Music Genome Project is to connect people to music they love, including music they've never heard before." [656]

Der netzbasierte Musikdienst Pandora basiert auf dem *Music Genome Projekt*, bei dem es sich ein Team von Musikwissenschaftlern zur Aufgabe gemacht hat, musikalische Grundeigenschaften als „musikalische Gene" zu identifizieren. Dabei stellt das so identifizierbare musikalische Genom eines Songs eine detaillierte formale Information über einen Songtyp dar. Diese Formalisierung erlaubt es, verschiedene Songs als fakultative Varianten desselben Genoms zu interpretieren.

Als Basis für die musikalischen Gene dienen im Bereich Pop/Rock unter anderem die musikalischen Parameter Melodie, Harmonie, Rhythmus, Form, Instrumentation und Lyrics. Die jeweiligen Eigenschaften und Ausprägungen dieser Parameter werden in Analogie zum menschlichen Genom als musikalische Gene bezeichnet.[657]

Der Nutzer kann verschiedene Radiostationen anlegen, basierend auf einem anfangs gewählten Künstler oder Song. Auf der Grundlage der genetischen Eigenschaften dieses Songs wählt Pandora nun den nächsten Song aus. Der Nutzer liefert dem Dienst weitere Informationen über seine Musikpräferenz, indem er angibt, ob er den gerade rezipierten Song mag oder ob er ihn überspringen möchte.

---

[655] Hören Sie Online-Radios. Erstellen Sie auf Radionomy Ihr eigenes Webradio.
[656] Nolan Gasser, zitiert nach Lasar 2011
[657] vgl. Lasar 2011

Wie es ehemals Adorno[658] bei seinem *Radio Research Projekt* gefordert, aber nicht realisiert hatte, bringt Pandora nun die Likes und Dislikes in Relation zu den Qualitäten der Musik. Wenn dem Nutzer schnelle Musik gefällt, bekommt er weiterhin schnelle Musik präsentiert. Aus den Likes und Dislikes des Nutzers extrapoliert Pandora dadurch immer exakter, welche Songs von dem jeweiligen Rezipienten in der jeweils eingerichteten Radiostation gewünscht werden.[659]

Gegründet wurde Pandora im Jahre 2000 von Tim Westergren, einem US-amerikanischen Musiker, der auch als Produzent, Musikmanager und Filmmusikkomponist tätig war. Bei der Filmmusikkomposition war es einerseits notwendig, den Geschmack und die Vorlieben des Regisseurs zu verstehen und andererseits Musik nach vorgegebener Struktur und affektivem Gehalt zu gestalten. Diese Erfahrung brachte Westergren auf die Idee, den Musikgeschmack zu formalisieren.[660]

Die Arbeit am *Music Genome Project*, die Identifikation von musikalischen Genen, wurde und wird von ausgebildeten Musikwissenschaftlern übernommen, nicht etwa von Computeralgorithmen. Es werden dabei nicht nur formale Kriterien wie Tonart, Taktart, Tempo oder Quantisierung verarbeitet, sondern auch eher subjektive Einschätzungen vorgenommen, die nur bei entsprechender Erfahrung und musikalischer Expertise zu realisieren sind:

> "To what extent, on a scale of 1 to 5, does melody dominate the composition of "Hey Jude"? How "joyful" are the lyrics? How much does the music reflect a gospel influence?"[661]

Eine wesentliche Rolle bei der Ausarbeitung des Musik-Genoms spielte der Pianist, Komponist und Musikwissenschaftler *Nolan Gasser*. Unter seiner Regie wurden bei Pandora sechs einzelne musikalische Genome formuliert: Pop/Rock, Jazz, Hip Hop, Electronica, World, Classical.[662]

Dies war notwendig, da sich diese Genome bereits in ihrer Anlage unterscheiden. Klassische Musik hat eine jahrhundertealte Tradition und die Komposition liegt in der Regel schriftlich fixiert vor, während bei Popmusik eine als Original wahrgenommene Aufnahme als Referenzmedium dient. Die Unterschiede zwischen verschiedenen Aufnahmen

---

[658] vgl. Adorno 1962 und 1968, S. 241
[659] vgl. Pandora 2012
[660] vgl. Walker 2009
[661] Walker 2009
[662] vgl. Gasser 2011

eines Songs sind meist größer, als die Unterschiede zwischen zwei Aufnahmen eines klassischen Stückes. Allerdings ist hier die kompositorische Bandbreite größer. Um klassische Musik ausreichend klassifizieren zu können wurden über 400 musikalische Gene identifiziert.[663]

Während Pandora in den USA mittlerweile über 80 Millionen registrierte Nutzer hat, ist der Dienst von Deutschland aus nicht verfügbar, da kein Konsens mit den Verwertungsgesellschaften erzielt werden kann. Der kostenlose Dienst ist für Künstler und Verlage insofern für die Wertschöpfung relevant, als er beim Abspielen eines Songs jeweils direkte Links zum iTunes Store und zu Amazon liefert, wo der Song, beziehungsweise die entsprechende CD, gekauft werden kann.

6.3   Musikalische Nachbarn bei last.fm

Der Musikdienst last.fm dient, ähnlich wie Pandora, dem Finden von neuer Musik, die dem eigenen Geschmack entspricht. Hierzu bedient sich die Plattform nicht eines ästhetischen Konzepts, sondern sie trifft die Entscheidungen rein auf der Basis der durch das Nutzerverhalten gewonnenen Daten. Nutzerverhalten meint in diesem Sinne das Mögen oder Überspringen von vorgeschlagenen Stücken.

Diesem Prinzip liegt ein einfacher Gedanke zugrunde. Wenn zwei Nutzer dasselbe Stück mögen, so wird daraus geschlossen, dass es noch weitere Überschneidungen in ihrer Musikpräferenz geben sollte. Die so identifizierten Nutzer mit ähnlichem Musikgeschmack werden bei last.fm musikalische Nachbarn genannt.

Die Erfahrung, dass man bei Nutzern mit ähnlichem Musikgeschmack neue Musik finden kann, konnten schon die Nutzer von *Napster* machen, als es sich dabei noch um eine illegale Tauschbörse handelte. Bei Napster konnte ein Nutzer A, wenn er ein gesuchtes Stück im Archiv eines Nutzers B gefunden hatte, das Archiv von B durchsuchen und dort neue Musik entdecken, die in der Tendenz dem eigenen Musikgeschmack entsprach.[664] Neben dem positiven oder negativen Bewerten von Stücken können die Nutzer Musikstücke auch mit Schlagworten kennzeichnen. Durch die Verschlagwortung entfällt die bei Pandora notwendige Einteilung der Musik in streng getrennte Musikrichtungen. Ein klas-

---

[663] vgl. Gasser 2011

[664] vgl. Föllmer 2005, S. 59

sisches Stück kann hier die gleichen Tags, zum Beispiel „langsam", „romantisch" und „Streicher" bekommen, wie eine Softrockballade.

Dadurch ist last.fm in der Lage, die Grenzen zwischen U- und E-Musik zu überschreiten. So kann es beispielsweise vorkommen, dass ein Fan von Punkrock ein klassisches Stück vorgeschlagen bekommt, weil sein Punkrock-Geschmacksnachbar eben dieses klassische Stück in der Sammlung seiner positiv bewerteten Stücke bereithält.

Wie Pandora bietet auch last.fm die Möglichkeit, die angehörten Songs über verlinkte Drittanbieter käuflich zu erwerben. Außerdem werden die Nutzer auf anstehende Live-Events aufmerksam gemacht, die sich auf ihr last.fm-Nutzerverhalten beziehen.

Eine weitere Verbindung zwischen Offline- und Online-Funktionalität bei last.fm besteht im Scrobbling. Als *Scrobble* bezeichnet last.fm eine Liste von Songs, die der Nutzer auf seinem Musikplayer, beispielsweise dem *Windows Media Player* aus seiner lokalen Sammlung abgespielt hat. Ein solches Scrobble kann in last.fm importiert und bearbeitet werden, damit last.fm den Musikgeschmack des Nutzers besser bestimmen kann.

Aus der Perspektive der triadischen Relation werden die Empfehlungen bei Pandora aus einem Wechselspiel zwischen Rezipient und Medien beziehungsweise Medieninhalten ab, also zwischen den Bereichen I und M. Bei last.fm findet ein soziales Paradigma Anwendung, die Empfehlungen entspringen einem Wechselspiel der Bereiche I und G. Eine Kombination der beiden Paradigmen müsste die ästhetischen Gegebenheiten mit den sozialen Bewertungen in Beziehung setzen, was bislang noch nicht realisiert wurde (Abbildung 61)

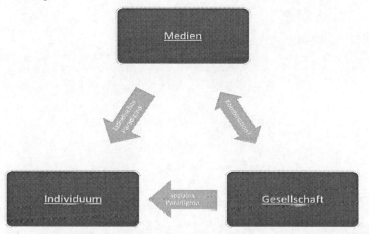

Abbildung 61: Die Vorschlagsfunktionen aus der Sicht der triadischen Relation

7. Musikportale mit speziellen Nutzungsschwerpunkten

Die großen sozialen Medienplattformen wie YouTube und Facebook haben jeweils mehrere Hundert Millionen Nutzer. Auf YouTube kann ein einzelnes Video innerhalb weniger Tage Millionen von Klicks generieren. Dadurch erhalten diese Plattformen, was ihre Reichweite betrifft, den Charakter von Massenmedien. Das meistgesehene Video auf YouTube „PSY - GANGNAM STYLE (강남스타일) M/V" hatte am 25.10.2012 über 531 Millionen Aufrufe zu verzeichnen.[665]

Neben den großen Plattformen gibt es eine Vielzahl von Musikportalen, die sich nur an bestimmte Nutzer wenden und die bestimmte Inhalte oder Nutzungsmöglichkeiten anbieten. Diese ermöglichen vor allem die kooperative Wissensgenerierung und die kooperative Musikproduktion. Eine Auswahl dieser Plattformen soll hier dargestellt werden. Dabei wird weniger Wert auf ohnehin nicht erreichbare Vollständigkeit gelegt, sondern darauf, einen Überblick über die Möglichkeiten zu geben. Außerdem finden lediglich aktive Seiten Erwähnung. Viele Seiten werden gelaunched und dann weder genutzt noch gepflegt. Seiten, die lediglich Teilaspekte der Funktionalität der großen Plattformen ermöglichen und keinen zusätzlichen Nutzen bieten, werden von den Nutzern nicht angenommen. So gab es beispielsweise am Anfang des Untersuchungszeitraums noch einige Plattformen, die den Nutzern die Möglichkeit boten, sich über ihren Musikgeschmack auszutauschen. Da dies jedoch auch problemlos auf Facebook möglich ist, konnten diese Plattformen nach kurzer Zeit wieder offline gehen.

Insgesamt bieten diese Portale mit speziellen Nutzungsschwerpunkten aus der Sicht der triadischen Relation vor allem drei Funktionen (Abbildung 62). Sie helfen dem Individuum beim Finden von Musik und von Information. Sie helfen im gesellschaftlichen Bereich bei der Kooperation. Im Bereich der Medien helfen sie beim Speichern und Veröffentlichen von Musik.

---

[665] vgl. youtube.com/charts Musik/weltweit aufgerufen am 25.10.2012

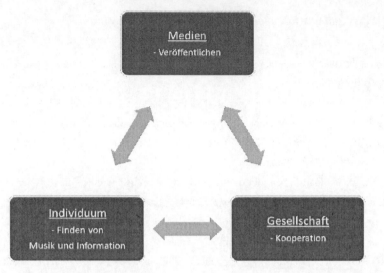

Abbildung 62: Funktionen von Portalen mit speziellen Nutzungsschwerpunkten

7.1 Musipedia

Die Plattform Musipedia bezieht sich konzeptionell auf das Online-Nachschlagewerk Wikipedia. Durch Kollaboration soll hier eine Sammlung von Melodien und Themen angelegt werden, die anderen Nutzern Recherchemöglichkeiten bietet.[666]

Für die Suche nach Titelnamen können verschiedene Eingabewege gewählt werden:

- Eingabe der Melodie in Notenform per Mausklick oder über ein angeschlossenes Midi-Keyboard
- Eingabe der Melodie-Kontur nach dem *Parsons Code* (U = up, D = down, R = repeat) mit gleichzeitiger Einschränkung der Musikrichtung (Classical, Popular, Folk Songs, Hymns & Carols, National Anthems)
- Einspielen der Melodie per Mausklick auf einem Flash-Piano
- Aufzeichnen der gesungenen oder gepfiffenen Melodie. Bei dieser Eingabemöglichkeit wird dazu geraten, auf einer Silbe zu singen und auf den eventuell gegebenen Text zu verzichten.

---

[666] vgl. Typke

- Eintippen des Rhythmus auf einer beliebigen Taste. Dabei ist zu beachten, dass keine gehaltenen Töne gespielt werden können, da die Eingabefunktion des PCs bei länger gehaltener Taste Tonwiederholungen produziert.

Musipedia durchsucht nach der Eingabe der musikalischen Information die Datenbank und bietet dann eine Trefferliste an. Neben dem tatsächlich gesuchten Stück werden auch Stücke angezeigt, die Ähnlichkeiten mit den eingegebenen Informationen aufweisen. Diese Unschärfe hängt damit zusammen, dass eine Melodie in der Regel nicht allein durch ihren Rhythmus definiert ist, dass die zeitliche Struktur von der Software in verschiedenen Notenwerte und Taktarten interpretiert werden kann oder dass die Tonhöhen einer akustisch präsentierten Melodie vom Algorithmus nicht eindeutig zu identifizieren sind.

Momentan werden noch nicht alle Stücke identifiziert. Die Software erkennt beispielsweise noch nicht den eindeutig notierten Anfang des Bachschen Weihnachtsoratoriums. Teilweise kann es hilfreich sein, verschiedene der möglichen Eingabeformen zu testen. Den Jazz Standard *Autumn Leaves* von *Joseph Kosma* erkennt die Plattform anhand der Melodie-Kontur, aber nicht anhand des eingetippten Rhythmus'.

In der Trefferliste befindet sich neben dem Titel des Stückes und der Notation der Melodie auch ein Link zum entsprechenden Video auf YouTube und zum mp3-Shop von Amazon.

7.2   WatZatSong – Communitygestützte Musikidentifikation

Die Plattform WatZatSong[667] nutzt das Wissen der Community, um Musiktitel zu identifizieren. Hierzu postet ein Nutzer eine musikalische Information über ein zu identifizierendes Stück. Es kann sich bei der Information um eine Aufnahme des Originals oder auch um ein selbstgesungenes, gesummtes oder gepfiffenes Stück der Melodie handeln. Einige Nutzer stellen auch Bootlegs von Konzerten oder von privaten Veranstaltungen wie zum Beispiel Hochzeiten online.

Die anderen Nutzer können dann Vermutungen darüber äußern, um welches Musikstück es sich dabei handle. Diese Vermutungen werden anschließend von anderen Mitgliedern

---

[667] WatZatSong.com - Let the community name your tunes!

der Community bewertet. Wenn ein Stück auf diese Weise identifiziert wurde, stellt die Plattform je nach Verfügbarkeit einen Link zu dem Titel auf YouTube zur Verfügung. Außerdem gibt die Plattform an, wie lange die Community für die Recherche des Titels benötigt hat. Die Zeiten differieren hier zwischen wenigen Minuten und einigen Stunden. Die Plattform wird nicht nur genutzt, um echte Fragen zu stellen. Manche Nutzer veranstalten auf der Plattform auch eigene Quize, bei denen es nicht darum geht, dem Fragenden zu helfen, sondern darum, die eigene Kompetenz zu demonstrieren.

7.3 who sampled – kollaborative Recherche der Verarbeitungslinien von Samples

Die Verarbeitung von musikalischen Ideen in Form von Coverversionen, Remixes und Mashups lässt meist noch die einfache Identifikation des zugrundeliegenden Originals zu. Bei der Verwendung von nur kleinen akustischen Ausschnitten einer Aufnahme, also Samples, gestaltet sich die Nachverfolgung in der Regel schwieriger. Hier soll die kollaborative Informationsseite who sampled[668] Hilfestellung leisten. Die von den Nutzern selbst erstellte Datenbank enthielt am 10.04.2012 bereits Informationen zu 135.000 Songs und 50.000 Künstlern.

7.4 LetsListen – Gemeinsam Musikhören

Auf der Plattform LetsListen[669] können die Nutzer eine Playlist anlegen und die ausgewählten Songs anhören. Andere können sich in deren Stream einwählen und in Echtzeit mithören. Die Anzahl der mithörenden Nutzer wird angezeigt, so dass ein gewisser Wettbewerb um die beste Playlist entsteht.

Neben dem gemeinsamen Musikhören können die Nutzer auch per Chat miteinander in Kontakt treten. Die Plattform verfolgt laut ihrem Slogan[670] das Ziel, ein echtes Zusammensein mit anderen zu virtualisieren.

---

[668] Listen to Music Samples, Remixes and Cover Songs | WhoSampled
[669] LetsListen 2012
[670] "Listen to music and chat with friends, just like they are right in front of you." LetsListen 2012

245

7.5 Beepmunk – Mehrheitsfähiger Musikgeschmack als Wettbewerb

Bei Beepmunk[671] geben die Nutzer an, welchen Song sie besonders gut finden. Die Plattform verweist dann auf das entsprechende YouTube-Video. Die anderen Nutzer bewerten anschließend den vorgeschlagenen Song. Je besser ein Song bewertet wird, desto besser wird seine Position im generierten Ranking. Die Nutzer, die selbst Songs für die Bewertung vorschlagen, erhalten von der Plattform Punkte, in Abhängigkeit davon, wie gut ihr Song von den anderen Nutzern bewertet wird.

Aus der Sichtweise der Plattform ist der Musikgeschmack eines Nutzers umso besser, je mehr andere Nutzer dessen Geschmack teilen. Diesen Prozess der wechselseitigen Bewertung des Musikgeschmacks interpretiert die Plattform in ihrer Beschreibung als „Demokratisierung der Musikerfahrung". Auch hier ist der spielerische Aspekt des Wettbewerbs implementiert.

7.6 monstro – Wissen, welche Songs auf Twitter häufig erwähnt werden

Die Plattform monstro[672] analysiert Twitter in Bezug auf die Häufigkeit, mit der Songs in Tweets erwähnt werden. Die Songs können auf monstro direkt angehört werden. Neben einer Statistik, die angibt, wie häufig ein Song auf Twitter in den letzten 30 Tagen erwähnt wurde, gibt es auch Links zum mp3-Shop von Amazon, zur Streaming-Plattform Spotify, um den Song dort anzuhören und einen Link zu YouTube, um das entsprechende Video zu sehen.

Die Plattform hat sich zum Ziel gesetzt, Hits zu erkennen, bevor sie in den Charts erscheinen, da offensichtlich davon ausgegangen wird, dass entweder die kollektive Intelligenz der Twitter-Community prognostizieren kann, welcher Song zum Hit wird oder dass die Kommunikation auf Twitter Einfluss auf die Charts hat. Letztlich könnte es sich auch um eine Kombination der beiden Möglichkeiten handeln. Es läge dann ein sozial determinierter Pygmalion-Effekt vor, bei dem die Meinung eines Kollektivs realitätswirksam wird.

---

[671] Beepmunk - Rock
[672] Trending Songs | Monstro

246

Abbildung 63: Songbezogene Twittertrend-Statistik[673]

7.7 tweetlouder – Favorisierte Bands auf Twitter finden

Tweetlouder[674] ist ein Twitter-Tool, das den Nutzern hilft, ihre favorisierten Bands auf Twitter zu finden. Hierzu können die gesuchten Bands händisch eingegeben werden. Komfortabler ist jedoch die Hilfsfunktion von Tweetlouder, mit der die eigenen Benutzerkonten von iTunes, last.fm, Pandora und *rdio* durchsucht werden können. Anschließend werden von der Plattform die entsprechenden Bands und Interpreten auf Twitter recherchiert.

---

[673] ebenda
[674] tweetlouder 2012

7.8 ccMixter

Die Plattform ccMixter[675] stellt Samples und Sample-Pakete unter CC-Lizenz zum Download bereit. Die fertigen Remixes werden dann wiederum auf ccMixter unter der entsprechenden CC-Lizenz veröffentlicht, so dass sie selbst zur Grundlage eines neuen Remixes werden können.

Diese kollektive Arbeit ermöglicht es einerseits Komponisten und Produzenten, das musikalische Material anderer legal zu verwenden. Andererseits ist ein Musikstück in diesem musikalischen Kontext niemals wirklich abgeschlossen, weil es durch den Upload auf ccMixter wieder selbst zum Ausgangspunkt für weitere Remixes wird.

Diese Plattform kann auch von Künstlern genutzt werden, um mit dem Publikum auf eine produktive Art und Weise in Kontakt zu treten. So kann zum Beispiel auf der Plattform durch die Bereitstellung von Remixmaterial auf die Veröffentlichung eines neuen Songs oder eines neuen Albums aufmerksam gemacht werden. Die technischen Möglichkeiten zur Musikproduktion und Musikbearbeitung der modernen PCs und Smartphones gestatten es nahezu jedem, mit musikalischem Material produktiv umzugehen. Während das Mitsingen bei einem Popkonzert oder das Nachspielen der Melodie auf dem eigenen Instrument konventionelle Möglichkeiten sind, aus der rein konsumierenden Rolle herauszutreten, können die Nutzer mit technischer Unterstützung selbst in die Rolle des Produzenten treten. Die Plattform ccMixter unterstützt diese Veränderung der Rollenmodelle.

7.9 mash room – Erstellen von einfachen Video-Mashups

Die Plattform mash room[676] ermöglicht es den Nutzern auf einfache Weise, bis zu sechs YouTube-Videos in einem Online-Sequenzer zu einem Video-Mashup zu kombinieren. Dabei kann der Start- und Endpunkt des jeweiligen Videos und die Lautstärke eingestellt werden. Wenn der Nutzer mit seinen Einstellungen zufrieden ist, kann er das Ergebnis abspeichern und über die Verknüpfung mit Facebook auf sein Ergebnis aufmerksam machen.

---

[675] ccMixter - Welcome to ccMixter
[676] mashroom

Da dieser Videosequenzer eine einfache Möglichkeit darstellt, mehrspurige Aufnahmen, beispielsweise mithilfe eines Smartphones zu erstellen, gibt die Plattform den Hinweis, dass es beim Aufnehmen der einzelnen Tracks sinnvoll sei, auch jeweils einen anderen Track während der Aufnahme zu hören, damit die aufgenommenen Tonspuren tonal und rhythmisch zusammen passen.

Diese Plattform bietet somit für jeden Nutzer eine einfache Möglichkeit, Projekte zu realisieren, die strukturelle Ähnlichkeiten mit *Kutiman*'s *Thru You* oder *Darren Solomon*'s *inbflat* aufweisen.

7.10   Veenue – Gemeinsam an Songs arbeiten

Die Plattform Veenue bezeichnet sich selbst als „the world's first online music collaboration platform"[677]. Dieser Werbespruch ist recht gewagt, da auch andere Plattformen wie YouTube oder Facebook musikalische Kollaboration ermöglichen.

Veenue ermöglicht den kollaborierenden Musikern, bis zu neun Videos hochzuladen und synchron abzuspielen. Diese Funktionalität entspricht also dem Konzept von Mash Room, wobei Mash Room von der Idee her eher dafür gedacht war, das ein einzelner Nutzer ein Mashup produziert. Die technischen Möglichkeiten des Sequenzermoduls von Veenue gehen über die Möglichkeiten von Mash Room hinaus. Einerseits können hier neun statt nur sechs Videospuren kombiniert werden, andererseits können die Hüllkurven der Tonspuren angezeigt werden, was die Synchronisierung der Musik erleichtert.

Teilweise wird die Plattform nicht nur von Gruppen unterschiedlicher Musiker zur Kollaboration genutzt, sondern es gibt auch Video-Sets, die sämtlich von einem Musiker alleine gestaltet wurden. Eine ähnliche Umnutzung der Konzeption fand auch beim *Virtual Choir* von *Eric Whitacre* statt, wo die Solistin *Melody Myers* mittlerweile auch Kombinationen von Videos produziert, bei denen sie alle Spuren eines mehrstimmigen Stückes selbst aufzeichnet.

Insgesamt steht bei den Kollaborationen die Freude am Experimentieren mit den neuen technischen Möglichkeiten und an der virtuellen Kollaboration im Vordergrund. Musikalisch sind die Ergebnisse noch nicht besonders ausgereift. Die Plattform ermöglicht beispielsweise kein komfortables Schneiden der Spuren, was für eine kollaborative Arbeit an

---

[677] vgl. Veenue we.music

Songstrukturen notwendig wäre. Da hier die nachträgliche Arbeit an den zeitlichen Abläufen nicht angedacht ist, muss bereits die erste verwendete Spur einen formalgestalterischen Ansatz in sich tragen. Dieser fehlt den momentan verfügbaren Kollaborationen.

Auch das Timing der Produktionen liegt noch deutlich hinter den Standards von Offline-Produktionen zurück. Während bei Live-Produktionen kleine Fehler durchaus als Bereicherung wahrgenommen werden können, da hier die anderen Musiker diese zufälligen Veränderungen in ihr Spiel integrieren können, entfällt diese direkte und schnelle Reaktion auf das Verhalten der Mitmusiker bei dieser Art der Kollaboration.

Eine Möglichkeit der Kompensation dieser Schwächen wäre teilweise durch vorherige Absprache von Songstrukturen und musikalischen Stilistiken, Sounds oder Hallräumen möglich. Andererseits müssen sich die technischen Möglichkeiten weiterentwickeln, so dass mehr in Echtzeit kollaboriert werden kann und damit auch die Nachbearbeitung der Aufnahmen in der Cloud möglich wird.

7.11   Record Together – Musiker für eigene Aufnahmen finden

Die Plattform Record Together[678] bietet Musikern und Produzenten die Möglichkeit, über das Internet mit anderen Musikern zusammenzuarbeiten. Dabei ist die Kollaboration in der Art angedacht, dass ein Produzent eine Songidee oder eine bereits begonnene Produktion online stellt und die Community bittet, einen bestimmten Beitrag, beispielsweise eine Akustikgitarrenbegleitung, für die Produktion aufzunehmen und dem Produzenten anzubieten.

Bereits im Vorfeld wird ein Honorar für die gewünschte Aufnahme ausgelobt. Mit diesem Honorar sollen dann alle Rechte vom Musiker an den Produzenten übertragen werden.

Auf Record Together können anschließend die fertigen Projekte angehört werden.

7.12   beatlab – Online Beats programmieren, teilen und bewerten lassen

Auf beatlab kann jeder Nutzer auf einfache Weise Beats programmieren. Hierzu steht eine Matrix zur Verfügung, in der die Spalten einer Sechzehntelnoten-Einteilung entspre-

---

[678] Record Together Music Crowdsourcing: Collaboration & Compensation

chen. Für einen eintaktigen 4/4-Beat werden also 16 Spalten benötigt. Die Größe der Matrix kann von den Nutzern verändert werden.

Die Zeilen repräsentieren die verwendeten Instrumente. Wenn ein Sound gespielt werden soll, so wird die entsprechende Takt-Position in der Matrix mit der Maus markiert. Es stehen verschiedene Instrumenten-Sets („Genres") zur Verfügung. Teilweise beinhalten diese auch Vocal-Tracks. Außerdem können eigene Samples hochgeladen und verwendet werden.

Wenn ein Nutzer die Gestaltung eines Beats abgeschlossen hat, kann er diesen Abspeichern und über Facebook veröffentlichen. Anschließend können andere Facebook-Nutzer den Beat anhören und mit dem like-Button positiv bewerten. Beatlab erstellt aus diesen Bewertungen wöchentliche Charts, was der Beatprogrammierung auch einen gewissen Wettbewerbscharakter verleiht.

7.13   UJAM

UJAM ist eine Plattform, die einfache Möglichkeiten der Songproduktion bietet. Ausgehend von fertigen Vorlagen für verschiedene Popmusikrichtungen wie Reggae oder Rock kann der Nutzer an eigenen Songs arbeiten. UJAM wendet sich mit diesem Konzept vor allem an Sänger, die keine Erfahrung im Umgang mit konventionellen Produktionsplattformen haben, bei denen die Musik von Grund auf selbst musiziert oder programmiert werden muss.

Neben der Vereinfachung der Produktion gehört es zum Konzept der Plattform, dass die fertigen Aufnahmen auch direkt auf UJAM veröffentlicht und bewertet werden können. Außerdem gibt es beim Hören der Aufnahmen einfache Möglichkeiten, einen Song auf Facebook zu bewerten oder zu teilen.[679]

7.14   Teenage Rockstar – Präsentationsplattform für junge Musiker

Die Plattform Teenage Rockstar bietet jungen Musikern im Alter von 6-19 Jahren die Möglichkeit, ihr Können zu präsentieren. Die hochgeladenen Videos werden anschlie-

---

[679] vgl. UJAM - Make your music. Be heard. 2012

ßend von anderen Nutzern bewertet und kommentiert. Für Nutzer, die nur kommentieren und bewerten, besteht keine Altersbeschränkung.

Aus den Bewertungen errechnet die Plattform eigene Charts. Regelmäßig gibt es Preise in unterschiedlichen Kategorien, wie Sänger, Musiker, Songschreiber, Videofilmer oder Band. Diese Preise sind geordnet nach "Artist of the Day", "Artist of the Week" und "Artist of the Month". Für diese Wettbewerbe dürfen auch mehrere Videos hochgeladen werden. Die Plattform verlangt, dass das Video den Künstler bei der Performance zeigt.[680]

7.15   friendlymusic – Legale Musik für YouTube-Videos

Friendlymusic bietet Musik an, die in eigenen YouTube-Videos verwendet werden darf. Dabei ermöglicht die Plattform die Auswahl von Videomusik ausgehend von den Grundkategorien *Mood, Occasion, Playlist, SFX* und *Advanced*.[681]
In diesen Grundkategorien sind die verfügbaren Stücke nach ihrem Stimmungsgehalt geordnet. Am oberen Rand ist die *positive*-Stimmung der *negative*-Stimmung im unteren Bereich gegenübergestellt. In der Achse von links nach rechts sind die Stimmungsnuancen nach dem Grad ihrer Intensität von *subdued* bis *intense* angeordnet. Zwischen diesen Polen sind Überschneidungsbereiche angeordnet. Dabei liegt *serene* in der Überschneidung von *positive* und *subdued, happy* zwischen *positive* und *intense, angry* zwischen *negative* und *intense* und *sad* zwischen *negative* und *subdued*.
Innerhalb der so entstehenden Matrix kann der Nutzer den gewünschten Bereich anwählen und er bekommt dann entsprechende Stücke von der Plattform vorgeschlagen.
In der Grundkategorie *Occasion* wird der Nutzer von der Menüstruktur durch einen insgesamt dreistufigen Auswahlprozess geleitet. Zunächst werden die zu vertonenden Ereignisse unterschieden nach den Unterkategorien *Celebrations, Current Events, Holidays, Moods, Sports* und *Themes*. Die zweite Stufe schränkt die Auswahl nach Unterkategorien ein, um schließlich in der dritten Stufe konkrete Ereignisse wie *Flash Mobs* oder *Celebrity Weddings* zur Auswahl zu stellen.

---

[680] vgl. Teenage Rockstar
[681] vgl. Friendly Music

Die Grundkategorie *Playlists* stellt Kompilationen zur Verfügung, in denen sich von der Redaktion vorselektierte Stücke befinden. Dadurch erhält der Nutzer eine Empfehlung, was ihm den Entscheidungsprozess erleichtern soll.

Die Unterkategorie *SFX* stellt eine Sammlung von Geräuschen zur Verfügung. Auch dieser Bereich ist geordnet nach zwei weiteren Unterkategorien, so dass der Nutzer gezielt zu den gewünschten Sounds geleitet wird.

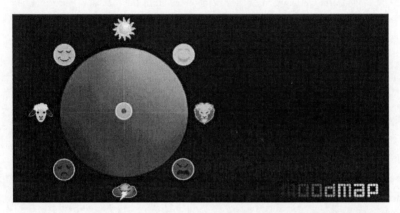

Abbildung 64: "moodmap" von friendlymusic[682]

Die Grundkategorie *Advanced* stellt dem Nutzer schließlich einen Suchfilter zur Verfügung, bei dem er die Suchergebnisse einschränken kann, indem er das Genre, das Tempo, die Dauer, den Charakter des Liedtextes und die Preiskategorie auswählt. Die Preisspanne bewegt sich hier von 0-125 $.

Auf der Startseite befindet sich ein Hinweis darauf, dass es sich bei friendlymusic um einen Partner von YouTube handle. Durch die Nutzung von legal erworbener und entsprechend lizenzierter Musik vermeidet YouTube Probleme mit Verwertungsgesellschaften.

---

[682] Friendly Music

7.16 SoundCloud – Sounds online veröffentlichen und teilen

Während es YouTube ermöglicht, Videos zu teilen und Facebook oder Flickr[683] das Veröffentlichen von Bildern im Netz vereinfacht haben, wendet sich Sound-Cloud[684] an die Nutzer des Webs 2.0, die Musik, Sounds oder sonstiges akustisches Material veröffentlichen möchten.

Aufmerksamkeit erfährt die Plattform auch durch die Möglichkeit, die Nutzung von SoundCloud und Facebook zu verbinden. Durch diese Verbindung kann ein Nutzer über seine Facebook-Pinnwand automatisch auf die Sounds und Songs hinweisen, die er gerade auf SoundCloud hört.

Eine Besonderheit von SoundCloud besteht darin, dass die Plattform die Hüllkurve des akustischen Materials anzeigt. Auf dieser Visualisierung des Klanges können andere Nutzer ihre Kommentare verankern. Es lässt sich so also leicht erkennen, auf welche Stelle der Tonspur sich ein Kommentar bezieht. Während die Tonspur abgespielt wird, werden an den entsprechenden Stellen die Kommentare eingeblendet.

Neben einer Suchfunktion bietet SoundCloud auch die Möglichkeit, Sounds anhand der ihnen zugeordneten Schlagworte (Abbildung 65) zu erkunden. Wie in einem digitalen sozialen Netzwerk können sich die Nutzer von SoundCloud zu Gruppen zusammenfinden.

Um Probleme mit der Urheberschaft von Tracks bereits im Vorfeld zu vermeiden, gibt es auf SoundCloud die Möglichkeit, Musik unter der Creative Commons-Lizenz zu veröffentlichen. Diese Lizenz erlaubt es den Urhebern von geistigem Eigentum, die Nutzungsbedingungen für ihre Werke selbst zu definieren, zum Beispiel können sie eine Nutzung erlauben, die nicht auf Profit ausgelegt ist.

Wer auf SoundCloud akustisches Material hochlädt, entscheidet selbst, ob er sein Material auch zum Download für andere Nutzer zur Verfügung stellt. Auf diese Weise kann hier eine legale Tauschbörse entstehen.

---

[683] Willkommen bei Flickr - Fotosharing 2012
[684] SoundCloud - Share Your Sounds 2012

254

Abbildung 65: Verfügbare Tags auf SoundCloud am 10.04.2012[685]

7.17 Weezic – Noten und Aufnahmen von Klassischer Musik

Weezic[686] bietet Einzelstimmen von Werken der E-Musik. Außerdem sollen von den Stücken auch Playalong-Versionen zum Üben verfügbar gemacht werden. Die Musiker werden gebeten, ihre Interpretationen auf die Plattform hochzuladen. Momentan sind zwar bereits viele Notationen verfügbar, allerdings mangelt es noch an den entsprechenden Playalong-Aufnahmen.

---

[685] SoundCloud - Share Your Sounds 2012
[686] Accompaniments, free sheet music, interpretations of classical music. 2012

7.18 Noteflight – Gemeinsam online an notierter Musik arbeiten

Auf den meisten musikbezogenen Plattformen des Webs 2.0 liegt die Musik als Aufzeichnung vor, beziehungsweise es wird direkt mit Aufnahmen, Tönen oder Samples gearbeitet. Noteflight bildet insofern eine Ausnahme, als hier Musik in traditioneller Notenschrift repräsentiert wird.

Noteflight[687] bietet die Möglichkeit, Musik direkt im Browser zu komponieren. Da die Notation dann auf dem Server von Noteflight abgespeichert wird, kann sie auch von anderen Nutzern weiterverarbeitet werden, falls diese die entsprechende Zugriffserlaubnis erhalten.

Der Nutzer kann die notierte Musik von virtuellen Instrumenten abspielen lassen. Dabei liegen die klanglichen Ergebnisse hinter den Möglichkeiten einer professionellen Produktionssoftware zurück.

Matthias Krebs zeigt am Beispiel von Noteflight exemplarisch wesentliche Aspekte von Web 2.0-Plattformen auf. Dabei stellt er die Seite als *Plattform* dar, die ein Programm abarbeitet, das man somit nicht mehr auf dem PC installieren muss. Der *Mitmachcharakter* wird durch die leichte Bedienbarkeit gewährleistet. Die Nutzer können auf *Daten anderer Nutzer* zugreifen. Die Software wird *ständig weiterentwickelt*. Inhalte können *auf andere Plattformen transportiert* werden und Nutzer können *gemeinsam an Projekten arbeiten*.[688]

Am 23.03.2012 wurde die Plattform zu Demonstrationszwecken für eine öffentliche musikalische Kollaboration genutzt. Die Nutzer von Noteflight waren im Vorfeld aufgerufen, eine zwei- bis viertaktige Melodie[689] zu komponieren, die im Live-Webcast des *Detroit Symphony Orchestra* Verwendung finden sollten. Der Pianist *Robert Levin* verarbeitete einige Vorschläge der Noteflight-Nutzer, während er in einer netzbasierten Radiosendung im Stil von *Beethoven* improvisierte.[690]

Da es auch möglich ist, die Werke von anderen aufzurufen, zu bewerten und zu kommentieren, kann Noteflight Charts erstellen. Diese können entweder danach geordnet werden, welche Notationen in der letzten Zeit am besten bewertet wurden, oder danach, welche Notationen insgesamt die besten Bewertungen erhielten. In allen Listen fällt auf, dass

[687] Noteflight - Online Music Notation Software 2012
[688] vgl. Krebs 2010, S. 21
[689] einige der Vorschläge sind im Anhang der Arbeit eingefügt
[690] vgl. DSO Contest 2012

Noteflight häufig genutzt wird, um Transkriptionen oder Arrangements von bereits bestehenden Kompositionen, meist aus dem bereich der Popmusik, zu erstellen.

Auf Platz 1 der All-time Favorites befand sich am 11.04.2012 ein Arrangement von *I
Gotta Feelin'*, ein Party-Hit der *Black Eyed Peas* aus dem Jahre 2009. Das Arrangement
stammt von einem Nutzer, der sich unter dem Pseudonym Th*eyCallMeTiZ* angemeldet
hat. Das Arrangement wurde am 30.12.2011 auf Noteflight veröffentlicht[691]. Am
11.04.2012 verzeichnete es 2569 Likes und 892 Kommentare.

Platz 2 der Charts belegte ein Arrangement einer *John Williams*-Filmmusik. Der Prolog
der *Harry Potter*-Filme wurde von dem Nutzer *pianoplayer* am 9.04.2012 auf Noteflight
veröffentlicht und hatte bis zum 11.04.2012 bereits 1897 Likes erreicht.

Der dritte Platz der Charts legt einen wesentlichen Unterschied zwischen der Noteflight-
Community und der YouTube-Community offen. Hierbei handelt es sich um die *Sonatina
in G minor* von *Andrew Ferris*, der auf YouTube und auf Noteflight unter dem Pseudonym *mathfsh* veröffentlicht. Dieses Klavierstück wurde am 1.04.2012 auf Noteflight
veröffentlicht. Am 11.04.2012 hatte es bereits 1295 Likes und 775 Kommentare. Veröffentlichungen des Komponisten auf YouTube erzielen meist nur Aufrufe im zwei- oder
dreistelligen Bereich, während die Likes sogar oftmals nur einstellig bleiben.[692]

Bei Noteflight legen die Nutzer offenbar wesentlich mehr Wert auf die Musik an sich,
während auf YouTube die visuelle Schicht, beziehungsweise die audiovisuelle Verbindung, im Vordergrund steht.

Es lassen sich auch Parallelen zwischen den YouTube- und den Noteflight-Nutzern bestimmen. Auch auf Noteflight ist es beliebt, Computersounds oder Sounds aus Computerspielen musikalisch zu verarbeiten. Das Windows-Shutdown-Sample wurde von
pianoplayer transkribiert und stand am 11.04.2012 mit 834 Likes auf Platz zehn der All-
time favorites. Ein Arrangement der Melodie von *Super Mario Bros*, die im Original von
Koji Kondo stammt, wurde von *Frank Harding* für zwei Klaviere und Schlagzeug arrangiert und schaffte es mit 1214 Likes am 11.04.2012 auf den vierten Platz der Charts[693].

---

[691] Ein Auszug aus dem Arrangement befindet sich im Anhang der Arbeit.
[692] vgl. Ferris 2008
[693] Ein Auszug aus den Charts befindet sich im Anhang der Arbeit.

257

8. Schluss

Zunächst werden im Schlussteil die Ergebnisse der Arbeit auf die eingangs gestellte Forschungsfrage bezogen. Anschließend werden wichtige Prinzipien und Kategorien des Webs 2.0 zusammenfassend dargestellt. Zuletzt wird ein Ausblick auf eine mögliche weitere musikwissenschaftliche Forschung gegeben.

8.1 Die Forschungsfrage

Für die musikwissenschaftlichen Untersuchung von Musik im Web 2.0 unter besonderer Berücksichtigung ästhetischer und sozialer Aspekte wurde die Frage gestellt, wie die umfassende Nutzung des Webs 2.0 das musikalische Feld verändere. Unter dieser Fragestellung wurden Plattformen und Inhalte des Webs 2.0 einer detaillierten Betrachtung und Analyse unterzogen.

Auf YouTube und Facebook, aber auch auf kleineren Plattformen wie Teenage Rockstar, SoundCloud oder Noteflight kann jeder Nutzer seine Musik veröffentlichen. Falls es sich bei den Veröffentlichungen um eigene Werke handelt, so bietet dieser Weg der Veröffentlichung die Chance, eine breite Öffentlichkeit zu erreichen, ohne auf Medienkonzerne angewiesen zu sein. Veröffentlichung und Verbreitung liegen somit in den Händen jedes einzelnen Nutzers. Dieser Wandel ist als *Demokratisierungsprozess* interpretierbar. Die etablierten Medien versuchen ihrerseits, diesem Wandel entgegenzuwirken oder Strategien zu entwickeln, um davon zu profitieren. Hierzu starten sie eigene Angebote mit Web 2.0-Funktionalität oder beteiligen sich, wie beispielsweise der Disney Konzern, mit eigenen Kanälen an YouTube. Außerdem versuchen sie ihren Status mit rechtlichen Mitteln zu sichern. Dies wirkt sich allerdings nur wenig auf die im Web 2.0 verbreitete Praxis aus, Werke zu veröffentlichen, die sich auf bestehende Kompositionen beziehen, ohne die Veröffentlichung lizenzieren zu lassen.

Auch für musikbezogene Grassroots-Bewegungen wird das Web 2.0 effektiv genutzt. Dies wird jedoch schon seit längerer Zeit von Marketing-Strategen beobachtet und im Sinne der etablierten Medien, Meinungsmacher und Unternehmen genutzt, was als gegenläufiger Trend zu den Demokratisierungstendenzen gewertet werden muss. Bei der Grassroots-Bewegung zur Beeinflussung der Chats in Großbritannien (Kapitel 3.2.2) verdiente auch die Musikindustrie kräftig mit, da alle beteiligten Titel bei Majorlabels unter Vertrag waren.

Unternehmen entwickeln Strategien, um den Groundswell für sich zu nutzen. Als Groundswell wird ein Trend bezeichnet, bei dem Technologien benutzt werden, um sich gegenseitig zu helfen unter Verzicht auf traditionell hierfür etablierte Institutionen.[694] Diese gegenseitige Hilfe kann auch in rechtliche Grenzbereiche führen, wenn urheberrechtlich geschützte immaterielle Güter getauscht werden, was zum Beispiel bei den im Hip-Hop-Bereich verbreiteten Mixtapes der Fall sein kann.

Unternehmen versuchen im Netz entstandene Konzepte an ihre Zwecke anzupassen. Beispielsweise ist t-mobile daran interessiert, das Unternehmen bei den Konsumenten mit Künstlern wie Thomas D. oder Konzepten wie Flashmobs in Verbindung zu bringen. Solche Mitmach-Werbekonzepte, bei der Mitsänger für YouTube-Videos gesucht werden oder Mittänzer für einen Flashmob (Kapitel 5.6.2), nehmen den Geist der Web-Community auf und stimmen ihre kommerziellen Interessen darauf ab.

Dass die Demokratisierung der Medienlandschaft sich nicht im erhofften Umfang verwirklicht, liegt jedoch auch im Nutzerverhalten selbst begründet. Die meisten Web 2.0-Nutzer agieren vor allem konsumierend.[695]

In gewisser Weise handelt es sich bei der Web 2.0-Demokratie deshalb mehr um eine Art repräsentative Demokratie, als um die technisch mögliche Direktdemokratie. Das liegt zum einen in der unterschiedlich ausgeprägten Kreativität und Produktivität der Menschen begründet (Kapitel 2.2.2). Andererseits mögen Menschen auch Stars, zum Beispiel YouTube-Stars, für die sie per Klick abstimmen und die sie der Community weiterempfehlen.

Für die *Musikwissenschaft* ergeben sich durch das Web 2.0 neue Herausforderungen und Möglichkeiten. Das Web 2.0 bietet Zugang zu musikalischen Praktiken und Inhalten, unabhängig von zeitlichen und räumlichen Grenzen. Es stehen ebenso Aufführungen klassischer Musik zur Verfügung, wie Aufzeichnungen von subkulturellen musikalischen Erscheinungen oder von musikalischen Praktiken an entfernten Stellen der Erde. Deshalb liegt eine Nutzung des Webs 2.0 als musikwissenschaftliche Quelle nahe (Kapitel 1.1.4.2). Aufgrund der Selbstreferentialität des Webs 2.0 ist für ein kompetentes Verständnis seiner Inhalte grundlegendes Wissen über Webstrukturen und die wichtigsten

---

[694] vgl. Li et al. 2009, S. 16
[695] vgl. Li et al. 2009, S. 50

Meme notwendig. Problematisch sind allerdings die beschränkten Möglichkeiten der Quellenkritik, die bei der Manipulierbarkeit von digitalen Quellen Fragen der Echtheit nur schwer zu klären sind.

Ein weiteres Problemfeld sind auch aus der Perspektive der Musikwissenschaft die rechtlichen Aspekte. Der Download der Inhalte ist zwar technisch möglich, jedoch nicht immer legal. Deshalb wäre es dringend erforderlich hier für die Forschung und auch für den musikpädagogischen Bereich rechtliche Grundlagen zu schaffen, die eine legale und effektive wissenschaftliche und pädagogische Nutzung des Webs 2.0 ermöglichen.

Im Bereich der *Produktion* von Musik bietet das Web 2.0 durch die Vielfalt seiner Inhalte einen unüberschaubaren Vorrat an Ausgangsmaterial für verarbeitende musikalische Praktiken. Das Erstellen von Verarbeitungen, die Veröffentlichung, Empfehlung und Bewertung durch die Nutzer treibt hier eine Form von kollektiver Kreativität voran, die ohne das Web 2.0 nicht in diesem Ausmaß möglich war.

Diese Kreativität ist weniger geprägt von einem ästhetischen Ideal, das als erstrebenswert gilt, sondern von der ungefilterten Produktion von Inhalten, deren Chance auf Rezeption durch ein Prinzip des Trial and Error ermittelt wird.

Musik war als *Schlüsselcontent* wesentlich an der Etablierung der Mediennutzungsform, die wir als Web 2.0 bezeichnen, beteiligt. Durch den Rechtsstreit um Napster wurden die Möglichkeiten der Kollaboration im Netz vor einer interessierten Öffentlichkeit diskutiert. Im Laufe der Untersuchungen entwickelte sich YouTube zum neuen Musikfernsehen on Demand. Musikvideos gehören zu den am meisten aufgerufenen Inhalten auf YouTube.

Auch auf *Facebook* spielt Musik eine wesentliche Rolle. Die Seiten von Musikern und Bands erfreuen sich größter Beliebtheit. Sie werden von den Nutzern mit ihren Profilen verlinkt um ihre Musikpräferenz zu kommunizieren und sich somit selbst kulturell zu konnotieren. Außerdem wird Facebook intensiv genutzt um Grassroots-Aktionen oder Flashmobs zu initiieren und organisieren.

8.2 Im Web 2.0 wirksam werdende Prinzipien

Die Prinzipien Partizipation, Vernetzung, Selbstdarstellung und Austausch werden in der öffentlichen Diskussion häufig mit dem Web 2.0 in Verbindung gebracht. Sie haben alle einen kommunikativen Aspekt gemeinsam, beleuchten dabei jedoch jeweils auch einen eigenen.

Partizipation deutet an, dass das menschliche Bedürfnis nach Teilhabe befriedigt werden kann. *Vernetzung* stellt die Aufrechterhaltung von Verbindungen in den Vordergrund, ohne direkt einen Zweck außerhalb der Vernetzung zu implizieren. Daneben weist der Begriff auf eine bestimmte Art von Kommunikationsstrukturen und des Dialogs hin. *Selbstdarstellung* bezieht sich auf das menschliche Bedürfnis, von anderen wahrgenommen zu werden. Durch die aktive Gestaltung der persönlichen Erscheinung im Netz bietet sich für den Nutzer die Möglichkeit, seine Erscheinung, die Fremd- und schließlich auch die Selbstwahrnehmung aktiv zu beeinflussen.

Austausch ist ähnlich weit gefasst wie der Begriff Kommunikation. Die Möglichkeiten und die praktischen Gegebenheiten des Austauschs werfen Fragen der Intertextualität auf, da sowohl eigene als auch fremde Gedanken, Meinungen oder Dateien getauscht und weiterentwickelt werden.

Während Massenmedien lediglich Informationen weltweit verteilt haben, sammelt das Netz weltweit Informationen. Ohne genauer auf die Mechanismen der Informationsverarbeitung einzugehen, kann gesagt werden, dass das Netz als Ganzes lernt, da es seine Verhaltenspotenziale durch die Interaktion mit seinen Nutzern verändert.

Wenn das Netz als Blackbox betrachtet wird, die Informationen verarbeitet und sich anpasst, so lassen sich die zugrunde liegenden Strukturen und Prozesse als deterministisches Chaos interpretieren. Dieses deterministische Chaos ist dadurch charakterisiert, dass das Verhalten des Systems im Einzelnen nicht vorauszusagen ist, während grobe Grenzen von den Parametern nicht verlassen werden. Wenn ein Nutzer einen bestimmten Inhalt ins Netz stellt, so kann er nicht mit Sicherheit vorhersagen, in welcher Weise von wem und von welcher Anzahl an anderen Nutzern dieser Inhalt aufgerufen oder weiterverarbeitet werden wird.

Es lassen sich jedoch Gesetzmäßigkeiten, wie beispielsweise der Matthäus-Effekt beobachten, die bestimmten Entwicklungen als Erklärung zugrunde gelegt werden können (Kapitel 2.1.4). Das chaotische Verhalten des Netzes macht auch Prognosen anhand des Laplaceschen Prinzips schwierig, wonach ähnliche Voraussetzungen zu ähnlichen Folgen führen und kleine Ursachen kleine Wirkungen haben.[696] Die Komplexität des Netzes und

---

[696] vgl. Argyris et al. 2010, S. 21

die immense Zahl von Unbekannten[697] ermöglichen es, dass kleine Veränderungen große Folgen haben und umgekehrt.

Die organisierenden Prinzipien, die die Meinungs- und Medienvielfalt und die Kommunikation im Allgemeinen strukturieren, bezeichnet Flusser als Dialog.[698] Durch die Passivität vieler Nutzer ist der Dialog im Web 2.0 von starker Asymmetrie geprägt. Dies ist nicht zuletzt der Ökonomie der Aufmerksamkeit geschuldet. Eine Kommunikation nach dem Prinzip Many-to-many muss auf Ungleichheit basieren. Wenn jeder gleichberechtigt rezipiert werden sollte, würde sich die Kommunikation letztlich auf ein singuläres One-to-one-Prinzip reduzieren. Um Information durch einen Dialog zu verdichten, ist gerade die Konzentration vieler auf einen Fokus notwendig.

Wie sich die Verdichtung der Information, die Konzentration der Aufmerksamkeit vieler auf bestimmte Informationen, im Netz teilweise selbst organisiert, lässt sich in einem Bild veranschaulichen. Wenn die Information, wie die Luft um uns herum, gleichmäßig verteilt ist, so nehmen wir sie kaum war. Wenn sich diese Luft nun an einer bestimmten Stelle zu einer erkennbaren Struktur, zum Beispiel als Zyklon über Australien, formt, so erfährt diese Struktur in weiten Teilen der Welt Aufmerksamkeit. Analog hierzu hat sich im Netz die Bezeichnung „Shitstorm" etabliert. Damit wird die schlagartige Konzentration der Kommunikation innerhalb von sozialen Medien auf ein Empörung auslösendes Thema beschrieben.

Dieses Bild lässt sich gut mit Flussers Kategorisierung von dialogischen Strukturen in geschlossene Kreise und offene Netze vereinen.[699] Das Web 2.0 ist prinzipiell netzartig strukturiert. Virale Internet-Phänomene lassen jedoch innerhalb des Netzes durch Resonanzeffekte sich selbst verstärkende Kreisstrukturen entstehen Dabei können sich Kommunikationsstrukturen, die sich selbst organisiert haben, auch selbstständig wieder zurückbilden. So ließe sich beispielsweise ein Hype um ein virales Internetvideo beschreiben, der sich selbstständig und fast wie aus dem nichts bildet und dann auch wieder mehr oder weniger spurlos verschwindet.

---

[697] "In welche Entwicklung sich die Dynamik letztlich verzeigt, darüber entscheidet eine kleine nicht berechenbare Schwankung." Argyris et al. 2010, S. 23
[698] Flusser definiert "[...] den Dialog als jenen Prozess, bei dem auf verschiedene Gedächtnisse aufgeteilte Informationen zu einer neuen Information synthetisiert werden [...]" Flusser 2009a, S. 136
[699] vgl. Flusser 2009a, S. 137 f.

8.3 YouTube-Stars

Bei vielen viralen Videos fällt auf, dass wenig und kein ausdauerndes Interesse an den dahinterstehenden Personen besteht. Nur wenn es den aktiven Nutzern gelingt, sich über mehrere Bezugssysteme zu profilieren, können sie auch auf YouTube zu persönlicher Berühmtheit gelangen.

Kurzzeitige Internetberühmtheiten waren *Rebecca Black* mit ihrem Song *Friday*, die *Grup Tekkan* mit *Wo bist du mein Sonnenlicht* oder Alemuel mit ihrem Sprechstück *Kleiner Hai*. Vor allem das Video *Kleiner Hai* konnte aufgrund der Verarbeitung durch andere Nutzer für längere Zeit viral bleiben. Der Person dahinter gelang dies nicht, obwohl eine Plattenfirma die Bekanntheit kommerzialisieren wollte und die Gestalterin des Videos unter Vertrag nahm.

Neben diesen beispielhaft angeführten Kurzzeitstars gibt es jedoch auch musikalische Webworker, denen es gelingt, ihre Bekanntheit dauerhaft aufrecht zu erhalten. Ein Beispiel hierfür ist Alberto Bruhns alias Albertoson (Kapitel 5.4.2).

8.4 Sukzessive Kollaborationen und die Perspektive der Memetik

Gedanken, Konzepte, Ideen, Musik oder Bilder, die im Netz durch Empfehlung und Weiterleitung starke Verbreitung finden, werden von der Internetcommunity Internetmeme genannt. Der Grad an Komplexität eines solchen Mems ist theoretisch nicht genau festgelegt. Falls ein Mem jedoch offensichtlich aus verschiedenen Teilen besteht, wird es auch als Memplex bezeichnet.

Die Analyse der häufig kommunizierten Inhalte hat gezeigt, dass viele Memplexe aus einer Kombination von inhaltlichen und formalen Memen bestehen. Wichtige inhaltliche Meme sind beispielsweise Videos oder Videosequenzen, Musik und musikalische Bausteine mit verschiedenen Graden an Komplexität, Tänze und Tanzstile, Bilder und Fotos, Konzepte oder Gedanken.

In aller Regel werden im Web 2.0 leicht verständliche Inhalte kommuniziert. Eine intellektuelle Aufladung der Inhalte erscheint aus massenpsychologischer Sicht als schädlich.

Die formalen Meme lassen sich in Anlehnung an die triadische Relation (Abbildung 66) ordnen. Individuumsbezogene Verarbeitungsmeme sind das Literal, Misheard Lyrics oder Lipsynching. Medienbezogene Verarbeitungsmeme sind die Verarbeitung mit Autotune, das Herstellen von Animutationen oder Multitrack-Videos. Dem gesellschaftlichen Bereich der triadischen Relation zuzuordnen sind die Verlinkung wie beim Rickrolling, Kollaborationen und Grassroots-Bewegungen.

Meme werden in vielfältiger Weise miteinander kombiniert. Es ließ sich auch beobachten, dass virale inhaltliche Meme beim Aufkommen eines neuen formalen Mems wie beispielsweise der extremen Verlangsamung, auch mit diesem neuen formalen Mem kombiniert werden.

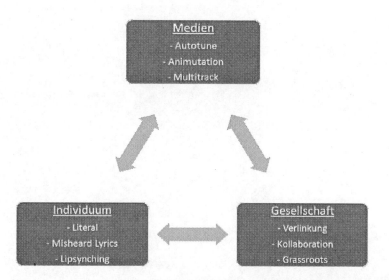

Abbildung 66: Formale Meme in der triadischen Relation

Häufig aufgerufene Videos werden auf YouTube in Charts geordnet. Hier wird zunächst grundsätzlich unterschieden, ob es sich um professionelle Musikvideos handelt oder nicht. Die Charts können nicht nur nach der Aufrufhäufigkeit geordnet werden, sondern auch danach, ob sie gut bewertet werden, ob sie zu den Favoriten der Nutzer hinzugefügt werden oder ob sie diskutiert werden. Somit bewertet und belohnt YouTube umfassend das Aktivierungspotenzial der Videos. In der Statistik, die man auf YouTube zu vielen Videos anzeigen kann, führt YouTube diese Aktivierungscharts des Videos auch auf.

Im Web 2.0 als Replikationsapparat für Information werden Variationen der Inhalte durch die Nutzer erstellt. Bei dieser *sukzessiven Kollaboration* stellt Nutzer A ein Stück online, Nutzer B verarbeitet es, Nutzer C verarbeitet die Bearbeitung von Nutzer B und so weiter. (Abbildung 67)

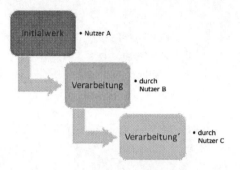

Abbildung 67: Sukzessive Kollaboration I

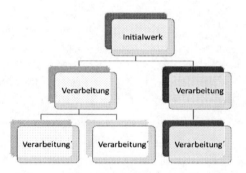

Abbildung 68: Sukzessive Kollaboration II

Typische musikalische Verarbeitungspraktiken für sukzessive Kollaborationen sind Beschleunigung, Verlangsamung, Remix, Mashup, Cover oder Medley. Häufig beziehen sich die Verarbeitungen auch direkt auf das Initialwerk. (Abbildung 68)

Virale inhaltliche Meme, die sukzessive verarbeitet wurden, sind beispielsweise das Apache-Video von Tommy Seebach, der Trololo-Mann, der Kleine Hai oder Gangnam Style.

8.5   Konzeptionelle Kollaborationen auf YouTube

Der Virtual Choir von Eric Whitacre (Kapitel 5.9.1) zeigt beispielhaft, wie kollaborative Werke entstehen können. Der Komponist und Dirigent Eric Whitacre erfährt mit seinem kollaborativen Web-Projekt wachsende Aufmerksamkeit. Drei virtuelle Chöre hat er bereits erfolgreich produziert. Für das vierte Projekt hat er über 100.000 $ an Spendengeldern über eine Fundraisingplattform gesammelt.

Die Projekte laufen alle nach dem gleichen Muster ab. Eric Whitacre stellt Noten und Videos für die Einzelstimmen zur Verfügung. Interessierte Chorsänger nehmen ihre Stimme Zuhause auf und schicken das Video an Eric Whitacre. Zusammen mit seinem Team erstellt er nun ein Chorvideo, das alle Sänger integriert. Sein Video „Sleep" zeigt, wie die an der Kollaboration Beteiligten, die Musik, der gesungene Text und der Entstehungsprozess des Videos visualisiert werden können.

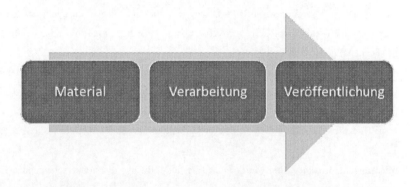

Abbildung 69: Die Entscheidungsfelder bei konzeptionellen Kollaborationen

Am Rande sei angemerkt, dass die Arbeit von Eric Whitacre, vor allem seine Art der Selbstinszenierung, im Bad Blog of Musick auf der Internetpräsenz der NMZ kontrovers diskutiert wird[700].

Grundsätzlich sind bei allen konzeptionellen Kollaborationen drei Entscheidungsfelder zu bearbeiten (Abbildung 69). Der Initiator oder die Nutzer müssen entscheiden, welches Material verwendet werden soll und wie es der Verarbeitung zugeführt wird. Es muss ein

---

[700] vgl. Strauch 2013

Weg zur Verarbeitung des Materials und ein Weg zur Veröffentlichung der Ergebnisse gefunden oder definiert werden.

8.6 Mediale Praktiken

Coverversion, Remix und Medley sind verarbeitende Techniken, die auch schon vor der Verbreitung des Webs 2.0 häufig genutzt wurden. Allerdings fanden sie durch die technischen Möglichkeiten der aktuellen Musiksoftware und durch die Möglichkeiten der Veröffentlichung im Web deutlich erhöhte Verbreitung.

Coverversionen passen ein Musikstück dem Idiolekt eines Künstlers an. Als verarbeitende Praxis ist das covern von Songs auf YouTube sehr beliebt (Kapitel 5.5.1). Christina Grimmie hat beispielsweise 120 Videos mit Coverversionen auf ihrem YouTube-Kanal veröffentlicht. Ihre Inhalte sind über 267 Millionen Mal aufgerufen worden. Auf ihrem Kanal findet sich Werbung von Radio Disney, was darauf hinweist, dass mittlerweile ein musikalischer Teenager mit seinen Coverversionen Aufmerksamkeit für einen etablierten Medienkanal generieren kann.

Medleys, also Kompilationen von Musikstücken, die bei der Auswahl und der Reihenfolge bestimmten Regeln folgen, beziehen sich meist auf bekannte Inhalte (Kapitel 5.5.3). Die Bandbreite der Medley-Thematiken reicht von Videospielmusik über Stücke, die eine gepfiffene Melodie oder eine Vokalisation beinhalten bis hin zu Weihnachtsliedern oder Tanzstilen.

Musikalische *Mashups* sind Musikstücke, die aus teilweise disparat erscheinenden Elementen mithilfe von Musiksoftware produziert werden. Das Netz spielt bei der Verbreitung von Mashups eine wichtige Rolle, da häufig auf die Lizenzierung der verwendeten Teile verzichtet wird. Eine einfache Form des Mashups stellt die Kombination von zwei Musikstücken dar, bei der der Vocal-Track eines Stückes mit dem Playback eines anderen Stückes kombiniert wird.

Bei der Mashup-Reihe Thru You von Kutiman (Kapitel 5.5.4), wurden aus kurzen Einheiten von YouTube-Videos, völlig neue Musikstücke gestaltet. In dieser Reihe sind die verwendeten Bausteine zuvor meist wenig rezipiert worden. In vielen Fällen verwendete Kutiman Videos, in denen Instrumente oder einfache Tonleitern präsentiert werden.

Bei *Lip-Sync*-Videos (Kapitel 5.5.6) werden Lippenbewegungen mit bestehender Musik synchronisiert. Verbreitung fand das Konzept bereits 2004 durch die Weiterleitung eines Videos von Gary Brolsma, in dem er vorgab, das Techno-Stück Numa Numa zu singen. Der momentan größte Lip-Sync-Star auf YouTube ist *Keenan Cahill* mit über 250 Millionen Kanalaufrufen. Zunächst wurde er per Twitter von *Kate Perry* gefördert. Mit zunehmender Bekanntheit traten auch andere Stars mit ihm in Kontakt, was seine Popularität weiter verstärkte. *50 Cent* drehte ein Video mit ihm. Außerdem ist er gelegentlich zu Gast bei TV-Sendungen.

Literals sind Bearbeitungen, die den Inhalt und die filmischen Techniken eines Musikvideos beschreibend und interpretierend in einem neuen Songtext wiedergeben. Die Gesangslinie des Originals bleibt hierbei erhalten.

Das Literal zu „Total Eclipse Of The Heart" schafft mit seinen vielfältigen Neukontextualisierungen eine hohe ästhetische Dichte bei gleichzeitig nicht zu leugnender Komik.

Als *Animutation* werden Musikvideoclips bezeichnet, die aus Flashanimationen bestehen und in ihrer Einfachheit collagenartigen Charakter annehmen. Ihre Entstehung wird *Neil Cicierega* zugeschrieben, der seine ersten Animutationen 2001 im Alter von 13 Jahren produzierte.

Als *Misheard Lyrics* wird das absichtliche „Verhören" des Liedtextes bezeichnet. Dazu wird der neue Text, der an die phonetischen Gegebenheiten des Gesangs angepasst ist, als geschriebener Text eingeblendet. Dies wird von den Nutzern vor allem dann akzeptiert, wenn der gesungene Text unverständlich ist, weil er unpräzise artikuliert wird oder weil er einer nicht beherrschten Fremdsprache entstammt.

Die software- und hardwaremäßige Anwendung *Autotune* stellt einen Algorithmus zur Verfügung, mit dessen Hilfe schlecht intonierter Gesang technische korrigiert werden kann. Die *Gregory Brothers* nutzten Autotune, um gesprochenen Text von Nachrichtensendungen in Gesang zu transformieren. Große Bekanntheit erzielte das Video „Bed Intruder Song" mit 100 Millionen Aufrufen. Mittlerweile ist für die Transformation von gesprochenem Text nicht mehr das Studiowerkzeug Autotune notwendig, sondern es genügt die eigens hierfür entwickelte iPhone-App Songify.

Als *Chiptunes* bezeichnet man Musikstücke, die mithilfe einfacher 8-Bit-Soundchips aus der Frühzeit der Videospiele gestaltet werden. Die auf YouTube kommunizierten Instrumenten-Setups benutzen bevorzugt Kombinationen aus dem Nintendo Gameboy und dem Korg Kaoss Pad als Grundausstattung.

Viele der *Tanzvideos* auf YouTube reflektieren die enge Beziehung zwischen Voyeurismus und Authentizität beziehungsweise einer Realitätsbehauptung. Teilweise liegt den Videos offensichtlich auch eine gewisse exhibitionistische Intention zugrunde.

8.7   Aspekte einer Web 2.0-Ästhetik

Die Annäherung an eine Web 2.0-Ästhetik muss die einzelnen sinnlich wahrnehmbaren Komponenten des Webs 2.0, ihr Zusammenspiel und dessen Auswirkungen auf die Wahrnehmung und Bewertung durch den Rezipienten in den Blick nehmen.

Bei der Wahrnehmung von Web 2.0-Inhalten müssen verschiedene, teilweise disparate mediale Schichten koordiniert werden, zumal die Wahrnehmung durch die hypertextuelle, interaktive Strukturierung eine aktive Steuerung des Wahrnehmungsprozesses erfordert. Außerdem gehen im Web 2.0 entwickelte Strukturen teilweise auch strukturell in die Musik ein, was sich beispielsweise bei der Weiterentwicklung formaler Meme zeigt.

Zu einem großen Teil liegen die Schwierigkeiten bei der Deskription und Analyse einer Web 2.0-Ästhetik auch im Wesen ästhetischer Ideen selbst begründet. Nach Kant gehört es gerade zum Wesen ästhetischer Ideen, dass sie als Vorstellungen einerseits zum Denken anregen, andererseits aber begrifflich und deshalb auch sprachlich kaum adäquat zu fassen sind.[701]

Kant sieht im ästhetischen Urteilen ein Stellungnehmen zur Form, bei dem die Form dann als „schön" bezeichnet wird, wenn sie die Wahrnehmung erleichtert[702]. Da es im Netz zu engen Zusammenhängen zwischen den Netzstrukturen und der musikalischen Form kommen kann, ist für die ästhetische Urteilbildung deshalb die Auseinandersetzung mit dieser neuen medialen Form notwendig.

Das Verstehen von Musik geht also im medialen Kontext des Webs 2.0 über die von Blume[703] angeführten strukturierenden Parameter Metrum, Rhythmus und Dynamik hinaus und bezieht technische und gesellschaftliche Aspekte ein. Das kontextuelle Verständnis erleichtert im Bereich des Webs 2.0 das musikalische Verständnis.

---

701 vgl. Kant 1949, S. 306
702 vgl. Kant 1949, S. 284
[703] vgl. Blume 1959, S. 12

Mikos identifiziert das Vergnügen als Bestandteil einer elementaren Ästhetik, die den popkulturellen Praktiken zugrunde liegt.[704] Dass gerade das Vergnügen bei Praktiken des Webs 2.0 oftmals im Vordergrund steht, ist bei vielen im analytischen Teil der Arbeit angeführten Inhalten offensichtlich.

Ein wesentlicher Aspekt der YouTube-Videos ist die Realitätsbehauptung. Die Einfachheit der Aufnahmen in der Startphase von YouTube implizierte, dass es sich bei den Video um authentische Ausschnitte aus der Realität handelte. Die Authentizität, die die frühen Videos durch ihre einfache Machart und ihren teilweise voyeuristischen Charakter transportierten, war geeignet, bei der Rezeption den Kontext als wenig künstlerisch und dadurch auch wenig künstlich einzustufen.

Dargebotene musikalische Praktiken wie Tänze im Wohnzimmer oder Straßenmusik erscheinen in diesem Kontext allerdings nur auf den ersten Blick als authentische Quellen für die Beschreibung produktionsästhetischer Kontexte. Auch in solchen Situationen mit einem gewissen Echtheitscharakter wird häufig gestalterisch eingegriffen. Schon die Auswahl des gefilmten Bildausschnitts, die Perspektive und die Kameratechnik nehmen Einfluss auf die transportierten Aspekte der Situation.

Das Inszenieren der eigenen Person, der Wohnung und der intimsten Sorgen führt zur Beeinträchtigung der Privatheit bis hin zu ihrer Aufgabe. Da dies jedoch weder im Interesse aller Produzenten, noch im Interesse aller Rezipienten ist, gehen immer mehr Video künstlerisch mit der Realitätsbehauptung um.

Die Realitätsbehauptung ist abhängig von der genutzten Technik, von der Art der Aufnahme und der Inszenierung. Ein hoher Grad an Realitätstreue wird durch heimliche Aufnahmen impliziert. Offensichtliche und erlaubte Aufnahmen transportieren einen geringeren Anspruch an Realitätstreue. Die Realitätsbehauptung wird außerdem geschwächt durch die Nutzung technischer Möglichkeiten bei Schnitt und Bearbeitung. Wenn die dargebotene Situation offensichtlich dramaturgisch inszeniert wird, wird sie vom Rezipienten bereits als deutlich künstlich wahrgenommen.

Um die Aufmerksamkeit der Rezipienten aufrecht zu halten, wird dennoch zunehmend ein Verlust im Bereich der Realitätsbehauptung in Kauf genommen. Franck beschreibt Medienästhetik als die „Ästhetik der hochleistenden Attraktion" und als solche als den „verbindlichen Stil unserer Epoche".[705] Die hochleistende Attraktion des Webs 2.0 wird einerseits durch typische Web 2.0 Stilmerkmale wie Authentizität und Komik erzeugt,

---

[704] vgl. Mikos 2009, S. 160
[705] vgl. Franck 2010, S. 174

andererseits spielt häufig Popularität eine wesentliche Rolle. Diese kann im Netz erzeugt werden. Sie wird aber auch gerne importiert, zum Beispiel durch die Nutzung bekannter Songs für Coverversionen, Remixes oder Medleys, aber auch durch Credits, wie im Falle von Keenan Cahill (Kapitel 5.5.6).

Einen Hinweis auf die Ästhetik und die Attraktivität des Mitmachwebs und eine Begründung für die teilweise Abwendung von tradierten, etablierten und professionalisierten ästhetischen Konzepten kann möglicherweise ein Rückgriff auf Helmholtz geben, der feststellte, dass wir ein Kunstwerk arm finden, wenn wir bemerken, dass bewusste Reflexionen auf seine Anordnung eingewirkt haben.[706]

Die Gestaltung des Webs 2.0 und seiner Inhalte setzte lange bewusst oder unbewusst einen Gegenpol zu den ausproduzierten Objekten des Mainstreams. Offensichtlich eingeschränkte technische Qualität konnte als ein Gradmesser für Authentizität gelten. Diese Affinität der Early Adopters zu einer recht rohen Ästhetik setzt die Entwicklungslinie der von Föllmer untersuchten MOD-Szene mit dem Leitspruch „low tech music for high tech people"[707] fort.

Durch das Web 2.0 wird die Frage nach der Zukunft der Ästhetik im beginnenden 21. Jahrhunderts nicht elitär beantwortet. Sie wird vielmehr als Koordinierungsaufgabe gestaltet und bottom-up bearbeitet. Das Nutzungsverhalten jedes einzelnen Nutzers, wirkt auf die interaktive Ästhetik ein. Das Ergebnis eines solchen demokratischen Prozesses ist im besten Fall die beste praktikable Lösung, während eine philosophische Ästhetik normativ nach der optimalen Lösung verlangen müsste.

Die Produktion einer Twitter-Oper 2009, bei der das Libretto aus kleinen Textpassagen gebildet wurde, die von den Nutzern des Kurznachrichtendienstes Twitter an das Londoner Opernhaus gesendet wurden, machte vor allem deshalb von sich reden, weil das neue Medium Twitter zum ersten Mal mit dem traditionellen Medium Oper in Kontakt gebracht wurde und weil die dadurch ermöglichte kollektive Arbeitsweise bei der Produktion einer Oper ein Novum darstellte. Das Ergebnis selbst war für die Darsteller wie für das Publikum dabei zweitrangig.[708] Das YouTube Symphony Orchestra[709], bei dem ein Sinfonie-Orchester per Videocasting zusammengestellt wurde, blieb ohne größere Resonanz

---

[706] vgl. von Helmholtz 1913, S. 589
[707] Föllmer 2005, S. 47
[708] vgl. Erste Twitter-Oper - Kultur zum Mitmachen in der Londoner Royal | Fazit | Deutschlandradio Kultur 2009
[709] YouTube Symphony Orchestra

271

im Web 2.0. Dies zeigt, dass der interaktive Aspekt (→ interaktive Wende - Kapitel 3.1) für die extensive Wahrnehmung eines Inhaltes von grundlegender Bedeutung ist. Musik tritt innerhalb der sich immer neu generierenden Medienästhetik des Webs 2.0 in verschiedenen Bezügen in Erscheinung. Sie kann im klassischen Sinne als Kunstwerk in den Fokus der Wahrnehmung rücken. Oder sie kann als funktionale Musik eine dienende Rolle mit semantischen und syntaktischen Aufgaben übernehmen.

Das World Wide Web ist an sich schon als Hypermedium angelegt, das als Trägermedium fremde Medieninhalte speichert und vernetzt. Die kommunikativen und mitgestaltenden Praktiken des Webs 2.0 verstärken nach Klingler und Trump dabei die Sogwirkung des Netzes.[710]

Fast sämtliche audiovisuell darstellbaren Medieninhalte sind mittlerweile im Netz verfügbar und als solche auch meist auf unterschiedliche Weise miteinander verknüpft. Die Integration verschiedener Medieninhalte lässt die Medien im Netz konvergieren.[711]

Das Web 2.0 bietet dabei unterschiedliche Arten der Vernetzung. In sozialen Netzwerken sind Medieninhalte in der Regel dem Nutzer zugeordnet, der den Inhalt bereitstellt oder der beispielsweise einen YouTube-Film auf seinem Profil postet.

Nutzer werden auf einen Medieninhalt aufmerksam gemacht, wenn sie mit dem den Inhalt postenden Nutzer nach den Regeln des Netzwerks verknüpft sind. Diese Verknüpfungen werden teilweise aktiv durch den Nutzer gesteuert, beispielsweise, wenn er Freundschaftsanfragen versendet oder beantwortet. Sie werden aber auch durch Algorithmen gesteuert, wenn beispielsweise eine Plattform die Musik- oder Medienpräferenz eines Nutzers analysiert und ihn dadurch in Verbindung mit anderen Nutzern setzt.

Auf YouTube wird ein Inhalt also ebenso durch die soziale Vernetzung der Nutzer der Rezeption anderer Nutzer zugeführt, wie auch durch die Algorithmen der Plattform. Beim Upload eines Videos entscheidet der hochladende Nutzer durch die Wahl eines Namens für das Video und durch Verschlagwortung, in welchem begrifflichen Kontext das Video vernetzt werden soll. Die Vernetzung ist in diesem Falle sowohl begrifflich und algorithmisch als auch sozial bedingt. Der genaue Algorithmus, wie YouTube die vorhandenen Informationen, wie zugeordnete Begriffe und Nutzung, verarbeitet, bleibt aufgrund der Informationspolitik von Google das Geheimnis der Google-Tochter YouTube.

[710] vgl. Klingler und Trump 2007, S. 3
[711] vgl. Friedrichsen 2008, S. 27

Entsprechend dem zugrundeliegenden Algorithmus reagiert YouTube auf Suchanfragen oder schlägt bei der Rezeption eines Videos weitere Videos aus dem entsprechenden Kontext vor.

Der Algorithmus von YouTube entscheidet beispielsweise, welche Videos er als Vorschläge zu einem bestimmten Upload generiert. Der Nutzer hat darauf keinen direkten Einfluss. Die dann vollzogene Rezeption eines Videos durch die Nutzer macht den gesamten Prozess vom Upload über die Kontextualisierung hin zur Auswahl zu einem kommunikativen Akt, bei dem das Netz und seine Portale eine wesentliche Steuerungsfunktion für die gesellschaftliche Kommunikation übernehmen.[712]

Nutzer integrieren fremde Medieninhalte in ihre virtuelle Identität. Dabei ist der Prozess, bei dem sich eine Person selbst kontextualisiert und dadurch stilisiert nicht neu. Für Jugendliche ist die öffentliche identitätsstiftende Kommunikation des Musikgeschmacks immer eine wichtige und wirksame Möglichkeit, um die Fremdwahrnehmung zu steuern.

8.8 Kreativität im Kontext des Webs 2.0

Das Web 2.0 schafft zwar noch nicht selbstständig eigene Inhalte, die Kommunikation der Nutzerkreativität wird jedoch technisch gestützt. Dabei führen die Konvergenz der Medien und die Sogwirkung des Netzes dazu, dass die Web 2.0-Nutzer ständig neue Inhalte bereitstellen, beziehungsweise verfügbare Inhalte verarbeiten. Dadurch wird die Variation innerhalb der memetischen Evolution gewährleistet. Eine gewisse Ökonomisierung findet durch die Anwendung etablierter medialer Praktiken statt.

Nach dem Stufenmodell, das Wallas aus den Ansätzen von Helmholtz und Poincaré formulierte, verläuft ein kreativer Prozess in den vier Stufen Präparation, Inkubation, Illumination und Verifikation.[713]

Das Mediensystem Web 2.0 erleichtert den einzelnen Nutzern den kreativen Arbeitsschritt der Präparation (Abbildung 70). Hierbei findet eine explorative Auseinandersetzung mit dem gegebenen Content statt. In dieser Erkundungsphase greifen die Such- und Vorschlagsalgorithmen des Webs 2.0 strukturierend ein.

Bei der darauf folgenden Inkubation wird die Intuition des menschlichen Gehirns benötigt. Ebenso ist die Illumination auf die Kompetenz einzelner Nutzer angewiesen. Aller-

---

[712] vgl. Bleicher 2010, S. 75
[713] vgl. Wallas 1926 zitiert nach Brunner 2008

dings ist die Vielzahl der Veröffentlichungen im Web 2.0 als eine Art ungefiltertes Brainstorming zu interpretieren, bei dem sehr viele ästhetische Gestaltungsmöglichkeiten ausprobiert werden. Das Netz und seine Nutzer funktionieren hier ähnlich der Informationsmischmaschine, als die Gruhn das menschliche Gehirn bezeichnet.[714] Der letzte Schritt im kreativen Prozess, die Verifikation, wird schließlich vom Mediensystem Web 2.0 und seinen Nutzern übernommen. Hier spielen die bereits beschriebenen Vernetzungen, die implementierten Algorithmen und die dadurch entstehenden Rückkoppelungsprozesse eine entscheidende Rolle. Die Verifikation innerhalb des kollaborativen kreativen Prozesses kann letztlich auch als Selektion innerhalb der memetischen Evolution (Kapitel 2) verstanden werden. Das Zusammenwirken der Nutzer und ihrer Entscheidungen mit den Algorithmen der Plattformen trägt auch zur teilweisen Kanonisierung der Inhalte bei.

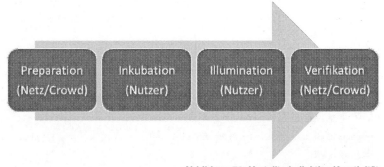

Abbildung 70: Verteilte kollektive Kreativität

8.9   Die Rezeptionssituation

Bei der Rezeptionssituation von Web 2.0-Inhalten spielen verschiedene Faktoren eine Rolle. Es sind nicht nur die virtuelle Emergenz des Musikstreams durch Vorschlagsalgorithmen und die netzbasierten und persönlichen Entscheidungsprozesse, die die Musik im Web 2.0 verbinden. Auch die räumlichen und technischen Aspekte der Rezeptionssituati-

---

[714] vgl. Gruhn 2008, S. 88

on sorgen für eine zumindest subjektive Verschmelzung von ursprünglich disparaten Musikstücken.[715]

Die Hörsituation des Nutzers bleibt in vielen Punkten über einen gewissen Zeitraum gleich. Musik aus dem Netz wird für die Zeit einer Sitzung über denselben Verstärker und dieselbe Lautsprecheranlage rezipiert. In vielen Fällen bieten die Abhöranlagen, die an den Rechner angeschlossen sind, nur wenig Klangneutralität. Sie beeinflussen damit den Höreindruck von unterschiedlichen Stücken in ähnlicher Weise. Musik vermischt sich unbewusst mit den technisch bedingten Geräuschen der Rechnerkühlung und all das findet in einer gleichmäßig gestalteten Raumakustik statt.

Für die mobile Rezeption von Musik aus dem Web 2.0 müssen andere Parameter zugrunde gelegt werden. Musik aus dem Netz kann mit einem Mp3-Spieler überall gehört werden, die Möglichkeiten des Webs 2.0 können auch mobil über ein Smartphone genutzt werden. Durch den mobilen Zugriff auf das Internet und die Speicherkapazität der mobilen Abspielgeräte entfällt die Limitierung der Musikauswahl auf ein knappes Repertoire, wie es noch von Schönhammer bei seiner Analyse der Walkman-Nutzung konstatiert wurde.[716]

In Situationen, die von Mobilität geprägt sind, wird die Musik häufig über Kopfhörer rezipiert. Durch die Kopfhörernutzung wird der lokale Raumklang meist komplett eliminiert, aber auch die Umweltgeräusche, die uns unsere Orientierung erleichtern und die die Wahrnehmung unserer Umwelt wesentlich mitbestimmen, sind weitgehend aus dem Rezeptionsprozess ausgeschlossen. Der mobile Kopfhörerhörer ist virtuell von seiner Umwelt entkoppelt.

Der Kino-Metapher[717] zufolge schafft sich der Walkman-Hörer seinen eigenen Soundtrack zu seinen visuellen Wahrnehmungen, die eben durch den Soundtrack zum Kino werden und dem Rezipienten den Eindruck der Abgetrenntheit von der erlebten Umwelt vermitteln.

Wer seinen gelebten Film mit einem Soundtrack versieht, verknüpft damit auch Musik mit Orten und Situationen. Dadurch erinnert dann der Soundtrack in anderen Situationen an zuvor beim Hören besuchte Orte. Oder bestimmte Orte erinnern an eine bestimmte Musik.

---

[715] vgl. Krauss 1987/88, S. 16
[716] vgl. Schönhammer 1988, S. 50
[717] zu finden beispielsweise bei Schönhammer 1988, S. 48–50 oder Peters und Seier 2009, S. 190

Diese Verknüpfungen entstehen teilweise auch ohne Kopfhörernutzung. Dann vermischt sich der selbst gewählte Soundtrack zusätzlich mit der Geräuschkulisse der Umwelt. Dies führt dazu, dass auch die akustische Landschaft durch die gerade gehörte Musik kontextualisiert und konnotiert wird.

8.10 Musikalisches Lernen auf YouTube

Grundsätzlich können die vielen Performance-Videos auf YouTube gut für musikalisches Lernen genutzt werden. Durch die Rezeption und Nachahmung von sinnvoll gewählten Modellen kann genuin musikalisches Lernen gefördert werden.[718] Bei der Imitation der beobachtbaren Darbietungen handelt es sich aus memetischer Sicht um die Reproduktion memetischer Phänotypen. Für eine solide musikalische Ausbildung ist jedoch auch strukturelles musikalisches Wissen, also die Kenntnis und das Verstehen des Genotyps, notwendig.

Hierfür steht eine Vielzahl von instruierenden Lehrvideos zur Verfügung. Im Gegensatz zu institutionalisierten Lehreinrichtungen entscheiden im Web 2.0 die Nutzer über die didaktische Auswahl des Lehrmaterials. Die Algorithmen von YouTube und die Suchfunktion von Google schlagen Videos vor, wobei jeder Lerner letztlich selbst entscheiden kann, welche Videos er auswählt. Das macht YouTube auch für eine Ausbildung im Bereich der Popmusik interessant, da gerade hier das autodidaktische Lernen und das Peer-Learning eine lange und erfolgreiche Tradition haben.

8.11 Musikportale mit speziellen Nutzungsschwerpunkten

Die hohen Nutzungszahlen machen aus YouTube ein Massenmedium. „Gangnam Style" von *Psy* wurde mittlerweile über 1,5 Milliarden Mal aufgerufen. Kleinere Plattformen (Kapitel 7) werden von den Nutzern nur dann genutzt, wenn sie andere Funktionen bieten können, also sie von YouTube oder Facebook realisiert werden.

Im Groben lassen sich bei diesen kleineren Plattformen drei Funktionalitäten identifizieren (Abbildung 71). Es gibt Plattformen die kollaborativ Information sammeln oder generieren und Plattformen die die kollaborative Produktion und deren Veröffentlichung

---

[718] vgl. Gruhn 2008, S. 91

unterstützen. Außerdem helfen sie beim Finden von neuer Musik, die dem eigenen Musikgeschmack entspricht.

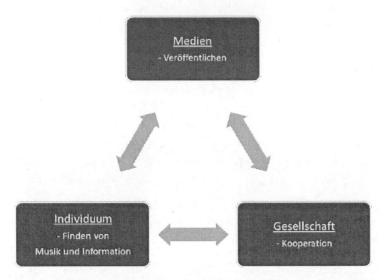

Abbildung 71: Funktionen von Portalen mit speziellen Nutzungsschwerpunkten

8.12 Vorschlagsfunktionen von Streamingplattformen

Bei Streamingplattformen kommen für die Auswahl der Musik zwei grundsätzlich verschiedene Paradigmen zum Einsatz. Last.fm analysiert nach einem sozialen Paradigma das Nutzerverhalten und identifiziert Nutzer mit ähnlicher Musikpräferenz. Diese werden als Geschmacksnachbarn bezeichnet. Dementsprechend werden einem Nutzer A dann Musikstücke vorgeschlagen, die er nicht kennt, die aber seinem Geschmacksnachbarn B gefallen.

Pandora folgt einem ästhetischen Paradigma. Hier generieren Musikwissenschaftler formalisierte Informationen über Musikstücke entsprechend eigens entwickelter musikalischer Genome. Die Nutzer bewerten gehörte Songs. Dementsprechend wählt Pandora genetisch ähnliche Songs aus.

Aus der Sicht der triadischen Relation spielen beim ästhetischen Paradigma die Eigenschaften des Medieninhaltes die entscheidende Rolle. Beim sozialen Paradigma sind es eher soziale Prozesse. Eine Verbindung der beiden Konzepte könnte für beide Konzepte eine fruchtbare Erweiterung darstellen. Diese wurde jedoch bislang nicht realisiert (Abbildung 72).

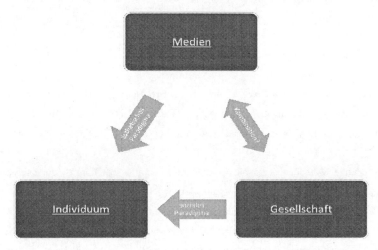

Abbildung 72: Die Paradigmen der Vorschlagfunktionen

8.13 Die Zielrichtung semantisches Netz

Ein Schritt in Richtung eines semantischen Netzes wird von YouTubeDisko vollzogen, da hier YouTube offensichtlich einen Algorithmus bereit hält, der unterscheiden kann, ob es sich bei einem Video um ein Musikvideo handelt oder nicht. Wenn das Netz wie hier in die Lage versetzt wird, selbst Informationen über seine Inhalte zu generieren, so erscheint es auch realistisch, dass der unüberschaubaren Fülle an Inhalten auf technischem Wege eine semantische Bedeutung zugewiesen werden kann.

Dass die Bedeutungen von den Nutzern direkt beim Erstellen oder beim Upload der Inhalte zugewiesen werden, erscheint als unrealistisch, da dies nicht unbedingt im Interesse der Nutzer ist. Selbst wenn ein Nutzer ein Interesse daran hätte, seinen Inhalten eine maschinell interpretierbare Bedeutung beizuordnen, so wäre damit noch nicht gesichert, dass auch zukünftig relevante Bedeutungsperspektiven Berücksichtigung fänden.

278

Andere Algorithmen, die Musikdateien selbstständig Bedeutungen zuweisen, können beispielsweise Weltmusik der Region zuordnen, der sie entstammt oder westliche Musik klassifizieren.[719] Allerdings sind diese Algorithmen noch nicht im Netz implementiert.

8.14 Résumé

Die Untersuchung von Musik im Web 2.0 unter besonderer Berücksichtigung ästhetischer und sozialer Aspekte verdeutlicht, dass Individuen, Medien und Lebenswelten im Kontext des Webs 2.0 in vielfältigen Interdependenzen und funktionalen Zusammenhängen stehen.

Mit modifizierten Methoden der qualitativen Feldforschung wurde durch theoretisches Sampling eine materiale Grounded Theory entwickelt. Die so gewonnenen Erkenntnisse wurden diskursiv auf einen erweiterten musikwissenschaftlichen Kontext bezogen.

Die entstandene Grounded Theory verdeutlicht, dass Individuen im Kontext des Webs 2.0 einerseits Musik und Medien nutzen um sich gesellschaftlich zu positionieren und zu organisieren. Andererseits werden mithilfe sozialer Netzwerke Einfluss auf die Medien genommen und kollaborative Produktionsprozesse strukturiert.

Die Aufrufhäufigkeiten und Nutzungszahlen von Inhalten und Plattformen verdeutlichen, dass die Konvergenz der Medien und die Sogwirkung des Webs 2.0 dieses Medium zum derzeit mächtigsten Replikationsapparat für Musik machen. Die daraus entstehenden disruptiven Entwicklungen im Bereich der Medien zwingen den gesamten Bereich der Medien, die durch das Web 2.0 eingeleitete interaktive Wende (Kapitel 3.1) nachzuvollziehen.

Die Kollaboration der Nutzer unterstützt vor allem das Web 2.0 als Replikationsapparat. Die für eine erfolgreiche Evolution notwendigen Variationen müssen im Web 2.0 meist noch durch Nutzer erzeugt werden, da die hierfür notwendigen kreativen Prozesse gerade im musikalischen Bereich technisch noch nicht hinreichend gelöst sind. Softwarelösungen wie Ludwig[720] oder Band-in-a-Box[721] sind momentan nur in der Lage, musikalisches Material innerhalb bestehender musikalischer Codes zu generieren.

---

[719] vgl. Fraunhofer 2012
[720] Music Software Ludwig: Songs schreiben, Automatisch komponieren und arrangieren. Instrumente Üben. Lizenzfreie Musik.
[721] PG Music Inc.

Komparative Analysen zeigten, dass viele Variationen durch die Rekombination von inhaltlichen und formalen Memen entstehen. Zur Selektion der so entstehenden Variationen wird das kollektive Nutzerverhalten in Verbindung mit technischer Unterstützung genutzt. Insofern gestaltet das Web 2.0 neue Codes unter Zuhilfenahme der kreativen Fähigkeiten seiner Nutzer.

Im Web 2.0 wird musikalisches Material auf verschiedenen hierarchischen Ebenen neu strukturiert. So werden nicht nur neue Songs und Videoclips für das Web 2.0 überarbeitet und gestaltet, die Songs und Videos werden auch zu Medleys, Kompilationen und Playlists zusammengefasst, die wiederum kommuniziert werden. Im Kontext des Webs 2.0 wird somit weniger an exklusiv-elitärer Hypermusik gearbeitet, wie sie von Föllmer[722] beschrieben wurde, sondern es entsteht durch die digitale soziale Vernetzung von Kulturen eine Hyper-Musikkultur. YouTube und Facebook sind gleichzeitig Ort dieser Hyper-Musikkultur wie auch Quelle für deren musikwissenschaftliche Erforschung.

YouTube erfüllt je nach Perspektive unterschiedliche Funktionen (Abbildung 73). Als *Medien* dient es zur Speicherung, Organisation und Verbreitung von Inhalten. Dem *Individuum* ermöglichen YouTube Selbstdarstellung, Teilhabe und Zugang zu Information. Seine Bedeutung für die *Gesellschaft* gründet sich auf die dort stattfindende Interaktion, Integration und Enkulturation.

Für die Produktion von Musik spielt die vielfältige Verfügbarkeit von musikalischem Material als Basis für die kreative Verarbeitung eine wesentliche Rolle. Die konzeptionellen Möglichkeiten der Verarbeitung stellen wesentliche Kategorien der in dieser Arbeit herausgearbeiteten Grounded Theory dar. Sie unterscheiden sich in der zeitlichen Organisation, in der Nutzeranzahl, der Organisation der Entscheidungsmacht und in der strukturellen Tiefe der Materialverarbeitung. Dabei konnten einige Verarbeitungsformen wie beispielsweise *Misheard Lyrics*[723] oder *Literals*[724] durch die Stärke ihres Konzeptes als genrebildend identifiziert werden.

---

[722] vgl. Föllmer 2005, S. 107
[723] siehe Kapitel 5.5.9
[724] siehe Kapitel 5.5.7

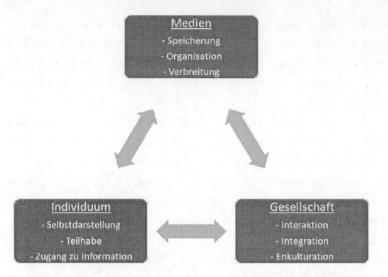

Abbildung 73: Funktionen von YouTube

Im Bereich der Musikvideoclips tritt vor allem die *Realitätsbehauptung* als typischer Aspekt der Web 2.0-Ästhetik in Erscheinung. Außerdem wurde bei den Untersuchungen deutlich, dass die musikwissenschaftlichen Begriffe aus dem Bereich der Filmmusik als funktionaler Musik in analoger Weise für funktionale Bilder und narrative Linien im Bereich der Videoclips anwendbar sind.

Demokratisierungstendenzen lassen sich für den musikbezogenen Bereich des Webs 2.0 vor allem in zwei Bereichen feststellen. Zum einen verlieren traditionelle Medien ihre Schlüsselrolle bei der Veröffentlichung von musikalischen Inhalten. Zum anderen entscheiden die Nutzer digitaler sozialer Netzwerke kollaborativ darüber, welche der Veröffentlichungen in den Fokus der durch die Vielzahl der Veröffentlichungen verknappten Aufmerksamkeit gerückt werden.

Die Verbindung von Menschen im Web 2.0 als Gegenströmung zu den Individualisierungstendenzen der Gesellschaft nutzt in hohem Maße die Macht der Musik. Dies wird belegt durch die YouTube-Charts und durch das Ranking von Facebook-Seiten. Die Vielfalt der musikbezogenen Nutzungspraktiken und die hieraus entstehenden musikalischen Inhalte rechtfertigen und verlangen eine Fortsetzung der musikwissenschaftlichen Forschung in diesem Bereich. Hierzu ist noch anzumerken, dass man mittlerweile entgegen dem Slogan „Das Netzt vergisst nichts" weiß, dass doch Inhalte verloren gehen. Deshalb ist es wichtig, dass Untersuchungen von Web 2.0-Inhalten auch zeitnah mit deren Erscheinen einsetzen.

Aufbauend auf die hier vorliegende Untersuchung von Musik im Web 2.0, bieten sich für die zukünftige Forschungsarbeit Anknüpfungspunkte. Mögliche Fragestellungen sind:

- Wie kann Musik im Semantic Web dargestellt und kommuniziert werden?
- Welche Wege können bei der Kanonisierung des Web 2.0-Contents beschritten werden?
- Wie sieht ein zeitgemäßes Urheberrecht aus?
- Wie wirken sich die weitere Steigerung der Übertragungsraten auf die Kollaboration im Netz aus?
- Wie kann oder soll das Web 2.0 für die Musikpädagogik genutzt werden?

Anhang

Zeitliche Ordnung wichtiger Meme im Web 2.0 während des Untersuchungszeitraums:

2006 Evolution of Dance
 Wo bist du mein Sonnenlicht

2007 Rickrolling
 Kleiner Hai

2008 Single Ladies
 Do You Like Waffles

2009 Grassroots-Aktion zur Beeinflussung der Charts in GB
 Nom Nom Nom Nom Nom Nom Nom

2010 Tololo-Mann
 Telephone Remake

2011 Rebecca Black – Friday
 Nyan Cat

2012 Psy – Gangnam Style
 Somebody That I Used To Know

2013 Harlem Shake

Text 1: Nutzungszahlen 2010[725]

"Internet users

1.97 billion	– Internet users worldwide (June 2010).
14%	– Increase in Internet users since the previous year.
825.1 million	– Internet users in Asia.
475.1 million	– Internet users in Europe.
266.2 million	– Internet users in North America.
204.7 million	– Internet users in Latin America / Caribbean.
110.9 million	– Internet users in Africa.
63.2 million	– Internet users in the Middle East.
21.3 million	– Internet users in Oceania / Australia."

Text 2: Total Eclipse of the Heart

1   Turnaround, every now and then I get a
2   little bit lonely and you're never coming around
3   Turnaround, Every now and then I get a
4   little bit tired of listening to the sound of my tears.
5   Turnaround, Every now and then I get a
6   little bit nervous that the best of all the years have gone by
7   Turnaround. Every now and then I get a
8   little bit terrified and then I see the look in your eyes

9   Turnaround bright eyes,
10   Every now and then I fall apart
11   Turnaround bright eyes,
12   Every now and then I fall apart

13   Turnaround, Every now and then I get a
14   Little bit restless and I dream of something wild
15   Turnaround, Every now and then I get a
16   little bit helpless and I'm lying like a child in your arms
17   Turnaround, Every now and then I get a
18   little bit angry and I know I've got to get out and cry
19   Turnaround, Every now and then I get a
20   little bit terrified but then I see the look in your eyes

21   Turnaround bright eyes,
22   Every now and then I fall apart
23   Turnaround bright eyes,
24   Every now and then I fall apart

25   And I need you now tonight
26   And I need you more than ever
27   And if you'll only hold me tight
28   We'll be holding on forever
29   And we'll only be making it right
30   Cause we'll never be wrong
31   together we can take it to the end of the line
32   Your love is like a shadow on me all of the time,
33   all of the time
34   I don't know what to do and I'm always in the dark
35   We're living in a powder keg and giving off sparks
36   I really need you tonight
37   Forever's gonna start tonight

---

[725] Royal Pingdom 2011

38	Forever's gonna start tonight

39	Once upon a time I was falling in love
40	now I'm only falling apart
41	There's nothing I can do. A total eclipse of the heart
42	Once upon a time there was light in my life
43	but now there's only love in the dark
44	Nothing I can say. A total eclipse of the heart

45	Turnaround bright eyes
46	Every now and then I fall apart
47	Turnaround bright eyes
48	Every now and then I fall apart

49	And I need you now tonight
50	And I need you more than ever
51	And if you'll only hold me tight
52	We'll be holding on forever
53	And we'll only be making it right
54	Cause we'll never be wrong
55	Together we can take it to the end of the line
56	Your love is like a shadow on me all of the time
57	I don't know what to do and I'm always in the dark
58	We're living in a powder keg and giving off sparks

59	I really need you tonight
60	Forever's gonna start tonight
61	Forever's gonna start tonight

62	Once upon a time I was falling in love
63	now I'm only falling apart
64	nothing I can do. A total eclipse of the heart
65	Once upon a time there was light in my life
66	but now there's only love in the dark
67	Nothing I can say. A total eclipse of the heart
68	A total eclipse of the heart
69	Turnaround bright eyes
70	Turnaround bright eyes
71	Turnaround

Text 3: Total Eclipse of the Heart - Literal Version

1	Pan the room. Random use of candles, empty
2	bottles, and cloth, and can you see me through this fan?
3	Slo-mo dove. Creepy doll, a window, and what
4	looks like a bathrobe. Then, a dim-lit shot of dangling balls.
5	Metaphor? Close-up of some candles, and
6	dramatically posing. Then, stock footage of a moon in the sky.
7	Bootle shot. Messing up my close-up with
8	a floating blue curtain. Now, let's see who's coming in from outside.
9	Double doors open.
10	Why aren't I reacting in this shot?
11	Ringo Starr? Lined eyes.
12	Guess I should be acting but I'm not.

13	Door's ajar. Wander through a hall with doors that
14	magically open, and this classroom has a fan.
15	Open shirts. Now it's getting creepy. You can
16	tell by my staring, it's a long time since I've been with a man.

17	Stupid chair. Emo Kid is throwing Slo-Mo
18	Dove at my face. I guess that means that he just flipped me the bird.
19	Locker room. Staring at the swim team gets you
20	killed by a gang of dancing ninja men who know how to twirl.
21	Spin around. Ninjas!
22	Then, a bunch of preppies make a toast.
23	Drinking wine. Douchebags!
24	Most of it just ends up on the floor.
25	And they shouldn't fence at night,
26	or they're going to hurt the gymnasts.
27	Why do they play football inside?
28	Here's another shot of fencing.
29	And I've mostly been lit from behind.
30	Watch these shadows run off.
31	I walk onto a terrace, where I think I'm alone.
32	But Arthur Fonzarelli's got an army of clones.
33	Fonzie's been cloned!
34	They do the Macarena, but I'm still not impressed.
35	They beg for me to dance with them, but not in this dress!
36	I'll pose like Rocky tonight!
37	I'm running up a bunch of stairs.
38	Strip football, and surprise mirror!
39	Here's where I pretend to be Eva Peron.
40	Look at me, I'm lifting my arms.
41	There's nothing else to shoot so zoom camera under this arch.
42	Leaning on myself, because there's two of me here.
43	But now, there's only one in this shot.
44	I pull my feathered hair whenever I see floating cloth.
45	Blind possessed choir boys.
46	Get out of my way! I've gotta pee!
47	Zombie cult?
48	Never mind. I just went on the floor!
49	Now I need to find a mop! Look at me now!
50	Emo Kid wears too much make-up.
51	Now, watch a bunch of half-naked guys. Hairless chests.
52	As they dance around in diapers
53	And I've joined the Glee Club of the Damned. Reference joke.
54	Look, the fog machine's on!
55	What kind of private school would let in these kind of guys?
56	I started out as Hogwarts, now it's Lord of the Flies! I hated that book.
57	I'm swaying side to side. These dancers need to stop.
58	The gayest man on earth would call this over the top!
59	I whip my head to the right!
60	I'll never go to church again.
61	I think a lost a contact lens.
62	When did spazzing out qualify as a dance?
63	Kneeling like I want to throw up.
64	What the effing crap? That angel guy just felt me up!
65	Here's a line of guys, I was wearing a dress.
66	But now, they've got me wearing a suit,
67	One kid's running late. I think he's too young for this school.
68	I'm totally shaking his hand.
69	Mullet with headlights?
70	Over-surprised guy.

71   Weirded out.

Text 4: Email von Fab the Gap

Hallo Herr Epting (ich sag einfach mal Peter, das ist kürzer),

sorry, dass ich mich jetzt erst melde. Mir ist die Mail in meinem Postein-
gang irgendwie untergegangen. Zunächst danke für das Interesse an meiner "Arbeit" ;-)

Mein musikalischer Schwerpunkt liegt in Harmonien und Melodien, weniger im Schreiben von Texten. Daher dachte ich, ich kombiniere die
Möglichkeiten des Web2.0 mit meinem Songwriting und lass die Community schreiben.

Grober Ablauf:

- den Menschen in einem Video erklärt, wie ich einen Song aufbauen
will (http://www.youtube.com/watch?v=5qHhPfsWu6U&hd=1)
- erste Zeile kam von mir ("First Time I lost my pants"
- Antworten als Bild oder Video mit der Idee der nächsten Zeile an mich
(per Email oder als Video-Antwort direkt auf YouTube). Das war mir
wichtig, damit ich Bildmaterial für das finale Video habe
- nach gut zwei Wochen habe ich dann alle eingereichten Zeilen durch-
geschaut und mir die passenste/interessanteste/lustigste rausgesucht
- das Ergebnis habe ich dann in einem neuen Video der Community
mitgeteilt und nach der nächsten Zeile gefragt
- so ging das weiter, bis ich genug Material zusammen hatte
- dann habe ich mich hingesetzt und auf den Text die Melodie und das
Arrangement zugeschnitten
- Video davon gemacht, alle eingereichten Bilder eingebunden und veröffentlicht

... nicht mehr und nicht weniger ;-)

Das finale Ergebnis ist inzwischen auch schon neben vielen anderen
Songs auf meinem neuen Album enthalten. So können sich alle eine
schöne Erinnerung im Regal hinstellen.
Bei Interesse am Album, kannst du im Online-Store un-
ter http://www.fabthegap.com/fabthegap/Store.html ein handsigniertes
Exemplar bekommen.

Hoffe, ich konnte dir die Arbeit näher bringen und habe deine Frage beantwortet

Gruß Fab

Text 5: Water Night

Water Night[726]

Night with the eyes of a horse that trembles in the night,
night with eyes of water in the field asleep
is in your eyes, a horse that trembles,
is in your eyes of secret water.

Eyes of shadow-water,
eyes of well-water,
eyes of dream-water.

Silence and solitude,
two little animals moon-led,
drink in your eyes,
drink in those waters.

If you open your eyes,
night opens, doors of musk,
the secret kingdom of the water opens
flowing from the center of night.

And if you close your eyes,
a river fills you from within,
flows forward, darkens you:
night brings its wetness to beaches in your soul.

Octavio Paz, 1914-1998
(Adapted by Eric Whitacre, Translation by Muriel Rukeyser)

---

[726] Damien du Toit - http://coda.co.za 2012

288

Text 6: Ein Auszug aus der Produktionsnotation für Eric Whitacre's "Water Night"[727]

---

[727] Damien du Toit - http://coda.co.za 2012

Text 7: Favorisierte Melodievorschläge über Noteflight für die Improvisation von Robert Levin[728]

---

[728] DSO Contest 2012

290

Text 8: Auszug aus dem Arrangement von I Gotta Feelin' - Platz 1 der Noteflight-Charts am 11.04.2012[729]

---

[729] Noteflight - Online Music Notation Software 2012

Text 9: Die Noteflight All-time farorites am 11.04.2012[730]

| all scores | ♥ recent favorites | ♥ all-time favorites | | |

👤	I Gotta Feelin' (Black Eyed Peas arr. TIZ) ♥ 2569 💬 892		TheyCallMeTiZ	December 30, 2011
👤	Prologue (Harry Potter Theme) (John Williams) ♥ 1898 💬 570		pianoplayer	April 11, 2012
👤	Sonatina in G minor (Andrew Ferris) ♥ 1295 💬 775		mathfsh	April 01, 2012
👤	Super Mario Brothers (Koji Kondo Arr. Frank Harding) ♥ 1214 💬 334		Frank Harding	March 18, 2012
👤	Autumn (Oskar Modig) ♥ 1165 💬 795		Snacke	April 05, 2012
👤	Hey, Soul Sister (Train) ♥ 1049 💬 273		westlacson	February 07, 2011
👤	Emily - an original song (Max Currier) ♥ 980 💬 519		speedstacks	April 10, 2012
👤	Fireflies (Owl City (arr. G. Yeh)) ♥ 943 💬 179		garyeh	December 10, 2011
👤	Star Wars Suite (John Williams arr. Leighton Schmitt) ♥ 885 💬 271		Slagithor	April 01, 2012
👤	Windows Shutdown ♥ 835 💬 450		pianoplayer	April 11, 2012
👤	Love Story (Taylor Swift) ♥ 813 💬 177		Lambwhisperer	December 23, 2011
👤	Eye of the Tiger (Survivor) ♥ 728 💬 143		marcello1	February 09, 2012
👤	"HALO" (Beyonce) Please comment and add me if you like. thanks (A. H.C.) ♥ 722 💬 233		albersg87	April 10, 2012
👤	Nyan Cat...With Lyrics! ♥ 710 💬 290		Reachu	April 09, 2012
👤	River Flows In You (Yiruma) ♥ 667 💬 125		Flutepanda	June 13, 2010
👤	Delicious Beef Steak 4(^p^)μ (Faryad) ♥ 643 💬 289		faryad	January 28, 2010
👤	Angel of Hope (Kevin Axberg) ♥ 630 💬 350		kma34108	April 10, 2012
👤	That Old Stink Face (almost finished!) (J. Scott Olsen) ♥ 623 💬 299		jbullrog	January 14, 2012
👤	Tik Tok (Kesha Arr. B. Kim) ♥ 623 💬 173		logics8	March 15, 2010
👤	Super Mario Theme Song (Arr by S.K (drums by Bankai2069)) ♥ 604 💬 189		Bankai2069	March 14, 2012

⏮ ◀ PAGE 1 OF 2236 ▶ ⏭

[730] Noteflight - Online Music Notation Software 2012

Literatur

Abbate, Janet Ellen (1994): From ARPANET to Internet. A history of ARPA-sponsored computer networks, 1966-1988. Dissertation. University of Pennsylvania, Pennsylvania.

Adorno, Theodor W. (1962 und 1968): Einleitung in die Musiksoziologie. Zwölf theoretische Vorlesungen. Frankfurt am Main: Suhrkamp Verlag.

Appen, Ralf von; Doehring, André; Rösing, Helmut (2008): Pop zwischen Historismus und Geschichtslosigkeit. Kanonbildung in der populären Musik. In: Dietrich Helms und Thomas Phleps (Hg.): No time for losers. Charts, listen und andere Kanonisierungen in der Populären Musik. Bielefeld: transcript, S. 25–50.

Argyris, John Hadje; Faust, Gunter; Haase, Maria; Friedrich, Rudolf (2010): Die Erforschung des Chaos. Eine Einführung in die Theorie nichtlinearer Systeme. Völlig neu bearb. und erw. 2. Aufl. Berlin: Springer (Springer Complexity).

Barthelmes, Barbara (1993): Das massenmediale Phänomen Videoclip als Gegenstand der Musikwissenschaft. Eine Kritik ihrer medientheoretischen Grundlagen. In: Helga de la Motte-Haber (Hg.): Film und Musik. Fünf Kongreßbeiträge und zwei Seminarberichte. Mainz: Schott (Veröffentlichungen des Instituts für neue Musik und Musikerziehung, Darmstadt, 34).

Bartsch, Cornelia; Hensel, Fanny (2007): Fanny Hensel geb. Mendelssohn Bartholdy. Musik als Korrespondenz. Univ. der Künste, Diss.--Berlin, 2006. Kassel: Furore. Online verfügbar unter http://deposit.ddb.de/cgi-in/dokserv?id=2671581&prov=M&dok_var=1&dok_ext=htm.

Becker, Sabina (2007): Literatur- und Kulturwissenschaften. Ihre Methoden und Theorien. Originalausg. Reinbek: Rowohlt Taschenbuch Verlag. Online verfügbar unter http://www.worldcat.org/oclc/123893484.

Behne, Klaus-Ernst (2007): Aspekte einer Sozialpsychologie des Musikgeschmacks. In: Helga de la Motte-Haber (Hg.): Musiksoziologie. Laaber: Laaber-Verl. (Handbuch der systematischen Musikwissenschaft, 4).

Bilke, Oliver (2008): Multiple Medien-Abhängigkeit – die sogenannte »Internetsucht« aus entwicklungspsychiatrischer und klinischer Sicht. In: *SUCHT - Zeitschrift für Wissenschaft und Praxis / Journal of Addiction Research and Practice* 54 (1), S. 6–8.

BITKOM (2011): Soziale Netzwerke. Eine repräsentative Untersuchung zur Nutzung sozialer Netzwerke im Internet. 2. Auflage. Online verfügbar unter http://www.bitkom.org/files/documents/SozialeNetzwerke.pdf, zuletzt aktualisiert am 6.6.2012, zuletzt geprüft am 30.7.2012.

Bjarneskans, Henrik; Grønnevik, Bjarne; Sandberg, Anders (2003): The Lifecycle of Memes. Online verfügbar unter http://www.aleph.se/Trans/Cultural/Memetics/memecycle.html, zuletzt aktualisiert am 2.9.2003, zuletzt geprüft am 22.6.2011.

Blackmore, Susan J. (Hg.) (2000): Die Macht der Meme oder die Evolution von Kultur und Geist. Heidelberg ;, Berlin: Spektrum, Akad. Verl.

Bleicher, Joan Kristin (2005): Zur Rolle von Musik, Ton und Sound im Internet. In: Harro Segeberg und Frank Schätzlein (Hg.): Sound. Zur Technologie und Ästhetik des

Akustischen in den Medien. Marburg: Schüren (Schriftenreihe der Gesellschaft für Medienwissenschaft (GfM), 12), S. 366–380.

Bleicher, Joan Kristin (2010): Internet. Konstanz: UVK Verl.-Ges. (UTB Profile, 3425). Online verfügbar unter http://www.gbv.de/dms/weimar/toc/627225349_toc.pdf.

Blume, Friedricih (1959): Was ist Musik? Ein Vortrag. Dieser Vortrag wurde am 3. Oktober 1958 im Rahmen der Kasseler Musiktage gehalten. In: Walter Wiora (Hg.): Musikalische Zeitfragen. Eine Schriftenreihe. Kassel und Basel: Bärenreiter-Verl.

Borgstedt, Silke (2007): Stars und Images. In: Helga de la Motte-Haber (Hg.): Musiksoziologie. Laaber: Laaber-Verl. (Handbuch der systematischen Musikwissenschaft, 4), S. 327–337.

Bourdieu, Pierre (1998): Die feinen Unterschiede. Kritik der gesellschaftlichen Urteilskraft. 10. Aufl. Frankfurt am Main: Suhrkamp-Taschenbuch-Verl.

Brandstetter, Gabriele (2007a): Schwarm und Schwärmer. Übertragungen in/als Choreographie. In: Gabriele Brandstetter (Hg.): SchwarmEmotion. Bewegung zwischen Affekt und Masse. 1. Aufl. Freiburg, Br: Rombach, S. 65–92.

Brandstetter, Gabriele (Hg.) (2007b): SchwarmEmotion. Bewegung zwischen Affekt und Masse. 1. Aufl. Freiburg, Br: Rombach.

Bromley, Roger (1999): Cultural Studies gestern und heute. In: Roger Bromley und Ien Ang (Hg.): Cultural studies. Grundlagentexte zur Einführung. 1. Aufl. Lüneburg: zu Klampen, S. 9–24.

Brunner, Anne (2008): Kreativer denken. Konzepte und Methoden von A-Z. München: Oldenbourg.

Bruns, Axel (2010): Distributed Creativity: Filesharing and Produsage. In: Stefan Sonvilla-Weiss (Hg.): Mashup Cultures. Vienna: Springer-Verlag Vienna, S. 24–37.

Bullerjahn, Claudia (1997): Theorien und Experimente zur Wirkung von Filmmusik. Phil. Diss. maschinenschriftlich,. Hochschule für Musik und Theater, Hannover.

Bullerjahn, Claudia (2004): Der Mythos und das kreative Genie: Einfall und schöpferischer Drang. In: Claudia Bullerjahn und Wolfgang Löffler (Hg.): Musikermythen. Alltagstheorien, Legenden und Medieninszenierungen. Hildesheim: Olms (Musik - Kultur - Wissenschaft, 2), S. 125–163.

Burgess, Jean; Green, Joshua (Hg.) (2010): YouTube. Online video and participatory culture. Reprinted. Cambridge: Polity (Digital media and society series).

Caillois, Roger; Massenbach, Sigrid von (1982): Die Spiele und die Menschen. Maske und Rausch. Frankfurt/M.: Ullstein (Ullstein-Buch35153).

Castells, Manuel; Kößler, Reinhart (2003): Der Aufstieg der Netzwerkgesellschaft. Durchges. Nachdr. der 1. Aufl. Opladen: Leske + Budrich (Das Informationszeitalter, : Wirtschaft, Gesellschaft, Kultur / Manuel Castells. Übersetzt von Reinhart Kößler ; Teil 1).

Clayton, Philip D. (2008): Emergenz und Bewusstsein. Evolutionärer Prozess und die Grenzen des Naturalismus. Göttingen: Vandenhoeck & Ruprecht (Religion, Theologie und Naturwissenschaft, 16).

Csikszentmihalyi, Mihaly (2008): Flow. Das Geheimnis des Glücks. 14. Aufl. Stuttgart: Klett-Cotta.

Csikszentmihalyi, Mihaly (2009): Implications of a System Perspective for the Study of Creativity. In: Robert J. Sternberg (Hg.): Handbook of creativity. 12. printing. Cambridge: Cambridge Univ. Press, S. 313–338.

Danuser, Hermann (2010): Die Kunst der Kontextualisierung. Über Spezifik in der Musikwissenschaft. In: Tobias Bleek, Camilla Bork und Reinhold Brinkmann (Hg.): Musikalische Analyse und kulturgeschichtliche Kontextualisierung. Für Reinhold Brinkmann. Stuttgart: Steiner, S. 41–64.

Dawkins, Richard (2002): Das egoistische Gen. 4. Aufl. Reinbek bei Hamburg: Rowohlt.

Dietsch, Danilo und Pöttinger Ida (2009): Lernen mit allen Sinnen. Medienprojekte in der Schule. In: Kathrin Demmler (Hg.): Medien bilden - aber wie?! Grundlagen für eine nachhaltige medienpädagogische Praxis. München: Kopaed (Reihe Medienpädagogik), S. 121–128.

Dillge, Sebastian (Wiss Verl Trier 2009): YouTube - eine Evaluation im Kontext kulturwissenschaftlichen Arbeitens / Sebastian Dillge. Trier: WVT (Lighthouse unlimited, 135).

Dobberstein, Marcel (2005): Die Natur der Musik. Frankfurt am Main: Lang (Systemische Musikwissenschaft, 8).

Drees, Stefan (2005): Informative Platform mit einigen Defiziten. Das Forschungsprojekt > im Internet. In: *Neue Zeitschrift für Musik* 166 (2).

Drees, Stefan (2006): Klang, Körper, Text. > ist eine Fundgrube für Material aus den grenzbereichen der Künste. In: *Neue Zeitschrift für Musik* 167 (4).

Drees, Stefan (2008): Tiefe Einblicke. Partiturautografe, Skizzen, Briefe und Erstdrucke im Internet. In: *Neue Zeitschrift für Musik* 169 (5).

Drees, Stefan (2009a): Dem polnischen Musikleben auf der Spur. Internetadressen zu Komponisten und Musikgeschichte. In: *Neue Zeitschrift für Musik* 170.

Drees, Stefan (2009b): Wege zum Umgang mit Neuer Musik. Die Internetplattform > als Dokumentation und Materialfundus. In: *Neue Zeitschrift für Musik* 170 (5).

Drotleff, Ralf (2010): Sound Branding. Instrument erfolgreicher audiovisueller Kommunikation. In: Achim Beißwenger (Hg.): YouTube und seine Kinder. Wie Online-Video, Web TV und Social Media die Kommunikation von Marken, Medien und Menschen revolutionieren. Baden-Baden: Nomos Ed. Fischer, S. 193–240.

Eco, Umberto (1994): Einführung in die Semiotik. 8., unveränderte Auflage. München: Wilhelm Fink.

Edelmann, Walter (1994): Lernpsychologie. [eine Einführung]. 4., überarb. Weinheim: Beltz, Psychologie-Verl.-Union.

Eggebrecht, Hans Heinrich (2001): Was heißt >>außermusikalisch. In: Carl Dahlhaus und Hans Heinrich Eggebrecht (Hg.): Was ist Musik? 4. Aufl. Wilhelmshaven: Noetzel Heinrichshofen-Bücher (Taschenbücher zur Musikwissenschaft, 100), S. 67–78.

El-Hani, Charbel Nino; Pereira, Antonio Marcos (2000): Higher-level Descriptions: Why Should We Preserve Them? In: Downward causation. Minds bodies and matter. Aarhus: Aarhus Univ. Pr., S. 118–142.

Elste, Martin (2007): Klangspeicherung und Klangübertragung. In: Helga de la Motte-Haber (Hg.): Musiksoziologie. Laaber: Laaber-Verl. (Handbuch der systematischen Musikwissenschaft, 4), S. 146–159.

Faulstich, Werner (2002): Grundkurs Filmanalyse. München: Fink.

Fleischer, Michael (1994): Die Wirklichkeit der Zeichen. Empirische Kultur- und Literaturwissenschaft : systemtheoretische Grundlagen und Hypothesesn. Bochum: Brockmeyer.

Flusser, Vilém (2009a): Dialogische Medien. erstmals veröffentlicht in: Kommunilogie, hrsg. von Stefan Bollmann und Edith Flusser, Mannheim: Bollmann, 1996, S. 286-299 (Fischer 1998). In: Silvia Wagnermaier und Nils Röller (Hg.): absolute Vilém Flusser. Freiburg im Breisgau: Orange-Press (absolute), S. 136–147.

Flusser, Vilém (2009b): Diskursive Medien. erstmals veröffentlicht in: Kommunilogie, hrsg. von Stefan Bollmann und Edith Flusser, Mannheim: Bollmann 1996, S. 270-285 (Fischer 1998). Den Vortrag >>Diskursive Medien. In: Silvia Wagnermaier und Nils Röller (Hg.): absolute Vilém Flusser. Freiburg im Breisgau: Orange-Press (absolute), S. 122–134.

Flusser, Vilém (2009c): Krise der Linearität. Erstveröffentlichung 1988, Bern: Benteli. In: Silvia Wagnermaier und Nils Röller (Hg.): absolute Vilém Flusser. Freiburg im Breisgau: Orange-Press (absolute), S. 72–87.

Föllmer, Golo (2005): Netzmusik. Elektronische, ästhetische und soziale Strukturen einer partizipativen Musik. Univ., Diss.--Halle, 2002. Erstausg. Hofheim am Taunus: Wolke. Online verfügbar unter http://www.gbv.de/dms/weimar/toc/391425498_toc.pdf.

Forsa in Zusammenarbeit mit dem BITKOM (2011): Jugend 2.0. Online verfügbar unter http://www.bitkom.org/files/documents/BITKOM_Studie_Jugend_2.0.pdf, zuletzt aktualisiert am 13.1.2011, zuletzt geprüft am 30.7.2012.

Franck, Georg (2010): Ökonomie der Aufmerksamkeit. Ein Entwurf. erstmals 1998 veröffentlicht. 9. Nachdr. München: Hanser (Edition Akzente).

Frey, Dieter (1997): Sozialpsychologie. Ein Handbuch in Schlüsselbegriffen. 4. Aufl. Weinheim: Beltz.

Fricke, Jobst P. (2003): Systemische Musikwissenschaft. In: Klaus Wolfgang Niemöller (Hg.): Perspektiven und Methoden einer systemischen Musikwissenschaft. Bericht über das Kolloquium im Musikwissenschaftlichen Institut der Universität zu Köln 1998. Frankfurt am Main: Lang (Systemische Musikwissenschaft, 6), S. 13–24.

Friedemann, Lilli (1971): Kinder spielen mit Klängen und Tönen. Ein musikalischer Entwicklungsgang aus Lernspielen für Vorschulkinder, Schulanfänger, Sonderschüler. Wolfenbüttel: Möseler.

Friedemann, Lilli (1983): Trommeln-tanzen-töncn. 33 Spiele für Grosse und Kleine. Wien: Universal Edition.

Friedrichsen, Mike (2008): Musik im Spannungsfeld von Wirtschaftsgut und kulturellem Angebot. In: Stefan Weinacht und Helmut Scherer (Hg.): Wissenschaftliche Perspektiven auf Musik und Medien. Wiesbaden: VS, Verl. für Sozialwiss, S. 19–38.

Frith, Simon (2002): Performing rites. Evaluating popular music. Reprinted. Oxford: Oxford Univ. Press.

Frith, Simon; Harbort, Hans-Hinrich; Laade, Wolfgang (1981). Jugendkultur und Rockmusik. Soziologie der englischen Musikszene. Dt. Erstausg. Reinbek bei Hamburg: Rowohlt (/Wolfgang Laade Music of Man Archive], 7443).

Fritz, Thomas; Jentschke, Sebastian; Gosselin, Nathalie; Sammler, Daniela; Peretz, Isabelle; Turner, Robert et al. (2009): Universal Recognition of Three Basic Emotions in Music. In: *Current Biology* (19), S. 573–576, zuletzt geprüft am 28.9.2011.

Fukač, Jiří (1997): Semiotik der Aufführungspraxis Alter Musik. In: Hartmut Krones (Hg.): Alte Musik und Musikpädagogik. Wien: Böhlau, S. 147–166.

Gasser, Nolan (2011): Nolan Gasser. Musicology. Online verfügbar unter http://www.nolangasser.com/musicology.html, zuletzt aktualisiert am 5.5.2011, zuletzt geprüft am 3.4.2012.

Giesbrecht, Sabine (2008): Das Potpourri als Komplementärerscheinung zum Kanon bürgerlicher Kunst und Zeichen der Moderne. In: Dietrich Helms und Thomas Phleps (Hg.): No time for losers. Charts, listen und andere Kanonisierungen in der Populären Musik. Bielefeld: transcript, S. 63–80.

Giesler, Markus; Pohlmann, Mali (2003): The Anthropology of File Sharing: Consuming Napster as a Gift. EBSCO Publishing. Online verfügbar unter http://webpages.uah.edu/~worda/Articles/GieslerNapster.pdf, zuletzt aktualisiert am 31.10.2003, zuletzt geprüft am 7.9.2011.

Girtler, Roland (2001): Methoden der Feldforschung. 4. Aufl. Wien: Böhlau.

Glaser, Barney G.; Strauss, Anselm L.; Paul, Axel T. (2010): Grounded Theory. Strategien qualitativer Forschung. 3. Aufl. Bern: Huber.

Gordon, Edwin (2003): Learning sequences in music. Skill, content, and patterns : a music learning theory. 2003. Aufl. Chicago: GIA. Online verfügbar unter http://www.worldcat.org/oclc/52444414.

Graf, Joachim (2010): Aufmerksamkeitsökonomie und Bewegtbild. In: Achim Beißwenger (Hg.): YouTube und seine Kinder. Wie Online-Video, Web TV und Social Media die Kommunikation von Marken, Medien und Menschen revolutionieren. Baden-Baden: Nomos Ed. Fischer, S. 37–44.

Gruhn, Wilfried (2008): Der Musikverstand. Neurobiologische Grundlagen des musikalischen Denkens, Hörens und Lernens. 3. Aufl. Hildesheim ;, Zürich, New York, NY: Olms.

Hanslick, Eduard (1982): Vom Musikalisch-Schönen. Ein Beitrag zur Revision der Tonkunst. Leipzig 1854, fünfzehnte Auflage 1922. In: Klaus Mehner (Hg.): Vom Musikalisch-Schönen. Aufsätze - Musikkritiken. Leipzig: Verlag Philipp Reclam jun., S. 33–146.

Helmholtz, Hermann von (1913): Die Lehre von den Tonempfindungen. Als Physiologische Grundlage für die Theorie der Musik. erste Veröffentlichung 1862. 6. Aufl. Braunschweig: Friedr. Vieweg & Sohn.

Helms, Dietrich; Phleps, Thomas (Hg.) (2008): No time for losers. Charts, listen und andere Kanonisierungen in der Populären Musik. Bielefeld: transcript.

Heylighen, Francis (2009): Meme selection. Online verfügbar unter http://cogprints.org/1132/1/MemeticsNamur.html, zuletzt aktualisiert am 8.12.2009, zuletzt geprüft am 7.1.2012.

Hickethier, Knut (1996): Film- und Fernsehanalyse. Stuttgart usw.

Hitzler, Ronald (1998): Posttraditionale Vergemeinschaftung. Über Formen neue Formen der Sozialbindung. In: *Berliner Debatte INITIAL* 9 (1), S. 81–89.

Hobbes, Thomas (2005): Vom Menschen [zuerst 1658]. aus Kapitel 12: Von den Affekten. In: Helmut Bachmaier (Hg.): Texte zur Theorie der Komik. Stuttgart: Reclam, S. 16–17.

Ingwersen, Sören (2005): Sonifikation. Zwischen Information und Rauschen. In: Harro Segeberg und Frank Schätzlein (Hg.): Sound. Zur Technologie und Ästhetik des Akustischen in den Medien. Marburg: Schüren (Schriftenreihe der Gesellschaft für Medienwissenschaft (GfM), 12), S. 332–346.

Jacke, Christoph (2008): Keine Musik ohne Medien, keine Medien ohne Musik? Pop(-Kulturwissenschaft) aus medienwissenschaftlicher Perspektive. In: Christian Bielefeldt, Udo Dahmen und Rolf Grossmann (Hg.): PopMusicology. Perspektiven der Popmusikwissenschaft. Bielefeld: Transcript-Verl. (Kultur- und Medientheorie), S. 135–153.

Jaeschke, Walter (2010): Hegel-Handbuch. Leben - Werk - Schule. 2. Aufl. Stuttgart, Weimar: Metzler.

Jenkins, Henry (2010): What Happened before YouTube. In: Jean Burgess und Joshua Green (Hg.): YouTube. Online video and participatory culture. Reprinted. Cambridge: Polity (Digital media and society series), S. 109–125.

Kaiser, Stefan; Ringlstetter, Max (2008): Die Krise der Musikindustrie. Diskussion bisheriger und potientieller Handlungsoptionen. In: Stefan Weinacht und Helmut Scherer (Hg.): Wissenschaftliche Perspektiven auf Musik und Medien. Wiesbaden: VS, Verl. für Sozialwiss, S. 39–56.

Kant, Immanuel (1949): Kritik der Urteilskraft. ursprünglich 1790 publiziert. In: Immanuel Kant: Die drei Kritiken. 5. Aufl. Stuttgart: Alfred Kröner Verlag.

Kleinen, Günter (2007): Musikalische Lebenswelten. In: Helga de la Motte-Haber (Hg.): Musiksoziologie. Laaber: Laaber-Verl. (Handbuch der systematischen Musikwissenschaft, 4), S. 438–455.

Kleinen, Günter; Appen, Ralf von (2007): Motivation und autodidaktisches Lernen auf dem Prüfstand. Zur biografischen Bedeutung des Engagements in Schülerbands. In: Wolfgang Auhagen (Hg.): Musikalische Sozialisation im Kindes- und Jugendalter. Göttingen [u.a.]: Hogrefe, S. 105–127.

Kleinsteuber, Hans J. (2006): Die Zukunft des Radios. In: Golo Föllmer und Sven Thiermann (Hg.): Relating Radio. Communities, Aesthetics, Access ; Beiträge zur Zukunft des Radios. Leipzig: Spector books, S. 94–109.

Klingler, Walter; Trump, Thilo (2007): "Web 2.0". Begriffsdefinition und eine Analyse der Auswirkungen auf das allgemeine Mediennutzungsverhalten. Grundlagenstudie des Markt- und Medienforschungsinstitutes result in Zusammenarbeit miit der Medienforschung des Südwestrundfunks. Unter Mitarbeit von Walter und Trump Thilo Klingler. Hg. v. result. Köln.

Kloppenburg, Josef (1993): Möglichkeiten der filmischen Visualisierung von Kunstmusik. In: Helga de la Motte-Haber (Hg.): Film und Musik. Fünf Kongreßbeiträge und zwei Seminarberichte. Mainz: Schott (Veröffentlichungen des Instituts für neue Musik und Musikerziehung, Darmstadt, 34).

Kloppenburg, Josef (2000a): Kapitel 2: Filmmusik. Stil - Technik - Verfahren - Funktionen. In: Josef Kloppenburg (Hg.): Musik multimedial. Filmmusik, Videoclip, Fernsehen : mit … 5 Tabellen. Laaber: Laaber-Verl, S. 21–56.

Kloppenburg, Josef (2008): Mittel und Wirkung der Musik im Hollywoodfilm. In: Michael Schramm (Hg.): Funktionalisierung und Idealisierung in der Musik. Dokumentation zum Symposium, Bd. 3. Bonn: Militärmusikdienst der Bundeswehr, S. 1–12.

Kloppenburg, Josef (Hg.) (2000b): Musik multimedial. Filmmusik, Videoclip, Fernsehen : mit ... 5 Tabellen. Laaber: Laaber-Verl. Online verfügbar unter http://www.worldcat.org/oclc/231848926.

Kneif, Tibor (1966): Gegenwartsfragen der Musiksoziologie. Ein Forschungsbericht. In: Acta Musicologica (XXXVIII), S. 72–118.

Knoke, Felix (2011): Start-up-Story: Wahwah.fm macht Smartphones zur Radiostation. - SPIEGEL ONLINE - Nachrichten - Netzwelt. ONLINE, SPIEGEL. Hamburg; Germany. Online verfügbar unter http://www.spiegel.de/netzwelt/web/0,1518,801993,00.html, zuletzt aktualisiert am 1.1.2011, zuletzt geprüft am 27.12.2011.

Korsyn, Kevin (2003): Decentering music. A critique of contemporary musical research. Oxford: Oxford Univ. Press. Online verfügbar unter http://www.loc.gov/catdir/enhancements/fy0612/2002020156-d.html / http://www.loc.gov/catdir/enhancements/fy0723/2002020156-b.html / http://www.gbv.de/dms/bowker/toc/9780195104547.pdf.

Korte, Hermann (2008): Was heisst: >>Das bleibt. Bausteine zu einer kulturwissenschaftlichen Kanontheorie. In: Dietrich Helms und Thomas Phleps (Hg.): No time for losers. Charts, listen und andere Kanonisierungen in der Populären Musik. Bielefeld: transcript, S. 11–24.

Kracauer, Siegfried (1984): Von Caligari zu Hitler. Eine psychologische Geschichte des deutschen Films. Frankfurt am Main.

Krauss, Hans (1987/88): Zum Problem der Verschmelzung von Instrumentalklangfarben. In: Günther Wagner (Hg.): Jahrbuch des Staatlichen Instituts für Musikforschung. Kassel: Verlag Merseburger Berlin GmbH, S. 7–110.

Krebs, Matthias (2010): Musikmachen im Web 2.0. Neue Möglichkeiten, gemeinsam im Internet zu musizieren. In: üben und musizieren 27 (5), S. 18–23.

Krönig, Franz Kasper (2008): INTERAKTIVE KANONISIERUNG POPULÄRER MUSIK. MÖGLICHKEITEN UND AUSWIRKUNGEN IHRER MANIPULIERBARKEIT. Beiträge zur Popularmusikforschung Bd. 36 (2008). In: Dietrich Helms und Thomas Phleps (Hg.): No time for losers. Charts, listen und andere Kanonisierungen in der Populären Musik. Bielefeld: transcript. Online verfügbar unter http://geb.uni-giessen.de/geb/volltexte/2010/7566/pdf/Popularmusikforschung_36_S51_62.pdf, zuletzt geprüft am 25.5.2011.

Krotz, Friedrich (2009): Stuart Hall: Encoding/Decoding und Identität. In: Andreas Hepp, Friedrich Krotz und Tanja Thomas (Hg.): Schlüsselwerke der Cultural Studies. 1. Aufl. Wiesbaden: VS Verlag für Sozialwissenschaften / GWV Fachverlage GmbH Wiesbaden (Springer-11776 /Dig. Serial]), S. 210–223.

Kruse, Patrick und Grabbe Lars (2009): Roland Barthes: Zeichen, Kommunikation und Mythos. In: Andreas Hepp, Friedrich Krotz und Tanja Thomas (Hg.): Schlüsselwerke der Cultural Studies. 1. Aufl. Wiesbaden: VS Verlag für Sozialwissenschaften / GWV Fachverlage GmbH Wiesbaden (Springer-11776 /Dig. Serial]), S. 22–30.

La Motte-Haber, Helga de (2004a): Ästhetische Erfahrung: Wahrnehmung, Wirkung, Ich-Beteiligung. In: Helga de la Motte-Haber und Eckhard Tramsen (Hg.): Musikästhetik.

Laaber: Laaber-Verl. (Handbuch der systematischen Musikwissenschaft, / hrsg. von Helga de la Motte-Haber ; Bd. 1), S. 408–430.

La Motte-Haber, Helga de (2004b): Fragestellungen der Ästhetik und Kunsttheorie. In: Helga de la Motte-Haber und Eckhard Tramsen (Hg.): Musikästhetik. Laaber: Laaber-Verl. (Handbuch der systematischen Musikwissenschaft, / hrsg. von Helga de la Motte-Haber ; Bd. 1), S. 17–37.

La Motte-Haber, Helga de (2007): Soziale Interaktionen von Musikgruppen. In: Helga de la Motte-Haber (Hg.): Musiksoziologie. Laaber: Laaber-Verl. (Handbuch der systematischen Musikwissenschaft, 4), S. 260–275.

La Motte-Haber, Helga de; Emons, Hans (1980): Filmmusik. Eine systematische Beschreibung. München.

Lehmann, Harry (2009): Die Digitalisierung der Neuen Musik. ein Gedankenexperiment. In: Jörn Peter Hiekel (Hg.): Vernetzungen. Neue Musik im Spannungsfeld von Wissenschaft und Technik. Mainz: Schott Music (Veröffentlichungen des Instituts für neue Musik und Musikerziehung, Darmstadt, 49), S. 33–43.

Lewandowski, Dirk (2005): Bewertung von linktopologischen Verfahren als bestimmender Ranking-Faktor bei WWW-Suchmaschinen. Heinrich-Heine-Universität Düsseldorf. Düsseldorf. Online verfügbar unter http://www.phil-fak.uni-duesseldorf.de/infowiss/admin/public_dateien/files/42/1117456834bewertung_.pdf, zuletzt aktualisiert am 29.11.2004, zuletzt geprüft am 13.9.2011.

Lewis, K.; Gonzalez, M.; Kaufman, J. (2012): Social selection and peer influence in an online social network. In: *Proceedings of the National Academy of Sciences* 109 (1), S. 68–72. Online verfügbar unter http://www.pnas.org/content/109/1/68.full.pdf#page=1&view=FitH.

Li, Charlene; Bernoff, Josh; Proß-Gill, Ingrid (2009): Facebook, YouTube, Xing & Co. Gewinnen mit Social Technologies. München: Hanser. Online verfügbar unter http://www.gbv.de/dms/ilmenau/toc/588916978.PDF / http://deposit.d-nb.de/cgi-bin/dokserv?id=3199494&prov=M&dok_var=1&dok_ext=htm.

Luhmann, Niklas (1997): Die Gesellschaft der Gesellschaft. 1. Aufl. Frankfurt am Main: Suhrkamp.

Lull, James (2007): Culture-on-demand. Communication in a crisis world. Malden, MA: Blackwell. Online verfügbar unter http://www.loc.gov/catdir/enhancements/fy0803/2006027959-b.html / http://www.loc.gov/catdir/enhancements/fy0803/2006027959-d.html / http://www.gbv.de/dms/bsz/toc/bsz262459051inh.pdf.

Maas, Georg; Schudack, Achim (1996): Musik im Kontext. Kapitel "Filmmusik", S. 47–72, hier S. 61 f., Musik und Film - Filmmusik. Informationen und Modelle für die Unterrichtspraxis. Handreichung für Musiklehrer. München.

Martin, Peter J. (2006): Music and the Sociological Gaze. In: Christian Kaden, Karsten Mackensen, Detlef Giese und Kaden-Mackensen (Hg.): Soziale Horizonte von Musik. Ein kommentiertes Lesebuch zur Musiksoziologie. Kassel: Bärenreiter-Verl. (Bärenreiter Studienbücher Musik, 15), S. 95–107.

Matejka, Wilhelm (1976): Das Scheitern der Musikwissenschaft an ihren abstrakten Methoden. Philosophische Voraussetzungen einer Wissenschaftstheorie der Musikwissenschaft. Univ., Diss.--Wien, 1974. Tutzing: Schneider (Wiener Veröffentlichungen zur

MusikwissenschaftSer. 2, 5). Online verfügbar unter
http://www.gbv.de/dms/hbz/toc/ht005543305.pdf.

Meder, Norbert (2011): Von der Theorie der Medienpädagogik zu einer Theorie der Medienbildung. In: Johannes Fromme (Hg.): Medialität und Realität. Zur konstitutiven Kraft der Medien. 1. Aufl. Wiesbaden: VS Verlag für Sozialwissenschaften, S. 67–82.

Menzke, Detlef und Wagner Ulrike (2009): Potenziale erschließen. Medienarbeit mit Bildungsbenachteiligten. In: Kathrin Demmler (Hg.): Medien bilden - aber wie?! Grundlagen für eine nachhaltige medienpädagogische Praxis. München: Kopaed (Reihe Medienpädagogik), S. 129–140.

Metzger, Christoph (2000): Kapitel 6: Genre und kulturelle Codes im Film. In: Josef Kloppenburg (Hg.): Musik multimedial. Filmmusik, Videoclip, Fernsehen : mit … 5 Tabellen. Laaber: Laaber-Verl, S. 199–230.

Mikos, Lothar (2009): John Fiske: Populäre Texte und Diskurs. In: Andreas Hepp, Friedrich Krotz und Tanja Thomas (Hg.): Schlüsselwerke der Cultural Studies. 1. Aufl. Wiesbaden: VS Verlag für Sozialwissenschaften / GWV Fachverlage GmbH Wiesbaden (Springer-11776 /Dig. Serial]), S. 156–164.

Monaco, James; Bock, Hans M.; Lindroth, David; Westermeier, Brigitte; Wohlleben, Robert (2009): Film verstehen. Kunst, Technik, Sprache, Geschichte und Theorie des Films und der Neuen Medien ; mit einer Einführung in Multimedia. Überarb. und erw. Neuausg. Reinbek bei Hamburg: Rowohlt.

Müller, Renate; Glogner, Patrick; Rhein, Stefanie (2007): Die Theorie musikalischer Selbstsozialisation. Elf Jahre … und ein bisschen weiser? In: Wolfgang Auhagen (Hg.): Musikalische Sozialisation im Kindes- und Jugendalter. Göttingen [u.a.]: Hogrefe, S. 11–30.

Münch, Richard (2007a): Die soziologische Perspektive: Allgemeine Soziologie - Kultursoziologie - Musiksoziologie. In: Helga de la Motte-Haber (Hg.): Musiksoziologie. Laaber: Laaber-Verl. (Handbuch der systematischen Musikwissenschaft, 4), S. 33–59.

Münch, Thomas (2007b): Musik im Radio, Fernsehen und Internet. Inhalte, Nutzung und Funktionen. In: Helga de la Motte-Haber (Hg.): Musiksoziologie. Laaber: Laaber-Verl. (Handbuch der systematischen Musikwissenschaft, 4), S. 370–388.

Neuhoff, Hans und la Motte-Haber, Helga de (2007): Musikalische Sozialisation. In: Helga de la Motte-Haber (Hg.): Musiksoziologie. Laaber: Laaber-Verl. (Handbuch der systematischen Musikwissenschaft, 4), S. 389–417.

Noë, Alva (2010): Du bist nicht dein Gehirn. Eine radikale Philosophie des Bewusstseins. München: Piper. Online verfügbar unter http://d-nb.info/1002353734/04 / http://deposit.d-nb.de/cgi-bin/dokserv?id=3472520&prov=M&dok_var=1&dok_ext=htm.

Olschanski, Reinhard (2004): Medium - Schein - Atmosphäre. Positionen in der Mediendebatte. In: Helga de la Motte-Haber und Eckhard Tramsen (Hg.): Musikästhetik. Laaber: Laaber-Verl. (Handbuch der systematischen Musikwissenschaft, / hrsg. von Helga de la Motte-Haber ; Bd. 1), S. 373–394.

Pape, Winfried (2007): Jugend und Kultur. In: Helga de la Motte-Haber (Hg.): Musiksoziologie. Laaber: Laaber-Verl. (Handbuch der systematischen Musikwissenschaft, 4), S. 456–472.

Pauli, Hansjörg (1993): Funktionen von Filmmusik. In: Helga de la Motte-Haber (Hg.): Film und Musik. Fünf Kongreßbeiträge und zwei Seminarberichte. Mainz: Schott (Veröffentlichungen des Instituts für neue Musik und Musikerziehung, Darmstadt, 34), S. 8–17.

Pendzich, Marc (2004): Von der Coverversion zum Hit-Recycling. Historische, ökonomische und rechtliche Aspekte eines zentralen Phänomens der Pop- und Rockmusik. Münster: LIT.

Peters, Kathrin; Seier, Andrea (2009): Home Dance: Mediacy and Aesthetics of the Self on YouTube. In: Pelle Snickars und Patrick Vonderau (Hg.): The YouTube Reader. Stockholm: National Library of Sweden (Mediehistoriskt arkiv, 12), S. 187–203.

Rappe, Michael (2008): Lesen - Aneignen - Bedeuten: Poptheorie als pragmatische Ästhetik populärer Musik. Der Videoclip >Esperanto< von Freundeskreis. In: Christian Bielefeldt, Udo Dahmen und Rolf Grossmann (Hg.): PopMusicology. Perspektiven der Popmusikwissenschaft. Bielefeld: Transcript-Verl. (Kultur- und Medientheorie), S. 172–183.

Reichwald, Ralf; Piller, Frank (2009): Interaktive Wertschöpfung. Open Innovation, Individualisierung und neue Formen der Arbeitsteilung. 2., vollständig überarbeitete und erweiterte Auflage. Wiesbaden: Gabler Verlag / GWV Fachverlage GmbH Wiesbaden. Online verfügbar unter http://dx.doi.org/10.1007/978-3-8349-9440-0.

Richter, Christoph (1975): Musik als Spiel. Wolfenbüttel, Zürich.

Ronchi, Alfredo M. (2009): ECulture. Cultural content in the digital age. Dordrecht ;, London: Springer.

Rösing, Helmut; Petersen, Peter (op. 2000): Orientierung Musikwissenschaft. Was sie kann, was sie will. Hg. v. Peter Petersen. Reinbek bei Hamburg: Rowohlt Taschenbuch.

Ross, Peter (1983): Grundlagen einer musikalischen Rezeptionsforschung. In: Helmut Rösing (Hg.): Rezeptionsforschung in der Musikwissenschaft. Darmstadt: Wissenschaftliche Buchgesellschaft, S. 377–481.

Ryan, Richard M.; Deci, Edward L. (2000): Self-determination theory and the facilitation of intrinsic motivation, social development, and well-being. In: *American Psychologist* (January), S. 68–78.

Schell, Fred (2009): Förderung der Medienkompetenz als Bildungsaufgabe. In: Kathrin Demmler (Hg.): Medien bilden - aber wie?! Grundlagen für eine nachhaltige medienpädagogische Praxis. München: Kopaed (Reihe Medienpädagogik), S. 79–94.

Schmickl, Frauke (2009): Kutimans digitale Zitierkunst: YouTube im Remix. taz.de. Online verfügbar unter http://www.taz.de/!33104/, zuletzt aktualisiert am 20.7.2011, zuletzt geprüft am 17.3.2012.

Schönhammer, Rainer (1988): Der "Walkman". Eine phänomenologische Untersuchung. München: Kirchheim.

Schopenhauer, Arthur (2002): Die Welt als Wille, erste Betrachtung. Die Objektivation des Willens. In: Ludger Lütkehaus (Hg.): Die Welt als Wille und Vorstellung. 2. Aufl. München: Dt. Taschenbuch-Verl. (Dtv, 30671), S. 143–230.

Segeberg, Harro; Schätzlein, Frank (Hg.) (2005): Sound. Zur Technologie und Ästhetik des Akustischen in den Medien. Marburg: Schüren (Schriftenreihe der Gesellschaft für Medienwissenschaft (GfM), 12). Online verfügbar unter http://www.gbv.de/dms/bsz/toc/bsz117863076inh.pdf.

Seidel, Wilhelm (2004): Nachahmung der Natur. Über Modulationen des Prinzips im Blick auf die Musik. In: Helga de la Motte-Haber und Eckhard Tramsen (Hg.): Musikästhetik. Laaber: Laaber-Verl. (Handbuch der systematischen Musikwissenschaft, / hrsg. von Helga de la Motte-Haber ; Bd. 1), S. 133–150.

Semiologie des Films (1972). übersetzt von Renate Koch. München: Wilhelm Fink.

Shell Jugendstudie 2010 (2010a). Online verfügbar unter http://www-static.shell.com/static/deu/downloads/aboutshell/our_commitment/shell_youth_study/2010/youth_study_2010_graph_internet_user.pdf, zuletzt aktualisiert am 1.9.2010, zuletzt geprüft am 17.9.2010.

Shell Jugendstudie 2010 (2010b). Online verfügbar unter http://www-static.shell.com/static/deu/downloads/aboutshell/our_commitment/shell_youth_study/2010/youth_study_2010_graph_internet_access.pdf, zuletzt aktualisiert am 1.9.2010, zuletzt geprüft am 17.9.2010.

Smudits, Alfred (2007): Wandlungsprozesse der Musikkultur. In: Helga de la Motte-Haber (Hg.): Musiksoziologie. Laaber: Laaber-Verl. (Handbuch der systematischen Musikwissenschaft, 4).

Sonvilla-Weiss, Stefan (2010): Introduction: Mashups, Remix Practices and the Recombination of Existing Digital Content. In: Stefan Sonvilla-Weiss (Hg.): Mashup Cultures. Vienna: Springer-Verlag Vienna, S. 8–23.

zuletzt aktualisiert am 2.3.2012, zuletzt geprüft am 2.3.2012.

Steinmetz, Rüdiger (2006): Vom Broadcasting zum Personal Casting. Muss das Radio jetzt neu erfunden werden? Herausforderungen und Chancen durch Digitalisierung, Personalisierung und Ubiquität der Kommunikation. In: Golo Föllmer und Sven Thiermann (Hg.): Relating Radio. Communities, Aesthetics, Access ; Beiträge zur Zukunft des Radios. Leipzig: Spector books, S. 82–93.

Stevens, Christine (2003): The art and heart of drum circles. 1st. Milwaukee, WI: Hal Leonard.

Surowiecki, James (2005): Die Weisheit der Vielen. Warum Gruppen klüger sind als Einzelne und wie wir das kollektive Wissen für unser wirtschaftliches, soziales und politisches Handeln nützen können. 2. Aufl. München: Bertelsmann.

Tembrock, Günter (1996): Akustische Kommunikation bei Säugetieren. Die Stimmen der Säugetiere und ihre Bedeutung. Darmstadt: Wissenschaftliche Buchgesellschaft. Online verfügbar unter http://www.worldcat.org/oclc/35703941.

Thomas, Tanja (2009): Michel Foucault: Diskurs, Macht und Subjekt. In: Andreas Hepp, Friedrich Krotz und Tanja Thomas (Hg.): Schlüsselwerke der Cultural Studies. 1. Aufl. Wiesbaden: VS Verlag für Sozialwissenschaften / GWV Fachverlage GmbH Wiesbaden (Springer-11776 /Dig. Serial]), S. 58–71.

Wallas, Graham (1926): The Art of Thought. New York.

Weber, Heike (2008): Das Versprechen mobiler Freiheit. Zur Kultur- und Technikgeschichte von Kofferradio, Walkman und Handy. Techn. Univ., Diss. u.d.T.: Weber, Heike: Mobile Freiheit - überall und jederzeit--München, 2006. Bielefeld: Transcript-Verl. (Science studies). Online verfügbar unter http://www.gbv.de/dms/ilmenau/toc/555668592.PDF / http://deposit.d-nb.de/cgi-bin/dokserv?id=3039541&prov=M&dok_var=1&dok_ext=htm.

Weinacht, Stefan; Scherer, Helmut (2008): "Musik und Medien" auf dem Weg aus dem Niemandsland der Disziplinen. In: Stefan Weinacht und Helmut Scherer (Hg.): Wissenschaftliche Perspektiven auf Musik und Medien. Wiesbaden: VS, Verl. für Sozialwiss, S. 7–18.

Weinberg, Tamar; Heymann-Reder, Dorothea; Lange, Corina (2010): Social Media Marketing. Strategien für Twitter, Facebook & Co. Beijing: O'Reilly. Online verfügbar unter http://www.gbv.de/dms/zbw/614799619.pdf.

Wicke, Peter (1992): Kapitel VII: Jazz, Rock und Popmusik. In: Doris Stockmann und Carl Dahlhaus (Hg.): Neues Handbuch der Musikwissenschaft. Laaber: Laaber-Verl., S. 445–477.

Williams, Raymond; Williams, Ederyn (2002): Television. Technology and cultural form. erstmals 1974 publiziert. 2. ed., reprinted. London: Routledge.

Winter, Carsten (2009): James Lull: Weltfamilien und Superkulturen. In: Andreas Hepp, Friedrich Krotz und Tanja Thomas (Hg.): Schlüsselwerke der Cultural Studies. 1. Aufl. Wiesbaden: VS Verlag für Sozialwissenschaften / GWV Fachverlage GmbH Wiesbaden (Springer-11776 /Dig. Serial]), S. 257–266.

Wiora, Walter (1970): Methodik der Musikwissenschaft. In: Manfred Thiel (Hg.): Enzyklopädie der Geisteswissenschaftlichen Arbeitsmethoden. München und Wien: R. Oldenbourg Verlag (6. Lieferung: Methoden der Kunst- und Musikwissenschaft), S. 93–139.

Wöhrle, Dieter (1988): Bertolt Brechts medienästhetische Versuche. Köln: Prometh Verlag.

Wu, Tim (2012): Der Master Switch. Aufstieg und Niedergang der Medienimperien. 1. Aufl. Heidelberg: mitp.

Wyatt, Sally (2005): Non-Users Also Matter: The Construction of Users and Non-Users of the Internet. In: Nelly Oudshoorn (Hg.): How users matter. The co-construction of users and technology. 1. paperback ed. Cambridge, Mass., London: MIT Press (Inside technology), S. 67–80.

Zamanek, Verena (2004): Zum sozialen Gebrauch von Kunst. Bourdieus und Schulzes Konzepte kulturellen Konsums und ihre kulturpolitischen Auswirkungen. In: Dominik Schweiger und Manfred Angerer (Hg.): Musik-Wissenschaft an ihren Grenzen. Manfred Angerer zum 50. Geburtstag. Frankfurt am Main: Lang, S. 471–488.

Liste der Internetseiten und -inhalte

abcdome: kleiner hai. YouTube. Online verfügbar unter
http://www.youtube.com/watch?v=aCH4X4GQHu4, zuletzt geprüft am 1.6.2011.

Accompaniments, free sheet music, interpretations of classical music. (2012). Online
verfügbar unter http://weezic.com/en/, zuletzt aktualisiert am 8.4.2012, zuletzt geprüft am
8.4.2012.

Aerobicon : Miguel Gutierrez (2011). Online verfügbar unter
http://www.miguelgutierrez.org/experiments/deceptacon/, zuletzt aktualisiert am
20.6.2011, zuletzt geprüft am 20.6.2011.

agreggofsociety (2006): Kanal von agreggofsociety. YouTube. Online verfügbar unter
http://www.youtube.com/user/agreggofsociety, zuletzt geprüft am 27.2.2012.

ajoran2189 (2011): Katy Perry - The One That Got Away (Cover by Adriel). YouTube.
Online verfügbar unter
http://www.youtube.com/watch?v=XPPaX09eOZ0&feature=player_embedded, zuletzt
aktualisiert am 2.3.2012, zuletzt geprüft am 2.3.2012.

ALBERTO TV (200/): Albertos Beatboxunterricht 1.0 (www.Alberto.tv). YouTube.
Online verfügbar unter http://www.youtube.com/watch?v=XmkzJH9Qzpc&feature=fvsr,
zuletzt geprüft am 29.1.2012.

ALBERTO TV (2008): Alberto-Kleiner Hai Beatbox. YouTube. Online verfügbar unter
http://www.youtube.com/watch?v=83kGqzeJkEQ, zuletzt geprüft am 1.6.2011.

Albertoson (2006): Kanal von Albertoson. YouTube. Online verfügbar unter
http://www.youtube.com/user/albertoson, zuletzt geprüft am 12.6.2011.

alemuel (2007): Kleiner Hai. YouTube-Video. Online verfügbar unter
http://www.youtube.com/watch?v=olhczmTbB4I, zuletzt geprüft am 30.5.2011.

Alemuel - Kleiner Hai (Musicvideo). YouTube. Online verfügbar unter
http://www.youtube.com/watch?v=fGktYUNzaJo, zuletzt geprüft am 1.6.2011.

alexa.com. the Web Information Company (2011).

aLeX 14 Beatbox NeW. YouTube. Online verfügbar unter
http://www.youtube.com/watch?v=0w2wHUx8Q7w, zuletzt geprüft am 29.5.2011.

AlexiBexi (2010): Interview mit albertoson (YouTuber-Treffen Gamescom 2010). Y-
ouTube. Online verfügbar unter http://www.youtube.com/watch?v=zuANg7cowz0, zuletzt geprüft am 13.6.2011.

Allocca, Kevin (2011): What were we watching this year? Let's rewind 2011. YouTube
Blog des YouTube Trends Managers. Online verfügbar unter http://youtube-
global.blogspot.com/2011/12/what-were-we-watching-this-year-lets.html, zuletzt aktualisiert am 20.12.2011, zuletzt geprüft am 20.12.2011.

Animutations!! (2009). Online verfügbar unter http://www.eviltrailmix.com/animutation/,
zuletzt aktualisiert am 6.12.2009, zuletzt geprüft am 15.2.2012.

Anthony70099 (2010): Windows Startup and Shutdown Sounds 800% Slower. YouTube.
Online verfügbar unter http://www.youtube.com/watch?v=4ZNprue5-X8, zuletzt geprüft
am 3.1.2012.

arteybelleza (2010): Schumann - Traumerei Op. 15. YouTube. Online verfügbar unter http://www.youtube.com/watch?v=t3GTg18Js-w&feature=related, zuletzt geprüft am 11.3.2012.

barelypolitical: Kanye West - Monster ft. Nicki Minaj Parody! Key of Awesome #33! YouTube. 2011. Online verfügbar unter http://www.youtube.com/watch?v=1nYlDYKoY1Y, zuletzt geprüft am 14.6.2011.

bastaacappella (2010): Basta - Gimme Hope Joachim - der Jogi Löw a Cappella WM Song 2010. YouTube. Online verfügbar unter http://www.youtube.com/watch?v=YMAvAQ3FhgQ&feature=related, zuletzt geprüft am 5.8.2011.

batmayn123 (2010): Angry man get's trolol'D. YouTube. Online verfügbar unter http://www.youtube.com/watch?v=wrRKKT-TpkM&feature=related, zuletzt geprüft am 3.1.2012.

BBC NEWS | Entertainment | (2008): The Twist 'biggest US chart hit'. Online verfügbar unter http://news.bbc.co.uk/2/hi/entertainment/7610451.stm, zuletzt geprüft am 20.6.2011.

BBC NEWS | UK | England | London | (2008): Astley fans' rush hour 'flashmob'. Fans of pop star Rick Astley descended on London's Liverpool Street train station for a "flashmob" event. Online verfügbar unter http://news.bbc.co.uk/2/hi/uk_news/england/london/7343833.stm, zuletzt aktualisiert am 13.6.2011, zuletzt geprüft am 13.6.2011.

Beatboxerrip (2009): German BEATBOX Tutorial - Beginner Beats (Übungsbeats). YouTube. Online verfügbar unter http://www.youtube.com/watch?v=7Shc6yV4Z_A&feature=fvst, zuletzt geprüft am 29.1.2012.

Beepmunk - Rock. Online verfügbar unter http://beepmunk.com/, zuletzt geprüft am 5.4.2012.

bencranegolf (2011): Golf Boys - Oh Oh Oh (Official Video). YouTube. Online verfügbar unter http://www.youtube.com/watch?v=PM2NocuEihw, zuletzt aktualisiert am 19.6.2011, zuletzt geprüft am 19.6.2011.

Berners-Lee, Tim (1989): WorldWideWeb: Proposal for a HyperText Project. CERN. Online verfügbar unter http://www.w3.org/History/19921103-hypertext/hypertext/WWW/Proposal.html, zuletzt aktualisiert am 7.10.1991, zuletzt geprüft am 7.2.2011.

Berners-Lee, Tim (1990): The World Wide Web project. CERN. Online verfügbar unter http://www.w3.org/History/19921103-hypertext/hypertext/WWW/TheProject.html, zuletzt aktualisiert am 3.12.1992, zuletzt geprüft am 7.2.2011.

Berners-Lee, Tim (1992): Etiquette -- /Provider. CERN. Online verfügbar unter http://www.w3.org/History/19921103-hypertext/hypertext/WWW/Provider/Etiquette.html, zuletzt aktualisiert am 7.10.1992, zuletzt geprüft am 7.2.2011.

Berners-Lee, Tim (2006): Tim Berners-Lee - Wikiquote. Transkription eines Podcasts. Online verfügbar unter http://en.wikiquote.org/wiki/Tim_Berners-Lee, zuletzt aktualisiert am 5.1.2011, zuletzt geprüft am 7.2.2011.

BeyonceStans4 (2008): Beyonce confirmed that Single Ladies video was indeed inspired by Broadway choreographer Bob Fosse. YouTube. Online verfügbar unter http://www.youtube.com/watch?v=e-SlfHHd3qI&feature=related, zuletzt geprüft am 20.6.2011.

beyonceVEVO (2009): Beyoncé - Single Ladies (Put A Ring On It). YouTube. Online verfügbar unter http://www.youtube.com/watch?v=4m1EFMoRFvY, zuletzt geprüft am 20.6.2011.

bibinson (2011): The Hardware Chiptune Project (LSDJ). YouTube. Online verfügbar unter http://www.youtube.com/watch?v=DehekT0Yjbw&feature=related, zuletzt geprüft am 16.2.2012.

BigFatSandwich (2006): cannibal corpse. YouTube. Online verfügbar unter http://www.youtube.com/watch?v=I2PzagXsD0Y&feature=related, zuletzt geprüft am 17.6.2011.

BILD (2010): Neben Mehrzad und Blümchen jetzt auch Led Zeppelin im Dreikampf um Chartspitze - Unterhaltung - Bild.de. BILD.de; BILD.de. Online verfügbar unter http://www.bild.de/BILD/unterhaltung/musik/2010/04/22/dsds-mehrzad-bluemchen-led-zeppelin/boomerang-stairway-to-heaven-dont-believe-dreikampf-um-die-chartspitze.html, zuletzt aktualisiert am 22.4.2010, zuletzt geprüft am 22.4.2010.

billry1 (2007): Steve Reich • Clapping Music. YouTube. Online verfügbar unter http://www.youtube.com/watch?v=FcFyl8amoEE, zuletzt geprüft am 30.1.2012.

Binodkatuwal (2010): African Djembe solo (2) by Binod katuwal from kathmandu Nepal.. YouTube. Online verfügbar unter http://www.youtube.com/watch?v=kuz0fphwyEo&feature=related, zuletzt geprüft am 10.8.2011.

Blacksheep, Albino: Animutation | Flash Videos. Online verfügbar unter http://www.albinoblacksheep.com/flash/animutation/, zuletzt geprüft am 15.2.2012.

BRENTALFLOSS. YouTube-Kanal (2006). Online verfügbar unter http://www.youtube.com/user/brentalfloss, zuletzt geprüft am 27.7.2012.

breslin97 (2009): God Given Easy Listening Remix. YouTube. Online verfügbar unter http://www.youtube.com/watch?v=WeFxjYX-rUw, zuletzt geprüft am 18.3.2012.

Buddy Rich and Jerry Lewis Drum Solo Battle 1965. YouTube. Online verfügbar unter http://www.youtube.com/watch?v=Yv1lql03Y4U&feature=related, zuletzt geprüft am 3.8.2011.

Buddy Rich VS Animal. YouTube. Online verfügbar unter http://www.youtube.com/watch?v=erE8WTngaAY&feature=view_all&list=PLDF27A36 04A76BA67&index=7, zuletzt geprüft am 3.8.2011.

Cahill, Keenan (2010): Teenage Dream(with me). YouTube. Online verfügbar unter http://www.youtube.com/watch?v=lm_n3hg-Gbg, zuletzt geprüft am 14.6.2011.

♫ Cantio. Online verfügbar unter http://cant.io/, zuletzt geprüft am 14.4.2012.

ccMixter - Welcome to ccMixter. Online verfügbar unter http://ccmixter.org/view/media/home, zuletzt geprüft am 4.4.2012.

CDZA (2011): History Of Lyrics That Aren't Lyrics | cdza. YouTube. Online verfügbar unter http://www.youtube.com/watch?v=Y_OzM2mE_uo, zuletzt geprüft am 4.7.2012.

CDZA (2012): History of Whistling | cdza. YouTube. Online verfügbar unter http://www.youtube.com/watch?v=BslzZEEwFa8, zuletzt geprüft am 4.7.2012.

ChelseaLately (2010): Chelsea Lately: Keenan Cahill and 50 Cent. YouTube. Online verfügbar unter http://www.youtube.com/watch?v=bUrH1wJVz5Q&feature=related, zuletzt geprüft am 14.6.2011.

cleverorbit (2009): Schubert Unvollendete 1 Satz - Berliner Philharmoniker - Barenboim. YouTube. Online verfügbar unter http://www.youtube.com/watch?v=zWutsUrLGYw, zuletzt aktualisiert am 11.3.2012, zuletzt geprüft am 11.3.2012.

clixoom (2010): Alberto: Deshalb werde ich Albertoson genannt! - Nutzerfrage. YouTube. Online verfügbar unter http://www.youtube.com/watch?v=Qw4N7bMijWQ, zuletzt geprüft am 13.6.2011.

coldmirror (2010): Misheard Lyrics "Pride Shall Fall". YouTube. Online verfügbar unter http://www.youtube.com/watch?v=cjr0bIsxLtE, zuletzt geprüft am 8.7.2012.

colseven2000 (2009): Der Tetris Song im Flaschenmix. YouTube. Online verfügbar unter http://www.youtube.com/watch?v=jccvMaJuffk, zuletzt geprüft am 4.8.2011.

composingatnight (2007): Boomwhackalacka!. YouTube. Online verfügbar unter http://www.youtube.com/watch?v=HndNr_PbZr0&feature=related, zuletzt aktualisiert am 10.8.2011, zuletzt geprüft am 10.8.2011.

cow (2005): tow chinese boys:i want it that way. YouTube Upload. YouTube.

CupcakeAndTea (2009): Nom Nom Nom Nom Nom Nom Nom Nom Nom. YouTube. Online verfügbar unter http://www.youtube.com/watch?v=knexNk7_aAU, zuletzt geprüft am 8.6.2011.

CyberGhost: Anonym surfen. Unsichtbar im Netz. CyberGhost VPN. Online verfügbar unter http://cyberghostvpn.com/, zuletzt geprüft am 12.11.2011.

dadasarah (2008): Soon - Original Song. YouTube. Online verfügbar unter http://www.youtube.com/watch?v=1V1DTooY1xU&feature=related, zuletzt geprüft am 17.3.2012.

Daft The Vote. YouTube (2008). Online verfügbar unter http://www.youtube.com/watch?v=KPZzFXxofbg&feature=related, zuletzt geprüft am 20.6.2011.

daftpunkalive (2007): Daft Bodies - Harder Better Faster Stronger. YouTube. Online verfügbar unter http://www.youtube.com/watch?v=bl6RJyZdBSU&feature=related, zuletzt geprüft am 20.6.2011.

Damien du Toit - http://coda.co.za (2012): Virtual Choir 3: Water Night – Eric Whitacre. Online verfügbar unter http://ericwhitacre.com/the-virtual-choir, zuletzt aktualisiert am 2.3.2012, zuletzt geprüft am 4.3.2012.

dancohen (2007): Animated Sheet Music: "Giant Steps" by John Coltrane. YouTube. Online verfügbar unter http://www.youtube.com/watch?v=2kotK9FNEYU, zuletzt geprüft am 21.3.2012.

dandrengen (2007): Apache vs. AC/DC. YouTube. Online verfügbar unter http://www.youtube.com/watch?v=b_2ZilowWg&feature=player_embedded, zuletzt geprüft am 17.6.2011.

Das 1te SOCIAL MEDIA MUSIC LABEL - Newcomer in die Charts - das Original (2011). Online verfügbar unter http://www.socialmediamusiclabel.com/, zuletzt aktualisiert am 1.2.2011, zuletzt geprüft am 13.4.2011.

Das Google Doodle zum 78. Geburtstag von Robert Moog. Online verfügbar unter http://www.google.de/.

davidsmffei (2010): MENDELSSOHN Spring Song. YouTube. Online verfügbar unter http://www.youtube.com/watch?v=7ROxYuBiC_0&feature=related, zuletzt aktualisiert am 11.3.2012, zuletzt geprüft am 11.3.2012.

DER WETTBEWERB | CITROËN DS5-Musikwettbewerb. Online verfügbar unter http://www.ds5-sound.de/der-wettbewerb, zuletzt geprüft am 28.2.2012.

Derwentcub (2009): Mendelssohn - Spring Song - Songs Without Words - YouTube. Online verfügbar unter http://www.youtube.com/watch?v=6tkqdOB5bEw&feature=related, zuletzt geprüft am 12.3.2012.

DiePresse.com (2011): 800 Millionen nutzen Facebook einmal im Monat. DiePresse.com. Online verfügbar unter http://diepresse.com/home/techscience/internet/695543/800-Millionen-nutzen-Facebook-einmal-im-Monat, zuletzt geprüft am 8.11.2011.

Disney and YouTube Sign Video Partnership (2011). Online verfügbar unter http://mashable.com/2011/11/07/disney-youtube-partnership/, zuletzt aktualisiert am 7.1.2012, zuletzt geprüft am 8.1.2012.

doublewords (2008): Mogwai - The sun smells too loud. YouTube. Online verfügbar unter http://www.youtube.com/watch?v=yUaCxx5npko&feature=player_embedded#at=23, zuletzt geprüft am 17.6.2011.

Downloadaktion 23.04: Blümchen - Boomerang (Go back Jack Black - say no to copycats) - IOFF. Online verfügbar unter http://www.ioff.de/showthread.php?t=377587, zuletzt geprüft am 13.4.2010.

DSO Contest (2012). Online verfügbar unter http://www.dso.org/page.aspx?page_id=796, zuletzt aktualisiert am 10.4.2012, zuletzt geprüft am 10.4.2012.

Eibach, Philipp (2012): wahwah.fm – LISTEN. BROADCAST. CONNECT. – Free iPhone App for a whole new music experience. Online verfügbar unter http://wahwah.fm/, zuletzt aktualisiert am 28.6.2012, zuletzt geprüft am 18.7.2012.

eiswuermchen (2008): Kleiner Hai. YouTube. Online verfügbar unter http://www.youtube.com/watch?v=TUAcftJUE7o&feature=related, zuletzt geprüft am 1.6.2011.

EricWhitacresVrtlChr (2010): Eric Whitacre's Virtual Choir - 'Lux Aurumque'. YouTube. Online verfügbar unter http://www.youtube.com/watch?v=D7o7BrlbaDs, zuletzt geprüft am 3.3.2012.

Erste Twitter-Oper - Kultur zum Mitmachen in der Londoner Royal | Fazit | Deutschlandradio Kultur (2009). Online verfügbar unter http://www.dradio.de/dkultur/sendungen/fazit/1029385/, zuletzt aktualisiert am 16.9.2009, zuletzt geprüft am 13.4.2012.

309

Eurovision 2010 (2010). Online verfügbar unter
http://www.google.de/intl/de/landing/eurovision/index.html#ctxDEblog180510, zuletzt
aktualisiert am 12.5.2010, zuletzt geprüft am 19.5.2010.

exp8tri8 (2008): Polyphonic Spree "Lithium" Music Video. YouTube. Online verfügbar
unter http://www.youtube.com/watch?v=7vzUh_55x2M, zuletzt geprüft am 28.2.2012.

expertvillage (2008): How to Play African Drums : Six Sounds of a Djembe Drum. Y-
ouTube. Online verfügbar unter
http://www.youtube.com/watch?v=3rlfZ68GTAs&feature=relmfu, zuletzt geprüft am
8.8.2011.

fabricatorz: About - Creative Commons. Online verfügbar unter
http://creativecommons.org/about, zuletzt geprüft am 10.4.2012.

FabTheGap (2009): Fab The Gap - Something New. YouTube. Online verfügbar unter
http://www.youtube.com/watch?v=zIJNp0I_Yrg, zuletzt geprüft am 19.4.2012.

Facebook. Facebook-Suche "gegen DSDS" (2011). Online verfügbar unter
http://www.facebook.com/group.php?gid=114758248551023&v=info#!/search.php?q=ge
gen%20dsds&init=quick&tas=0.9873805883170035, zuletzt geprüft am 13.4.2011.

Facemeter- Social Media Trends. Online verfügbar unter
http://www.facemeter.de/index.php?pType=spare, zuletzt geprüft am 27.3.2011.

fallofautumndistro (2009): Where the Hell is Matt in 2029? YouTube. Online verfügbar
unter http://www.youtube.com/watch?v=c11gABe2cW0&feature=related, zuletzt geprüft
am 21.6.2011.

fanfaroff (2010): Bob Marley vs The Beatles - Let It Be, No Cry - Mashup by FAROFF.
YouTube. Online verfügbar unter
http://www.youtube.com/watch?v=Ac1X16K5XlU&feature=related, zuletzt aktualisiert
am 18.3.2012, zuletzt geprüft am 18.3.2012.

felipegama (2008): Coco - Orff Schulwerk. YouTube. Online verfügbar unter
http://www.youtube.com/watch?v=c7eUdm7YtoI, zuletzt geprüft am 10.8.2011.

Felisha Noble (Persephone Maewyn). Myspace. Online verfügbar unter
http://www.myspace.com/persephonemaewyn, zuletzt geprüft am 26.6.2011.

Ferris, Andrew (2008): Der Channel von mathfsh. YouTube. Online verfügbar unter
http://www.youtube.com/user/mathfsh?feature=watch, zuletzt geprüft am 11.4.2012.

FiatDeutschland (2012): Fiat 500 Pop Star - Commercial mit Jennifer Lopez. YouTube.
Online verfügbar unter http://www.youtube.com/watch?v=yPKMjeobeW4, zuletzt geprüft am 21.4.2012.

Flamme, Frank (Hg.): Grease. Online verfügbar unter http://www.musical-
total.com/index.php/musicals/1858-grease, zuletzt geprüft am 22.6.2011.

Flier, Christian: Internetstars: Für fünf Minuten im Rampenlicht. WEB.DE GmbH. Online verfügbar unter http://web.de/magazine/digitale-welt/internet/6164192_p1-
internetstars-fuer-fuenf-minuten-im-rampenlicht.html, zuletzt geprüft am 13.6.2011.

FOCUS Online (2011): Musik· Keenan Cahill als neuer YouTube-Star. - Musik -. Online
verfügbar unter http://www.focus.de/kultur/musik/musik-keenan-cahill-als-neuer-
youtube-star_aid_636650.html, zuletzt aktualisiert am 1.1.2011, zuletzt geprüft am
19.6.2011.

Foundation, Thomson Reuters (2011): PRESS DIGEST - Wall Street Journal - April 7 - AlertNet. Online verfügbar unter http://www.trust.org/alertnet/news/press-digest-wall-street-journal-april-7, zuletzt geprüft am 30.4.2011.

Fraunhofer (2012): Chance für die Weltmusik. Online verfügbar unter http://www.fraunhofer.de/de/ueber-fraunhofer/wissenschaftliche-exzellenz/fraunhofer-preisverleihung/archiv/2012/hugo-geiger-preis/kruspe.html, zuletzt aktualisiert am 20.8.2013, zuletzt geprüft am 20.8.2013.

freakmorice (2011): Katy Perry - The One That Got Away (Cover by Freak Morice) - YouTube. Online verfügbar unter http://www.youtube.com/watch?v=e6vNDrTDWS0&feature=player_embedded, zuletzt geprüft am 2.3.2012.

Freddie25 (2010): The Cartoon Medley (FreddeGredde). YouTube. Online verfügbar unter http://www.youtube.com/watch?v=ZrMvYHFeH60, zuletzt geprüft am 27.7.2012.

Freddie25 (2011): 12 Christmas Songs in 4 Minutes (FreddeGredde). YouTube. Online verfügbar unter http://www.youtube.com/watch?v=apZBqdR_sjU, zuletzt geprüft am 27.7.2012.

Friendly Music. Online verfügbar unter https://friendlymusic.com/mood, zuletzt geprüft am 8.4.2012.

futurebiz (2011): Facebook Nutzerzahlen August 2011. Online verfügbar unter http://www.futurebiz.de/artikel/facebook-nutzerzahlen-august-2011/, zuletzt geprüft am 8.11.2011.

Gamification - Gamification Wiki, the leading Gamification Community (2012). Online verfügbar unter http://gamification.org/wiki/Gamification, zuletzt aktualisiert am 3.1.2012, zuletzt geprüft am 9.1.2012.

gbritaney (2009): Zelda's Lullaby Violin Cover. YouTube. Online verfügbar unter http://www.youtube.com/watch?v=wbb4Da75RKw, zuletzt geprüft am 4.8.2011.

GEMA vs. YouTube: Wer nimmt uns unsere Videos weg? | Spreeblick (2010). Online verfügbar unter http://www.spreeblick.com/2010/05/17/gema-vs-youtube-wer-nimmt-uns-unsere-videos-weg/, zuletzt geprüft am 19.5.2010.

Ganz einfach Klavier spielen lernen Teil 7 von 7 - YouTube. Online verfügbar unter http://www.youtube.com/watch?v=Ov66nBj-VUE&feature=relmfu, zuletzt geprüft am 6.8.2011.

GermanAdvertisements (2012): Skoda Fabia Werbung - Werbespot 2012 [HD]. YouTube. Online verfügbar unter http://www.youtube.com/watch?v=aSN-VSJvkeM, zuletzt geprüft am 21.4.2012.

Gittoes, George: Soundtrack To War. Online verfügbar unter http://www.soundtracktowar.com/, zuletzt geprüft am 16.6.2011.

Global Social Media Checkup. Online verfügbar unter http://www.slideshare.net/BMGlobalNews/global-social-media-checkup?from=ss_embed, zuletzt geprüft am 6.5.2010.

gohtom (2008): Orff Instruments. YouTube. Online verfügbar unter http://www.youtube.com/watch?v=ml-1Fh0ZSNM&NR=1, zuletzt geprüft am 10.8.2011.

Goldmedia für den Bitkom (2012): Internetradio wird zum Standard. Presseinformation. Online verfügbar unter

311

http://www.bitkom.org/files/documents/BITKOM_Presseinfo_Internetradio_25_07_2012 (1).pdf, zuletzt aktualisiert am 25.7.2012, zuletzt geprüft am 30.7.2012.

Google Doodle zum 96. Geburtstag von Les Paul (2011). Online verfügbar unter http://www.google.de/, zuletzt geprüft am 9.6.2011.

google (2011): Eurovision 2011. google. Online verfügbar unter http://www.google.de/intl/de/landing/eurovision/index.html#utm_campaign=eurovision& utm_source=de_de-ha-emea-de-sk&utm_medium=ha&utm_term=eurovision%20prognose, zuletzt aktualisiert am 27.4.2011, zuletzt geprüft am 5.5.2011.

greatalien82: Kanal von greatalien82. YouTube. Online verfügbar unter http://www.youtube.com/user/greatalien82, zuletzt geprüft am 9.6.2011.

greatalien82 (2009): Nom Nom Nom Nom Nom Nom Nom REMIX. YouTube. Online verfügbar unter http://www.youtube.com/watch?v=XYjBMT_CW-o, zuletzt geprüft am 8.6.2011.

Green, Thomas H. (5:26PM GMT 2009): The race for Christmas Number One. The dominance of the X Factor means even household names like Robbie Williams and George Michael are outsiders in the bid to be Number One this Christmas. Telegraph. Online verfügbar unter http://www.telegraph.co.uk/culture/music/rockandpopfeatures/6711141/The-race-for-Christmas-Number-One.html, zuletzt geprüft am 31.3.2011.

greenfilmsltd (2008): DECEPTACON. le tigre. YouTube. Online verfügbar unter http://www.youtube.com/watch?v=v5pzx6C-Xb8&feature=related, zuletzt geprüft am 20.6.2011.

Grey, Corey (2011): Katy Perry - The One That Got Away (Cover Corey Gray) - YouTube. Online verfügbar unter http://www.youtube.com/watch?v=IuGUGA56aXQ&feature=player_embedded, zuletzt geprüft am 2.3.2012.

Grimmie, Christina (2009): Kanal von zeldaxlove64. YouTube. Online verfügbar unter http://www.youtube.com/user/zeldaxlove64?feature=watch, zuletzt geprüft am 1.3.2012.

Gripp, Parry: Do You Like Waffles? YouTube. Online verfügbar unter http://www.youtube.com/watch?v=UtlaTNI1TaU, zuletzt geprüft am 4.8.2012.

Grup Erkan - Wo bist du mein Kellerlicht? YouTube - (2006). Online verfügbar unter http://www.youtube.com/watch?v=eP2g3D4s37E&feature=related, zuletzt geprüft am 4.6.2011.

Grup Stefan. YouTube (2008). Online verfügbar unter http://www.youtube.com/watch?v=CVkRzQpAJM8&feature=related, zuletzt aktualisiert am 4.6.2011, zuletzt geprüft am 4.6.2011.

Grup Tekkan - Wo bist Du mein Sonnenlicht. YouTube. Ursprungsversion (2006). Online verfügbar unter http://www.youtube.com/watch?v=exJf6ApI1fs, zuletzt aktualisiert am 4.6.2011, zuletzt geprüft am 4.6.2011.

Grup Tekkan - Wo bist du, Mein Sonnenlicht (Studio Version). YouTube (2006). Online verfügbar unter http://www.youtube.com/watch?v=Mue6Vc_T9Ds, zuletzt geprüft am 4.6.2011.

Grup Tekkan verarsche-Wo bist du mein Fischgesicht. YouTube (2007). Online verfügbar unter http://www.youtube.com/watch?v=vPj5-51QbXg, zuletzt geprüft am 4.6.2011.

Haileyjoy14 (2012): Me singing Man Who Can't Be Moved By The Script. YouTube. Online verfügbar unter http://www.youtube.com/watch?v=uKwvUHB3EFg&feature=related, zuletzt geprüft am 1.3.2012.

hallohill (2010): Rick Roll Stretched by Over 800%. YouTube. Online verfügbar unter http://www.youtube.com/watch?v=cGMGjWKS81Q, zuletzt geprüft am 3.1.2012.

Hanson, Alan (2008): Hound Dog and Don't Be Cruel—Elvis's Biggest Two-sided Hit. Elvis-History-Blog. Online verfügbar unter http://www.elvis-history-blog.com/hounddog.html, zuletzt aktualisiert am 25.11.2010, zuletzt geprüft am 20.6.2011.

happybois (2008): Apologize Virtual Piano. YouTube. Online verfügbar unter http://www.youtube.com/watch?v=SLIoTa5gs7Q, zuletzt geprüft am 17.3.2012.

hardcoreoma (2008): Kleiner Hai Remix 2. YouTube. Online verfügbar unter http://www.youtube.com/watch?v=F-Hb1aHIqGk&feature=related, zuletzt geprüft am 1.6.2011.

Harding, Matt (2006): Kanal von mattharding2718. YouTube. Online verfügbar unter http://www.youtube.com/user/mattharding2718, zuletzt aktualisiert am 21.6.2011, zuletzt geprüft am 21.6.2011.

heise online (Hg.) (2009): Erster iPhone-Wurm unterwegs. Online verfügbar unter http://www.heise.de/newsticker/meldung/Erster-iPhone-Wurm-unterwegs-853372.html, zuletzt aktualisiert am 1.1.2009, zuletzt geprüft am 13.6.2011.

Hell, Matthias (2011): Facebook hat's in Deutschland schwer - Computer Reseller News. Online verfügbar unter http://www.crn.de/panorama/artikel-88236.html, zuletzt aktualisiert am 1.1.2011, zuletzt geprüft am 26.3.2011.

helloimromeo (2006): Hilarious Lip Sync. YouTube. Online verfügbar unter http://www.youtube.com/watch?v=RfrGVw095KQ, zuletzt geprüft am 14.6.2011.

heyleeloo (2011): LEELOO - The One that Got Away (Katy Perry Cover). YouTube. Online verfügbar unter http://www.youtube.com/watch?v=IkrcfNRg4LQ&feature=player_embedded, zuletzt geprüft am 2.3.2012.

HIKAKIN (2010): Tetris Theme Beatbox. YouTube. Online verfügbar unter http://www.youtube.com/watch?v=dS6QyCENcd8&feature=related, zuletzt geprüft am 4.8.2011.

Hören Sie Online-Radios. Erstellen Sie auf Radionomy Ihr eigenes Webradio. Online verfügbar unter http://www.radionomy.com/de/static/aboutus, zuletzt geprüft am 11.4.2012.

Hoffmann, Marek (2010): GEMA bricht Verhandlungen mit YouTube ab – und fordert Löschen und Sperren von Videos | Basic Thinking. Online verfügbar unter http://www.basicthinking.de/blog/2010/05/10/gema-bricht-verhandlunen-mit-youtube-ab-und-fodert-loeschen-und-sperren-von-
vi-
de-

313

os/?utm_source=feedburner&utm_medium=feed&utm_campaign=Feed%3A+basicthinki
ng%2Fdoho+%28Basic+Thinking+Blog%29, zuletzt geprüft am 10.5.2010.

hollohill (2010): Flight of the Bumblebees Stretched by Over 9000%. YouTube. Online
verfügbar unter http://www.youtube.com/watch?v=yMqgPsdq9WU&feature=related,
zuletzt geprüft am 3.1.2012.

Hollstein, Christina (2009): YouTube-Künstler Kutiman: Taktvoller Bilderstürmer.
SPIEGEL ONLINE - Nachrichten - Kultur. ONLINE, SPIEGEL. Hamburg; Germany.
Online verfügbar unter http://www.spiegel.de/kultur/musik/0,1518,612397,00.html, zu-
letzt aktualisiert am 10.3.2009, zuletzt geprüft am 17.3.2012.

Hölter, Katharina; Müller, Martin U.: DER SPIEGEL 43/2011 - Klick-Kapitalismus.
ONLINE, SPIEGEL. Hamburg; Germany. Online verfügbar unter
http://www.spiegel.de/spiegel/print/d-81136886.html, zuletzt geprüft am 20.12.2011.

iamjamesid (2010): Super Mario Bros. Theme 800% slower. YouTube. Online verfügbar
unter http://www.youtube.com/watch?v=gszSd4F6lPg, zuletzt geprüft am 4.1.2012.

ihasmario (2007): PaintRoll'd. YouTube. Online verfügbar unter
http://www.youtube.com/watch?v=5uZr3JWYdy8&feature=related, zuletzt aktualisiert
am 13.6.2011, zuletzt geprüft am 13.6.2011.

IIIlllll (2008): Original Tetris theme (Tetris Soundtrack). YouTube. Online verfügbar
unter http://www.youtube.com/watch?v=NmCCQxVBfyM, zuletzt geprüft am 4.8.2011.

IMDb: Charlie und die Schokoladenfabrik (1971). Online verfügbar unter
http://www.imdb.com/title/tt0067992/, zuletzt geprüft am 22.6.2011.

IMDb: "Drei Mädchen und drei Jungen" Amateur Nite (TV episode 1973). Online verfügbar unter http://www.imdb.com/title/tt0531073/, zuletzt geprüft am 22.6.2011.

IMDb: Russell Mulcahy. Online verfügbar unter
http://www.imdb.com/name/nm0611683/, zuletzt geprüft am 23.6.2011.

InFramePic (2011): Skoda Auto - 81st International Motor Show - Phil Bondy (Geneva
2011). YouTube. Online verfügbar unter
http://www.youtube.com/watch?v=GL4WIVhx1_4, zuletzt aktualisiert am 15.7.2012,
zuletzt geprüft am 15.7.2012.

Internet Meme Database | Know Your Meme. Online verfügbar unter
http://knowyourmeme.com/, zuletzt geprüft am 5.1.2012.

Irvine, Chris (7:30AM GMT 2009): Rage Against The Machine Christmas Number One:
the man behind the campaign. Jon Morter is the man behind Rage Against The Machine's
chart success. Telegraph. Online verfügbar unter
http://www.telegraph.co.uk/culture/tvandradio/x-factor/6852502/Rage-Against-The-
Machine-Christmas-Number-One-the-man-behind-the-campaign.html, zuletzt geprüft am
31.3.2011.

jaimev (2010): Beyonce: Single Ladies slowed down 800% (Paul's Extreme Sound
Stretch). YouTube. Online verfügbar unter
http://www.youtube.com/watch?v=jx73BTNbEM4, zuletzt geprüft am 3.1.2012.

Jazzman2696 (2010): Giant Steps. YouTube. Online verfügbar unter
http://www.youtube.com/watch?v=30FTr6G53VU, zuletzt geprüft am 21.3.2012.

314

JebJosi (2008): Kleiner Hai. YouTube. Online verfügbar unter http://www.youtube.com/watch?v=8vWwrY8RKnA&feature=related, zuletzt geprüft am 1.6.2011.

Jeffries, David: Amazon.com: Parry Gripp: MP3 Downloads. Online verfügbar unter http://www.amazon.com/gp/product/B000XUHKQE?ie=UTF8&tag=ppg0b-20&linkCode=as2&camp=1789&creative=390957&creativeASIN=B000XUHKQE, zuletzt geprüft am 2.5.2010.

Jelli - 100% user controlled radio ᔆᴹ. Online verfügbar unter http://www.jelli.com/landing/, zuletzt geprüft am 8.4.2012.

jinglepunks (2007): Kanal von jinglepunks. YouTube. Online verfügbar unter http://www.youtube.com/user/jinglepunks?feature=watch, zuletzt geprüft am 28.2.2012.

JoyWeberify1 (2011): The TV Theme Medley (FreddeGredde). YouTube. Online verfügbar unter http://www.youtube.com/watch?v=G7eswRy7wEs&feature=related, zuletzt geprüft am 27.7.2012.

judsonlaipply (2006): Evolution of Dance - By Judson Laipply. YouTube. Online verfügbar unter http://www.youtube.com/watch?v=dMH0bHeiRNg, zuletzt geprüft am 16.6.2011.

JustinSandercoe: Kanal von JustinSandercoe - YouTube. YouTube. Online verfügbar unter http://www.youtube.com/justinsandercoe, zuletzt geprüft am 10.12.2011.

JustinSandercoe (2007a): Justin's Easy Acoustic Solo Blues Lesson - Part 1 (Guitar Lesson). YouTube. Online verfügbar unter http://www.youtube.com/watch?v=F7BgOkItYfg, zuletzt geprüft am 11.12.2011.

JustinSandercoe (2007b): Justin's Easy Acoustic Solo Blues Lesson - Part 2 (Guitar Lesson). YouTube. Online verfügbar unter http://www.youtube.com/watch?v=9MEgMgd2V9s, zuletzt geprüft am 10.12.2011.

JustinSandercoe (2007c): PR-001 • Guitar Lesson - Solo Blues Guitar p3 Slow Playalong. YouTube. Online verfügbar unter http://www.youtube.com/watch?v=L2ZAPvJ0iGk&feature=results_video&playnext=1&list=PL9457D11CC6EB137D, zuletzt geprüft am 11.12.2011.

Kanal von MrNewRNBmusic. YouTube (2011). Online verfügbar unter http://www.youtube.com/user/MrNewRNBmusic, zuletzt geprüft am 29.5.2011.

Kanal von Parry Gripp. YouTube (2011). Online verfügbar unter http://www.youtube.com/user/ParryGripp, zuletzt geprüft am 6.6.2011.

Kanal von secrettalents. YouTube (2011). Online verfügbar unter http://www.youtube.com/secrettalents, zuletzt geprüft am 1.6.2011.

Karim, Jawed (2005): Me at the zoo. YouTube-Material. Hg. v. YouTube.

Kaufman; Gil (2009): Watch President Barack Obama Do The 'Single Ladies' Dance. Music, Celebrity, Artist News | MTV. MTV. Online verfügbar unter http://www.mtv.com/news/articles/1603760/watch-president-barack-obama-do-single-ladies-dance.jhtml, zuletzt geprüft am 20.6.2011.

Keenan Cahill: What's Next For The Viral YouTube Celeb. Online verfügbar unter http://mashable.com/2012/01/08/keenan-cahill-whats-next-for-the-viral-youtube-celeb/, zuletzt geprüft am 10.1.2012.

kinya70335 (2008): best street drummer ever! YouTube. Online verfügbar unter http://www.youtube.com/watch?v=wkJqUdN4l9E&feature=related, zuletzt geprüft am 31.1.2012.

Kreidler, Johannes (2010): Justin Bieber, 800% langsamer abgespielt (Update). KUL-TURTECHNO. Online verfügbar unter http://www.kulturtechno.de/?p=3703, zuletzt geprüft am 3.1.2012.

kutiman (2009a): Kutiman-Thru-you - 01 - Mother of All Funk Chords. YouTube. Online verfügbar unter http://www.youtube.com/watch?v=tprMEs-zfQA, zuletzt aktualisiert am 16.3.2012, zuletzt geprüft am 16.3.2012.

kutiman (2009b): Kutiman-Thru-you - 02 - This Is What It Became. YouTube. Online verfügbar unter http://www.youtube.com/watch?v=QAvS0pc9NIw, zuletzt aktualisiert am 17.3.2012, zuletzt geprüft am 17.3.2012.

kutiman (2009c): Kutiman-Thru-you - 03 - I'm New. YouTube. Online verfügbar unter http://www.youtube.com/watch?v=EsBfj6khrG4, zuletzt geprüft am 17.3.2012.

kutiman (2009d): Kutiman-Thru-you - 04 - Babylon Band. YouTube. Online verfügbar unter http://www.youtube.com/watch?v=JffZFRM3X6M, zuletzt aktualisiert am 17.3.2012, zuletzt geprüft am 17.3.2012.

kutiman (2009e): Kutiman-Thru-you - 05 - Someday. YouTube. Online verfügbar unter http://www.youtube.com/watch?v=pXulsZpu72E, zuletzt geprüft am 17.3.2012.

kutiman (2009f): Kutiman-Thru-you - 06 - Wait For Me. YouTube. Online verfügbar unter http://www.youtube.com/watch?v=i88CKr6Shn4, zuletzt aktualisiert am 17.3.2012, zuletzt geprüft am 17.3.2012.

kutiman (2009g): Kutiman-Thru-you - 07 - Just a Lady. YouTube. Online verfügbar unter http://www.youtube.com/watch?v=vch-Z9ccHTk, zuletzt aktualisiert am 17.3.2012, zuletzt geprüft am 17.3.2012.

Lafu12 (2010a): Djembe groove in Accra...very deep. YouTube. Online verfügbar unter http://www.youtube.com/watch?v=EYv7826h8KQ, zuletzt geprüft am 10.8.2011.

Lafu12 (2010b): Ghanaian in action at the cultural arts center. YouTube. Online verfügbar unter http://www.youtube.com/watch?v=2s7WGAhgntc&feature=mfu_in_order&list=UL, zuletzt geprüft am 10.8.2011.

lam918 (2007): vanilla ice remix (gotta see). YouTube. Online verfügbar unter http://www.youtube.com/watch?v=e1-5I25T7fM, zuletzt geprüft am 15.6.2011.

Larsson, Fredrik (2010): Video Game Songs With Lyrics (FreddeGredde). YouTube. Online verfügbar unter http://www.youtube.com/watch?v=mDOg07gku0g&feature=fvwrel, zuletzt aktualisiert am 19.4.2012, zuletzt geprüft am 19.4.2012.

Larsson, Fredrik (2011a): Killer Queen Cover (FreddeGredde) - YouTube. Online verfügbar unter http://www.youtube.com/watch?v=o57xEVHrYvE&feature=relmfu, zuletzt geprüft am 19.4.2012.

Larsson, Fredrik (2011b): The Google Guitar Song. YouTube. Online verfügbar unter http://www.youtube.com/watch?v=cqy4ZcF_1tw&feature=relmfu, zuletzt aktualisiert am 19.4.2012, zuletzt geprüft am 19.4.2012.

316

Lasar, Matthew (2011): Digging into Pandora's Music Genome with musicologist Nolan Gasser. Online verfügbar unter http://arstechnica.com/tech-policy/news/2011/01/digging-into-pandoras-music-genome-with-musicologist-nolan-gasser.ars, zuletzt aktualisiert am 3.4.2012, zuletzt geprüft am 3.4.2012.

Le Bon, Gustave (2011): Psychologie der Massen. Köln: Anaconda.

letigreworld (2004): DECEPTACON. Online verfügbar unter http://www.letigreworld.com/sweepstakes/html_site/song/deceptacon.html, zuletzt aktualisiert am 16.1.2004, zuletzt geprüft am 20.6.2011.

LetsListen (2012). Online verfügbar unter http://letslisten.com/index.php, zuletzt aktualisiert am 5.4.2012, zuletzt geprüft am 5.4.2012.

linguica (2007): Doom Rickroller. YouTube. Online verfügbar unter http://www.youtube.com/watch?v=8aJjMOy-Ops&feature=related, zuletzt geprüft am 13.6.2011.

Listen to Music Samples, Remixes and Cover Songs | WhoSampled. Online verfügbar unter http://www.whosampled.com/, zuletzt geprüft am 10.4.2012.

livesforsharing (2009): Making of T-Mobile Dance. YouTube. Online verfügbar unter http://www.youtube.com/watch?v=uVFNM8f9WnI&feature=relmfu, zuletzt geprüft am 16.6.2011.

Lizardking73 (2010): Mexican Breakfast, Helpfully Explained. YouTube. Online verfügbar unter http://www.youtube.com/watch?v=wz7InzhwJTo&feature=related, zuletzt geprüft am 20.6.2011.

LlamaPot (2008): Misheard Lyrics - Rammstein - Engel. YouTube. Online verfügbar unter http://www.youtube.com/watch?v=4CZKI5eSqS8, zuletzt geprüft am 8.7.2012.

LonelyAdventures (2008): Bill O'Reilly Flips Out - Best Rick Roll Ever. YouTube. Online verfügbar unter http://www.youtube.com/watch?v=zIcx_rxTstc&feature=related, zuletzt geprüft am 13.6.2011.

malibumelcher (2010): Telephone Remake. YouTube. Online verfügbar unter http://www.youtube.com/watch?v=haHXgFU7qNI, zuletzt geprüft am 15.6.2011.

Mapping Global Friendship Ties | Facebook. Online verfügbar unter http://www.facebook.com/notes/facebook-data-team/mapping-global-friendship-ties/10150642498258859, zuletzt geprüft am 14.4.2012.

MarioNintendoh (2008): Hot Limit - The misheard lyrics. YouTube. Online verfügbar unter http://www.youtube.com/watch?v=Rh86Acj94d4&feature=related, zuletzt aktualisiert am 16.2.2012, zuletzt geprüft am 16.2.2012.

Mashable (2012): YouTube Cover Song Face-Off: Katy Perry's "The One That Got Away". Online verfügbar unter http://mashable.com/2011/11/20/youtube-cover-the-one-that-got-away-katy-perry/, zuletzt aktualisiert am 2.3.2012, zuletzt geprüft am 2.3.2012.

mashroom: Site Information - mashroom. Online verfügbar unter http://mashroom.fm/siteinfo/#help, zuletzt geprüft am 7.4.2012.

mattharding2718 (2006): Where the Hell WAS Matt? YouTube. Online verfügbar unter http://www.youtube.com/watch?v=7WmMcqp670s, zuletzt aktualisiert am 21.6.2011, zuletzt geprüft am 21.6.2011.

mattharding2718 (2008): Where the Hell is Matt? (2008). YouTube. Online verfügbar unter http://www.youtube.com/watch?v=zlfKdbWwruY&feature=related, zuletzt geprüft am 21.6.2011.

Melody Myers | Facebook. Online verfügbar unter http://www.facebook.com/pages/Melody-Myers/284369578256019, zuletzt geprüft am 10.3.2012.

mikaelk79dk (2007): Apache Vs Chemical Brothers. YouTube. Online verfügbar unter http://www.youtube.com/watch?v=7OowANU2OEE&feature=player_embedded, zuletzt geprüft am 17.6.2011.

Mit Facebook verbinden - Spotify (2011). Online verfügbar unter http://www.spotify.com/at/about/features/connect-with-facebook/, zuletzt aktualisiert am 27.12.2011, zuletzt geprüft am 27.12.2011.

Moore, Matthew (2008a): Macy's Thanksgiving Day parade: Rick Astley performs his own Rickroll. Telegraph. Online verfügbar unter http://www.telegraph.co.uk/news/newstopics/howaboutthat/3534073/Macys-Thanksgiving-Day-parade-Rick-Astley-performs-his-own-Rickroll.html, zuletzt aktualisiert am 13.6.2011, zuletzt geprüft am 13.6.2011.

Moore, Matthew (2008b): Rickrolling: Rick Astley named Best Act Ever at the MTV Europe Music Awards. Telegraph. Online verfügbar unter http://www.telegraph.co.uk/news/celebritynews/3395589/Rickrolling-Rick-Astley-named-Best-Act-Ever-at-the-MTV-Europe-Music-Awards.html, zuletzt geprüft am 13.6.2011.

MrBongoRecords: Incredible Bongo Band - Apache *Classic Break*. YouTube. Online verfügbar unter http://www.youtube.com/watch?v=WY-Z6wm6TMQ, zuletzt geprüft am 17.6.2011.

Muppet Wiki: Episode 522: Buddy Rich.

Murmeltier44 (2010): Bonfire Deutsche Nationalhymne (live). YouTube. Online verfügbar unter http://www.youtube.com/watch?v=QjxQ-6HLdyE&playnext=1&list=PL2373FE5A6680529E, zuletzt geprüft am 5.8.2011.

Music Software Ludwig: Songs schreiben, Automatisch komponieren und arrangieren. Instrumente Üben. Lizenzfreie Musik. Online verfügbar unter http://www.komponieren.de/, zuletzt geprüft am 26.8.2012.

My Robot Friend Loves You (2010). Online verfügbar unter http://www.myrobotfriend.com/, zuletzt aktualisiert am 22.6.2010, zuletzt geprüft am 20.6.2011.

mylucatoni (2009): Djembe-Unterricht. YouTube. Online verfügbar unter http://www.youtube.com/watch?v=F00KOSjEYGg, zuletzt geprüft am 7.8.2011.

NewNuma (2006): Kanal von NewNuma. YouTube. Online verfügbar unter http://www.youtube.com/user/NewNuma, zuletzt geprüft am 14.6.2011.

nicofarr (2006): Giants steps solo by a Robot! YouTube. Online verfügbar unter http://www.youtube.com/watch?v=OjQNQNI II8Fg, zuletzt geprüft am 21.3.2012.

niggahigga77 (2009): MTLL Der Zauberlehrling. YouTube. Online verfügbar unter http://www.youtube.com/watch?v=MLzvFsv71eM, zuletzt geprüft am 18.10.2012.

NME (2009a): Rage Against The Machine Christmas Number One victory cost bookies over £1 million | News | NME.COM. NME. Online verfügbar unter http://www.nme.com/news/rage-against-the-machine/48979, zuletzt geprüft am 13.4.2011.

NME (2009b): Rage Against The Machine: 'We want Simon Cowell to host our Christmas Number One victory gig' | News | NME.COM. Unter Mitarbeit von Tom Morello (Aussagen im Interview). NME. Online verfügbar unter http://www.nme.com/news/rage-against-the-machine/48999, zuletzt geprüft am 13.4.2011.

NME (2009c): Rage Against The Machine: 'Christmas Number One conspiracy theories are ridiculous' | News | NME.COM. NME. Online verfügbar unter http://www.nme.com/news/rage-against-the-machine/49005, zuletzt geprüft am 13.4.2011.

NME (2009d): Joe McElderry beats Rage Against The Machine to claim New Years Number One single | News | NME.COM. NME. Online verfügbar unter http://www.nme.com/news/rage-against-the-machine/49034, zuletzt geprüft am 13.4.2011.

Noteflight - Online Music Notation Software (2012). Online verfügbar unter http://www.noteflight.com/login, zuletzt aktualisiert am 10.4.2012, zuletzt geprüft am 10.4.2012.

ohmycash (2011): The One That Got Away- Katy Perry Cover. YouTube. Online verfügbar unter http://www.youtube.com/watch?v=nZzWKxGuQL4&feature=player_embedded, zuletzt aktualisiert am 2.3.2012, zuletzt geprüft am 2.3.2012.

ONLINE, SPIEGEL (2010): Nutzer-Zahlen: Jeder zehnte Deutsche ist Facebook-Mitglied - SPIEGEL ONLINE - Nachrichten - Netzwelt. Hamburg; Germany. Online verfügbar unter http://www.spiegel.de/netzwelt/web/0,1518,692592,00.html, zuletzt aktualisiert am 3.5.2010, zuletzt geprüft am 5.5.2010.

ONLINE, SPIEGEL; Hamburg; Germany (2010): Gaga in Afghanistan: US-Soldaten schaffen YouTube-Hit mit Tanzvideo - SPIEGEL ONLINE - Nachrichten - Netzwelt#ref=rss. Online verfügbar unter http://www.spiegel.de/netzwelt/web/0,1518,692449,00.html#ref=rss, zuletzt aktualisiert am 1.5.2010, zuletzt geprüft am 5.5.2010.

OpenMusicSchool (2010): Ganz einfach Klavier spielen lernen Teil 1 von 7. YouTube. Online verfügbar unter http://www.youtube.com/watch?v=NDx-iK0H1pw, zuletzt geprüft am 6.8.2011.

O'Reilly, Tim (2005): What Is Web 2.0 - O'Reilly Media. Online verfügbar unter http://oreilly.com/web2/archive/what-is-web-20.html, zuletzt aktualisiert am 30.9.2005, zuletzt geprüft am 7.2.2011.

292420 (2007): Orff Level II SMU Summer 2007. YouTube. Online verfügbar unter http://www.youtube.com/watch?v=Ue9xnlrwGEQ, zuletzt geprüft am 10.8.2011.

Pandora (2012). Online verfügbar unter http://www.pandora.com/corporate/mgp, zuletzt aktualisiert am 6.2.2012, zuletzt geprüft am 3.4.2012.

Parry Gripp: Parry Gripp. Song Of The Week. Online verfügbar unter http://parrygripp.com/, zuletzt geprüft am 12.6.2011.

Parry Gripp (2009): Nom Nom Nom Nom Nom Nom Nom - Parry Gripp. YouTube. Online verfügbar unter http://www.youtube.com/watch?v=SMWi7CLoZ2Q&feature=channel_video_title, zuletzt geprüft am 6.6.2011.

ParryGrippRadio (2009): I Got No iPhone. YouTube. Online verfügbar unter http://www.youtube.com/watch?v=9JJJAYrYMcQ, zuletzt geprüft am 12.6.2011.

Patalong, Frank (2006): Web-Videos: Die Halbwertzeit der Eintagsfliegen. ONLINE, SPIEGEL; Hamburg; Germany. Online verfügbar unter http://www.spiegel.de/netzwelt/web/0,1518,450843,00.html, zuletzt aktualisiert am 27.11.2006, zuletzt geprüft am 13.6.2011.

Paul's Extreme Sound Stretch (2011). Online verfügbar unter http://hypermammut.sourceforge.net/paulstretch/, zuletzt aktualisiert am 6.3.2011, zuletzt geprüft am 3.1.2012.

PeopleJam (2009): Evolution of Dance 2. YouTube. Online verfügbar unter http://www.youtube.com/watch?v=inLBPVG8oEU, zuletzt geprüft am 21.8.2012.

PG Music Inc.: Band-in-a-Box. Online verfügbar unter http://www.bandinabox.com/, zuletzt geprüft am 26.8.2012.

pinkagumma (2007): The Funeral Home Dance. Online verfügbar unter http://www.youtube.com/watch?v=yZ0HsGlqjDA, zuletzt geprüft am 16.6.2011.

Pisculla, Alexander: Web 2.0 Sammelalbum - Web2Null - Musik. Online verfügbar unter http://www.web2null.de/category/musik, zuletzt geprüft am 5.1.2012.

powervisionboard (2008): Joshua Bell "Stop and Hear the Music" by the Washington Post. YouTube. Online verfügbar unter http://www.youtube.com/watch?v=myq8upzJDJc, zuletzt geprüft am 9.9.2012.

Pytrantula (2012): THePETEBOX Future Loops beatbox Album Track 4 Loop Pedal - Panther Dance. YouTube. Online verfügbar unter http://www.youtube.com/watch?v=2ji6sJLFc8A&feature=youtube_gdata&utm_source=t witterfeed&utm_medium=twitter, zuletzt geprüft am 25.5.2012.

Record Together Music Crowdsourcing: Collaboration & Compensation. Online verfügbar unter http://www.recordtogether.com/, zuletzt geprüft am 7.4.2012.

Reißmann, Ole; Lischka, Konrad (2011): Streit mit der Gema: Plattenbosse rebellieren gegen YouTube-Blockade - SPIEGEL ONLINE - Nachrichten - Netzwelt. ONLINE, SPIEGEL. Hamburg; Germany. Online verfügbar unter http://www.spiegel.de/netzwelt/netzpolitik/0,1518,768816,00.html, zuletzt aktualisiert am 1.1.2011, zuletzt geprüft am 20.12.2011.

Qyuppy (2010): Der Zauberlehrling (School Project). YouTube. Online verfügbar unter http://www.youtube.com/watch?v=9d0Ca5Z2L7g, zuletzt geprüft am 18.10.2012.

queenofficial (2008): Queen - 'Bohemian Rhapsody'. YouTube. Online verfügbar unter http://www.youtube.com/watch?v=fJ9rUzIMcZQ, zuletzt geprüft am 19.4.2012.

Radio Internetradio und Webradio Online (2012). Online verfügbar unter http://www.surfmusik.de/, zuletzt aktualisiert am 9.3.2012, zuletzt geprüft am 23.3.2012.

RAGE AGAINST THE MACHINE ★CHRISTMAS NO.1 2009 (Hg.) (2011): Have you played... Facebook. Online verfügbar unter http://www.facebook.com/ratm4xmas/posts/197292140316328, zuletzt geprüft am 9.6.2011.

ragscholten (2008): Djembe workshop beachclub Timboektoe. YouTube. Online verfügbar unter http://www.youtube.com/watch?v=l4tGiL4g8mA, zuletzt geprüft am 9.8.2011.

realalbertoson (2011): Schultertraining "Besiegst du mich?". YouTube. Online verfügbar unter http://www.youtube.com/watch?v=LxzmVZ9Udcs, zuletzt geprüft am 13.6.2011.

RealPapaPit (2009): Mr. Trololo original upload. YouTube. Online verfügbar unter http://www.youtube.com/watch?v=oavMtUWDBTM, zuletzt geprüft am 3.1.2012.

+ rehabstudio (2011): Eric Whitacre - Virtual Choir 2.0. on Vimeo. Online verfügbar unter http://vimeo.com/21971101, zuletzt aktualisiert am 4.3.2012, zuletzt geprüft am 4.3.2012.

RememberSeptember (2007): How to play Tetris on piano (EASY). YouTube. Online verfügbar unter http://www.youtube.com/watch?v=F7gDD5Uokok&feature=related, zuletzt geprüft am 4.8.2011.

ReProduce (2006): Wo bist du mein Sonnenlicht (ohne Ohrenkrebs). YouTube. Online verfügbar unter http://www.youtube.com/watch?v=gCRMzm6t-Ck&feature=related, zuletzt geprüft am 4.6.2011.

ReProduce (2011): Da Simpsonz (The Simpsons Club Anthem 2011). YouTube. Online verfügbar unter http://www.youtube.com/watch?v=0dfD1yIf4Pc&feature=channel_video_title, zuletzt geprüft am 4.6.2011.

Rovi Corporation (2009): Jerry Lordan. AllMusic. Online verfügbar unter http://www.allmusic.com/artist/p99432/songs/songs-composed-by, zuletzt aktualisiert am 30.4.2009, zuletzt geprüft am 17.6.2011.

Royal Pingdom. Internet 2010 in numbers (2011). Online verfügbar unter http://royal.pingdom.com/2011/01/12/internet-2010-in-numbers/, zuletzt aktualisiert am 30.5.2011, zuletzt geprüft am 30.5.2011.

Ruflotse - Der Rundumschutz für Ihren Namen im Internet (2010). Online verfügbar unter http://www.ruflotse.de/info/2761_loeschen/?gclid=CNCg-PTX9asCFcMOfAod-mePKA, zuletzt aktualisiert am 18.10.2010, zuletzt geprüft am 19.10.2011.

s14sher (2007): Apache - Gay Bar Remix. YouTube. Online verfügbar unter http://www.youtube.com/watch?v=OY39jqsKU38&feature=player_embedded#at=16, zuletzt geprüft am 17.6.2011.

sadidas (2006): office man gets angry. YouTube. Online verfügbar unter http://www.youtube.com/watch?v=ZzR6ara8NTU, zuletzt geprüft am 3.1.2012.

Sandercoe, Justin: About Justin Sandercoe, creator of www.justinguitar.com. London. Online verfügbar unter http://justinguitar.com/en/AA-001-JustinSandercoe.php, zuletzt geprüft am 16.12.2011.

schmoyoho (2010): BED INTRUDER SONG!!! (now on iTunes). YouTube. Online verfügbar unter http://www.youtube.com/watch?v=hMtZfW2z9dw, zuletzt geprüft am 16.2.2012.

Schreiber, Wolfgang (2007): Klassik in der U-Bahn. Kleingeld für den Star. Süddeutsche.de GmbH. Munich; Germany. Online verfügbar unter

321

http://www.sueddeutsche.de/kultur/klassik-in-der-u-bahn-kleingeld-fuer-den-star-1.801038, zuletzt geprüft am 9.9.2012.

Scott, David A. (2007): Kanal von dascottjr. YouTube. Online verfügbar unter http://www.youtube.com/user/dascottjr, zuletzt geprüft am 26.6.2011.

seouldreamseries (2010a): Fever Seoul Top 6 - Results and Menu (Seoul city online b-boy competition). YouTube. Online verfügbar unter http://www.youtube.com/watch?v=8qV9HWatzIk&NR=1, zuletzt geprüft am 3.8.2011.

seouldreamseries (2010b): Round 1 - Seoul City Online B-boy Battle (Fever Seoul) - YouTube. Online verfügbar unter http://www.youtube.com/watch?v=SDUR50xYA0c, zuletzt geprüft am 3.8.2011.

seouldreamseries (2010c): Round 2 - Seoul City Online B-boy Battle (Fever Seoul). YouTube. Online verfügbar unter http://www.youtube.com/watch?v=e038Fv-JyFw&feature=relmfu, zuletzt geprüft am 3.8.2011.

seouldreamseries (2011): Fever Seoul B-boy Battle in Gwanghwamun Square. YouTube. Online verfügbar unter http://www.youtube.com/watch?v=TO_vJ4ZsF74, zuletzt geprüft am 3.8.2011.

Shamantis's sets on SoundCloud - Create, record and share your sounds for free. Online verfügbar unter http://soundcloud.com/shamantis, zuletzt geprüft am 3.1.2012.

Sharma, Amit (2012): How To Play Black Sabbath's 'Iron Man' On The Google Doodle Moog. Metal Hammer. Online verfügbar unter http://www.metalhammer.co.uk/news/how-to-play-black-sabbaths-iron-man-on-the-google-doodle-moog/, zuletzt aktualisiert am 24.5.2012, zuletzt geprüft am 24.5.2012.

skatepunk2425 (2008): Kleiner Hai Bim, Bim. YouTube. Online verfügbar unter http://www.youtube.com/watch?v=ipNyDBEzPRU&feature=related, zuletzt geprüft am 1.6.2011.

skippy790 (2010): NYC Subway gets Rick Roll'd. YouTube. Online verfügbar unter http://www.youtube.com/watch?v=h8WiyX21A1c, zuletzt geprüft am 13.6.2011.

Slam. YouTube (2011). Online verfügbar unter http://www.youtube.com/slam/, zuletzt geprüft am 9.1.2012.

Social Media News and Web Tips – Mashable – The Social Media Guide. Online verfügbar unter http://mashable.com/, zuletzt geprüft am 5.1.2012.

Solomon, Darren (2009a): in Bb 2.0 - a collaborative music/spoken word project. Online verfügbar unter http://www.inbflat.net/, zuletzt aktualisiert am 17.7.2011, zuletzt geprüft am 15.3.2012.

Solomon, Darren (2009b): in Bb 2.0 FAQ. Online verfügbar unter http://www.inbflat.net/faq.html, zuletzt aktualisiert am 10.6.2009, zuletzt geprüft am 15.3.2012.

Solomon, Darren (2010): marker/music. Online verfügbar unter http://www.markermusic.com/, zuletzt aktualisiert am 24.1.2011, zuletzt geprüft am 15.3.2012.

Solomon, Darren (2012): Mean Time Between Failures » Blog Archive » In Bb. Online verfügbar unter http://www.scienceforgirls.net/blog/?p=223, zuletzt aktualisiert am 15.3.2012, zuletzt geprüft am 15.3.2012.

322

Sony Pictures International (2011): The Social Network - Official Site. Online verfügbar unter http://www.thesocialnetwork-movie.com/, zuletzt aktualisiert am 19.1.2011, zuletzt geprüft am 26.3.2011.

sora1233333 (2010): what is love 8 bit. YouTube. Online verfügbar unter http://www.youtube.com/watch?v=CT8t_1JXWn8&feature=related, zuletzt geprüft am 8.7.2012.

SoundCloud - Share Your Sounds (2012). Online verfügbar unter http://soundcloud.com/, zuletzt aktualisiert am 10.4.2012, zuletzt geprüft am 10.4.2012.

SoundElijah (2011): My "The One That Got Away" Cover. YouTube. Online verfügbar unter http://www.youtube.com/watch?v=T34fPmX0_Vw&feature=player_embedded, zuletzt aktualisiert am 2.3.2012, zuletzt geprüft am 2.3.2012.

StantonMusicOnline (2011): Katy Perry - The One That Got Away - Video (Cover by Adam Stanton). YouTube. Online verfügbar unter http://www.youtube.com/watch?v=lPOM3i4YiPg&feature=player_embedded,

Startseite – Last.fm. Online verfügbar unter http://www.lastfm.de/home, zuletzt geprüft am 18.7.2012.

Stewart, Cody (2010): Tubalr. Online verfügbar unter http://www.tubalr.com/, zuletzt aktualisiert am 13.3.2012, zuletzt geprüft am 13.3.2012.

Strauch, Alexander (2013): Eric Whitacre – der gute Hirte orwellschen Big-Brother-Chorgesangs. Bad Blog Of Musick. Neue Musikzeitung. Online verfügbar unter http://blogs.nmz.de/badblog/2013/01/08/eric-whitacre-der-gute-hirte-orwellschen-big-brother-chorgesangs/, zuletzt geprüft am 21.8.2013.

sueddeutsche.de GmbH; Munich; Germany: Fanprotest - Facebook zwingt Metallica in die Knie - Digital - sueddeutsche.de. Online verfügbar unter http://www.sueddeutsche.de/digital/fanprotest-facebook-zwingt-metallica-in-die-knie-1.8514, zuletzt geprüft am 5.6.2010.

SugarbabyLA (2008): Kanal von SugarbabyLA. YouTube. Online verfügbar unter http://www.youtube.com/user/SugarbabyLA?feature=watch, zuletzt geprüft am 10.3.2012.

SugarbabyLA (2012): "Love Me Tender" A Multitrack A Cappella. YouTube. Online verfügbar unter http://www.youtube.com/watch?v=lhCyn5najeQ&list=UUmRWcOnh0O_TXlR2D7Kcz AQ&index=1&feature=plcp, zuletzt geprüft am 10.3.2012.

Swash, Rosie (Thursday 2009 17.24 GMT): Simon Cowell: Rage Against the Machine campaign is 'stupid'. At first, nobody believed an internet campaign could topple Simon Cowell's Christmas chart dominance. But now the X Factor mogul has waded in … and he looks worried. guardian.co.uk. Online verfügbar unter http://www.guardian.co.uk/music/2009/dec/10/simon-cowell-rage-against-machine, zuletzt geprüft am 31.3.2011.

sweetcatatoniauk (2007): Air - Kelly Watch The Stars (Moog Cookbook Remix). YouTube. Online verfügbar unter http://www.youtube.com/watch?v=zZnXCX1Qx2Y&feature=player_embedded, zuletzt aktualisiert am 17.6.2011, zuletzt geprüft am 17.6.2011.

323

TalkBoxerDX (2008): Talkbox practice 3. YouTube. Online verfügbar unter http://www.youtube.com/watch?v=vkv4yWBRODo&feature=related, zuletzt geprüft am 17.3.2012.

tamana77 (2007): hot arab dance. YouTube. Online verfügbar unter http://www.youtube.com/watch?v=9FpsGguXu1M&feature=related, zuletzt geprüft am 16.6.2011.

tamer (2006): Kanal von tamana77. YouTube. Ägypten. Online verfügbar unter http://www.youtube.com/user/tamana77, zuletzt aktualisiert am 16.6.2011, zuletzt geprüft am 16.6.2011.

Tanasis, Simon Wlad Esmat (2009): Disney fantasia with Mickey. YouTube. Online verfügbar unter http://www.youtube.com/watch?v=Bh79KJMduS4, zuletzt geprüft am 18.10.2012.

taylorlauren01 (2011): "The One That Got Away" (Katy Perry) - Taylor Edwards Cover. YouTube. Online verfügbar unter http://www.youtube.com/watch?v=N-5G9yCDZK0&feature=player_embedded, zuletzt aktualisiert am 2.3.2012, zuletzt geprüft am 2.3.2012.

Teenage Rockstar. Online verfügbar unter http://www.teenage-rockstar.net/rules, zuletzt geprüft am 8.4.2012.

The Evolution of Dance Video. One of YouTube's All Time Most Viewed Videos. Unter Mitarbeit von Judson Laipply. Online verfügbar unter http://www.mightaswelldance.com/evolution-of-dance/, zuletzt geprüft am 17.6.2011.

The incredible YouTubeDisko (2010). Online verfügbar unter http://youtubedisko.de/, zuletzt aktualisiert am 12.3.2012, zuletzt geprüft am 12.3.2012.

The Internet Movie Database: Ein Fall für Harper (1966) - Full cast and crew. Online verfügbar unter http://www.imdb.com/title/tt0060490/fullcredits#cast, zuletzt geprüft am 20.6.2011.

The Japanese Pokerap - FanimutationWiki (2012). Online verfügbar unter http://wiki.animutationportal.com/The_Japanese_Pokerap, zuletzt aktualisiert am 9.1.2012, zuletzt geprüft am 15.2.2012.

The Single Ladies Dance | Know Your Meme (2011). Online verfügbar unter http://knowyourmeme.com/memes/the-single-ladies-dance#.Tf9WUVtEKkN, zuletzt aktualisiert am 20.6.2011, zuletzt geprüft am 20.6.2011.

The Wall Street Journal: YouTube to Increase Funding on Its Channels - WSJ.com. Technology. Online verfügbar unter http://online.wsj.com/article/SB10000872396390444840104577549632241258356.html?mod=e2tw, zuletzt geprüft am 3.8.2012.

TheAim666 (2011): LaBrassBanda ft. Busta Rhymes - Woo Hah! Marienkäfer. YouTube. Online verfügbar unter http://www.youtube.com/watch?v=8v_Hv-lN1yE, zuletzt aktualisiert am 18.3.2012, zuletzt geprüft am 18.3.2012.

TheDroggelbecher (2012): Michel Teló - Ai Se Eu Te Pego - Misheard Lyrics. YouTube. Online verfügbar unter http://www.youtube.com/watch?v=qkqXsRMcvCw, zuletzt geprüft am 8.7.2012.

TheHawaiianTropic: Sugarhill Gang Apache (Jump On It). YouTube. Online verfügbar unter http://www.youtube.com/watch?v=vQObWW06VAM&feature=related, zuletzt geprüft am 17.6.2011.

TheNoel (2007): Tetris Theme on a Cellphone. YouTube. Online verfügbar unter http://www.youtube.com/watch?v=Agp7JjeapzQ, zuletzt geprüft am 7.7.2012.

thequadcoreguy (2008): Windows Xp Error Song Break Beat -The Best - YouTube. Online verfügbar unter http://www.youtube.com/watch?v=kg0q8uz9ldY&feature=related, zuletzt geprüft am 4.8.2011.

TheTschick (2011): Tetris Theme A (Korobuschka) - Helligandskirken Hvide Sande. YouTube. Online verfügbar unter http://www.youtube.com/watch?v=nwyj1irHrik, zuletzt geprüft am 7.7.2012.

Thewayofmusic (2009): Kanal von Thewayofmusic. YouTube. Online verfügbar unter http://www.youtube.com/user/Thewayofmusic?feature=watch, zuletzt geprüft am 11.3.2012.

Thewayofmusic (2010): Fruhlingslied op.62-2 - j.l.f.medelssohn. YouTube. Online verfügbar unter http://www.youtube.com/watch?v=fivwkckwxgI&feature=related, zuletzt geprüft am 11.3.2012.

T-mobile (2009): Kanal von livesforsharing. YouTube. Online verfügbar unter http://www.youtube.com/user/lifesforsharing, zuletzt geprüft am 16.6.2011.

Tompkins, Mike (2010): Teenage Dream & Just the way you are - Acapella Cover - Katy Perry - Bruno Mars - Mike Tompkins. YouTube. Online verfügbar unter http://www.youtube.com/watch?v=wlW5c4tInvY&feature=fvst, zuletzt geprüft am 19.4.2012.

Total Eclipse of the Heart at AllExperts. Online verfügbar unter http://www.associatepublisher.com/e/t/to/total_eclipse_of_the_heart.htm, zuletzt geprüft am 23.6.2011.

tracerprod (2006): John Cage "Imaginary Landscape No. 1". YouTube. Online verfügbar unter http://www.youtube.com/watch?v=CVN_mxVntXk, zuletzt geprüft am 15.3.2012.

transeuropex (2010): The Simpsons Theme 800% Slower. YouTube. Online verfügbar unter http://www.youtube.com/watch?v=zSVjKcVTaio&feature=related, zuletzt geprüft am 3.1.2012.

Trending Songs | Monstro. Online verfügbar unter http://themonstro.com/!/trending, zuletzt geprüft am 7.4.2012.

Turcotte, Jakob: Bob Moog: How to play the Moog doodle. The Christian Science Monitor. Online verfügbar unter http://www.csmonitor.com/The-Culture/Music/2012/0523/Bob-Moog-How-to-play-the-Moog-doodle?cmpid=addthis_facebook#.T704fk3Vaj8.facebook, zuletzt geprüft am 24.5.2012.

tweetlouder (2012). Online verfügbar unter http://tweetlouder.com/, zuletzt aktualisiert am 8.4.2012, zuletzt geprüft am 8.4.2012.

Twitter. Online verfügbar unter http://twitter.com/, zuletzt geprüft am 5.1.2012.

twofourtree (2006): John Coltrane - Giant Steps. YouTube. Online verfügbar unter http://www.youtube.com/watch?v=BZRnkBK_0no, zuletzt geprüft am 21.3.2012.

Typke, Rainer: Musipedia: Musipedia Melody Search Engine. Online verfügbar unter http://de.musipedia.org/, zuletzt geprüft am 8.4.2012.

UJAM - Make your music. Be heard. (2012). Online verfügbar unter http://www.ujam.com/, zuletzt aktualisiert am 8.4.2012, zuletzt geprüft am 8.4.2012.

uwulena (2010): Uwu Lena - Schland O Schland (Offizielles VIDEO). YouTube. Online verfügbar unter http://www.youtube.com/watch?v=6bz0rLo_fhU, zuletzt geprüft am 5.8.2011.

vadrum (2007): Vadrum Meets Super Mario Bros (Drum Video). YouTube. Online verfügbar unter http://www.youtube.com/watch?v=SZqwvjwqwK4, zuletzt geprüft am 4.8.2011.

ValentinaMonetta (2012): Valentina Monetta Facebook uh oh oh Eurovision Song Contest San Marino 2012. YouTube. Online verfügbar unter http://www.youtube.com/watch?v=0kQBEzzFRBs, zuletzt geprüft am 4.5.2012.

Veenue we.music. Online verfügbar unter http://wemusic.veenue.com/, zuletzt geprüft am 7.4.2012.

VideoJug (2008): How To Rick Roll Somebody. YouTube. Online verfügbar unter http://www.youtube.com/watch?v=qmPmIJyi0sc, zuletzt geprüft am 13.6.2011.

Walker, Rob (2009): The Song Decoders at Pandora - NYTimes.com. Online verfügbar unter http://www.nytimes.com/2009/10/18/magazine/18Pandora-t.html?_r=1, zuletzt geprüft am 3.4.2012.

walkofftheearth (2012): Somebody That I Used to Know - Walk off the Earth (Gotye - Cover). YouTube. Online verfügbar unter http://www.youtube.com/watch?gl=DE&v=d9NF2edxy-M, zuletzt geprüft am 24.2.2012.

WatZatSong.com - Let the community name your tunes! Online verfügbar unter http://www.watzatsong.com/en, zuletzt geprüft am 4.4.2012.

waxaudio (2010): Stayin' Alive In The Wall (Pink Floyd vs Bee Gees Mashup) by Wax Audio. YouTube. Online verfügbar unter http://www.youtube.com/watch?v=U13xOvDa19U&feature=related, zuletzt geprüft am 18.3.2012.

WEB.DE: Afghanistan-GIs landen Hit mit Lady-Gaga-Video - Backstage bei WEB.DE. Online verfügbar unter http://magazine.web.de/de/themen/musik/backstage/10336636-Afghanistan-GIs-landen-Hit-mit-Lady-Gaga-Video.html, zuletzt geprüft am 4.5.2010.

weeence (2008): Chip Tune at PAX 2008. YouTube. Online verfügbar unter http://www.youtube.com/watch?v=34Q-eW_E38I&feature=related, zuletzt geprüft am 16.2.2012.

Weigert, Martin (2010): Musikwettbewerbe: Wie das Web die Zukunft vorhersagt » netzwertig.com. Online verfügbar unter http://netzwertig.com/2010/05/18/musikwettbewerbe-wie-das-web-die-zukunft-vorhersagt/, zuletzt geprüft am 18.5.2010.

Welcome to the Webby Awards. Online verfügbar unter http://www.webbyawards.com/about/, zuletzt geprüft am 27.2.2012.

Westdeutscher Rundfunk (2010): Kurzanleitung - WDR Radio - RadioRecorder. Online verfügbar unter http://www.wdr.de/radio/home/radiorecorder/anleitung/kurz.phtml, zuletzt aktualisiert am 1.1.2010, zuletzt geprüft am 23.3.2012.

What if cats have their own internet? | The Lolbrary - New Funny Random Pictures Added Daily. Online verfügbar unter http://www.lolbrary.com/post/10616/what-if-cats-have-their-own-internet/, zuletzt geprüft am 4.1.2012.

Wilburn, Robin (2002): Animutation - We Drink Ritalin - YouTube. Hg. v. Bluetailvappy. Online verfügbar unter http://www.youtube.com/watch?v=PffpCsDmZPI, zuletzt geprüft am 16.2.2012.

Willkommen bei Flickr - Fotosharing (2012). Online verfügbar unter http://www.flickr.com/, zuletzt aktualisiert am 21.7.2012, zuletzt geprüft am 21.7.2012.

XAVA Media GmbH: Online Reputation Management (ORM) - XAVA Media GmbH. XAVA Media GmbH. Online verfügbar unter http://www.xava.de/online-reputation-management/?gclid=CIybycbY9asCFUJItAodTC1kOQ, zuletzt geprüft am 19.10.2011.

xdigitalhorrorx (2011): Rockman game boy dmg micromix LSDJ live. YouTube. Online verfügbar unter http://www.youtube.com/watch?v=nGCKISvOyAs&feature=related, zuletzt geprüft am 16.2.2012.

xkonsentox (2012): Kon - HOT LIMIT (Maniac) AAA on DDR 5th Mix (Japan). YouTube. Online verfügbar unter http://www.youtube.com/watch?v=F-tA8-g1cd0, zuletzt geprüft am 16.2.2012.

Yamelo: Yamelo music videos new. Online verfügbar unter http://www.yamelo.com/, zuletzt geprüft am 11.4.2012.

YouTube (2011): Secret Talents. Joko & Klaas, Folge 6 - jetzt VOTEN. Online verfügbar unter http://www.youtube.com/watch?v=5tyrouPM9T0&feature=pyv, zuletzt geprüft am 26.5.2011.

YouTube Blog (Wednesday, 2010): Great Scott! Over 35 Hours of Video Uploaded Every Minute to YouTube. Online verfügbar unter http://youtube-global.blogspot.com/2010/11/great-scott-over-35-hours-of-video.html, zuletzt aktualisiert am 23.5.2011, zuletzt geprüft am 23.5.2011.

YouTube - Broadcast Yourself. Online verfügbar unter http://www.youtube.com/charts/videos_views?t=a, zuletzt geprüft am 29.5.2011.

YouTube Cover Song Face-Off: Katy Perry's "The One That Got Away". Online verfügbar unter http://mashable.com/2011/11/20/youtube-cover-the-one-that-got-away-katy-perry/, zuletzt geprüft am 2.3.2012.

YouTube - Kanal von secrettalents. Online verfügbar unter http://www.youtube.com/secrettalents, zuletzt geprüft am 28.4.2011.

YouTube - Leanback. Online verfügbar unter http://www.youtube.com/leanback, zuletzt geprüft am 13.3.2012.

YouTube Slam: Beliebte Videos im Duell. COMPUTER BILD (2011). Online verfügbar unter http://www.computerbild.de/artikel/cb-Aktuell-Internet-YouTube-Slam-Videos-Duell-Google-Research-7001219.html, zuletzt geprüft am 9.1.2012.

YouTube Symphony Orchestra. YouTube. Online verfügbar unter http://www.youtube.com/user/symphony, zuletzt geprüft am 27.8.2013.

YouTube - Usher ft. Pitbull - DJ Got Us Falling In Love Again [HQ] + Lyrics. Online verfügbar unter http://www.youtube.com/watch?v=oBhj-Tv4WHI, zuletzt geprüft am 29.5.2011.

ZackKim (2008): Tetris Theme (Korobeiniki). YouTube. Online verfügbar unter http://www.youtube.com/watch?v=b8GAh24-K4U&feature=fvwrel, zuletzt geprüft am 8.8.2011.

Zeit Online (2006): Google kauft YouTube.

zeldaxlove64 (2011): Me Singing "E.T." by Katy Perry. YouTube. Online verfügbar unter http://www.youtube.com/watch?v=J4Mb5Yt_ylk, zuletzt geprüft am 1.3.2012.

zoftig (2011): A 17 Year Old Plays Coltrane Giant Steps On a Selmer MK VI Alto Saxophone. YouTube. Online verfügbar unter http://www.youtube.com/watch?v=MNV1FyLaPgw, zuletzt geprüft am 21.3.2012.

ZoomSphere - local social statistics. Online verfügbar unter http://www.zoomsphere.com/charts/facebook/de#!0|8, zuletzt geprüft am 27.12.2011.